O nome e o tempo dos Yaminawa

FUNDAÇÃO EDITORA DA UNESP

Presidente do Conselho Curador
Mário Sérgio Vasconcelos

Diretor-Presidente
José Castilho Marques Neto

Editor-Executivo
Jézio Hernani Bomfim Gutierre

Conselho Editorial Acadêmico
Alberto Tsuyoshi Ikeda
Áureo Busetto
Célia Aparecida Ferreira Tolentino
Eda Maria Góes
Elisabete Maniglia
Elisabeth Criscuolo Urbinati
Ildeberto Muniz de Almeida
Maria de Lourdes Ortiz Gandini Baldan
Nilson Ghirardello
Vicente Pleitez

Editores-Assistentes
Anderson Nobara
Fabiana Mioto
Jorge Pereira Filho

INSTITUTO SOCIOAMBIENTAL (ISA)
Associação sem fins lucrativos, fundada em 22 de abril de 1994. Tem como objetivo defender bens e direitos sociais, coletivos e difusos, relativos ao meio ambiente, ao patrimônio cultural, aos direitos humanos e dos povos.

Conselho Diretor
Neide Esterci (presidente), Sérgio Mauro Santos Filho (vice-presidente), Adriano Ramos, Beta Ricardo, Carlos Frederico Marés.

NÚCLEO DE TRANSFORMAÇÕES INDÍGENAS – NuTI
Fundado em 2003, é um dos núcleos de pesquisa do Programa de Pós-Graduação em Antropologia Social (PPGAS) da Universidade Federal do Rio de Janeiro, sediado no Museu Nacional da Quinta da Boa Vista. Ele reúne antropólogos de três universidades federais (UFRJ, UFF, UFSC) e uma rede de parceiros e colaboradores de outras instituições em torno do projeto Transformações Indígenas: os regimes de subjetivação ameríndios à prova da história, financiado desde novembro de 2003 pelo Programa de Apoio a Núcleos de Excelência (Pronex CNPq-FAPERJ), do Ministério da Ciência e da Tecnologia.

Equipe
Aparecida Vilaça, Bruna Franchetto, Carlos Fausto, Cesar Gordon, Cristiane Lasmar, Eduardo Viveiros de Castro (coordenador), Geraldo Andrello, Marcela Coelho de Souza, Márnio Teixeira-Pinto, Oscar Calavia, Tânia Stolze Lima.

Secretária-executiva
Luciana França.

Oscar Calavia Sáez

O nome e o tempo dos Yaminawa
Etnologia e história dos Yaminawa do rio Acre

© 2006 Editora Unesp

Direitos de publicação reservados à:

Fundação Editora da Unesp (FEU)
Praça da Sé, 108
01001-900 – São Paulo – SP
Tel.: (0xx11) 3242-7171
Fax: (0xx11) 3242-7172
www.editoraunesp.com.br
www.livrariaunesp.com.br
feu@editora.unesp.br

Instituto Socioambiental
São Paulo (sede)
Av. Higienópolis, 901
01238-001 São Paulo – SP – Brasil
tel.: (0xx11) 3151-8900
www.socioambiental.org

Brasília (subsede)
SCLN 210, bloco C, sala 112
70862-530 Brasília – DF – Brasil
tel.: (0xx61) 3035-5114

S. Gabriel da Cachoeira (subsede)
Rua Proletada 70 – Centro
Caixa Postal 21
69750-000 São Gabriel do Cachoeira – AM
– Brasil
tel.: (0xx97) 3471-2182/1156/2193

Manaus (subsede)
Rua 06, nº 73, Conjunto Vila Municipal,
Adrianópolis
69057-740 Manaus – AM – Brasil
tel/fax: (0 xx 92) 3648-8114/3642-6743

Núcleo Transformações Indígenas – NuTI
Museu Nacional – Quinta da Boa Vista s/n –
São Cristóvão
Rio de Janeiro – RJ – CEP 20940-040
tel.: (0xx 21) 2568-9642
fax: (0 xx 21) 2254-6695
http://www.nuti.scire.coppe.ufrj.br/
nuti@mn.ufrj.br

CIP-Brasil. Catalogação na Fonte
Sindicato Nacional dos Editores de Livros, RJ

C146n

Calavia Sáez, Oscar, 1959-
    O nome e o tempo dos Yaminawa: etnografia e história dos Yaminawa do rio Acre / Oscar Calavia Sáez. – São Paulo: Editora Unesp: ISA; Rio de Janeiro: NUTI, 2006.

    Inclui bibliografia
    ISBN 85-7139-722-8

I. Índios Yaminawa – Acre. 2. Índios Yaminawa – História. 3. Índios Yaminawa – Trato – Brasil. 4. Índios Yaminawa – Usos e costumes. 5. Etnologia – Brasil. I. Instituto Socioambiental. II. Universidade Federal do Rio de Janeiro. Núcleo Transformações Indígenas. III. Título.

06-4210

CDD 980.41
CDU 94(=87)(81)

Editora afiliada:

Asociación de Editoriales Universitarias
de América Latina y el Caribe

Associação Brasileira de
Editoras Universitárias

A
Washa Bômo e
Pukuido Inindawa

*Toujours pressés, en avant d'eux-mêmes, fébriles, courant
de-ci de-là, affairés, ils perdraient jusqu'à leurs mains.
Impossible de leur donner une satisfaction un peu
prolongée...
Joueurs (du matin au soir occupés à jouer aux dés leur
fortune, qui change de mains d'un instant à l'autre, à ne
plus savoir jamais qui est l'endetté, qui le créancier),
escamoteurs, combinards, brouillons, non par confusion et
brume de l'esprit, mais par une multitude de clartés
surgissant hors de propos, logiciens effrénés, mais criblés
de fuites et de départs intuitifs, prouvant, par
raisonnement, l'existence ou la non-existence de tout ce
qu'on veut, distraits mais roublards et presque
infatigables...
...sont toujours dehors. Ils ne peuvent rester à la maison. Si
vous voyez quelqu'un à l'intérieur, il n'est pas chez lui...
Toutes les portes sont ouvertes, tout le monde est
ailleurs...*[1]

Henri Michaux
"Les Hivinizikis", em *Voyage en Grande Carabagne*

---

1 [Sempre apressados, avante de si mesmos, febris, correndo pra lá e pra cá,
azafamados, seriam capazes de perder até as mãos. Impossível dar-lhes uma
satisfação um pouco prolongada... Jogadores (dia e noite ocupados a jogar aos
dados sua fortuna, que muda de mãos de um momento ao outro, até nunca
mais saber-se quem é o devedor, quem é o credor), ilusionistas, trapaceiros,
bagunçados, não por confusão ou bruma do espírito, mas por uma multidão de
claridades que surgem fora de propósito, lógicos desenfreados, mas crivados
de fugas e de arranques intuitivos, que provam por raciocínio a existência ou
não existência de tudo que se queira, distraídos mas arteiros e quase infatigá-
veis... Sempre estão fora. Não sabem ficar em casa. Se vedes algum lá dentro,
ele não está no seu lar. Todas as portas estão abertas, todo o mundo é alhures.]

Sumário

Preliminares   13

  Os primórdios   13

  A etno-história   15

  Viagens de pesquisa   16

  Os frutos do campo   17

  Nota intersubjetiva   20

  A Panologia   22

  O nome   29

  Sumário   30

  Sobre a grafia   32

Parte 1
Yaminawa hoje

1   A aldeia Yaminawa   37

  Gentes e lugares   37

  Trabalhos e dias   58

2   Os sistemas de parentesco Yaminawa   83
    Carnes e palavras   83
    Ciclos e jogos   87
    O dravidiano   91
    Vocativos e nomes   94
    O planeta dos cunhados   99
    Casamento   102
    Noko kaio   107
    Reflexões   113

3   A sociedade em ato   121
    As festas   121
    A expansão do chefe   136
    A reserva do Xamã   148

Parte 2
Uma crônica Yaminawa

Pós-data introdutória   171

4   Êxodos e cativeiros   175
    Primeiros contatos 177
    Os patrões   178
    Os indigenistas   183
    As guerras civis   184
    A grande mudança   188

5   Memórias Yaminawa   195
    O relato de Clementino   195
    O relato de Oscar   200
    O relato de Correia   204
    Os lamentos   217
    Pessimismo sentimental   221

6   O *boom* elástico   225
    Trompe l' oeil   225
    Os escravos da selva   231

A guerra fragmentar   237

A confusão étnica   241

Peruanos e brasileiros   247

Nomina sunt numina   255

Um olhar retrospectivo   260

7   A idade de ferro   265

Origens   265

A terceira margem do rio   272

Ligações perigosas   275

8   O soberano inexistente   279

Fábulas amazônicas   279

Os Incas   285

Índice de Incas   288

O sovina e os animais   293

Desordem narrativa, desordem social   295

O Inca como afim impossível   296

Um mundo de cunhados   300

Reforma da identidade, reinvenção da cultura   302

Epílogo: sobre a antiguidade dos modelos   306

Parte 3
O tempo dos Yaminawa

9   Mitologia   313

Histórias dos antigos   313

A colheita   315

Mitologia   317

Anticlassificações   318

10 Olhos limpos, peles pintadas   323

Metamorfoses   323

Trabalho corporal   337

O homem só   341

11 Elementos de cosmologia   345
   Yura, yuxi, nawa   345
   Distâncias paradoxais   350
   Mapas do universo   351
   Os mortos   355
   O espaço-sujeito   358

12 O tempo dos Yaminawa   363
   As consequências da vida breve   363
   Temporalidade   368
   Mito, história   374
   Mito, invenção   376

   Referências bibliográficas   379

Anexo

Nokoshidipawó askawadé   393
   Umas palavras prévias   393

Índice remissivo   473

Índice onomástico   477

Preliminares

Talvez a etnografia deva fazer fronteira com a ficção. Não uma fronteira vazia, preservada por vastas terras de ninguém, mas uma fronteira cheia, abarrotada, que é imprescindível visitar. Quando deixei pela última vez a aldeia Yaminawa, não pensava ter muito o que dizer da experiência; quase doze anos depois, as inúmeras lacunas de então tornaram-se indizivelmente eloquentes, e os Yaminawa parecem habitantes cada vez mais nítidos de um país imaginário.

Mas não estou dizendo que a etnografia seja uma ficção: isso já foi dito, de um modo mais ou menos inócuo. Uma fronteira, afinal, exige algumas regras diferentes de um lado e de outro. Deste lado exige, por exemplo, que se explicitem as fontes do relato.

Os primórdios

Este livro começou a germinar há pouco menos de quinze anos, com a minha participação nos seminários do Núcleo de História Indígena e do Indigenismo (NHIl) da USP, então dirigido por Manuela Carneiro da Cunha, e que trazia para a agenda da universidade brasileira a tarefa de escrever a história dos povos das Terras Baixas, por tanto tempo considerada impossível ou insignificante. Foi num desses seminários, no final do ano de 1990, que apresentei uma primeira versão do meu projeto de tese de doutorado. Tinha como objeto "a história dos povos indígenas situados nas cabeceiras do Purus e seus principais afluentes, na divisória de águas entre este rio e o rio Madre de Diós-Madeira, em territórios do Acre brasileiro e do departamento peruano vizinho". Havia poucos estudos sobre essa região – periférica em ambos países, e de difícil acesso. O projeto não estava precedido por uma experiência prévia de campo e se alimentou de uma bibliografia de difícil acesso, partilhada entre países vizinhos, porém deficientes em termos de comunicação. Mais tarde, o acervo do NHII e as minhas próprias aquisições preencheram boa parte das lacunas iniciais, mas aquele projeto inicial foi fruto, em boa parte, do acaso que me negou umas obras e me facilitou outras.

Três tópicos me atraíam à época. O primeiro, a desagregação, a fragmentação dos grupos Pano, suas fronteiras indefinidas com o entorno Arawak, Takana ou Haránkbut. Eu tendia a relacionar esse mosaico étnico com uma linha central dos estudos Pano, que tenta elucidar esses jogos triangulares de identidade entre o nós, o outro e o outro-outro – manifestados na etnonimia, na definição da identidade, no dualismo cosmológico, no parentesco.

O segundo, as alternativas criadas pelo fluxo e refluxo brusco da ocupação branca da região, que, em várias ocasiões e fundamentalmente após a decadência da borracha, puseram os grupos Pano ante a possibilidade (ou impossibilidade?) de retornar a modos de vida anteriores. Esse tópico, em um outro nível, apresentava alguma utilidade para colocar em questão a costumeira escrita da história como devir contínuo.

E o terceiro tópico, o binómio mito/história. Sua relevância na pesquisa é de algum modo herança do tipo de trabalhos que desenvolvi ao longo desses anos. Neste caso, no entanto, foi incrementada pela presença, entre vários grupos Pano, de um interessante *corpus* de mitos Inca – uma chamada ao compromisso entre ambos os termos do binômio.

Resumo aqui aqueles remotos pontos de partida – lastrados pela inexperiência, excessivos e em parte descabidos – porque o curso da pesquisa tem sido, para minha surpresa, fiel a eles: ao longo da investigação perdi de vista mosaicos étnicos, epopeias da borracha e mitos incas, mas durante a análise me pareceu necessário recuperá-los, desde a experiência Yaminawa, com uma luz diferente. Não faltam no texto, por isso, longas digressões pela história regional e algumas tentativas mais amplas de generalização.

A etno-história

Este livro é uma tentativa de fazer etno-história em vários sentidos da palavra. É a história de um pequeno grupo humano, escrita a partir de uma documentação secundária e pouco expressiva, e dos relatos locais; mas buscou-se também a visão que os seus herdeiros têm dessa história, e ainda o papel que essa visão exerce em sua vida social – um ser, um ver e um fazer entretecidos.

Embora em teoria não mais se levantem barreiras sérias entre estrutura e história, falta ainda uma rotina descritiva que não isole uma e outra. É esse o objetivo central deste livro. Nesse encontro de história e antropologia, não podem faltar mal-entendidos. Ocupa-se o texto de alguns dos mais comuns, em particular do termo *mito*, que segundo as horas e os autores pode ser uma cripto-história, uma para-história ou uma anti-história: a relação que a história pode ter com esses seus *outros* é um tema antigo que ocupará uma boa parte deste trabalho.

Mas há outros mal-entendidos. Nos estudos de etno-história raramente está ausente o fantasma da filosofia da história – um fantasma discreto, que quase nunca ousa dizer seu nome. Ao se fazer a história *dos outros,* insinua-se fatalmente uma *outra* história: o tempo só avança ou pode também recuar, ou andar em círculos? O tempo cria ou destrói? Há sociedades mais "frias" ou mais "quentes", com tempos e sentidos do tempo diversos? Tratando-se de história sem prefixos, esse grande relato bem aprendido costuma abafar as dúvidas; tratando-se de grupos indígenas, recém-apresentados ao relato, permitimo-nos detectar nessa *etno-história* protomodelos ou entropia.

Os Yaminawa, entre outros grupos Pano, são um bom exemplo deste último caso. A opinião comum dos indigenistas e dos outros índios acrianos é de que são desregrados e desagregados. A tese que a eles dedica Graham Townsley analisa o esfacelamento de alguma de suas instituições centrais e sua atração pelas ofertas do branco. Enfim, o carnaval de etnônimos em que aparecem, e mesmo o modo um tanto paradoxal com que definem sua identidade, faz que apareçam como desafetos à ordem, seja esta cívica ou lógica.

A etno-história aqui proposta supõe um ensaio de descrição sistemática dessa suposta entropia, e os Yaminawa são para esse propósito um desafio tentador, sobretudo porque, praticamente despidos dessa roupa exótica que lhes poderia conferir uma discreta distância, nos animam a escrever uma *outra* história que não é necessariamente a história de *outros*.

Viagens de pesquisa

Uma pesquisa de campo inicial foi realizada entre outubro e dezembro de 1991, patrocinada pelo Núcleo de História Indígena e do Indigenismo. Foi dividida em partes iguais entre um reconhecimento elementar da área proposta e um levantamento de documentação em arquivos locais. Pode parecer um objetivo trivial, mas só depois dessa viagem fui saber que estradas ou cidades desenhadas no mapa não existem, ou consegui localizar de um modo concreto o grupo sobre o qual o meu trabalho de campo iria se desenvolver. A cartografia dificilmente acompanha o passo de grupos como os Yaminawa, e naquelas regiões remotas continua sendo uma empresa fantasiosa, que alcança lá onde as políticas desenvolvimentistas não alcançaram. Uma extensão da viagem me possibilitou conhecer bibliotecas de Puerto Maldonado, Cuzco e Lima, e conversar com antropólogos e lideranças indígenas da região.

Voltei dessa viagem com uma visão mais completa da bibliografia e, em consequência, uma melhor hierarquização dos temas, como também com um saber prático, de que antes carecia, sobre as condições de acesso e permanência no campo. O principal resultado, porém, foi uma definição mais clara do objeto de pesquisa, cuja falta entravava o projeto inicial. Decidi tomar como grupo de referência na minha pesquisa a comunidade Yaminawa da Terra Indígena Cabeceiras do rio Acre, situada no município de Assis Brasil, Acre. Entrei em contato com seus líderes, beneficiei-me da sua hospitalidade e fiz uma primeira visita à aldeia. Foram os Yaminawa do Alto Acre que me forneceram um espaço para a organização dos dados históricos e a comparação com as etnografias disponíveis em áreas vizinhas. Em outro nível, e mesmo que categorias usadas no projeto – como Nahua, Pano do Purus etc. – não fossem banidas, decidi usar a categoria "Yaminawa" como fio condutor da pesquisa, em lugar da definição geográfica (Purus) que se destacava anteriormente.

A pesquisa só chegou a terreno mais concreto com mais dois períodos de trabalho de campo, de outubro a novembro de 1992 e de maio a setembro de 1993. É um tempo curto do qual depende a maior parte das informações que aqui ofereço, por isso é conveniente qualificá-lo.

Os frutos do campo

Não foi por falta de aviso: à medida que ia me aproximando do meu "campo", várias vozes – de outros antropólogos, de outros índios, de líderes Yaminawa – me advertiam que meu propósito era insensato. Os Yaminawa atravessavam uma fase problemática; eram índios aculturados, que haviam abandonado todas as suas tradições, e anômicos (os líderes indígenas acrianos não ignoram o léxico dos antropólogos); enfim, estava perdendo a viagem. De fato, para as expectativas comuns de um etnólogo na região amazônica, o meu trabalho de campo foi um fracasso. Não há um Ogotemeli Yaminawa. O melhor contador de histórias é o contador mais lacônico. Mais lacônico ainda, o xamã me assegurou não saber nada mesmo sobre os aspectos mais triviais da vida. Com o tempo, admitiu saber algumas coisas, advertindo-me, porém, que se tratava de saberes cujo preço ele estimava muito além das minhas possibilidades financeiras (eram também, quiçá, demasiado secretos e profissionais para considerá-los a rigor saberes "Yaminawa"). Não há objetos, gestos ou discursos que se apresentem como reservatórios de diferença – quando algum deles aparece, é um hápax que não pode ser confrontado com outras versões, quem sabe uma invenção idiossincrásica. A exegese não é uma prática Yaminawa. Ou talvez as circunstâncias ou as deficiências do pesquisador não favoreceram sua aparição, quem sabe?

Uma breve experiência posterior entre os Yawanawa, de resultados comparativamente muito superiores, foi muito útil para esclarecer e contrastar alguns pontos deste estudo; mas o foi sobretudo para compreender que, para além das minhas limitações como etnógrafo, o despojamento Yaminawa é coerente e peculiar. Depois desse contraste de experiências, senti-me mais habilitado para essa curiosa ascese – moto de vários artigos já publicados e deste livro – de escrever sobre o que os Yaminawa não têm, não sabem, não dizem ou não fazem, sem que essa descrição negativa se torne uma descrição defectiva; o niilismo é também uma arte.

Não existe entre os Yaminawa um "cenário social" que possa ser regularmente observado: não só os rituais praticamente inexistem, mas também a própria interação entre os Yaminawa é rala e difícil de observar no dia a dia, fora de um círculo familiar muito estreito. Essa situação foi agravada, no período da minha pesquisa, pela crise da chefia, de outro lado tão rica em ensinamentos. É em volta do chefe que o grupo se reúne, se manifesta como tal; mas tratei, durante a maior parte do tempo, com um grupo acéfalo. José Correia da Silva, Tunumã, chefe quando minha pesquisa começou, permaneceu fora da aldeia durante a maior parte do meu trabalho de campo. Em julho de 1993, foi explicitamente substituído por Júlio Isodawa, fracamente reconhecido por uma boa parte do grupo.

E os Yaminawa viajam muito. A sua intensa e problemática relação com ONGs e entidades assistenciais, combinada à inexistência de posto da Funai na sua aldeia e a toda uma série de razões que serão expostas ao longo do estudo, esvaziaram várias vezes a aldeia e me privaram durante longos períodos de informantes-chave, e especialmente daqueles que poderiam ter-me auxiliado para obter um mínimo domínio da língua. As dificuldades do trabalho de campo se multiplicavam ao dar lugar, uma e outra vez, ao trabalho de rua. (Voltarei a tratar destas questões, que pouco a pouco deixaram de ser empecilhos à pesquisa para se tornar seu tema. Por enquanto, digo que meu papel dentro da aldeia se definiu em função dessa situação instável e herdou algumas funções dos chefes – de grupo e de posto –, que eu poucas condições tinha de preencher. No final de uma permanência em campo, que me parecia ainda demasiado breve, os resultados foram se estiolando, como se tudo já tivesse sido dito ou visto. Circunstâncias pessoais me impediram, afinal, de continuar esse trabalho de campo ou retomá-lo posteriormente.)

Não faltaram, porém, compensações: a notável abertura – em todos os sentidos da palavra – e o interesse pelo estrangeiro por parte da sociedade Yaminawa evitaram demorados períodos de aproximação. Desde o primeiro dia convivi no seio de uma família e recebi todo tipo de informações sem restrições explícitas, a não ser aquela, já citada, do xamã. Embora não encontrasse exegetas entre eles, vários Yaminawa, líderes ou não, se revelaram excelentes comentaristas (embora talvez pouco ortodoxos) da própria cultura, cujas análises e cujas traduções deram impulso às minhas próprias.

A coleta de mitos e cantos Yaminawa foi o grande sucesso desta pesquisa, embora pouco mérito pessoal me caiba: os Yaminawa, com os intuitos mais diversos, devotaram-se ao registro em fita de suas tradições orais com uma ênfase que a mim só cabia celebrar. O trabalho de interpretação desse material foi empreendido em várias ocasiões, com quatro informantes diferentes, no epílogo de minha pesquisa de campo de 1993, e, de um modo mais sistemático, com a ajuda de Arialdo da Silva Yaminawa, durante o mês de junho de 1994. Afinal, aproveitando esse rico acervo de relatos, e generalizando teorias e observações que percebi como marcadamente pessoais, caberia ainda a possibilidade de descrever os Yaminawa de outro modo, muito mais acorde com o padrão da etnologia amazônica, mais pleno e decerto mais exótico. Não consegui cair nessa tentação; talvez com o tempo tenha me afeiçoado às lacunas Yaminawa.

Meu conhecimento dos Yaminawa depende de tradutores indígenas e da extensão do uso Yaminawa da língua portuguesa, especialmente rico nas áreas de interesse primordial desta pesquisa. Meu domínio do vernáculo permite, no melhor dos casos, acompanhar ou conferir as interpretações, mas nunca me deu autonomia para entender ou perguntar. Achei possível, dado o recorte histórico adotado, realizar o trabalho mesmo com essa limitação – é óbvio que o domínio da língua é necessário para completar temas importantes, que aqui são tratados com muita prudência.

Desde que completei a primeira versão deste texto (em forma de tese), até agora o número e a importância de suas falhas têm se mostrado cada vez mais evidentes, e a possibilidade de remediá-las com uma volta ao campo é cada vez mais improvável. Ao longo das páginas a seguir me deterei várias vezes para fazer aquilo que Malinowski, num dos apêndices a *Coral Gardens and their Magic*, chamou "confissões de ignorância e fracasso", para explicar os modos pelos quais tentei superar uma e outra coisa, ou, a rigor, elaborá-las como parte essencial da pesquisa.

Nota intersubjetiva

É comum reservar um espaço inicial para apresentar um autor que depois se esconderá atrás do texto. Pessoalmente, acho que um texto é muito melhor chamariz que esconderijo, e nele o autor sempre ameaça aparecer demais, à custa dos protagonistas legítimos, neste caso os Yaminawa. Limito-me por isso a umas breves linhas para situar os sujeitos da narração.

Tenho alguma ideia sobre a opinião dos Yaminawa a meu respeito: talvez mais torpe e extravagante que a média dos brancos, e ainda desprovido de *projetos comunitários* – mais sovina, assim, que o resto da raça. Os Yaminawa cuidaram de mim no seu mundo, apesar de tudo isso, e até manifestaram seu afeto – e não tenho dúvidas sobre sua sinceridade – por eu viver sob seu teto e comer sua comida, e mesmo por meu interesse indiscreto por parentes e problemas. Eles perguntavam também, e a curiosidade pelo estranho é neles maior que o desejo de privacidade – engloba e ultrapassa mesmo o seu fascínio pelos bens e o poder do branco.

E o que posso dizer deles? Frequentemente expulsos da categoria dos *índios autênticos,* os Yaminawa são autênticos sem substantivo: despojados, destrutivas, humoristas, mal-afamados e descontentes de si mesmos. não resgataram nossas utopias nem me deram satisfações morais. Vivem abertamente uma vida de modo habitual impiedosa, da qual compartilhei alguns momentos difíceis de esquecer e outros difíceis de lembrar. Citarei aqui os nomes indispensáveis, aqueles cujo teto compartilhei: Alfredo, Nazaré, Batista, e especialmente Juarez e Raimunda, a quem a tese foi dedicada. É em homenagem à sua autenticidade que cuidei para que esta narração não se distanciasse em excesso da experiência que a originou, e mantivesse esse humor, às vezes um pouco sombrio, que é também o seu.

Entre a escrita da tese e a escrita deste livro passou o tempo, e as pessoas que colaboraram com este trabalho se multiplicaram até o indizível. Devo lembrar a banca que julgou a tese – composta pelos professores Mauro Almeida, Dominique Gallois, Márcio Ferreira da Silva, Eduardo Viveiros de Castro e Aracy Lopes da Silva –, que fez contribuições valiosas, incentivou algumas das extensões que aparecem neste livro, demandou algumas precisões que, por pura falta de dados, seguirão sem aparecer, e começou gentilmente a revisão do meu texto, escrito num dialeto ibérico sem fronteiras precisas. Lembro os colegas e os alunos do Programa de Antropologia da Universidade Federal de Santa Catarina, especialmente Laura Pérez Gil e Miguel Carid Naveira, os alunos do Programa de Pós-Graduação em Antropologia Social, a quem acompanhei em 1998 em sua primeira viagem de campo entre os Yawanawa, e que têm sido interlocutores constantes. Lembro também os membros da Equipe de Recherche en Ethnologie Amerindienne e de outras instituições francesas que frequentei durante o ano de pós-doutorado (2002-2003), em particular Bonnie e Jean-Pierre Chaumeil e Anne-Christine Taylor. Antes de todos eles, a comunidade Yaminawa do Acre e as suas sucessivas lideranças: José Correia da Silva e Júlio Isodawa. Os contadores de histórias Juarez e Clementino. Antônio Caruma e Arialdo Correia, tradutores voluntariosos e criativos.

No Peru, devo me referir a Joaquín Barriales OP, que me facilitou materiais importantes; a Heinrich Hoeller; a Thomas Moore, coordenador naqueles tempos do Centro Eori; e aos dirigentes Shipibo da Federación Nativa del Madre de Dios (Fenamad).

Meus agradecimentos à Marta, da CPI-Saúde de Rio Branco, que mediou meu primeiro contato com os Yaminawa.

Aos funcionários das várias bibliotecas e instituições de pesquisas que visitei com proveito: Itamaraty, no Rio de Janeiro, Centro Las Casas, em Cuzco, CAAAP, em Lima, ICI, em Madri, e especialmente o Museu Goeldi, em Belém do Pará.

A Ângela por todos estes anos. Aos excelentes vizinhos de Tenoné, em Belém. A Tadeu, pai do ordenador. A Marcio Silva, cujo curso sobre parentesco não é responsável pelos erros, mas evitou que eles fossem muitos mais. A Stela Abreu, Nádia Farage e Marta Amoroso, pelo diálogo.

A Els Lagrou, Edilene Coffacci de Lima e Lúcia Smreczanyi, que me facilitaram bibliografia e documentos essenciais, e deram algumas opiniões não menos essenciais.

A Manuela Carneiro da Cunha, duplamente: como orientadora que animou a pesquisa e leu com simpatia seus resultados, e como coordenadora do Núcleo de História Indígena e do Indigenismo, dentro do qual foi possível uma pesquisa improvável.

À Fapesp, que financiava as atividades do Núcleo e me outorgou também uma bolsa individual de doutorado, entre 1992 e 1994.

Ao Projeto Transformações Indígenas, que, continuando em outra clave o interesse pela história indígena que motivou este trabalho, deu o impulso final para sua remodelação e publicação.

A Panologia

Algumas condições do conjunto etnolinguístico Pano – sua notável homogeneidade linguística e cultural, sua concentração numa área contínua no sudoeste amazônico – permitem falar, sem excesso de ironia, em Panologia.

Os estudos Pano contam já com uma tradição considerável. A sua inauguração pode se situar em 1888, quando Raoul de la Grasserie postulou um tronco linguístico Pano, que vinha a se somar ao grande quarteto Arawak-Tupi-Jê-Karib. Existe uma bibliografia anotada, publicada como brochura pelos *Cahiers Amerindia* (Erikson, Illius, Kensinger, 1994) e difundida na Internet (http://www.u-parisl0.fr/bibethno/website.

html), que teve logo sérias dificuldades para se manter atualizada, dada a proliferação de novas pesquisas – de fato, já tem anos de atraso.

É já muito difícil para qualquer especialista – impossível para este que escreve – manter um domínio exaustivo dessa produção. Assim, apenas situarei, para uma melhor compreensão do texto, os grupos, os estudos e os tópicos que resultam essenciais para a compreensão do texto.

Quanto aos grupos, me limitarei aqui a parafrasear Philippe Erikson (1992, p.239-42). Os grupos Pano se situam numa área contínua que abrange o Alto Solimões (5°S) até o Alto Purus (10°S) e desde o Ucayali e seus afluentes da margem esquerda (75°W) até as cabeceiras das bacias do Javari, Juruá e Purus. Fora dessa área, mais ao sul, na região fronteiriça entre o Brasil e a Bolívia, entre os rios Madeira e Beni, encontra-se um enclave Pano, que reúne os territórios Chacobo, Pacaguara, Karipuna e Kaxarari. Esses Pano meridionais, espalhados entre vizinhos Takana e Tupi e separados do resto do conjunto linguístico, formam até o momento o seu setor menos conhecido – as pesquisas etno-históricas de Erikson entre os Chacobo.

Passando para a área contínua, no seu setor sul, no meio ribeirinho do Alto e Médio Ucayali, encontra-se o conglomerado Shipibo-Conibo-Shetebo, cujo volume demográfico (+/– 20.000) alcança mais do que o dobro de todos os outros Pano juntos. Muito ligados à história missionária do Ucayali, e apresentando uma considerável homogeneidade cultural e linguística, os Shipibo-Conibo, donos de uma arte gráfica bastante distintiva, foram durante muito tempo os Pano por excelência – o mesmo nome do tronco linguístico procede de um grupo da região já desaparecido –, apesar de, dentro do conjunto, representarem antes uma exceção, que se manifesta sobretudo na sua fluvialidade.

Ao leste do bloco Shipibo-Conibo, na região interfluvial que se estende até os cursos altos dos rios da bacia do Juruá-Purus, encontram-se os numerosos e pequenos grupos que serão o objeto principal deste estudo: os Amahuaca, que, para abreviar, poderíamos chamar os "nawa" (incluindo Yaminawa, Sharanahua, Marinawa, Mastanawa etc.), e os Kaxinawá ou Huni Kuin, relativamente numerosos (+/– 2.500) e objeto da subtradição etnográfica mais detalhada e coesa.

Mais ao norte, na latitude dos Shipibo mais setentrionais, situam-se a oeste os Cashibo – um grupo há longo tempo isolado pela lenda de ferocidade criada a seu respeito, e praticamente integrado durante o século XX ao âmbito cultural Shipibo. E a leste o que Erikson denomina Pano medianos, o conjunto de Poyanawa, Katukina, Capanawa, Yawanawa, Remo e Marubo, que, escassamente pesquisados até data muito recente, permitem estabelecer uma ponte entre o sul da área inicialmente descrita e o conjunto Mayoruna, que ocupa o seu setor nordeste. Emblemas da selvageria nas fontes missionárias coloniais, os Mayoruna, cujo principal contingente é formado pelos Matsés do Peru, continuam até os dias de hoje alimentando uma ilusão primitiva, em boa parte devido ao impacto visual da aparência de grupos contatados no Brasil recentemente (Matis) ou muito recentemente (Korubo). As pesquisas, como se detalhará a seguir, têm reivindicado a sofisticação da sua cultura material e a sua continuidade cultural e sociológica com o resto do tronco linguístico.

Dos tópicos e dos autores pode se falar em conjunto. Kenneth Kensinger desempenhou, durante muito tempo, um papel de coordenador informal dos estudos Pano, servindo de ponte entre a produção do Summer Institute of Linguistics e elaborando sínteses e estados da arte (Kensinger, 1986). Com suas longas pesquisas entre os Kaxinawá – que já haviam sido tema de trabalhos importantes de Capistrano de Abreu e Tastevin –, elaborou um *corpus* etnográfico considerável e colocou no centro da incipiente Panologia um modelo Kaxinawá, proposto de modo mais ou menos explícito como representante mais fiel de uma hipotética ordem protopano. A essa predominância contribuíram também decisivamente os trabalhos em parceria ou em separado de Bárbara Keifenheim e Patrick Deshayes, dedicados principalmente às categorias de identidade e alteridade e ao xamanismo. Em resumo, o Kaxinawá é um caso de dualismo que ao mesmo tempo ordena o universo simbólico e serve como operador matrimonial – uma reunião de funções única nas Terras Baixas. As aldeias Kaxinawá, essencialmente endogâmicas, estariam baseadas na aliança de duas famílias extensas, geradas por uma troca de irmãs (mais ou menos ideal) entre os dois *shama ibu*, que repartiriam as tarefas de chefe e xamã. Uma terminolo-

O nome e o tempo dos Yaminawa

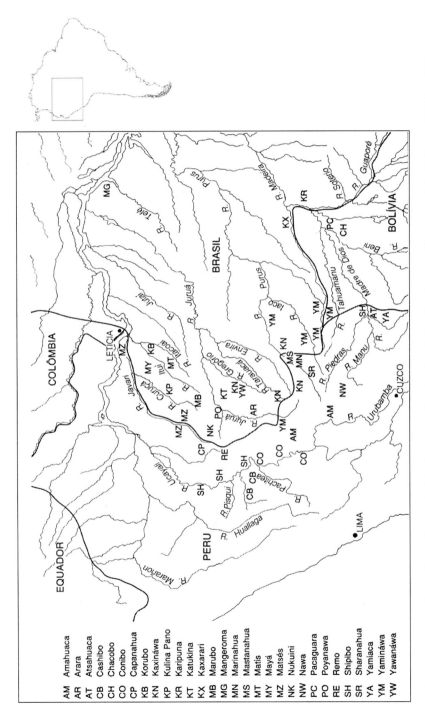

FIGURA 1 – O conjunto Pano. Reproduzido (com atualização dos dados Yaminawa e Yawanawa) de Erikson, 1922, p.242.

gia de tipo dravidiano excluiria termos específicos de afinidade – MBD equivale a esposa.[1] Quatro grupos, os *xutabu,* definidos por metade e geração (oito, se formos contar o critério de sexo), seriam depositários dos nomes pessoais.

Julio Cézar Melatti (1977), analisando o caso similar dos Marubo, pôs em evidência a congruência deste conjunto de grupos de nominação com um modelo "australiano", concretamente o *kariera,* em que essas seções operam na definição dos matrimônios, mas também na transmissão dos nomes, dando como resultado uma sociedade cíclica em que cada geração reproduz os nomes e as alianças da segunda geração ascendente. O kariera-pano – pois a configuração Kaxinawá-Marubo se estende a muitos outros grupos do mesmo tronco linguístico –, completando ou complicando a definição dravidiana, deu azo a uma discussão sobre o parentesco na etnologia das Terras Baixas, numa época em que outros modelos clássicos – no caso, os africanos e seu foco na linearidade – estavam sendo desterrados delas. O rendimento do modelo Kaxinawá inclui também uma sofisticada definição da identidade, que combina critérios diametrais (ou discretos) e concêntricos (ou contínuos) para criar uma região intermediária entre o *self* em sentido próprio e o *alter* absoluto, e distinguir entre uma alteridade interna e outra externa. Essa cuidadosa filtragem do mundo de fora permite sua reelaboração dentro de uma estrutura singularmente persistente.

Philippe Erikson (1993a), autor de uma excelente investigação sobre os Matis, que se concentrou especialmente na complexidade da sua apresentação corporal e dos processos rituais que a produzem, deu impulso dentro do conjunto Pano aos temas-chave do americanismo tropical dos últimos decênios: a corporalidade, a alteridade e a violência. Seu trabalho, muito rico em referências ao conjunto da literatura especializada, e realizado desde o que durante muito tempo foi considerado uma margem primitiva e atípica do conjunto Pano, alcan-

---

1 Esse esquema procede basicamente de Kensinger (1984, 1991), embora o mesmo autor tenha formulações anteriores; diga-se de passagem, o texto de 1991 já inclui uma considerável revisão do modelo, à qual este resumo esquemático não se refere. Vale a pena conferir também a síntese de Hornborg (1988, p.167-70).

ça uma definição mais abrangente e detalhada deste, sublinhando sua coerência interna.

Estudos mais recentes, de novo sobre os Kaxinawá (McCallum, Lagrou, entre outros), têm se dedicado intensamente ao tema da construção do corpo, ligado à atividade artística, às noções cosmológicas e à sociabilidade cotidiana. Têm dado também ênfase aos contrastes de gênero, centrais na organização de todo o universo ritual Pano, e que já tinham sido objeto de um trabalho, o de Siskind entre os Sharanahua, pioneiro e polêmico, ao propor a fórmula *"meat for sex"* como chave das trocas de bens materiais e simbólicos entre homens e mulheres.

Os Shipibo-Conibo – ribeirinhos do Ucayali, que durante muito tempo, como foi dito, foram os Pano por excelência, quase monopolizando as notícias anteriores a 1900 – têm sido o objeto de uma literatura muito ampla, muito menos centrada na organização social e parentesco, e muito mais na análise da sua arte, uma das mais refinadas e distintivas do universo indígena, e marca visível da civilização do Ucayali. É sobretudo através deles que a *longue durée* se infiltra nas páginas deste livro. O arqueólogo Donald Lathrap, promotor de vastas pesquisas multidisciplinares, articulou durante longos anos os estudos sobre o Ucayali, sendo pioneiro na revisão das relações entre os Andes e a Amazônia, embora a abertura dessa fronteira tenha sido feita à custa de um certo reforço da dicotomia fluvial-interfluvial, que será longamente questionada aqui.

No artigo publicado em 1985, em parceria com Angelika Gebhart--Sayer e Ann Mester, Lathrap propôs uma hipótese detalhada e espetacular sobre a pré-história Pano, que entre outras coisas afirmava a presença e o papel formador de uma elite quíchua que teria se instalado entre os povos Pano em data muito recuada, anterior mesmo à sua conquista do mundo andino. A tese de Lathrap teve a virtude de agitar toda uma matilha de fantasmas evolucionistas, que sempre organizou em sentido descendente as relações entre a cordilheira e o vale amazônico. O ponto mais espetacular do artigo de tríplice autoria esteve na integração, em qualidade de memória, das narrações Pano referentes ao Inca, cuja discussão ocupará o final da segunda parte deste livro.

Saltando dos hipotéticos períodos formativos à última hora de uma atualidade entrópica, a tese de doutorado de Graham Townsley (1988) sobre os Yaminawa peruanos é o ponto de referência mais próximo deste trabalho. Confirmando em essência a validade do modelo Kaxinawá – na terminologia dravidiana de referência, e nas formas kariera dos termos vocativos e da transmissão de nomes –, os Yaminawa se afastavam dele por uma fatal abertura ao exterior: o exterior arrasa com as formas tradicionais. Um exterior paradoxal, já que no dualismo que Townsley descreve o acento está posto sobre a metade externa do grupo – "nawa", consubstancial com a ruidosa exterioridade dos madeireiros, os militares e outras vanguardas do avanço nacional. A partir daí, os Yaminawa são um exemplo extremo da fecundidade e prioridade do *alter* na definição de um modelo "ameríndio" de socialidade. Além disso, o trabalho de Townsley desvenda aspectos da teoria psicológica dos Yaminawa muito instigantes para a discussão das noções de pessoa e de sujeito perspectivo, e mostra aspectos do seu xamanismo que questionam a sua percepção como prática "ritual" e "tradicional".

Embora tecnicamente fora do conjunto Pano – um táxon linguístico, em que os Piro de língua arawak não caberiam –, os trabalhos de Peter Gow sobre os Piro são uma referência relevante para este livro, em virtude da constante conexão que mantém com os Yaminawa e outros Pano, e também da temática que o autor promove: um olhar ao mesmo tempo etnológico e sociológico sobre as instituições criadas no contato com a sociedade nacional e sobre a mestiçagem, uma atenção à economia simbólica que organiza num mesmo campo índios *selvagens* e *civilizados* e homens *brancos* de toda laia. Enfim, a reivindicação dos mitos como material histórico no sentido mais pleno – uma questão que será especialmente discutida na seção final do livro.

A reelaboração deste livro a partir da tese original é contemporânea de muitas outras pesquisas sobre grupos Pano, cuja riqueza só terá aqui alguns ecos limitados: é mister citar entre elas as pesquisas de Edilene Cofacci de Lima (1994) sobre os Katukina e as de Laura Pérez Gil e Miguel Carid Naveira (2003) sobre os Yawanawa (na qual tive uma breve mas direta participação em campo) e posteriormente com os Yaminawa peruanos. Elas poderão corrigir ou contradizer os dados e as interpretações que aqui se oferecem, resultado de uma pesquisa demasiado curta e de uma rememoração longa, demasiado longa.

O nome

No texto, *Yaminawa* denota em primeira acepção a coletividade que ocupa a Terra Indígena Cabeceiras do rio Acre e outras aldeias aparentadas no rio Iaco. É um termo em certo sentido *jurídico*: existe em função das necessidades de classificação dos órgãos indigenistas e de direitos territoriais recentemente reconhecidos. Foi aplicado pela própria Funai àquelas comunidades que até então não usavam um nome comum mas uma pluralidade de etnônimos. Acontece, porém, que os índios não só aceitaram um nome estranho como também, desde então, aplicam-no com generosidade a outros grupos próximos – que talvez nem sempre o aceitariam.

Eles, é claro, não se preocupam com a claridade da literatura etnográfica. Perpassando os limites jurídicos, *Yaminawa* ganha abrangência mas perde qualquer referente seguro: a sua segunda acepção é essencial para o estudo, mas é equívoca e imprecisa, uma categoria imaginária que pode encarnar nos grupos mais diversos.

Na única monografia dedicada aos "Yaminawa", Graham Townsley adverte que usará o termo só por causa de sua tradição na literatura etnográfica: a rigor, *Yaminawa* não designa um grupo étnico. Os dois coletivos conhecidos por esse nome no Peru, e pesquisados por ele, não mantêm entre si vínculos genealógicos ou culturais que façam deles um subconjunto distinto dentro do que o autor propõe chamar *Purus Panoans*. Outros *"nawa"*, como Sharanahua, Mastanahua ou Marinahua, formam parte dessa categoria lado a lado com diversos grupos Yaminawa, sem grandes soluções de continuidade.

Na primeira parte do trabalho, uso essa primeira acepção restrita de Yaminawa; passo depois a falar de Yaminawa em sentido amplo e vago. Mas reconheço que as precauções de Townsley são justificadas, e é necessário repeti-las no começo deste trabalho. Os Yaminawa de que trata este trabalho são *outros* que os estudados por Townsley, embora decerto tenham vagos elos genealógicos com os Yaminawa e com outros Pano do Purus, aos quais ele também se refere. Se o objetivo principal de uma pesquisa fosse *evitar* equívocos, o certo seria tratar aqui de *Xixinawa* – em função do nome do "clã" majoritário na aldeia –, mas trocaríamos o equívoco pelo engano. Escolho o termo Yaminawa pelas mesmas razões que Townsley tem para apresentá-lo entre aspas: tento analisar o equívoco, supondo que ele preserva informações úteis. Um nome que convive com mudanças – sobretudo, nas fronteiras étnicas é fatalmente um nome ambíguo, mas seu desdobramento diacrônico o que aqui se pretende fazer é *história* – permite buscar uma ordem nessa ambiguidade. Se achada, é possível que "Yaminawa", variante histórica, renda afinal algumas invariantes etnológicas, algo de próprio e comum aos heteróclitos Yaminawa.

Sumário

A primeira parte do livro dedica-se a uma etnografia do grupo Yaminawa da Terra Indígena Cabeceiras do rio Acre. Sua função essencial é definir o sujeito da história descrito nos capítulos seguintes, sua estrutura interna e as fronteiras do grupo: o interesse essencial desta primeira parte está voltado à organização social. A primeira parte, Yaminawa, hoje, apresenta no primeiro capítulo os protagonistas e o espaço em que se movem, e depois trata de sua economia e seu cotidiano. O capítulo segundo tenta descrever as complexidades do sistema de parentesco Yaminawa – e de fato o mesmo título sugere a inutilidade de uma redução desse excesso a um esquema único, ou a uma razão sociológica em sentido estreito. O terceiro capítulo, "A sociedade em ato", divide-se em três itens, dedicados respectivamente às festas, à chefia e à instituição da *Koshuitia*, a pajelança; os três são recapitulações parciais dos primeiros dois capítulos.

A segunda parte do livro é uma tentativa de crônica Yaminawa. Uso o termo crônica deliberadamente, resguardando o termo "história" para uma discussão conceitual que deve aparecer na terceira parte. Busco estabelecer diferenças concretas em um processo que demasiadas vezes é apresentado como um fluxo único – de entropia cultural ou de "amansamento do branco", dependendo do ponto de vista – ou dividido em grandes períodos "ideológicos" (digamos, "vida tradicional", "perseguições", "cativeiro" e "libertação"). A ordem da exposição resulta de sobrepor ordem cronológica, um critério contínuo, e tipo de fonte. um critério descontínuo. Além de fugir de esquemas recebidos, essa ordem pretende também evitar vários problemas lógicos, especialmente o da pluralidade do sujeito histórico Yaminawa: é demasiado comum que as etno-histórias alinhavem na mesma sequência tradição oral e distintos tipos de documentação. No caso Yaminawa, o resultado seria decerto espúrio, porque cada fonte quer dizer algo diferente quando fala em "Yaminawa".

Os capítulos da "Crônica" serão os seguintes:

a) a época que parte da aproximação dos Yaminawa aos patrões brancos alcança seu clímax com a intervenção da Funai em 1975, e chega aos nossos dias. É um período do qual, além de uma memória detalhada e generalizada, existe uma documentação relativamente rica referente ao grupo em questão;

b) a época anterior à convivência com os brancos, definida pelo caráter exclusivamente oral das fontes usadas, muito embora algumas informações possam ser confrontadas com documentação referente a outros grupos. Sem marcos temporais indiscutíveis, o período deve se identificar principalmente com a primeira metade do século XX;

c) o ciclo da borracha, com documentação relativamente abundante, embora, em geral, vaga ou inespecífica. Uma questão central é a da correspondência entre esse período exógeno e a história oral Yaminawa. Existe uma certa tendência por parte dos antropólogos a identificar as "guerras com o branco" da tradição oral ao *boom* de fim de século, o que pode ser devido mais a certas mitologias ocidentais que aos dados disponíveis;

d) a época anterior ao *boom*, centrada na formação do etnônimo Yaminawa. Como no caso do item anterior, o capítulo repousa fundamentalmente na documentação, mas deve toda sua estrutura a dados etnográficos e inferências baseadas na mitologia;

e) o final da crônica reconsidera um certo imaginário amazônico que tendemos a encerrar dentro da cultura europeia – aqui tentaremos imaginar alguns usos indígenas da fábula. O encontro desses três conjuntos, história/sociologia/mito, se dará a partir dos relatos sobre o Inca, que proliferam entre outros grupos Pano, mas faltam entre os Yaminawa.

A terceira parte é dedicada à mitologia Yaminawa, da qual só se aproveitará uma parte ínfima: a que pode se recortar segundo os códigos sociológico e histórico. O capítulo 9 descreve o *corpus* de mitos, as condições em que foi compilado e algumas linhas gerais que podem servir para classificá-lo ou, mais exatamente, para desistir de classificações. Os capítulos 10 e 11, mergulhando no tema ubíquo da transformação, tratam de temas já esboçados na primeira parte, especialmente a construção da socialidade e o papel da afinidade nessa empresa. O capítulo 12 aborda, enfim, a historicidade e a temporalidade Yaminawa e reflete sobre o papel e o valor dos mitos.

Um longo anexo oferece resumos de mitos, que servirão de ilustração para a terceira parte e fornecerão dados importantes para as duas primeiras.

Se este resumo diz respeito aos temas do livro, quanto ao perfil intelectual do texto preferiria usar uma analogia musical. As monografias costumam ser escritas um pouco no estilo das sinfonias românticas: movimentos bem delimitados, cada um com suas melodias e seu tempo, e uma apoteose final em que se recapitulam os principais temas. A presente se aproxima mais de um conjunto de obstinadas variações sobre os mesmos temas, uma forma redundante que, por reproduzir em certa medida o processo de elaboração, me parece menos artificiosa que a outra. O leitor deverá ter paciência com a incompletude de algumas análises, que serão retomadas capítulos mais adiante, de ângulos diferentes. Não há um capítulo que possa levar de pleno direito o rótulo "conclusão": se a mitologia adquire um certo valor de corolário é porque lhe atribuo um interesse heurístico de primeira ordem, mas sobretudo porque aparece em último lugar.

Sobre a grafia

Já disse algo, e voltarei a dizer, sobre as limitações linguísticas que tiveram tanta parte no drama de minha pesquisa, mas resta dizer algo sobre a grafia adotada para transcrever os termos Yaminawa.

Entende-se que um etnógrafo deva elaborar uma grafia mais ou menos próxima de uma notação fonética, ao menos até o momento em que o povo que ele estuda chegue por sua vez a convencionar alguma. O caso que aqui nos ocupa é indeciso. As línguas Pano têm sido abordadas por um largo número de projetos de escrita, promovidos especialmente pelo Summer Institute of Linguistics (SIL) de um lado e pela Comissão Pró-Índio (CPI), seção Educação, de outro. É improvável que as diversas grafias propostas cheguem a se unificar a curto prazo. De fato, o trabalho das diversas ONGs dedicadas à alfabetização indígena no Brasil, valorizando as línguas mais como signo de identidade que como instrumento de comunicação, tem contribuído para magnificar as distâncias entre as línguas Pano: levadas ao papel;pequenas diferenças de pronúncia ganham uma nova profundidade. Isso se aproxima muito da estratégia linguística que os próprios Pano têm posto ao serviço dos seus impulsos centrífugos, multiplicando intencionalmente as diferenças léxicas ou fonéticas, não sem ensaiar, às vezes, a estratégia contrária de mimetizar a fala dos vizinhos em prol da criação de unidades maiores.

Antes de contribuir para essa Babel com mais um novo e incompetente sistema, opto por um método inconsistente, mas muito semelhante à segunda estratégia dos nativos. Isto é, tenderei a aproximar as palavras Yaminawa dos cognatos próximos mais divulgados na bibliografia. Assim, o lexema *nawa* aparecerá grafado assim, e não *dawa*, como de fato me pareceu sempre ouvir dos Yaminawa (alguns Yawanawa consideram que para falar Yaminawa basta trocar o "n" por "d"). Termos como *yuxi* ou *yuwe* aparecerão assim, e não como *ñusi* ou *ñuwe*, como eu mesmo costumava escrever nas minhas notas de campo, tentando dar conta da pronúncia anasalada dos Yaminawa. Os valores da grafia equivalem aos do português brasileiro, com o único acréscimo de ë, equivalente ao "eu" francês. Seguindo grafias já muito difundidas, uso com frequência **sh** em lugar de **x**, com o mesmo valor que este tem em início de palavra. A possível confusão de um leitor não especializado da bibliografia Pano não diminuirá com isso, já que as opções seguem sendo divergentes, mas pelo menos não terei contribuído para aumentá-la. Num único caso me empenhei, pelo contrário, em criar uma grafia inédita até o momento. "Yaminawa" combina a forma mais comum no Peru, "Yaminahua", e a grafia oficial brasileira, "Jaminawa". As razões dessa escolha são complexas e de alguma relevância para o argumento deste trabalho: aparecerão na segunda parte.

Parte 1
Yaminawa hoje

1
A aldeia Yaminawa

Gentes e lugares

Os Yaminawa da Terra Indígena (TI) Cabeceiras do rio Acre, no município de Assis Brasil, tal como os conheci aproximadamente dez anos atrás, constituem o objeto deste estudo. É essa uma definição *a priori*, primeira entre outras que permitirão que o texto avance. Se procurássemos uma unidade etnográfica *real*, estaríamos tentados a incluir, no mínimo, os Yaminawa do Alto Purus e do Alto Iaco, e os Yawanawa da Escola e do Poção – no rio Acre, a jusante de Assis Brasil e na margem boliviana do rio. Também os Bashonawa que circulam entre Brasileia e Rio Branco, e outros pequenos grupos no Alto Purus.

Essa era minha intenção original, pois acreditava que uma variedade de grupos fundamentaria melhor meu estudo. Foram motivos circunstanciais que limitaram a pesquisa a um só local, mas não faltam razões que valorizem essa limitação. O que temos no Alto Acre já é um conjunto de comunidades, e veremos que os Yaminawa existem só como pluralidade. Uma extensão do campo renderia não a visão global de uma estrutura, mas a repetição dos mesmos conjuntos até um limite impreciso. Viagens a outras aldeias dificilmente contribuiriam para fechar a questão; ao contrário, talvez promovessem sua abertura em excesso.

A área

Estou, porém, adiantando juízos. Vamos começar descrevendo lugares. A TI Cabeceiras do rio Acre é produto de outra definição *a priori*. Foi oficializada em 1988, por uma portaria da Funai,[1] como área indígena Yaminawa, quando moravam no local uma parte de seus atuais habitantes e mais dois colonos brancos, expulsos logo a seguir. Não há posto da Funai na aldeia, nem nunca houve, pelo que eu saiba: atípica no conjunto do Brasil, essa situação é habitual no Acre, onde a presença do indigenismo oficial é relativamente recente e fraca.

Em 1992 a área foi quase quadruplicada.[2] Mais do que as reivindicações dos índios, o que gerou essa ampliação foi a própria lógica dos limites: foram incorporados espaços intersticiais entre a TI e outras áreas de preservação. No mapa, a TI é um pequeno território conjuntivo delimitado por unidades maiores e em geral preexistentes: a TI Mamoadate, que inclui a bacia do Alto Iaco; a estação ecológica do rio Acre, que alcança as fontes do rio; a gigantesca reserva extrativista Chico Mendes; e a república do Peru, na margem direita do Acre.

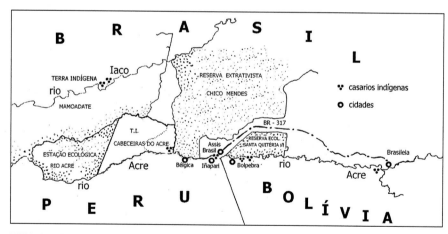

FIGURA 2 – A Terra Indígena Cabeceiras do rio Acre no seu contexto. (Todos os croquis são do autor, exceto quando indicado).

---

1 Portaria n.1173/88 e Parecer n.200/88 da Funai, que interditava um total de 18.870 ha.
2 Na identificação de área realizada pela Funai, com data de 6 de março de 1992, o resultado é um perímetro de 170 km, área total de 76.680 ha.

No terreno, tudo isso não significa muito. A reserva extrativista Chico Mendes praticamente não sai do papel (isso, ao menos, era o que se dizia à época da minha pesquisa); a estação ecológica não conta com nenhuma instalação ou pessoal de serviço; e o mesmo pode se dizer da república peruana, águas acima de Bélgica – uma *Comunidad Nativa* Piro localizada a meio caminho entre Assis e os Yaminawa. A frouxa densidade demográfica e a carência de transporte evitaram até agora que esses limites fossem objeto de disputa.

Nessa paz, talvez provisória, o mapa não diz grande coisa sobre a localização real dos Yaminawa. Uma contagem feita em outubro de 1993 da população estável da TI deu um resultado de 164 indivíduos. Estes se concentram de fato em um setor da área, à beira-rio e perto do limite da reserva; anos mais tarde (Coutinho 2001, p.25), um grupo de Yaminawa, em sua maior parte procedentes da Bolívia, se instalava águas acima, no Igarapé dos Patos.

Vale a pena fixar alguns termos: os Yaminawa usam frequentemente *área* e *aldeia* como referência espacial. No entanto, *aldeia* – que traduz o termo vernáculo *noko xana* – designa também, e preferentemente, uma unidade sociopolítica, e assim incorpora a ambiguidade das fronteiras Yaminawa: dependendo da situação do emissor e do ouvinte, *aldeia* pode se referir ao conjunto dos assentamentos indígenas situados dentro da área ou a um setor dela. Dentro da *aldeia* podem se distinguir, se as circunstâncias o exigem, duas ou mais *aldeias:* salvo contexto em contrário, usaremos *aldeia* no seu sentido unitário.

Um terceiro termo, *casario* – que será mais bem explicado na p.46 –, servirá para designar as unidades residenciais, organizadas geralmente em função de relações de parentesco.

Para distinguir aldeias dentro da TI, os Yaminawa usam quatro topônimos: Ananaia, Apuí, São Lourenço e Rio Branco. Trata-se, como é visível nos mapas adjuntos, de pontos de referência cujo correlato social é variável. Apuí é um grande casario que alberga um conjunto social coerente e diferenciado do resto da aldeia. São Lourenço agrupa dois casarios claramente separados, mas com vínculos de aliança. Casarios menores estão instalados nos interstícios entre esses quatro.

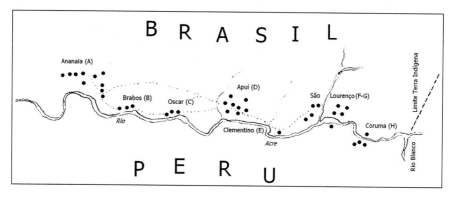

FIGURA 3 – Os casarios dentro da TI.

Os três últimos tomam seus nomes dos igarapés vizinhos, e Ananaia já era chamado assim pelo seu ocupante branco, antes da definição da área. Os Yaminawa não se preocupam em nomear o espaço: transitam há muito tempo em uma terra batizada por estranhos e gostam de se instalar no próprio covil dos estranhos. A aldeia plural que comecei a apresentar tem um alter-ego na cidade de Assis Brasil, de que muito falarei adiante.

A rua

Herdeiro da sede de um antigo seringal, Assis Brasil existe como município desde meados da década de 1970, quando foi segregado de Sena Madureira. Tem uma estrutura básica – correios, agência do Banacre, escola, posto de saúde e hotel – e é vizinho de um quartel do Batalhão de Fronteira do Exército. Há uma praça com jardins perto da qual se agrupam os logradouros públicos, a casa e os estabelecimentos de maior proprietário local, entre eles o hotel em cuja frente para o ônibus de Brasileia; duas avenidas calçadas de pedra, uma na linha da estrada e outra menor paralela ao rio, ambas formadas por comércios; e uma série de retas de terra que partem para leste, atravessando igarapés, indo da alvenaria à tábua, à paxiúba.[3] É a essa discreta representante

---

3 A paxiúba (*Iriartea exorrhiza*) é uma palmeira usada para vários fins, mas especialmente na construção: é fácil de fender com o machado em lascas longas e regulares, que equivalem, rusticamente, a tábuas serradas.

das pequenas cidades do interior amazônico que os Yaminawa afluem quando decidem "ir para a rua". Assis Brasil tinha, segundo o censo de 1991, uma população urbana de 1.616 indivíduos, mas o número pode significar pouco para uma cidade suscetível de crescer rapidamente: durante os meses de julho e agosto, no auge da seca, um ônibus diário chegava de Brasileia, a 118 km, superlotado de passageiros, que em boa parte vinham para examinar as possibilidades de se estabelecer na fronteira. Qualquer garoa diminui inapelavelmente essa comunicação, que nos meses de chuva intensa acontece parcimoniosamente pelo rio. O destino de Assis depende da estrada BR-317, cuja consolidação progride a passos minúsculos, e que pode vir a converter-se na famosa ligação Atlântico-Pacífico. Do outro lado do rio Acre estão a cidade peruana de Iñapari – um terço ou um quarto do tamanho de Assis, e com comunicações ainda mais precárias –, e, um pouco a jusante, Bolpebra, na Bolívia.

Os Yaminawa têm formado seu bairro no limiar dessa cidade: da estrada que leva a Iñapari ao igarapé Yaverija (às vezes pronunciado Javari por eles ou pelos brasileiros), que marca a separação entre Peru e Bolívia. São no mínimo seis as casas em que os Yaminawa passam um terço de seu tempo, atraídos pelas aposentadorias do Funrural, festas,

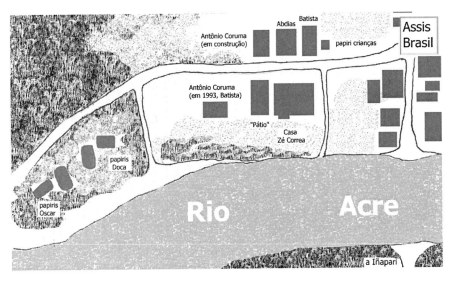

FIGURA 4 – O bairro Yaminawa na periferia de Assis Brasil.

produtos e serviços dos brancos. Durante a minha pesquisa também passei muito tempo em Assis, preso pelas dificuldades para subir o rio até a aldeia ou pelo fechamento da estrada até Brasileia e Rio Branco. Depois de muito desespero de ver correr sem proveito um tempo valioso – o campo, supunha eu na época, devia ser feito no campo –, acertei ao ver que a vida à toa de Assis Brasil é parte importante da "etnologia yaminawa" e talvez seja mesmo seu ponto neurálgico.

O rio

Voltando definir o espaço, entre Assis e a aldeia Yaminawa está o rio Acre, um pouco mais de quarenta quilômetros de praias e estirões. Essa medida não significa muito quando o estado do rio é tão variável, e tão diferentes os modos de percorrê-lo, que mal posso dizer que desde o ano de 1991 tenha feito duas vezes a mesma viagem. Um bom motor de rabeira leva até a aldeia em cinco horas, subindo, se o rio estiver bem cheio; nessas condições uma voadeira não demoraria mais de meia hora – é claro, se alguém arriscasse uma máquina custosa nas paliçadas e nos bancos de areia do rio. Os Yaminawa possuem vários motores, de gasolina e óleo diesel, mas por uma ou outra razão é raro que percorram o rio desse modo. O mais comum é viajarem nas suas canoas monóxilas, empurradas pelo varejão de cana-brava. O ponto ideal do rio, com esse meio de transporte, é de difícil definição. Na seca (de junho a outubro, aproximadamente), a canoa mais leve encalha constantemente e é preciso empurrá-la: a subida e a descida são igualmente penosas, em duas jornadas completas. Nas chuvas, a correnteza permite descer sem esforço em seis horas, mas dificulta muito a subida – com a cheia, além de vencer a correnteza contrária, o varejão tem de procurar apoio nas ribeiras, dilatando a viagem por umas quatro jornadas. Deve-se lembrar que neste curso alto do rio, próximo das cabeceiras, a seca e a enchente podem se suceder com rapidez: um aguaceiro pode, em pleno julho, multiplicar por dez o volume do rio em questão de horas; vários dias enxutos secam o caminho em pleno janeiro. No auge da seca, e se a carga não for excessiva, pode-se fazer o caminho a pé, demorando de oito a doze horas, "praiando", isto é, passando em cada volta do rio de uma praia a outra – um modo "marginal" de viagem, praticado por elementos isolados que voltam de negócios na cidade ou por jovens desocupados, que aproveitam a maior liberdade de movimentos do verão para ir a festas e visitar conhecidos. Várias "varações" – quatro são as mais usadas pelos índios – cortam os meandros demasiado longos, com uma picada através da terra firme. As varações formam parte de uma rede de caminhos de floresta – estradas de seringa ou ligações entre as distintas colocações – praticados pelos sitiantes, e que constituem um caminho alternativo ao rio em boa parte do percurso. Mesmo quando os índios viajam de canoa, parte dos passageiros prefere atravessar a pé as varações e esperar a barca do outro lado.

O ideal para os Yaminawa, que não têm muita pressa, é uma situação intermediária, que permita dirigir a canoa sem esforço excessivo e mariscar durante a viagem; no ponto médio o rio tem ainda praias amplas, onde se levantam os "papiris", que dão refúgio durante a noite. Habitualmente são dois ou mais cavaletes ou tripés de cana-brava grossa, com mais uma cana servindo de cumeeira. O conjunto é amarrado com folhas de palmeira, ou às vezes com corda ou casca de embira, e coberto com as mesmas folhagens da cana-brava – quase toda praia tem um, mais ou menos recente, e assim o trabalho muitas vezes se limita a cobrir melhor a estrutura já pronta. Numa viagem calma é possível visitar e trocar alimentos com os ribeirinhos. Estes podem ser "brancos", "brasileiros" ou "peruanos", de um lado ou de outro do rio. "Branco" e "brasileiro" são categorias mais ou menos intercambiáveis; "peruano" tem quase sempre uma acepção mais complexa. Assim são designados em primeira instância Piro, Manchineri ou Catiana, ou mestiços deles, embora, em conversas mais detalhadas, os Yaminawa possam passar a defini-los como "índios". Os "Piro" são detentores de uma *Comunidad Nativa* no Peru, aparentemente ampla e bem dotada em comparação com a TI brasileira. Com uma visão que será interessante contrastar com a dos próprios Yaminawa, consideram-se a si mesmos "gente misturada".[4] Alguns elementos emergem dessa mistura

---

4 Peter Gow se inspirou nessa autodefinição na sua monografia sobre os "Piro" do Urubamba (Gow, 1987). Sua pesquisa previa uma continuação, ao que parece

definidos como Catiana, outrora principais ocupantes da região. Dos Manchineri, falarei bastante ao longo do estudo. Classificados por etnólogos e linguistas entre os Piro, e inimigos de longa data dos Yaminawa, tomam distância daqueles e seguem os últimos como uma sombra. Há dois anos, um grupo numeroso morava rio acima, perto de Ananaia, na área indígena. Agora estão mais perto dos Yawanawa da Bolívia, mas ainda ocupam algum casario no caminho; cabe destacar o de Agostinho Manchineri, que marca a metade da viagem, e de cujo dono os Yaminawa têm comprado algumas canoas. Os "brancos", "mestiços" ou Manchineri do caminho paradoxalmente fornecem alguns artigos tradicionais aos "primitivos" Yaminawa, associados à Funai e às ONGs: potes de cerâmica, artefatos para caça, tracajás em troca de cartuchos, panelas de alumínio ou colchões. Não raro, sobretudo em caso de jovens sem muito compromisso, os Yaminawa mantêm casamentos mais ou menos informais com algumas mulheres Manchineri. A viagem, em suma, não é um trajeto vazio entre dois pontos, senão uma atividade atrativa que os Yaminawa raramente se esforçarão em apressar. A frequência com que percorrem esse caminho, porém, tem possibilitado a sua cronometragem: o caminho é medido por voltas e estirões, por colocações, mas também por horas, com uma grande precisão: grande demais até para quem não tem pressa.

A casa

Todos os Yaminawa têm sua moradia junto ao rio – a uma altura razoável sobre o barranco, em previsão das cheias –, diferente do que

---

sustada, nessa mesma Comunidad de Bélgica. É bom lembrar que os critérios de identidade étnica no Peru e no Brasil contrastam: no Peru, "indígena" é uma palavra politicamente incorreta, substituída por "campesino" quando se trata de povos andinos e por "nativo" ao se referir aos amazônicos. A genealogia, recusada como critério de indianidade pelos indigenistas brasileiros, foi o instrumento dos indigenistas peruanos (Thomas Moore, com. pess.) para identificar e legalizar o grupo de Bélgica como Kosichineri. Perguntados a respeito, os "Piro" ou "Peruanos" do rio Acre dão à genealogia (misturada, é verdade) um papel identificador que decerto não há entre os Yaminawa.

acontecia antigamente, quando por razões de segurança morava-se no mato. O modo antigo não foi esquecido: alarmado pelas notícias sobre o cólera, um Yaminawa me confiou seu projeto de se retirar com sua família para dentro do mato "meia hora, duas horas adentro", durante dois ou três anos, até que a epidemia cedesse.[5] Todos – também diferentemente dos tempos antigos, quando se levantavam grandes casas comunais – moram em casas individuais, que albergam uma família nuclear com eventuais extensões. Nada impede que exista uma casa de um homem só, já adulto, na vizinhança imediata da casa da mãe, que cozinha para ele. Não há nenhum simbolismo *agregado* na casa: isto é, não há uma orientação definida, não há divisão de espaço entre gêneros, idades ou categorias; os elementos e lugares da casa carecem de conotações religiosas ou de outro tipo; qualquer simbolismo que um observador possa extrair será para os Yaminawa inconsciente e mediado pelo uso cotidiano.

As casas Yaminawa estão construídas no estilo "regional": são palafitas apoiadas em pares de esteios e com teto de duas águas, coberto de "palha" de jarina. O chão é de paxiúba, como as paredes, quando estas existem. É, em resumo, a casa de seringueiro, talvez com a única particularidade de não possuir muitas vezes parede, no caso dos índios. Com parede ou sem ela, esse "estilo regional" vai aos poucos se convertendo em "estilo de índio", na medida em que se generalizam entre os regionais brancos a tábua plainada e a folha de flandres; o teto de palha e a paxiúba, na periferia das cidades da região e mesmo ao longo dos rios, se converteram já em índices bastante seguros de moradia indígena.

Sobre essa base comum, as diferenças entre as casas podem ser espetaculares, tanto no que diz respeito ao tamanho quanto à qualidade da construção e à cobertura. Há casas minúsculas de não mais de dez metros quadrados e em cujo interior eu devia permanecer curvado, e outras cujas dimensões impressionam a quem as contempla de perto, com aproximadamente seis metros do chão até o ápice do teto. Nos

---

5 A tática de dispersão e refúgio adotada perante as epidemias é antiga: já no século XVII os missionários franciscanos do Ucayali comentam a respeito, com mau humor (um exemplo em Amich, 1988, p.345-6).

casos mais simples, trata-se de uma plataforma aberta em cujo espaço armam-se em paralelo as redes quando é preciso, penduradas às traves laterais; em outros casos, há uma separação de paxiúba entre uma "varanda" que serve para as refeições e as visitas, e um espaço interior onde se dorme. De fato, mesmo onde não existem essas divisórias, a privacidade dos moradores está assegurada pelos mosquiteiros, que de algum modo têm sucedido às divisórias de palha trançada da antiga maloca. Confeccionados pelas mulheres Yaminawa com retalhos de pano, os mosquiteiros dos índios têm pouco que ver com os mosquiteiros para rede, de filó ou tarlatana, que podem ser comprados em Belém ou Manaus. Bem maiores que estes, e totalmente opacos, abrigam um adulto, ou um casal, e várias crianças, na rede ou em colchões colocados embaixo desta; é frequente que as meninas ainda solteiras durmam com seus irmãos menores, deixando só a criança de peito no mosquiteiro dos pais. Os homens jovens, sem compromisso, sem dinheiro e sem mulher que costure para eles, podem dormir em rede individual e sem mosquiteiro. Cada casa tem um pequeno sótão – um conjunto de paxiúbas atravessadas sobre as traves que sustentam o teto –, que serve para armazenar provisões, ou pertences pessoais, ou mesmo como dormitório de algum jovem. Um balcão que fica exposto à chuva é usado para instalar e lavar a bateria de cozinha. São raros os fogões internos, de barro ou mesmo de tijolo e chapa de ferro; o fogo da cozinha se instala mais comumente no chão, sem orientação fixa. Existem eventualmente acessórios externos, como um papiri para guardar bananas ou macaxeras, ou um pequeno galinheiro de paxiúba.

A casa-grande

Mas as verdadeiras unidades residenciais são os conjuntos de casas, que chamarei aqui de "casa rios", habitualmente constituídos em função de relações de parentesco. Os Yaminawa abandonaram suas casas "comunais" ao longo da sua relação com os brancos, e ainda lembram com detalhes a grande moradia oval, um teto que chegava perto do chão em que as famílias individuais dormiam junto a pequenos fogos. A mudança é menos profunda e menos exógena do que pode parecer; os "casarios" Yaminawa atuais continuam a "maloca" do passado, e de fato o nome que lhe é atribuído perpetua o daquela: *peshewa* ou *peshetiepa* = casa-grande. Literalmente poderíamos traduzir casa-mãe ou casa-pai, mas os dois termos são amplamente usados como sufixos aumentativos. Uso "casario" em lugar do termo indígena porque a sua constante aparição induziria a considerá-la uma *categoria* nativa, o que seria uma mistificação.[6] De fato, os Yaminawa raramente usam a palavra; habitualmente, se referem a casarios concretos, por meio do topônimo.[7]

Se a arquitetura mudou, os habitantes são em linhas gerais os mesmos. Em cada casario encontramos conjuntos de casas justapostas com separações que variam segundo a proximidade dos seus habitantes: em alguns casos praticamente geminadas, em outros – sobretudo se tratando de aliados que esperam mudar para um casario de consanguíneos –, acintosamente separadas, aproveitando plantações ou acidentes do terreno. Não é só a hostilidade dos brancos ante as moradias comunais que tem desterrado estas, mas principalmente a perda de autoridade dos velhos para impor aos jovens um teto comum: as moradias individuais na clareira comum são o termo de acordo entre a novidade e a tradição.

À primeira vista, há poucas coisas tão informais quanto o padrão espacial da aldeia Yaminawa. Os casarios podem se comunicar entre si pelo rio, e já vimos que cada um tem seu porto; mas de São Lourenço para cima existem também varações, picadas na floresta. Essas picadas, mesmo as principais, são, como tantos outros itens da cultura Yaminawa, descartáveis. Improvisam-se com relativa simplicidade e, mais facilmente ainda, a queda de árvores ou de massas de taboca ou a derrubada de uma roça no meio delas as fecham. Quando isso acontece, pode se abrir um segmento de caminho que salve o obstáculo, ou aproveitar uma via alternativa, picada antiga ou caminho de roça, que restabeleça a comunicação. Pode também não se fazer nada disso, seja porque o caminho do rio é mais fácil no momento, seja porque a via não é de fato muito

---

6 Cf. no segundo capítulo as considerações sobre o uso de "palavra" e "categoria".

7 A mesma continuidade entre *"cluster"* e *"peshewa"* é anotada por Roe (1982, p.37-8). Castello Branco (1952, p.31-3) fornece algumas descrições interessantes de moradias Pano nos anos da borracha.

transitada. A flexibilidade dos caminhos faz que eles sejam índices muito sensíveis do relacionamento entre os casarios: são largos e desimpedidos quando unem – por exemplo, consanguíneos recentemente separados por um casamento –, e são becos intransitáveis entre comunidades politicamente distantes. O mapa atual tem mais relação com um estado transitório da sociabilidade Yaminawa que com uma topografia cultural permanente da aldeia. É conveniente acrescentar--lhe uma descrição da distribuição residencial visível.

Por que não começar com Ananaia (casario A)? Primeiro a montante, primeiro pela ordem alfabética, primeiro pouso de qualquer pesquisador ou visitante branco, era no começo da minha pesquisa a sede oficial dos Yaminawa. Caberia também deixá-lo para o final, porque Ananaia é um casario atípico. Na atualidade – a mobilidade Yaminawa não permite esticar essa atualidade muito além de outubro de 1993, quando concluí minha visita –, reúne dois grupos familiares e mais duas famílias nucleares entremeadas. O grupo principal é o de Júlio Isodawa, atual cacique, com seus irmãos e os filhos destes; o outro é o de José Antonio Tuxaua e seu filho. As duas famílias nucleares poderiam de fato formar um terceiro casario: Agustim, recém-chegado, é irmão de Xima – mesmo que essa conjunção venha a efetivar-se daqui por diante, não parece propiciada pela disposição da casa. Talvez não valha a pena discutir essa conduta, por causa de certas peculiaridades de Ananaia que podem ser observadas nos mapas. É, contra o costume dos Yaminawa, uma grande clareira pensada primordialmente para a cria de gado vacum – promovida por velhos projetas do governo – e um povoado não fundado em laços de parentesco mas em razões "políticas". A maior parte dos moradores é "funcionário" e depende di reta ou indiretamente de instituições indigenistas.[8] A escola fixa Júlio, cacique, que é professor, e Xima, que é também professor; a enfermaria fixa José Antonio Filho, e o gado fixa Agustim, que recebeu há pouco o encargo de cuidá-lo. O enfermeiro e o cacique anteriores moravam lá – o último foi deposto, e o primeiro saiu após a morte do seu pai.

---

8 Fundamentalmente da Comissão Pró-Índio do Acre, em suas seções CPI-Saúde e CPI-Educação.

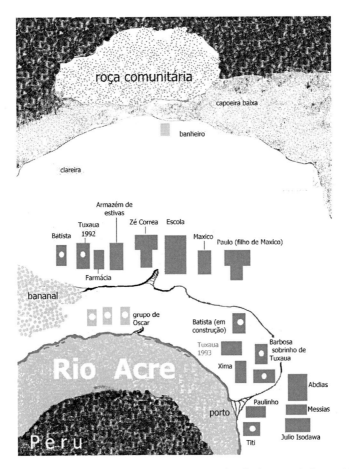

FIGURA 5 – Ananaia em 1992 (as casas com um círculo branco tinham sido abandonadas, ou o estariam já em 1993).

Ananaia foi há muito pouco um povoado mais vigoroso: tem agora algo de vila fantasma ou de ensaio malfadado. Em 1991, moravam em Ananaia, com o então cacique Zé Correia, e além dos já citados, Titi e Paulino (agora no casario D), Adão (ausente agora da aldeia, seus filhos estão em F), Batista (em F), Machico e seu filho Paulo (o velho morreu e o novo se mudou para uma colocação de seringueiros). Nesse mesmo ano tinha se mudado de lá o grupo de Oscar (agora casario C). No total, Ananaia chegou a ter nove casas a mais do que tem agora, dez contando a moradia independente do primogênito de Correia com sua esposa. A montante, localizava-se ainda o grupo de Manchineri. As ausências do chefe e os conflitos em volta dele enfraqueceram Ananaia, mas a maioria das defecções aconteceu em favor de arranjos familiares mais regulares que a aldeia "comunitária".[9]

O contraste é grande nos dois pequenos casarios que seguem a jusante: o primeiro, o de Luís Brabo e seu filho Manel Brabo, com o acréscimo de um genro, Rubens (casario B). Esse "Brabo" é um apelido que alude não a alguma violência, mas a um caráter que se considera próprio do índio incivilizado. Atribuído ao velho, o humor Yaminawa o estende agora a todos os membros do seu grupo doméstico, mesmo a Rubens, casado com uma de suas filhas. É assim o casario dos "Brabos", que tem estreitas relações cotidianas com o grupo de Júlio.

O casario de Oscar (casario C) é também de pequeno tamanho, e está centrado no seu chefe, que trabalha com seu genro Pelé – a casa deste está separada da do sogro por poucos pés de bananeira – e seu filho Doca, casado com uma mulher já madura, um matrimônio que não tem lhe obrigado ao serviço da noiva. Oscar, um homem de uns 55 anos, é irmão de Tuxaua, e em vários sentidos marginal ao padrão Yaminawa: com um pé amputado em acidente há muitos anos atrás, é ajuizado, trabalhador persistente, discreto e cuidadoso com as suas contas. Sua esposa é irmã de Olavo e Sebastião. É o único Yaminawa, além do pajé, que não bebe: uma peculiaridade que seus vizinhos lembram constantemente ao pesquisador.

Apuí, o seguinte casario, é sem dúvida o maior. O velho Olavo tem a fortuna de reunir filhos e genros em volta dele. Apuí é um povoado em alguma medida autônomo, sem muita relação com os casarios vizinhos nem, comparativamente, com a cidade dos brancos: seu tamanho lhe dá uma gravitação própria que de algum modo evita o pendor centrífugo dos outros casarios. Os homens de Apuí celebram uma sessão de *shori*

---

9 Pode ser interessante comparar o caso de Ananaia com outros processos de "villagization" de grupos indígenas. Veja-se por exemplo Århem 2000, onde as ambições de jovens líderes Makuna, e as tensões entre maiores e menores dentro do grupo de irmãos, jogam um papel importante – junto às pressões do processo civilizatório nacional –, no surgimento desse novo tipo de assentamento. O sucesso do projeto, como podemos ver, é muito menor no caso Yaminawa, cuja propalada desagregação é, no caso, notavelmente conservadora.

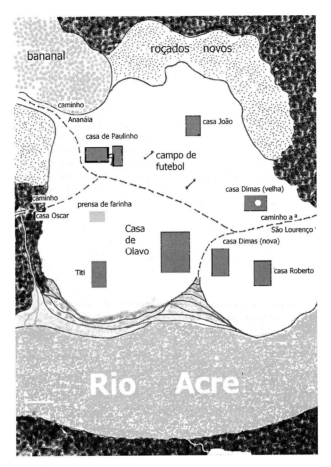

FIGURA 6 – Apuí.

(ayahuasca) todo sábado; não há outro exemplo entre os Yaminawa de um evento regular desse tipo. Apesar de ter densos vínculos de parentesco com os outros Yaminawa, Apuí permanece relativamente à margem da política Yaminawa – nunca vi um de seus habitantes numa reunião, e seu papel nas recentes disputas tem sido rigorosamente neutro;[10] nos jogos de futebol que acontecem com frequência na aldeia, Apuí apresenta um time próprio contra o do resto dos Yaminawa.

---

10 Não se trata de uma característica "invariável" de seus membros, que, como veremos na segunda parte, tomaram parte ativa em violentas disputas poucos anos atrás.

Do ponto de vista demográfico, o casario de Clementino (casario E) está no extremo oposto: já de pequeno tamanho em 1992, em 1993, com a mudança do filho Raimundinho para São Lourenço, ficou reduzido a uma só casa, onde moram Clementino, sua esposa e uma enteada solteira. Clementino é um homem "pobre" – sem grande ajuda dos filhos, mau administrador de dinheiro e assim desprovido de espingarda e munição para caçar – mas sumamente respeitado como contador de histórias e conhecedor de tradições: é provavelmente o único Yaminawa com quem todos os outros declaram ter vínculos de parentesco. Sua esposa tem, de um outro matrimônio, cinco filhos residentes agora em casarios diversos, no Acre e no Iaco.

São Lourenço (F-G) foi minha residência durante a maior parte da pesquisa de campo, e meus dados mais completos procedem de seus habitantes. À vista de um mapa, não é difícil perceber algumas características do assentamento: São Lourenço se compõe de fato de dois casarios diferentes, que não têm ligação por terra e se comunicam só por canoa – o trecho de rio que medeia ambos é um poço profundo muito usado nas pescarias, mas não apto para ser atravessado a pé. Essa cesura serve só para sublinhar o fato de que nenhum outro par de assentamentos mantém entre si relações tão intensas. Mais especificamente, essas relações se fundamentam em vínculos simétricos de aliança: um filho do velho Alfredo mora com seu sogro Sebastião, e um filho deste habita uma casa vizinha de Alfredo e é casado com uma de suas filhas. Sebastião, que é o xamã (Koshuiti), tem Alfredo como parceiro habitual nas sessões de *ayahuasca* e o visita praticamente todo dia. Em suma, é o único casario que evoca claramente um modelo dual "primitivo", sugerido nas descrições dos tempos antigos de outros grupos Pano.[11] Miguel e Antônio Pedro acrescentam extensões pouco ortodoxas desse modelo: o primeiro parece simplesmente "justaposto" – suas filhas se casaram com homens do casario A, e ele não tem parentesco próximo com os de G – e o segundo acumula dois modos de adesão que poderiam parecer excludentes, como filho da esposa de Sebastião e como esposo da filha de Sebastião.

---

11 Os meus dados quase nada dizem a este respeito, mas as evocações são explícitas em Townsley (1988, p.75-85), para não falar do modelo Kaxinawá, organizado em volta dessa dualidade.

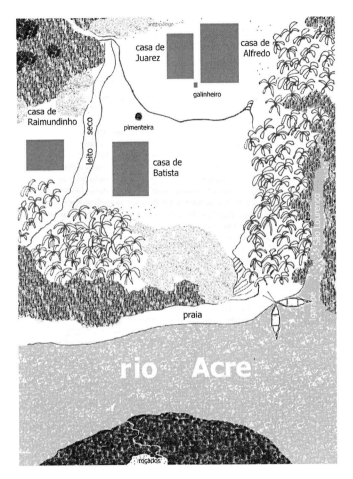

FIGURA 7 – São Lourenço.

São Lourenço tem sido o enclave mais continuamente ocupado pelos Yaminawa na área: além do poço, há outras duas vantagens estratégicas consideráveis: a confluência do igarapé que lhe dá nome e que em geral é navegável de canoa e conduz a áreas de caça abundante, e a ampla visão sobre o rio que se domina desde uma das colinas em que o casario se assenta.

As relações de São Lourenço, e especialmente de sua parte a montante, são também intensas com o casario que segue a jusante (casario H), cujo cabeça, Antônio Coruma – na faixa dos 35 anos – é casado com uma filha de Alfredo, e que reúne também seu irmão e seu cunhado. Até 1992, o grupo residia junto à boca do igarapé Rio Branco, a poucos metros da entrada da TI. Uma enchente forte, que danificou também o casario de São Lourenço, derrubou o barranco em que se assentava uma das casas – a de Chico Macaxera –, e o grupo todo se mudou então para pouco mais de um quilômetro rio acima, aproximando-se dos outros casarios. Como no local anterior, as casas se dividem entre as duas margens do rio. Também neste caso temos uma amostra de aliança interna, curiosamente com a mesma divisão fluvial no meio. O grupo de Coruma mantém relações sumamente tensas com o de Júlio,[12] mantendo-se do lado de Correia nas disputas sobre a chefia.

Um pouco de topologia

Avaliando a uma certa distância a aldeia, podemos perceber alguns traços que contradizem a "informalidade" anunciada desde o começo. É fácil distinguir um bloco, situado a jusante, formado pelos antigos moradores da área, e um outro vindo recentemente do rio Iaco, servindo o igarapé São Lourenço como uma espécie de divisória entre os dois. A simetria era mais evidente em 1991, quando o grupo de Coruma ocupava o Rio Branco e havia mais um pequeno casario – o do velho Emílio – entre ele e São Lourenço. A diferença entre os dois setores da aldeia é óbvia para os seus habitantes, que em geral se referem a eles em separado. É clara também uma diferença entre os casarios extremos, que apresentam uma feição, digamos, "horizontal" – compõem-se a partir de um núcleo de *siblings* –, e os casarios centrais, que poderíamos definir como "verticais", fundados na relação entre sogros/pais e genros/filhos. Embora se trate de uma classificação efêmera (veja-se no próximo capítulo a descrição do ciclo residencial), a experiência das

---

12 Para conversar uma certa ordem na descrição, é inevitável manter o "presente etnográfico" de outubro de 1993; posteriormente, como haverá ocasião de comentar na segunda parte, Abdia, irmão de Coruma, foi assassinado em Brasileia supostamente a mando do grupo de Ananaia, e o casario de Rio Branco, com um número mais ou menos amplo de habitantes de outros casarios, abandonou a TI.

54

últimas disputas parece indicar que tem consequências políticas imediatas: é claro que um grupo recrutado a partir de laços de sangue tem maior facilidade de gerir uma política faccional que outro baseado nas alianças. Os casarios extremos têm sido os protagonistas mais ativos na recente crise da chefia e mantiveram ao longo desta uma atitude "conspiratória", organizando reuniões ou espalhando boatos.

Embora não formulada, a organização topológica da aldeia expressa com clareza algumas constantes da história Yaminawa que virão à tona nos próximos capítulos, e especialmente o paradoxo da relação com o exterior. O grupo situado no limite da área indígena (H) tende a assumir algumas funções de guarda fronteiriça: são eles os mais atentos a pescadores e madeireiros, ou às incursões de caça com cachorro de sitiantes vizinhos e seringueiros; tanto Antônio Coruma quanto Chico Macaxera, seu cunhado, têm um currículo já longo de troca de violências com os "brancos". O primeiro começou, ainda adolescente, vingando a morte de seu pai, e tem sérios entreveros com *nawa* na sua memória; o segundo "furou" um peruano durante uma briga em 1992, produzindo um pequeno incidente fronteiriço. É óbvio que são eles, também, os mais solidamente instalados em Assis, tendo ocupado lá um terreno, a convite de um político local, e construído as casas mais sólidas da "favela Yaminawa". Suas relações frequentemente conflitivas com os brancos próximos são simétricas às alianças dos habitantes de Ananaia – que ocupam o "centro"[13] – com brancos distantes, como indigenistas, turistas ou estudiosos. Vale sublinhar que essa vinculação com o externo é correlata à divisão interna: os grupos de Ananaia e Rio Branco estavam, quando da minha pesquisa, enfrentados, e o antagonismo acabou se resolvendo em cisão.

Pode ser útil observar a transformação desse esquema quando seus agentes se deslocam até Assis Brasil. O que era periferia na aldeia se transforma lá em centro. O bloco maior de casas pertence ao grupo de Rio Branco: três casas espaçosas alinhadas a um lado da rua que sai para a fronteira; do outro lado, uma grande casa de tábua e folha de

---

13 Vale a pena registrar essa acepção seringueira de "centro" – o interior da selva –, que inverte nossa perspectiva.

flandres, construída a mando de Correia, e uma outra mais modesta pertencente a Batista.

O grupo de Ananaia, com o acréscimo dos casarios dos "Brabos" e de Oscar, situa uns papiris esparsos na praia do rio, uma situação precária que às vezes aparece em contraste com a "riqueza" do grupo com vestimentas ou implementos brancos. Os membros de Ananaia, embora permaneçam com frequência na capital do estado com vários fins, não costumam alongar suas visitas a Assis.

Já o grupo de Apuí costuma se instalar num bloco de papiris construído em uma clareira entre as cana-bravas a uma certa altura sobre a ribanceira – fica invisível desde a praia e se ingressa nele por um corredor estreito. O resto dos Yaminawa – isto é, fundamentalmente, os velhos dos casarios centrais, E, F e G – se hospedam nas casas dos genros ou de parentes destes, no primeiro bloco, o que constitui uma certa inversão do que acontece normalmente. A vida ao lado dos brancos, como haverá ocasião de ver, tem algo de carnaval.

Montante e jusante, centro e periferia, vertical e horizontal, ou enfim o triângulo em que essas dualidades se transformam no mundo dos *nawa*, nos dão algo como a base geométrica da sociedade Yaminawa, uma base talvez mais interessante pelo fato de se manifestar espontaneamente, sem o amparo de normas ou interpretações nativas. Veremos, porém, que essa base só é significativa como reverso da pluralidade organizacional Yaminawa.

Yaminawa outros

Seguindo as águas do Acre, contabilizam-se ainda duas comunidades Yaminawa de importância. A primeira está em território boliviano, a umas duas horas de canoa; é uma aldeia Yawanawa organizada em volta da missão Novas Tribos (a aldeia é, de fato, conhecida como A Escola), com uma população aproximada de 200 habitantes. Segundo descrições de alguns residentes de Ananaia, o mapa da Escola é de algum modo paralelo ao do TI Cabeceiras, com um núcleo organizado em volta da Missão e casarios esparsos. Os Yaminawa consideram os Yawanawa da Escola como seus iguais, étnica e linguisticamente, e pelo menos dois deles tomaram esposa nessa comunidade. Devo esclarecer que, tanto neste caso quanto em outros que seguem, me prendo exclusivamente ao critério dos meus informantes Yaminawa para citar como "Yaminawa" grupos conhecidos com outros nomes. É a primeira aparição de uma equivocidade que aumentará sua presença na documentação histórica da segunda parte.

Em Brasileia, no bairro Samaúma, habita um grupo de Yaminawa da parcialidade Bashonawa, desgarrado desde 1987 do grupo do Jaco, por um conflito anterior ao que produziu o êxodo para Ananaia. Os Bashonawa de Brasileia, carentes de terras, vivem em uma situação precária, sem roça nem fonte fixa de renda, recorrendo com frequência à mendicidade ou à cata de sobras de comida no lixo, e morando no meio de uma vasta favela. Foram eles mesmos os que, dois anos atrás, se instalaram em Rio Branco, na favela do Igarapé São Francisco, numa migração desastrada que, no entanto, tem precedentes e imitadores. Alguns dos meus melhores informantes abandonaram não há muito suas terras de cultivo e caça para morar sob a ponte em Rio Branco, subsistindo do lixo do mercado e de eventual prostituição: voltarão à aldeia provavelmente, depois de um tempo, e repetirão outras vezes a mesma aventura. Os Yaminawa, pensados sempre como índios do "centro" da selva, são também com frequência índios das margens da cidade.

O universo dos "parentes" tem extensões ainda nos rios Jaco e Purus. No primeiro encontra-se o sítio Guajará, pertencente ao seringal Amapá, em que habita uma comunidade de Kaxinawá "verdadeiros", com o acréscimo de alguns Xixinawa e Yawanawa.[14] Ainda a montante, a TI Mamoadate congrega na aldeia Bétel algo mais de cem Xixinawa liderados por Zé Pequeno, irmão de Francisco Xima, um dos professores de Ananaia.

No rio Purus, existe o grupo de Pau de Urubu, uma família nuclear em que a mulher é peruana (lembro que os "peruanos" dos Yaminawa são com frequência índios Piro), e o grupo de Paumari, em que se contam oitenta ou noventa indivíduos Kaxinawá e Xixinawa; na fron-

---

14 Desses Kaxinawá, Xixinawa e Yawanawa, "clãs" Yaminawa, fala-se no próximo capítulo, e também na segunda parte do Capítulo 5, referente à tradição oral.

teira peruana do Purus, alguns deles têm se deslocado para Sepahua. Lá está a maior concentração de Yaminawa em território peruano, vinculado à missão dominicana, da qual os meus informantes não têm nenhuma notícia.[15]

Trabalhos e dias

O cultivo da terra

Os informes que ofereço a seguir são de subsistência: o suficiente para dar um contexto mínimo ao resto da obra, mas não para produzir uma explicação geral da economia Yaminawa; não deve se atribuir a esta o caráter sumário destas páginas.

O trabalho agrícola é um dever do homem adulto, e especialmente do pai de família. Homens separados ou viúvos que vivem agregados a outros familiares continuam a fazer roças próprias. É diferente o caso dos que nunca casaram ou tiveram filhos – muito raro, mas possível sobretudo entre os que trabalham frequentemente para os brancos – que, quando se incorporam a seus parentes, ajudam nas roças destes.

Cada família nuclear – a rigor, cada homem adulto – possui sua roça *(wai)*, ou mais exatamente suas roças. Em plural, em vários sentidos. É comum abrir roçados independentes para banana e macaxera,[16] os dois produtos básicos, mesmo que um e outro sejam vizinhos. Há razões de ordem técnica para a separação: a macaxera precisa do sol que a bananeira lhe tiraria, mas a individuação das roças parece querer marcar a personalidade específica de uma e outra planta.

Detalhemos, embora seja para isso necessário uma digressão pela gastronomia Yaminawa. A banana e a macaxera ocupam o mesmo espaço na alimentação, e as variantes de seu preparo são cuidadosamente

---

15 A CPI planejou algumas visitas – até 1993 não realizadas – de Yaminawa brasileiros às comunidades peruanas.

16 A ortografia de algumas palavras nortistas está longe de ser monótona. O *Novo Dicionário Aurélio* registra igualmente macaxera e macaxeira, e, curiosamente, as equipara sem mais a mandioca.

paralelas: ambas podem ser consumidas cozidas, assadas, socadas, como pamonha, mingau, em sopas... Mas a banana, por ser doce, é também objeto frequente de tabus alimentares, em uma situação oposta à da macaxera, alimento decididamente neutro. Além dessa polaridade interna, banana e macaxera desempenham às vezes o papel de signos diacríticos: assim, o *butsa* (mingau, *chapo*) de banana é bebida dos índios Yaminawa, como o de macaxera é dos Manchineri (o café dos brancos e a *chicha* dos peruanos). A preparação da caiçuma, bebida fermentada feita com macaxera, é dada como prática antiga em decadência, por causa da preguiça das mulheres para preparar a bebida e dos homens na hora de abrir os grandes roçados necessários. Sabe-se que o uso da caiçuma foi tomado dos Manchineri, e que os Yaminawa de antigamente se embriagavam com uma bebida feita de milho, *mama*, traduzida como chicha ou mingau.

É curioso notar a marginalidade da farinha, que não tem, como não tem a caiçuma, um equivalente de banana na economia Yaminawa. Tudo parece caracterizá-la como alimento estrangeiro: são poucos os Yaminawa que fabricam farinha-d'água a partir da macaxera, já que a variedade amarga não se cultiva, preferentemente com destino a expedições de pesca rio acima. A farinha é mais comumente comprada na cidade ou dos sitiantes do rio, mais apreciada do que a de fabricação própria; de fato, a maior parte da que foi consumida durante a minha estada procedia da minha própria provisão. Enfim, alguns temas centrais da sociologia Yaminawa temperam até os alimentos mais comuns.[17]

---

17 Apesar do pouco espaço reservado a esse tema na pesquisa, é fácil perceber a desproporção léxica entre os dois itens básicos da dieta. "Macaxera" é *yuwa*, aparentemente sem preocupação com variedades. "Banana" se desdobra em um número largo de termos, simples ou compostos, e tem também uma tradução genérica, *mania*, que serve de base para vários compostos (como *awamania*, banana-anta, que obviamente designa a variedade de maior tamanho; ou *vitxumania*, banana-garça, de significado menos óbvio). É curioso observar que, no *Diccionario Sipibo* editado por Von den Steinen em 1904, a banana aparece como palavra emprestada (*paranta*), com modificadores vernáculos, enquanto *yua* aparece como "alimento" – em congruência com esse Yuwasinawa, o sovina do mito yaminawa (M6), que é dono de todas as plantas cultivadas, e não só da macaxera.

Além desse caso central, em geral a cada produto corresponde uma roça, embora haja nela presenças marginais – o mamoeiro é o convidado mais frequente. Não se trata de hortas ou jardins que combinam uma pluralidade de plantas. Em vários sentidos a agricultura Yaminawa está próxima da agricultura branca regional, e cabe se perguntar até que ponto sua forma atual foi influenciada pelos longos anos de trabalho nas colocações.

As roças são cuidadosamente planejadas em função da colheita necessária para o repasto diário anual e abertas segundo um padrão aproximadamente retangular. Uma vez realizadas a derrubada e a queimada, que culminam entre agosto e setembro, a plantação é feita segundo um sistema de triangulação a olho nu, tentando manter a equidistância entre as mudas. Alguns desses roçados são de produtos novos, eventualmente destinados ao comércio – é o caso do arroz –, ou de plantas não diretamente alimentícias, como é o caso de *tziká*, uma leguminosa usada como veneno de pesca. Pequenos roçados como esse último podem aproveitar acidentes – a queda de uma árvore – ou simplesmente alargar um caminho que conduz às roças principais. O bananal comumente se instala à beira do povoado, a poucos passos das casas, e o resto das roças se estende até a uns quinhentos metros em volta do casario, preferentemente de um único lado do rio (embora não faltem exceções), e nitidamente separadas das áreas de roça dos casarios contíguos.

As roças são também uma pluralidade porque, embora a cada ano sejam necessárias novas derrubadas que garantam a base alimentar, os cultivos antigos continuam rendendo por um tempo. A macaxera não apresenta produção significativa depois de um ano de exploração, mas o bananal se mantém produtivo até quatro anos. As árvores frutíferas podem ser exploradas em roças já antigas e que dificilmente se diferenciam da mata, ou podem, pelo contrário, ser plantadas no lugar escolhido para se abrir a clareira da futura casa; às vezes, representam um elo entre ocupações descontínuas de um mesmo terreno.

Os Yaminawa não meditam sobre a agricultura: não detectei metáforas "agrícolas" na sua cultura, nem uma elaboração simbólica do cultivo, nem uma especial sofisticação das técnicas. A agricultura Yaminawa, do ponto de vista ideológico, é essencialmente abrir clareiras, transformar o espaço. É comum a insistência na oposição entre mata e clareira, como âmbitos respectivos da vida selvagem e civilizada. Nos mitos Yaminawa, as descrições de viagens incluem frequentemente uma progressão concêntrica, que vai da mata bruta aos rastros de caçada às roças da aldeia. A permanência prolongada na floresta – de alguém que se perdeu ou ficou morando com os animais – equivale infalivelmente a uma animalização física. Mas o animal é ainda um mediador: os espíritos mais poderosos, e maléficos, são sem dúvida os das grandes árvores; são eles, e não os animais, os legítimos representantes da selvageria.[18] O monocultivo dentro de cada roçado e a concepção "geométrica" das plantações são coerentes com essa oposição: a agricultura não é praticada como paráfrase da floresta, mas como a sua antítese.

Cabe destacar aqui um importante aspecto da agricultura Yaminawa, especialmente em vista da decantada fama de nomadismo do grupo e da disponibilidade de terras do local: a reutilização relativamente rápida das áreas de cultivo. Boa parte da floresta da atual reserva está eivada de assentamentos de que ainda se tem memória, e os Yaminawa preferem claramente reutilizar espaços de uso agrícola recente (cinco ou seis anos atrás, ocupados por árvores moles, como a embaúba, ou por tabocais, fáceis respectivamente, para a derrubada ou para a combustão) a abrir roçados na "mata bruta" de fertilidade seguramente maior. O motivo mais plausível pode ser uma evitação do trabalho cooperativo e uma opção em vista da proximidade do rio e as facilidades de comunicação que ele oferece. Não era raro ouvir na aldeia reclamações sobre a dificuldade de obter ajuda dos parentes nas tarefas da roça; a razão mais comum era a ausência por motivo de viagem.

Se a agricultura para os Yaminawa se detém aí, restam ainda outros aspectos que devemos considerar. O espaço se apresenta humanizado muito além do cultivo explícito. O trânsito constante facilita a seleção ou pelo menos o inventário de determinadas plantas, em zonas intersticiais: beirada dos caminhos, capoeiras derivadas de antigas roças e, sobretudo, a área limite das clareiras em que se situam as casas.

---

18 Cf. mito M39, (Anexo), Deeyuxiwo.

Nos caminhos e capoeiras é fácil achar, por exemplo, paxiúbas ou jarinas, dois elementos fundamentais para a construção e a manutenção de casas. Há uma larga lista de elementos vegetais constantemente utilizados no cotidiano, cuja abundância perto das casas não é exatamente "natural", embora também não seja exatamente planejada como a roça. É comum entre os especialistas em ecologia humana falar em "florestas antropogênicas", isto é, submetidas a uma seleção intencional de recursos vegetais que podem gerar "ilhas de diversidade" ou favorecer algumas espécies particularmente úteis. Essas manipulações incrementam a densidade humana do espaço, porque de um lado concentram recursos e de outro identificam para o observador indígena áreas de floresta especialmente adequadas para o assentamento (Morán, 1990, p.216-7), promovendo uma ocupação reiterada das mesmas áreas, mesmo sem uma continuidade histórica consciente.

Um pequeno levantamento nos arredores da casa rende uma lista respeitável de plantas de uso alimentício, medicinal ou ritual, que só em raros casos – o tabaco é o principal deles – são explicitamente cultivadas. Não tenho dados-base para definir em termos Yaminawa o limite entre o selvagem e o cultivado, mas o que foi anteriormente dito a respeito dos roçados sugere que essas plantas ocupam um "ângulo cego" da classificação Yaminawa – plantas "do mato", sua domesticação não é reconhecida. Alguns dos legumes encontrados perto das casas são descritos como "comida de índio brabo", e assim por definição produto extrativo. As exceções – o tabaco, já citado, e provavelmente a pimenta – têm em comum sua pertença ao mundo xamânico e eram tradicionalmente plantadas na tumba dos feiticeiros.[19] Uma das minhas anfitriãs me pediu, ao me oferecer um mamão, que espargisse as suas sementes no barranco vizinho, onde era jogado o lixo da casa; as frutinhas silvestres se instalam junto às moradias provavelmente através do excremento

---

19 Compare-se com a classificação Shipibo-Conibo das plantas (no caso, plantas medicinais: Tournon & Reátegui, 1984, p.96-7): *vana*, cultivadas na clareira doméstica; *nahua*, não cultivadas mas que aproveitam os espaços antrópicos, como caminhos ou capoeiras, e que habitualmente são respeitadas na limpeza do mato; e *nii*, de selva. É interessante notar a presença de *nahua*, um termo sobrecarregado de sentido sociológico (ver próximo capítulo).

das crianças, seus principais consumidores. O "cinturão de lixo", que dia após dia cresce ao alcance das casas e periodicamente é removido quatro ou cinco metros além, constitui um acúmulo de matéria orgânica em que todo tipo de semente tem uma base de desenvolvimento muito favorável. Nem o antropólogo que joga as sementes, nem a criança que defeca, nem a mulher que varre se consideram, obviamente, agricultores.

Pode-se entender melhor essa visão em conjunto com a atitude dos Yaminawa a respeito dos animais "domésticos": não há uma fronteira clara entre "animais de estimação" (com exceção dos cães e gatos adquiridos do branco) e animais comestíveis. Os papagaios ou macacos que podem ser criados em casa são os mesmos que em outras circunstâncias são comidos, e geralmente acabam sendo vendidos aos brancos; nunca superam totalmente a condição de "caça".[20] Mas cães e gatos, que não são comidos e dificilmente podem ser vendidos – ao menos não conheço nenhum caso –, também não chegam a formar uma categoria estável, que permita tirar as aspas desse "domésticos". São assim objeto do mesmo trato dado às plantas "domésticas": crescem livremente em volta da casa e depois seus frutos são aproveitados. No caso, as habilidades de caça do cão e do gato, que muitas vezes têm sua presa, rato ou pássaro, arrebatada pelo seu próprio dono; nunca, porém, se empreende qualquer ação intencionalmente dirigida a alimentá-los ou conservá-los. Incentivados a criar galinhas ou bois, os Yaminawa são criadores inábeis e pouco entusiastas. Os escassos produtos obtidos não são alimentos especialmente desejados. A única criação que desperta algum interesse é o porco, mais próximo de seus pares selvagens, mas com a vantagem da banha abundante.

A coleta, enfim, tem um aspecto predatório que se insere nesta perspectiva: para obter três quilos de abacate, vi os Yaminawa derrubarem um abacateiro jovem encontrado na mata, perto do caminho fluvial. O método reforça a antinomia central entre clareira humanizada, onde

---

20 A ausência de xerimbabos, ou da própria noção de domesticação, tão comum e produtiva alhures em termos do sistema de parentesco (cf., por exemplo, Taylor, 2000) chama a atenção no caso Yaminawa. É talvez recente (como o mercado branco para os animais capturados), mas pode estar vinculada a uma certa absolutização da predação como modelo relacional.

as sementes do abacateiro destruído devem depois germinar, e mata selvagem, lugar por excelência da caça.

A caça

Mas a caça tem também seus paradoxos. A caça Yaminawa corre longe de determinações ecológicas. Os Yaminawa falam em escassez quando comparam os recursos de hoje com os de tempos passados, e eventualmente falam em excessos, passados ou presentes, como causa dessa depleção: comércio de peles de outrora; caça maciça do jabuti, que era levado a Assis e colocado na praça para vender "como se fosse montes de melancia"; uso de cachorros, que espanta a caça para o interior do mato etc.

É possível ouvir elogios comparativos da riqueza de caça e pesca do rio Iaco, arredio e assim livre do perigo branco. Mas é preciso definir a escala dessas afirmações. As cabeceiras do rio Acre são descritas por exploradores brancos do começo do século XX (Fawcett, em Ballivián, 1909; e com mais detalhe nas "memórias" editadas por seu filho Brian) como excepcionalmente ricas em caça – um caso especial, pois é sabido que a expansão dos seringais nas áreas de intensa produção deixou a caça perto da extinção. No entanto, Fawcett acrescenta que se tratava de uma caça mansa, que pouco reage à presença humana e assim fácil de abater – ele mesmo interpreta isso como signo ele uma ocupação humana frouxa ou nula daquele território. É verdade que as informações de Fawcett costumam ser vistas como "histórias de caçador", mas pelo menos neste caso isso não deveria ser uma desqualificação. A mansidão dos animais não se limita aos tempos adâmicos: a reclamação mais habitual do Yaminawa que volta da caça de mãos abanando é que os bichos estão bravos, evitando o encontro com o caçador. Mesmo com essa braveza, a caça entre os Yaminawa pode ser uma atividade inesperadamente doméstica para os nossos critérios. Entre os animais abatidos durante a minha permanência, uma boa parte o foi quase literalmente "dentro de casa": uma grande paca, vista se escondendo dentro de um buraco no bananal fronteiro ao casario, foi rodeada pelos índios que estavam pescando no igarapé e pelos que saíram de suas casas e morta a facadas dentro da água (mais pescada, de fato, do que caçada). Outra paca e um veado foram mortos ao longo do rio entre dois casarios; outro veado foi visto por uma anciã que cochilava na rede, desde a "atalaia" de São Lourenço, passeando em pleno dia pela praia, e um porco, visto de manhã cedo se banhando no rio, lá continuava dez minutos depois quando o caçador voltou ao lugar munido de sua arma. Diga-se de passagem, esses dois últimos animais saíram ilesos graças à inexatidão das espingardas ou dos atiradores. Menos afortunados, outros animais, especialmente porquinhos, foram abatidos quando fuçavam nas roças de macaxera, a não mais de cinco minutos de caminhada. Um dos motivos de instalar as roças na vizinhança imediata das casas é defendê-las das invasões de pacas, porquinhos e cotias: o velho Alfredo reclamava de que eles tinham acabado com a plantação da roça aberta em 1992. As próprias roças exercem assim uma função de quase arapucas, visto que as mulheres, de suas casas, podem detectar os animais e dar o alarme aos caçadores. O mesmo pode se dizer das águas. As cabeceiras do Alto Acre formam uma região bem drenada, onde durante a maior parte do ano as opções que os animais têm para beber não são muitas, definindo assim claramente os "mercados"[21] em que o sucesso do caçador é quase garantido.

A arma do caçador Yaminawa é a espingarda de um cano, carregada com cartuchos reaproveitados – o chumbo, a pólvora e o detonante são adquiridos no comércio, e como bucha utilizam uma palha raspada de *tawa*, a mesma taquara que servia para fazer hastes de flecha. O arco e as flechas, embora preteridos pela espingarda,[22] poderiam complementá-la, na falta de munição ou no caso de animais (especialmente pássaros) cujo pequeno tamanho não compensa o gasto dos escassos cartuchos. Se o arco não preenche essa função, é porque não está disponível:

---

21 "Mercado" é o termo regional que designa os lugares onde, por tratar-se de bebedouro, ou de lambedouro de sal etc., os animais se concentram, facilitando a sua caça.

22 A eficiência da espingarda é discutível em médio prazo e do ponto de vista coletivo: como no uso de cães – em particular os grandes cães, que são privilégio dos brancos – aumenta a certeza de abater o animal, mas diminui a possibilidade de achá-lo, afastando a caça do povoado. Os Yaminawa são conscientes desses efeitos secundários, mas não agem em consequência, porque a espingarda pode reportar vantagens individuais a curto prazo.

são raros os arcos, em geral propriedade de velhos, que os usam sobretudo para fins modestos, como flechar macucau ou curimatã; neste último caso, não é raro fabricar um pequeno arco descartável de madeira verde. A borduna *(vido)*, usada antigamente para rematar animais flechados ou mesmo como arma principal, foi substituída totalmente pelo terçado. A hegemonia da espingarda parece ter ditado um empobrecimento geral das técnicas de caça: não vi plataformas colocadas em árvores para caçar pássaros, senão nos mitos, e o mesmo pode se dizer de arapucas, fogueiras para desentocar roedores ou tatus, ou esconderijos elaborados para a caça à espreita.

Mas aqui estamos chegando a um sutil desvio do tema: o caçador. Como vimos, a densidade da fauna é suficiente para permitir uma certa quantidade de caça "casual", que beneficia mesmo caçadores sumamente ineficientes e que pode representar parte importante, embora irregular, da dieta. O bom caçador ocupa um espaço diferente. Para ser um bom caçador é preciso, além de um conhecimento detalhado da floresta, se submeter a um tratamento com veneno de sapo que o *koshuiti* Sebastião aplica: ao longo de vários dias, o *koshuiti* pratica queimaduras nos antebraços do caçador, um par de cada vez, em três ocasiões: na ferida assim produzida é esfregado o sapo. O seu veneno produz um inchaço crescente do ventre, e após a terceira aplicação a pessoa tem uma crise de mal-estar e vômitos.[23] A eficiência do tratamento é inegável: basta comparar o desempenho dos caçadores que o tenham padecido com o de qualquer outro.

---

23 O uso do veneno de sapo como remédio de caça é comum a outros grupos Pano (segundo Tastevin, 1925, p.414, os Kaxinawá atribuíam sua invenção aos Yaminawa) e extravasa as fronteiras étnicas: a "purga de sapo" que Tastevin cita para os Culina é um tratamento paralelo ao aqui exposto, embora ele não especifique sua finalidade. O veneno de sapo como paralisante aplicado em ponta de flecha é mais comum e utilizado que a "injeção de sapo" aplicada no caçador; mas em qualquer caso pode proceder de uma variedade ampla de batráquios. Os Yaminawa citam dois tipos de sapos venenosos: o *kapo*, considerado o melhor e mais favorável às caças grandes, e o *pukutete*, que só se utiliza na época do milho. Se essa restrição tem caráter "técnico", não sei, mas o milho é tão afim ao derramamento de sangue quanto a banana madura é incompatível com ele. O sapo dos Kulina é designado por Tastevin com o nome mais ou menos genérico de cururu.

Não toda a arte da caça se funda em tão maus bocados, mas dificilmente escapa de um sutil equilíbrio de provações e privações. Há um longo catálogo de remédios de caça – *txitu-rao, kuba-rao* – que esfregados nos braços ou espremidos nos olhos melhoram a visão ou a pontaria do caçador, e ao que parece são em geral substâncias causticantes. A panema (*yupa*) é exsudada com as lágrimas, e pode também ser evitada com algumas precauções: em geral, a conduta devida inclui distância de alguns alimentos, especialmente da banana doce, mas outras precauções, como a de quem evita carregar a caça, também ajudam.

Cabe dizer que a magia cinegética – como é também o caso dos saberes xamânicos em geral – não é um acervo fechado e dependente exclusivo da tradição: muito pelo contrário, é um campo mutável, extremamente aberto à inovação. Os Yaminawa têm aprendido com os brasileiros, por exemplo, a esfregar o cano da espingarda com o ferrão da arraia, para fazê-la mais mortífera. O veneno de sapo pode ser não só absorvido como remédio, mas também aplicado sobre as pontas de flecha de taboca: depois de pintada com um zigue-zague de genipapo, passa-se nelas o leite do sapo, e se guarda no mínimo uma semana de jejum antes de matar.

Há ambiguidade nessa morte – que pode se endereçar a vítimas animais ou humanas – e nesse jejum, que diz respeito a alimentos ou a sexo. O tratamento com veneno de sapo pode ser eficiente também para conseguir mulher. O *rekerekeite*, uma espécie de violino de boca, associado pela sua forma ao arco e a flecha, é tocado por alguns caçadores Yaminawa durante as expedições de caça na mata com o paradoxal interesse de atrair mulheres – ou, em versão menos exótica, segundo palavras de um bom caçador, para chorar a ausência da esposa...

Que a caça apresente uma sobrecarga simbólica numa sociedade como a Yaminawa, nada tem de estranho; tampouco nada tem de muito peculiar essa associação da caça com a guerra, de um lado, e com a sexualidade, de outro. A abstinência sexual que deveria preceder à caça e seguir ao homicídio serve, enfim, para organizar esse conjunto: a sexualidade, e a aliança que ela possibilita, estabelece uma diferença entre a preação de animais – que é o complemento da aliança – e a preação de homens, que é sua alternativa. Não é muito difícil elaborar com mais detalhe esse sistema, mas por enquanto é desnecessário.

Devemos agora levar em conta que a caça é questão muito menos de técnica que de ética; e o *ethos* do caçador tem algumas dificuldades de encaixe na vida atual. A visão que os Yaminawa oferecem da caça é pouco romântica. Uma caça bem-sucedida é sem dúvida motivo de orgulho para o caçador, que, no entanto, adota na ocasião uma atitude sumamente contida. Descarregando a peça, que ele mesmo esfola e esquarteja, faz o convite modestamente: "vamos comer, que hoje não vai faltar carne...". Embora qualquer episódio de caça seja relatado aos familiares, comentado nos seus detalhes e explicado aos meninos que devem aprender a caçar, trata-se de relatos sóbrios sem muito lugar para a vanglória do narrador.[24] De fato, o caçador que fracassou tende a falar muito mais, dando mil explicações, nem sempre confiáveis, elo que não aconteceu: os bichos andam bravos, a munição era defeituosa ou os cachorros espantaram ou devoraram a presa. A caça representa muito mais uma carga que um privilégio dos homens. Os grandes perigos – perder-se na mata atrás da presa, ser mordido por uma cobra ou atacado por uma onça – não são desprezíveis, e não faltam exemplos próximos de um e de outro. Na selva são frequentes os tabocais, que fazem a marcha penosa e enfadonha; carregado com uma presa eventualmente muito pesada – ou com o peso não menor de ter fracassado –, o caçador volta à casa em geral muito fatigado. A caça à espreita nos "mercados", além de uma caminhada mais longa que o habitual, obriga o caçador a passar a noite com pouco conforto e provavelmente com muito medo; lá pode se encontrar com *yuxi* (espíritos), caçadores potenciais de homens, e é por isso que não pode haver bom caçador sem uma mínima familiaridade com os conhecimentos xamanísticos.

A pesca

O clima que rodeia a pesca é totalmente diferente: no dia a dia, é uma atividade que se realiza perto de casa e na qual podem participar – querem participar, de fato – todos os membros da família. Durante a

---

24 Neste sentido há uma distância perceptível da facúndia Kaxinawá descrita por Deshayes (1992).

época seca, quando os recursos ictücos vizinhos são escassos e as condições para viajar, melhores, as grandes pescarias rio acima são verdadeiras férias familiares, em que os propósitos recreativos parecem superar aos propriamente econômicos. Um caráter festivo reveste também a pesca com veneno, à qual os Yaminawa devotam um interesse desproporcional às dimensões e ao rendimento dos lagos da área. O cultivo das diversas variedades de veneno de pesca exige, como já vimos, a abertura de pequenas roças específicas e também um preparo laborioso; os resultados que conheci não foram superiores aos de uma boa pescaria individual, e não se comparam aos de uma expedição de pesca rio acima. Por oposição à caça, que catalisaria o conflito entre os sexos, a pesca com veneno tem sido analisada (Siskind, 1973, p.115) como uma celebração conciliatória, que parte da abstinência sexual. Prefiro de um modo mais geral dizer que a oposição caça/pesca é especialmente rica para a caracterização das relações homem/mulher: de novo Siskind (1973, p.101-2) descreve uma "pesca especial" realizada por mulheres como reverso da "caça especial", em que se baseia sua análise da troca de carne e sexo. A pesca com veneno Yaminawa, em que participam em pleno as mulheres, põe também em pauta a sexualidade: vedada às mulheres menstruadas e rodeada de prescrições de abstinência – em tempos antigos, chegava-se até ao exame do prepúcio dos jovens participantes, para que não comprometessem o sucesso do dia –, aparece também, nos mitos e nos cantos eróticos, como um *locus* ideal de sedução, sugestivamente oposto ao clima de frustração amorosa que preside muitos dos depoimentos que pude ouvir sobre a caça.

O aparelho de pesca mais comum é a tarrafa, uma rede circular cujo manejo exige bastante destreza: dobrada cuidadosamente, se abre em círculo quando lançada sobre o peixe – visto, inferido de movimentos da água ou suposto a partir de detalhes circunstanciais, como vegetação ou formas do relevo que a presa desejada prefere. É comum também pescar com pequenos arcos, especialmente o curimatá, e fisgas improvisadas são usadas, com frequência, para capturar arraias, abundantes no rio Acre. Em qualquer caso podemos ver que se trata sempre de técnicas em que o peixe é procurado, perseguido: não há armadilhas para peixes ou redes estáveis, e, apesar de seu entusiasmo, o pescador

Yaminawa não passa assim de uma espécie de caçador de peixes. Muito comumente, pequenos peixes, sobretudo espécies como o bodó, são capturados a mão, mergulhando nas paliçadas onde eles se refugiam ou metendo a mão nos buracos dos barrancos em que se escondem. Habitualmente, essa diversificação de técnicas acontece quando muitos membros da família participam da pescaria; a mesma diversificação se observa quanto às espécies coletadas: além de peixes, são capturados na ocasião camarões, caramujos e vários tipos de sapos comestíveis. Esses alimentos "manuais" perseguidos por mulheres e crianças, e geralmente consumidos por eles mesmos, ocupam o grau ínfimo da alimentação Yaminawa: nos mitos, a captura de camarões ou bodós ilustra a situação de miséria de uma mulher solteira ou viúva, ou esposa de um caçador excepcionalmente *yupa*.

Fluvial e interfluvial

Apesar de sua relativa banalidade – os Yaminawa pouco têm de exclusivo, no que até agora vimos –, as páginas anteriores se encaixam muito mal em um paradigma comum: o que divide os índios Pano (e em geral os índios da Amazônia) em duas categorias, fluviais e interfluviais, e situa nesta última os Yaminawa.[25] Os Yaminawa são, decerto, índios "interfluviais". Ocupam tradicionalmente áreas pouco acessíveis das cabeceiras dos rios amazônicos, formam sociedades de demografia rala e tecnologia "pobre", mantêm um intenso conhecimento da mata e uma rica cultura de caça, muito acima de sua cultura de pesca. O que fazer, porém, com essas dissonâncias já percebidas: o gosto pela pesca e o rio, a visão pessimista que envolve a caça e a própria selva, características todas consideradas próprias de populações "fluviais"? Não convém que o argumento-coringa das mudanças pós-contato explique tudo: a atração pelas manufaturas do branco, o trabalho

---

25 Donald Lathrap tem sido, sobretudo para o caso Pano, o mais clássico e criativo formulador desta dicotomia, mas é claro que ela subjaz à maioria dos estudos da especialidade, mesmo a muitos daqueles que a refutam; para não falar de sínteses anteriores, como a do Handbook of South American Indians.

escravo ou assalariado, a mestiçagem, os novos sistemas de comunicação que os índios usufruem e outros itens do mundo branco têm respeitado, como veremos, estruturas supostamente mais contingentes que essa dicotomia básica. No mais, é possível um outro argumento, que será desenvolvido na segunda parte da obra, segundo o qual essa pacificação, acabando com as perseguições acirradas dos brancos, desobrigou os "interfluviais" de seu retiro florestal, permitindo, senão a sua conversão em "fluviais", pelo menos a recuperação de uma ambiguidade histórica.

É fácil demais denunciar as limitações dos grandes esquemas, cuja relação com a realidade observável é sempre frouxa. Os dados Yaminawa reafirmam, mas de um modo contraditório, a dicotomia fluvial-interfluvial: os dois polos se opõem, mas convivem no seio de um mesmo grupo. O que se insinua é uma possível reorientação dessa dicotomia: de categoria externa que classifica populações a categoria interna com que essas populações organizam sua experiência.

O dia

De novo estamos adiantando conclusões, quando a nossa aproximação à vida Yaminawa é ainda incipiente. Como descrever o cotidiano de uma aldeia Yaminawa? Levantar com o sol, ou ficar ouvindo o rádio dentro do mosquiteiro, escovar dentes, avivar o fogo, tomar *butsa* (mingau) de banana ou chá de erva-cidreira com muito açúcar, ou macaxera de ontem talvez com carne de ontem, recolher as redes, sair à procura de algo: caça, bananas, mamões ou mandiocas, lenha, munição ou tarrafa emprestada de um parente. Logo depois, o ferver quase eterno das panelas, as manufaturas domésticas – cestos, abanos, fio de algodão, corda de embira, rolo de fumo... –, o mormaço do começo da tarde, as brincadeiras desregradas das crianças que não foram (vestidas com toda a pompa) para a escola, as pescarias sempre festivas, as visitas pouco cerimoniosas dos parentes, as conversas durante o fogo e, enfim, a longa noite – de modo habitual, os Yaminawa deitam uma hora após o anoitecer –, facilmente interrompida por conversas de rede a rede ou de casa a casa. Uma rotina próxima ao cotidiano de outros pequenos grupos Pano – a monografia de Janet Siskind sobre os Sharanahua é especialmente sensível a este tema, e as suas considerações poderiam se aplicar sem grandes mudanças ao caso Yaminawa –, de outros grupos indígenas e da quase totalidade da população, indígena ou não, da Alta Amazônia. Quem conhece essa rotina teme, ao descrevê-la, cair na banalidade. Mas é bom lembrar que essa concepção "plana" do dia a dia não é universal: os relatos de Cristine Hugh-Jones (1979) sobre as tarefas domésticas das mulheres tukano e de Philippe Descola (1986) sobre a horticultura achuar são exemplos suficientes de uma acentuação simbólica do cotidiano, e especialmente do cotidiano feminino, que falta no caso Yaminawa.

Maior seria o perigo de fazer desse cotidiano, de acordo com certas ideias nossas, a pedra angular da realidade Yaminawa. Vale dizer que os Yaminawa não lhe atribuem esse peso ontológico, e bem ao contrário mostram uma decidida vocação para tudo o que permita fugir dela: viagens, bebedeiras, alucinações. A vida à beira da selva não é imune ao *spleen*: solidão e tédio de um lado, segurança e fartura do outro são para os Yaminawa as imagens alternativas da vida de aldeia.

Uma opção fácil para definir esse cotidiano é dizer o que não há. Não há ritos horários que marquem o curso do dia.[26] As refeições, único evento que pontua regularmente o tempo doméstico, são convocadas pela chegada do alimento. Podem se converter em pequenos festins se um homem chega com uma carne especialmente abundante ou prezada,[27] ou se dissolver em contínuas e mínimas absorções de alimento

---

26 Em contraste, horário e calendário semanal são possivelmente os empréstimos mais ansiosamente tomados da cultura dos brancos. Já citei a acuidade com que os Yaminawa contam a dimensão temporal do caminho pelo rio. Siskind se refere à obsessão dos Sharanahua pelas marcas temporais, que a levaram a perder-se em cronologias fictícias. Nos textos ditados a Capistrano em português por Tuxini, é visível a mesma preocupação por estabelecer marcos horários que se encontram nos relatos Yaminawa, sejam em português ou no vernáculo. Em outro nível, é surpreendente o empenho Yaminawa por marcar os dias da semana – mais concretamente, o sábado e o domingo – com roupas e atividades especiais.

27 O topo da escala gastronômica é o macaco-preto ou maquiçapa (*I-so*), sempre citado como a carne e o alimento do índio por excelência, preferido mesmo aos mamíferos terrestres de carnes prestigiadas, como a queixada (*yawa*), o porquinho (*u-dó*) e o veado (*txashó*), que, no entanto, compensam com seu maior volume de carne.

quando o que chega é um fluxo de peixinhos, animais pequenos ou porções de carne recebidas de outros casarios.

Depois de esquartejada e repartida entre parentes do mesmo casario e de outros aparentados, a mesma peça abatida é cozida em todos os fogos ao mesmo tempo. O cozimento da carne ou do peixe pela mulher da casa – a base vegetal é preparada muito antes – é paralelo ao assado rápido e individual de determinados pedaços ou mesmo de pequenas peças, que serão consumidas à margem do grupo. Não há mesa, real nem virtual: os convivas tomam sua parte e se distribuem a esmo, espalhados pela casa ou pelas suas redondezas. Quanto à comida principal, há uma certa precedência que privilegia os homens adultos, que comem antes e em pratos individuais, deixando em último lugar velhas e crianças, a quem correspondem escudelas comuns e às vezes porções menos prestigiadas.[28] Mas junto a essas normas de partilha da comida, e mesmo nessas entradas individuais, existe uma ativa rede de doação, que redistribui as porções. Cada um desloca para pessoas de sua escolha pedaços selecionados de seu próprio prato, e assim não há uma, senão múltiplas redes de convivialidade paralelas.

Como pode se deduzir da descrição dos assentamentos, não há um espaço comum que faça do cotidiano um drama a que todos assistem. Aliás, os dramas Yaminawa – adultérios, homicídios ou doenças – se passam, como no teatro grego, longe das vistas: mensageiros voluntários se ocupam depois de relatá-los. A floresta sempre próxima, com seus muitos caminhos, garante ao Yaminawa um alto, e imprescindível, grau de privacidade.[29] Nem mesmo o antropólogo vê suas atividades, com frequência misteriosas, fiscalizadas por adultos ou crianças. É habitual,

---

Os pássaros grandes ocupam, com respeito aos mamíferos, uma posição subalterna: em geral, são "caça menor" que pode substituir carnes mais nobres. Pássaros pequenos, porém, são uma das expressões Yaminawa do alimento mesquinho ou impróprio (ver mito M14) junto com os pequenos produtos da "mariscada".

28 Os dois extremos neste sentido parecem ser os intestinos, sempre limpos, preparados e consumidos por velhas, que costumam reparti-los com os netos, e o fígado, habitualmente consumido pelo próprio caçador, um parente predileto ou um hóspede.

29 A abolição, mesmo assim parcial, desta vantagem dificulta a vida em Ananaia, rodeada por uma enorme clareira, fazendo visível o caminho dos que iam à roça ou a cacimba preparada para servir de local de banho das mulheres.

no entanto, dar alguma informação sobre os próprios passos: "vou caçar capelão" ou "vou cortar palha" é a despedida corriqueira, pronunciada em voz baixa por quem abandona a casa. A circulação é livre, embora cada um tome conta do pedaço de caminho que corresponde à sua moradia, e possa responder por quem passou por ele, quando e em que direção. No mito Yaminawa, como no romance urbano, o encontro casual ocupa um lugar privilegiado: pode desencadear a ação ou resolvê-la, não há oráculos que determinem a ação.

O quanto os Yaminawa usam dessa liberdade de ir e vir pode se medir por informações que já apareceram e seguirão aparecendo. Os Yaminawa viajam muito: mulheres ou homens, moços ou velhos, sós, com filhos pequenos ou deixando-os aos cuidados de outrem, em casal, em família. Os motivos vão desde uma vontade explícita de ver o mundo à assistência a parentes hospitalizados, passando pela visita a conhecidos. Os meios são quase sem exceção precários: são viagens caras em privações e saúde.

Vestes e posses

A aparência do Yaminawa oscila muito dentro de um contínuo, da roupa de feriado à roupa de trabalho, e do índio "rico" – entenda-se, com algum salário em dinheiro – ao "pobre". De um lado, boné de beisebol. *jeans* e tênis vistosos, camiseta com ditos em inglês; no outro extremo, camiseta já puída da última eleição, restos de calça, cabeça nua e pés descalços. Alguns velhos, vestidos com antigas fardas de seringueiro e boné de brim azul, evocam sóbrios dirigentes da China maoísta.

As mulheres variam entre a mesma adoção desfocada de modas recentes – roupas justas de talha inadequada, lábios e maçãs do rosto pintados com batom estridente – e uma bizarra elegância, que reproduz com panos baratos, cuidadosamente costurados, galas de outrora: mangas bufantes, vestidos franzidos na cintura, peitoris rendados... Essa moda camponesa, como acontece com a casa seringueira, tem se convertido já em uma roupa *tradicional,* e vai de praxe associada com outros traços indígenas, como a tipoia de carregar crianças ou um corte de cabelo caracteristicamente Pano.

A pintura facial não é infrequente entre as mulheres: o *kene* Yaminawa consiste em motivos gráficos isolados, simetricamente repetidos em um e outro lado do rosto; ou em uma banda de desenhos que emoldura o rosto.[30] Um pequeno amarrado de fios de cabelo serve como pincel; o genipapo ou uma caneta fornecem a tinta. O *kene* alterna ou combina com facilidade com a pintura "dos brancos": batom nos lábios, em desenhos *kene* no rosto ou borrado nas faces, uma e outra são considerados "enfeites". Nunca vi homens pintados, embora tenha ouvido afirmações de que eles se pintam, sim, em ocasiões especiais, como no Dia do Índio.[31] A maior parte das mulheres tem o septo nasal furado, e até meados dos anos 1980 passavam nele longos colares de miçanga.

O toucado tradicional, em suma, é mantido na marginalidade; mas devem-se perceber os dois lados desse diagnóstico: o recalcamento e a conservação. Vale dizer que a "cultura material" Yaminawa é invisível na medida em que vai além da tecnologia básica compartilhada por toda a população da floresta. Sua falta se faz particularmente sensível quando se necessitam signos distintivos: convidado a uma reunião indígena no Rio de Janeiro ou Brasília, um chefe Yaminawa se viu abrigado a passar antes numa loja de artesanato para comprar um enfeite de um outro grupo Pano, que lhe servisse para se caracterizar.

Essa perda, porém, é complexa, e nos põe na pista de outras perdas. Advirta-se, para começar, que não se trata de uma perda técnica. Vários índios idosos são considerados excelentes artesãos, e quase todas as mulheres da geração mais velha são consideradas capazes de produzir cerâmica. A maior parte dos membros das gerações intermediárias sabe certamente como fazer, isto é, conhece as formas, os materiais convenientes e as técnicas, embora careça de experiência.

Se não há falta de conhecimento, também não se trata de uma nova racionalidade econômica que desestimule a criação de utensílios tradi-

---

30 Apesar da comunidade de grafismo, o desenho Yaminawa contrasta com o Kaxinawá, que tende a cobrir o rosto, ou todo o corpo, com uma malha contínua de desenho. Os Kaxinawá (cf. Lagrou, 1991, p.135) chamam os desenhos isolados de *Yaminawa Kene*, que eles mesmos aplicam nas crianças.

31 O uso de desenhos faciais é comum, também, na comunidade Yarninawa do Iaco.

cionais. Já vimos que o arco conserva uma potencialidade econômica não explorada. Algo parecido acontece com a cerâmica. Em que pese aos nossos critérios estéticos, as mulheres Yaminawa preferem atualmente, pelo seu menor peso e maior duração, as panelas de alumínio dos brancos, em geral velhas e amassadas, embora ciosamente limpas com esponja de lã de aço. O fogo de cozinha Yaminawa é formado por grandes lenhos em estrela: o lenho vai sendo empurrado para o centro à medida que se consome. A estabilidade das panelas é precária, e provavelmente era bem maior com as formas tradicionais de barro, de base aproximadamente troncônica, como as que Dole descreve para os Amahuaca (Dole, 1974). Mais dramática é a situação da louça de serviço, que é constituída de refugos: pratos avariados, latas de conserva, embalagens plásticas de margarina. O desinteresse pela própria cerâmica não se estende à cerâmica em geral: os Yaminawa apreciam muito os grandes potes de barro para guardar água – um modelo ausente do repertório tradicional Yaminawa – que as mulheres Piro fabricam rio abaixo.

O abandono das artes tradicionais não parece um produto pacífico de sua obsolescência: já vimos que estão muito longe de ter perdido sua funcionalidade. Mas ainda há, nessa recusa de fabricar arcos, chapéus e cerâmicas, algo que pode parecer ciúme: a resistência em compartilhar com outros um saber que já é raro e cujo valor é difícil de estabelecer.

E falando em ciúme, é bom lembrar um detalhe cujo sentido não pareceu muito claro: aquela exegese "romântica" do *rekerekeite*, como instrumento usado para cantar as penas amorosas. Essa exegese se distancia da mais habitual que faz do *rekerekeite* um instrumento capaz de atrair a caça ou a mulher. Dado que os Yaminawa adotam com fruição a retórica amatória da música sertaneja, poderíamos descartar essa versão como um detalhe mimético e idiossincrásico: foi ouvida de um só indivíduo. Mas antes disso, vale a pena reparar que essa exegese simbolicamente disfuncional acompanha uma situação sociologicamente disfuncional: é anômalo que uma mulher abandone seu lar desse modo, e, mais ainda, que um homem saia para caçar na falta da receptora direta da carne. O *rekerekeite* pode produzir sons mais melancólicos que os de costume.

Há um evidente mal-estar na cultura Yaminawa, e um decidido pessimismo nativo no que respeita à sua sobrevivência. Em vários pontos há uma clara descontinuidade cultural entre gerações. Não por acaso, o principal é o da caça. É muito raro que o filho, seguindo o costume antigo, acompanhe o pai nas suas excursões na mata: mesmo rapazes de quinze a dezoito anos, que já raras vezes vão à escola, ficam em casa ou se dedicam à pesca.

Na opinião dos Yaminawa, as novas gerações não sabem caçar e têm medo da mata, o que as limita às presas fáceis próximas à moradia. De fato, há vários jovens que são péssimos caçadores, e é precisamente esse medo da mata o que o determina. São poucos os que enfrentam uma caça à espera, que exige dormir no mato, ou se aventuram longe do povoado: essa ineficiência na caça está vinculada à inexperiência com o *shori*. Como veremos mais adiante, a dureza de ambas as experiências faz que sejam pouco populares. Pode-se dizer que, em função dessa dureza, quem caça é sobretudo quem está obrigado a tal: isto é, os homens casados.

Seria difícil resumir aqui as complexas relações que os Yaminawa estabelecem entre a caça e a sexualidade, a que já aludimos, e que constituem um tópico animado na etnologia da região.[32] Há uma abstinência sexual que serve para obter a carne de caça, que por sua vez serve para quebrar aquela abstinência: mas esse ciclo essencial é complicado pela instabilidade da vida Yaminawa, que separa os casais durante longos períodos, induzindo as duas abstinências complementares. O desencontro entre os sexos é solidário com o desencontro entre o caçador e sua presa, e o romantismo sertanejo entra assim de pleno direito na cultura Yaminawa.

A neutralização da caça tende a eliminar em alguma medida a dualidade homem/mulher. A divisão sexual do trabalho é mais preferencial

---

32 Romanoff reporta para o caso Matsés a participação corriqueira das mulheres na caça. Não conheço nada parecido no caso Yaminawa, mas a mulher caçadora não chega a ser "impensável": armadas de facão, participam animadamente na perseguição de animais perto de casa. Correlativamente, é raro, mas não impossível, ver um pai cuidando de uma criança pequena de um modo mais ou menos "feminino"...

que prescritiva: as atividades exclusivas se limitam, e mesmo assim de um modo precário, à caça e à derrubada, do lado masculino, e à criação dos filhos, do lado feminino.[33] Se, junto ao fogo, assar está do lado masculino e cozinhar do lado feminino, homens e mulheres atravessam o meridiano com facilidade; o mesmo acontece com o corte de lenha, o remendo ou a lavagem de roupa. Uma divisão clara do trabalho só afeta homens e mulheres, por assim dizer, na sua máxima potência: casais bem-afinados, com filhos pequenos. A velhice e as ausências, para não falar no solteirismo, fazem dessa situação uma felicidade rara para os e as Yaminawa. As crianças e os jovens, ainda, fornecem uma mediação importante nesse sentido, ocupando maciçamente o espaço das atividades intermédias. Há assim uma certa ampliação do espaço de atividades comuns aos dois sexos, acompanhado por uma constrição paralela das atividades que entre os grupos Pano são monopólio de um dos sexos.

A mudança é importante, dado o papel estrutural que, em termos ideais, os Yaminawa atribuem na sua sociedade à dualidade sexual – uma dualidade equilibrada e cooperativa, temperada com uma certa agressividade ritual.[34] Se já não há mais rituais que encenem essa dualidade, a agressividade permanece intacta, limitada agora a recursos verbais. O relativo apagamento das diferenças não tem melhorado nos seus juízos recíprocos.

As mudanças citadas exigem uma transformação radical do protótipo masculino. Os manufaturados, incluindo os alimentos, substituem a carne como dom masculino por excelência. O índio capaz de se comportar entre os brancos e obter suas mercadorias concorre com o caçador como bom partido: na mesma proporção, o orgulho de caçador é substituído pelo orgulho de trabalhador.

O antropólogo que esperava ouvir fantasias cinegéticas deve se conformar com fantasias bem menos sugestivas sobre o tamanho das

---

33 Foi a monografia de Janet Siskind (1973) que estabeleceu a equação *"meat for sex"*, contestada, desde os dados Piro, por Peter Gow (1987, p.127-8). Para Gow, o que as mulheres ofereceriam aos homens em troca da carne seria a bebida fermentada. A este respeito, cf., adiante, a descrição das festas Yaminawa.

34 Cf. Cecília McCallum (1989a, p.275 e 329). Sobre os rituais de agressão entre os sexos, ver também Lima (1994, p.105-6).

roças que vão ser abertas e as enormes quantidades de macaxera que poderão ser consumidas no próximo ano. Os informes sobre outros grupos Pano coincidem no aspecto neutro ou pouco marcado do alimento vegetal: para os Kaxi (Deshayes & Keifenheim, 1982) não faz sentido dizer que se tem "fome de comer macaxera", alimento demasiado comum: a fome é concebível só em relação à carne. É provavelmente o branco que tem feito a agricultura visível no imaginário e na ética dos Yaminawa. Vale dizer que as pequenas cidades do interior acriano dependem em alguma medida da agricultura dos índios. Se é assim para os Nukuini, agricultores muito produtivos, também o é em pequena escala para Assis Brasil, onde a única fruta disponível, além de algum pomar doméstico e de algum caminhão de laranjas vindo de São Paulo, é a banana dos índios.

Dentro dessa euforia agrícola, bons caçadores podem inclusive ser achincalhados como "preguiçosos", incapazes de plantar roçados fartos e propensos por isso a roubar as roças dos outros. O roubo de produtos agrícolas é tema de frequentes resmungos entre os Yaminawa, mas parece um delito de gravidade e limites sem consenso estabelecido: mais de uma vez fui encorajado por meu guia, de passagem por roças alheias, a pegar um ou outro fruto, ou mesmo todo um cacho de bananas. Esse empréstimo unilateral pode até se tornar motivo de conflito, mas, habitualmente, não passa de mais um capítulo das muitas moléstias causadas pelos parentes.

Nesse quesito, o caçador tem vantagem: os bons lavradores podem comer macaxera com banana e banana com macaxera. Se o caçador não enfrenta a selva, o mundo Yaminawa decididamente rui: há fome de carne, que não se satisfaz com peixinhos ou passarinhos, não há motivo para muita conversa, não há boas caras. O caçador volta de mãos abanando depois de tocar um pouco seu instrumento e confessa: para mim, um peixinho já basta; não estando minha mulher, não vou caçar só para dar de comer aos parentes...

FIGURA 8 – A casa de Juarez Yaminawa, onde se hospedou o etnógrafo. São Lourenço, 1993. (Todas as fotos são do autor, exceto quando indicada)

FIGURA 9 – A casa de Maxico. Ananaia, 1992.

O nome e o tempo dos Yaminawa

FIGURA 10 – Aderaldo sobre um zebu. Ananaia, 1992.

FIGURA 11 – Interior da casa de Maxico. No centro, uma vasilha de barro para caiçuma (a única que se conservava, segundo ele, trazida do Iaco). Ananaia, 1992.

2
Os sistemas de parentesco Yaminawa

Carnes e palavras

O termo que os Yaminawa traduzem por parente é *yura*, habitualmente glosado como "corpo" ou "carne". Permito-me essa introdução indireta porque põe em pauta a extensão e a relatividade do conceito. Mais vale não entender *yura* como um etnônimo "verdadeiro"[1] ou como um táxon, e considerar – o que vale igualmente para a maior parte dos conceitos que aparecerão neste capítulo – que não há representações gráficas, espaciais ou rituais que adensem esse dado verbal. A sociologia Yaminawa, como observamos, se faz quase exclusivamente dentro da linguagem,[2] ou, mais em particular, por meio do relato.

---

1 *Yura* aparece usado como etnônimo em fontes já antigas (Von Hassell, 1906) ou recentes (Zarzar, 1987), referido a grupos arredios ou recém-contados que podem se identificar como "Yaminawa". Consagrar *yura* como etnônimo só faz sentido dada uma procura preconceituosa de "autodenominações": os *yura* com que tratei se autodenominam com termos exógenos, do tipo *"-nawa"*, que não tem em geral o estigma vexatório às vezes decretado pelos etnólogos. Ressalve-se que os Yaminawa têm um agudo senso de humor.

2 É Keifenheim (1992) quem caracteriza os elementos do léxico sociológico dos Yaminawa (ou de outros *Pano éclatés*) como *palavras*, resíduo de *categorias* desagre-

Oscar Calavia Sáez

Esse *yura*-parente existe sobretudo por contraste com *nawa*,[3] o estrangeiro, o exterior em geral, e em boa medida depende dele. A extensão de ambos os termos é situacional e correlata. Assim, tanto quanto *nawa* pode se comprimir e passar a designar estritamente o "branco", *yura* pode se ampliar de um modo inversamente proporcional, passando a designar o *índio* em geral, incluindo Manchineri, Apurinã ou Campa. As lideranças indígenas de todo o Acre que assistem a uma reunião são designadas *yurawo* em oposição aos *nawawo* da CPI ou da Funai. Essa acepção genérica é embrionária: Manchineri, Apurinã ou Campa podem ser assimilados a *yura* só por razões classificatórias, ante o absurdo de classificá-los nesse contexto como "brancos". A fronteira índios/brancos, cotidiana que seja, fornece nos dias de hoje a distância máxima de alteridade; nem mesmo na mitologia, como veremos, encontraremos entidades naturais ou sobrenaturais mais distantes.

---

gadas num processo de desculturação. Definir os limites entre "palavras" e "categorias" é uma empresa filosófica para a que não me sinto habilitado, mas este trabalho remete com frequência a uma possível distinção desse teor. Se antropólogos e outros especialistas parecem, às vezes, confiar no grifo ou no sublinhado para fazer de uma palavra uma categoria, quiçá seja por supor que há na vida social equivalentes desses recursos tipográficos: signos não verbais que correspondem à "categoria", condições especiais de enunciação, elaboração de exegeses etc. Os Yaminawa raramente produzem esse tipo de sublinhados. Quanto à abordagem de Keifenheim, não concordo com a prioridade cronológica e lógica outorgada à "categoria"; a eficiência da linguagem sem esse tipo de elaboração secundária não é necessariamente menor. Ainda sobre a aduzida verbalidade da sociologia Yaminawa (e respondendo a comentários feitos durante a defesa da minha tese por Eduardo Viveiros de Castro), cabe reconhecer o perigo de levá-la às raias de uma "sociologia do trocadilho", uma tentação em que os panólogos caem, com frequência, sob a inspiração de termos de aparência paradoxal como *nawa*, dando talvez um desenvolvimento excessivo a questões que não passam de miragens da tradução. Receio, porém, que os Yaminawa fazem às vezes sociologia do trocadilho, um recurso possível quando as classificações, sujeitas a mútua contradição e privadas de uma autoridade resolutiva, podem ser tratadas com uma certa distância. Cf. infra os comentários de Erikson a respeito do humor sociológico Pano.

3 Qualquer discussão sobre os conceitos Pano de identidade e alteridade deve partir de Deshayes & Keifenheim (1982) e Erikson (1986). Keifenheim (1992) retoma as questões de 1982 e as estende a outros grupos; Keifenheim (1992) será discutido especialmente na terceira parte.

No dia a dia domina uma interpretação muito mais restrita de *yura* como grupo unido por relações carnais e proximidade física: *yura* é o consanguíneo próximo, mas também o aliado efetivo, muito embora a qualidade de afim, nunca esquecida, possa ser reatualizada de um modo polêmico em caso de conflito.

Nawa pode ser relacionado à sua tradução "branco"[4] só em virtude do papel obsessivo e complexo que o "branco" desempenha na vida Yaminawa atual. Essa redução esconde um conceito tortuoso: *nawa* é o estrangeiro ou mesmo o não humano, mas também é uma das metades em que o mundo *yura* se divide: a metade "externa" do próprio interior.[5] *Nawa,* como veremos mais tarde, é também uma espécie de sufixo "definidor" que ajuda a objetivar grupos humanos – e a razão de traduzi-lo paradoxalmente por "gente".

---

4 É um índice da força da categoria *nawa*-branco no pensamento Yaminawa. *Nawa* é uma palavra atulhada por um de seus referentes, o *branco*. Apesar de guardar traços de uma alteridade mais geral, associados à onça e ao canibalismo, o branco parece monopolizar o termo, pelo menos na tradução. Os Yaminawa tendem a traduzir os etnônimos Bashonawa ou Xixinawa como "mucura branco" ou "quati branco".

5 *Nawa* é sempre, embora com variantes fonéticas, o nome de uma das metades no sistema dualista Pano (*dwawakebu,* no caso Yaminawa). Vale a pena notar, com Erikson (1990, p.93), que se trata da metade mais estável do ponto de vista semântico: sempre felina, ao tempo que a metade "interna" pode ser assimilada a coisas como urubu-rei, podridão ou "esplendor". Mais tarde veremos que o valor da metade *nawa* no caso do Acre é substancialmente diferente da que expõe Townsley a propósito dos Yaminawa peruanos. Naquele caso, *nawa* forma parte de uma matriz classificatória dual ainda ativa, em que *nawa* designa a metade externa e *rua* a metade interna. Mais ainda, totalizante: por isso o "branco" é por sua vez dividido entre *nawa* – o mestiço peruano – e *rua* – o pesquisador inglês e os missionários espanhóis ou americanos. Vale a pena matizar essa ambiguidade: Siskind (1973, p.49) diz ter indicado a um de seus melhores informantes a ambivalência com que eles usavam o termo "*nawa*": ele ficou surpreso com a coincidência e declarou não tê-la percebido antes. Os Yaminawa do Acre dão a essa coincidência uma explicação historicista: seus ancestrais eram tão fechados e egocêntricos que se consideravam os únicos humanos, chamando o resto dos parentes de -*nawa* (-brancos, por extensão, não humanos). Dediquei um artigo ao conceito "*nawa*" (Calavia Sáez, 2002), dando tributo a uma certa obsessão comum entre os especialistas em etnologia Pano, em cuja produção o conceito "*nawa*" costuma receber sempre alguma atenção, quando não se converte em tema central (Keifenheim, 1990; Lagrou, 2002).

Yura se opõe também a *yurautsa,* embora seja mais correto dizer que *yurautsa* se opõe a *yura.* Se, apesar de sua elasticidade, *yura* e *nawa* têm referentes claros, *yurautsa,* por assim dizer, foge do seu referente: é uma consequência gramatical da relação entre esses outros termos. A rigor, também, sua aparição neste trabalho é uma consequência do papel considerável que desempenha na descrição de Townsley, que no início da minha pesquisa, e até prova em contrário – expectativas exageradas quanto ao conservadorismo das instituições do parentesco –, eu supunha válida para um grupo genealogicamente muito próximo. Sem esse modelo, *yurautsa* teria passado despercebido. Todos os exemplos de *yurautsa* que consegui durante muito tempo eram frases interrogativas que apontavam para um outro similar, mas indefinido. O mais comum é também o mais significativo: um Yaminawa usará *yurautsa* para perguntar, durante a viagem pelo rio, se o interlocutor viu passar "mais alguém", uma prática contínua nos seus deslocamentos. Embora essa alteridade não marcada raramente apareça aplicada a um coletivo, ela se manifesta com frequência, como veremos, nos modificadores de termos de referência *(epa-utsa, awi-utsa* etc.), denotando uma colateralidade sem consequências sistêmicas ou uma afinidade potencial para a qual já existem outros termos apropriados. Trata-se, então, de um modificador rebarbativo, a não ser que a sua função seja precisamente a de aparar o poder das classificações, neutralizando uma parte das suas aplicações. *Utsa* é também utilizado eventualmente para se dirigir a membros da aldeia que não são consanguíneos, com quem não há relação de afinidade efetiva nem proximidade genealógica, especialmente quando pertencem a gerações mais velhas.

É fácil imaginar que um termo assim poucas vezes se faz necessário, a não ser em encontros casuais. O exemplo do rio é significativo, porque os Yaminawa, como já foi dito, carecem de praça pública – vale dizer ele qualquer palco explícito para a representação de sua sociedade – e toda classificação ou identificação de um parente é recortada pela possibilidade real de interação: a casa e o rio são os lugares normais de encontro. *Yurautsa* tem seus equivalentes em muitos outros sistemas amazônicos. A significação dada a esse terceiro termo pode variar, de um ponto intermediário entre a identidade e a alteridade (cf. Keifenheim,

1990, 1992) a uma qualidade de parentes longínquos com os quais o casamento é possível mas desprezado (os *komidzi* Candoshi, cf. Surrallès, 2000, p.132), ao amplo resíduo do cruzamento de duas classificações, uma interior e diametral, e outra exterior e concêntrica (os *iba ai dïbï* como "os meus outros" dos Sanumá, incluindo afins e consanguíneos distantes, cf. Ramos, 1990, p.74); ou, enfim, a toda essa categoria mediadora, articulada às outras de modos infindavelmente variados, à qual Viveiros de Castro (1993, p.177-8) dá o nome de "terceiro incluído". Para os Yaminawa do Acre – diferindo aqui dos Yaminawa peruanos, para quem esse termo designa um espaço –, *yurautsa* parece denotar um ângulo tendencialmente cego, que como substantivo denota uma não relação, e como modificador desvirtua as classificações.

Ciclos e jogos

Os Yaminawa – pouco originais neste caso, dentro ou fora do contexto amazônico – tendem a achar fácil e prazerosa a convivência com consanguíneos, quando a comparam com o dever às vezes pesado, mas dever enfim, de conviver com os afins. A regra de residência uxorilocal, nunca formulada de modo muito explícito, mas embutida nas expectativas depositadas num bom marido (que deve ser solícito e diligente com os seus sogros, e para isso deveria estar sempre ao alcance da mão), se situa dentro de um conjunto de regras cuja interação conforma ao longo do tempo um ciclo residencial, que já foi descrito para muitos grupos na Amazônia.[6] Townsley (1988, p.35-9) o fez para o caso Yaminawa peruano, e, basicamente, esse esquema é válido para os Yaminawa do Acre.

Comecemos o ciclo, por exemplo, com a nubilidade dos filhos de um casal. Espera-se que os filhos homens procurem mulheres em outros

---

6 Nelly Arvello-Jiménez forneceu o modelo, na sua monografia sobre os Yecuana: as diferenças de tamanho e composição dos grupos residenciais dependem do momento de seu desenvolvimento, podendo adotar as feições de uma família nuclear, de uma família extensa ou centrar-se em volta de um grupo de *siblings* (apud Rivière, 1984, p.31-3). O exemplo clássico de ciclo residencial pode ser o Piaroa (Kaplan, 1975).

casarios e, em consequência, passem a morar com os seus sogros, sendo seu lugar ocupado por jovens de outras famílias que vêm se unir às filhas da casa. O processo não é linear: o divórcio temporão é quase norma nos primeiros casamentos, ocasionando a volta do noivo ao lar paterno – ou, muito comumente agora, sua saída para trabalhar com os brancos – até que alguma das uniões se estabilize. Geram-se assim casarios extensos baseados na aliança, cuja cabeça é o sogro. Com o tempo, depois de criados os primeiros filhos, é comum que o homem tenda a se afastar do sogro para levantar uma nova casa, agora perto de seus pais, já velhos. Trata-se, como no caso anterior, de um conjunto hierárquico, com um cabeça de família velho e seus seguidores ainda moços, mas desta vez as ligações entre os homens são de consanguinidade. Isso abre a possibilidade de um estágio ulterior, quando o cabeça da geração mais velha desaparece ou caduca, e o eixo central no casario passa a ser a relação entre irmãos, que bem pode se quebrar, ocasionando a cisão do casario, ou o acréscimo de uma parte dele à moradia dos aliados, mas que habitualmente, dado o bom conceito que as relações entre consanguíneos merecem, se estabiliza por um tempo. A "horizontalidade" desse conjunto de irmãos é relativa; em princípio, existe já uma hierarquia de irmão mais velho a irmão mais novo, que pode ser complementada, ou anulada, por uma descendência mais numerosa ou um maior sucesso "político" de um dos irmãos, que se torna assim centro efetivo do grupo, os outros conformando-se à situação subalterna ou independentizando-se.

Como bom modelo, o ciclo residencial aqui exposto é mais facilmente deduzido de valores e vontades que inferido a partir dos dados empíricos: explica muito e retrata pouco. São muitas as causas dessa irregularidade, mas tentaremos agrupá-las em rubricas.

Temos, para começar, situações que, sem alterar a norma, podem interferir na sua atualização, e convertem o ciclo em jogo:[7] um golpe

---

7 Nem é preciso dizer que os atores desse jogo são homem e mulher. Vários estudos sobre grupos Pano – especialmente Siskind (1973) e McCallum (1988) – insistem no caráter estrutural das relações entre gêneros, e suas análises são válidas em geral para o caso Yaminawa: as maiores divergências foram tratadas ao falar da caça.

afortunado faculta um avanço suplementar, um azar obriga a um retrocesso, ou deixa o jogador imóvel por um tempo. Assim, conseguir uma mulher sem parentes, ou uma mulher estrangeira – um feito nada raro, como veremos –, pode dispensar do serviço aos afins. Um órfão dificilmente sairá de perto de seu sogro. A morte de filhos pequenos, que normalmente obriga a mudar de casa, pode também forçar uma volta ao domicílio dos sogros, como em geral qualquer circunstância que possa afetar o prestígio do marido.

Temos, também, uma tendência contrária à norma: há maridos capazes de afastar a mulher da sua casa natal, e que, relutantes em voltar à casa paterna, tentam a neolocalidade. Titi, Batista, Zé Paulo e Pelé já ensaiaram essa via. Numa visão sincrônica, essas tentativas podem distorcer o quadro, mas sua duração é muito curta: dificilmente essa instalação solitária dá resultados,[8] e com isso a família neolocal se reintegra a alguma unidade preexistente; caso, apesar de tudo, funcionasse, fatalmente atrairia alguns consanguíneos, voltando a se integrar assim no modelo.

Independentemente da norma, temos situações que poderíamos agrupar por seu caráter exógeno. A influência da chefia é o fator de variação mais frequente, na medida, muito ampla, em que seu poder pode prescindir da autoridade gerada no interior do parentesco (mais tarde caberá explicar esse ponto). O chefe é um núcleo de atração que induz muitos grupos familiares a se instalarem perto dele: ao descrever Ananaia, nos ocupamos de um caso expressivo. Essa atração parece

---

8 Townsley (1988, p.28-9) destaca a falta de sentido da residência individual – perfeitamente viável do ponto de vista econômico – para os Yaminawa. Vale a pena notar que esse isolamento hipotético é importante do ponto de vista simbólico: não são poucos os mitos que começam com ele (muito apropriadamente, analistas da narrativa como Propp ou Greimas definem o ponto de partida de um relato como "privação inicial" ou "ruptura de contrato"). Também podemos acrescentar que a opção do isolamento é relativamente comum entre outras populações da área, seringueiros ou Manchineri. Essa cisão entre residência socializada e economia individualizada – que não se dava nos velhos tempos, quando a falta ou a escassez de ferro coletivizava alguns trabalhos básicos – está certamente na base do afrouxamento da autoridade familiar, e talvez de outras características da sociologia Yaminawa.

indiferenciada: afeta a jovens que podem substituir o serviço ao sogro pela colaboração com o chefe, ou se juntam ao chefe em lugar de voltar com o pai; também há homens maduros que se agregam ao chefe com seus filhos crescidos e seus genros. Embora poderosa, a atração residencial da chefia, como a chefia em si, é também instável, como veremos no capítulo a ela dedicado: e o âmago da sua instabilidade é essa contradição entre seu papel de mediador com os brancos – base de seu atrativo e seu papel de núcleo de um grupo residencial – resultado desse atrativo.

Outra fonte exógena de variação é o casamento com pessoas de outras aldeias Yaminawa. Semelhante ao casamento com um cônjuge estrangeiro, esse tipo de união interfere no ciclo residencial, mas as implicações são diferentes. A fronteira entre as aldeias gera no interior de cada uma elos de vizinhança e colaboração, que em geral prevalecem sobre a rede de relações e deveres que poderia se sustentar na genealogia. Em outras palavras, as aldeias não são recortes contingentes de uma malha estrutural de relações de parentesco, mas unidades substantivas, onde a corresidência tende a triunfar sobre a consanguinidade. A movimentação entre aldeias diferentes, conquanto intensa, se limita comumente a indivíduos, jovens ou não, mas só em caso de conflito afeta famílias inteiras. Como repetiremos mais adiante com mais fundamento, o resultado é que os vínculos entre as aldeias se atualizam, sobretudo, devido aos conflitos que acontecem no interior de cada uma delas; em consequência, a guerra, a rigor uma microguerra, assume o papel totalizador que em outras sociedades é desempenhado pela aliança.[9]

Outra situação que deve ser levada em conta é a residência individual *fora* da aldeia, numa peregrinação por sítios (especialmente seringais) dos brancos, casas de parentes ou centros assistenciais. Os ausentes em geral são homens, embora não faltem mulheres na mesma situação. Essas ausências levam alguns casarios a assumir um aspecto matrilinear:[10] as mulheres cujos maridos se ausentam mantêm-se no

---

9 Deshayes (1992, p.100) propõe algo semelhante, indicando que sem os seus conflitos essas sociedades se converteriam em unidades autônomas.

10 Rivière (1984, p.12) fala, no caso da Guiana, de um certo *"matrilineal flavor"* criado pela convivência de mulheres consanguíneas. Pode-se perguntar se não há algo

seu lar de origem, junto aos seus filhos, e o mesmo acontece quando se ausenta a mulher, que eventualmente pode deixar as crianças com sua mãe. Embora o ausente continue sendo contabilizado em termos genealógicos, perde qualquer peso real na política familiar e deixa assim em mãos de mulheres a decisão quanto à residência.

O dravidiano

É o casario, recrutado em função daqueles princípios gerais e dessa história particular, o lugar onde o etnólogo vive a vida cotidiana dos Yaminawa, contempla suas interações e obtém um informante bemdisposto que exponha o conjunto de termos usado para designar os parentes, esses *yurawo*. A terminologia que obtive na minha primeira tentativa coincide no essencial com a dos Yaminawa descritos por Townsley, de cuja análise é tributária, nas suas linhas mais gerais, a descrição que venho a fazer aqui. Townsley define essa terminologia de referência como "dravidiana", um rótulo que remete os Yaminawa à situação mais comum nas terras amazônicas, e também ao coração de um reexame dos sistemas de parentesco ao qual deverei fazer frequentes referências. Esse sistema dravidiano, em sentido lato e frouxo, é simples mas poderoso, capaz de classificar qualquer indivíduo em função de três critérios: sexo, geração e condição de consanguíneo ou afim, um sistema exaustivo, que em princípio não deixa ninguém fora de sua malha.[11]

---

mais, ou em outros termos se esse *"flavor"* não deveria ser reconhecido como uma estrutura tão efetiva quanto aquela que, supostamente, estaria recobrindo. Cf. a análise de Vanessa Lea (2001) sobre a composição efetiva dos lares Kayapó, onde o valor estrutural da oposição sogros/genros é posto em questão pela escassa convivência entre esses sujeitos. No caso Yaminawa, esse progressivo destaque das mulheres chega muito perto de modelos usados na antropologia urbana como os de "família parcial" ou "família matrifocal", e sugere que a tensão clássica entre dadores e tomadores de mulheres pode estar deslocada para uma tensão entre os homens jovens e as mulheres velhas, foco efetivo das unidades domésticas.

11 O sistema dravidiano – eventualmente entendido como o sistema elementar por excelência, por sua simplicidade e capacidade de designar alianças – aparece, desde Morgan, amalgamado com os sistemas australianos e iroquês dentro da rubrica

	Paralelos		Cruzados	
	Masculino	Feminino	Masculino	Feminino
+2	Shidi	Chichi	Chata	Shado
+1	Epa	Ewa	Koka	Achi
+ Ego –	Ochi / Echo	Yubë	Chipi / Chiko	Txai (Bibiki)	Bibiki (Tsawë)
-1	Wakë		Pia / Rarë	
-2	Wëwë			

QUADRO 1 – Nomenclatura de parentesco. Termos de referência.
Os termos entre parênteses denotam enunciador feminino.

Os Yaminawa, no entanto, usam a sua terminologia com parcimônia. Eles próprios podem se surpreender com seus resultados, quando
forçados a classificar em seus termos um indivíduo com quem mantêm
pouco trato. A exaustividade do sistema não é necessariamente explorada, e assim o dravidiano Yaminawa carece de consequência. O sistema
deveria determinar que irmão de irmão é irmão, irmão de primo é primo
e afim de afim é consanguíneo. Não é necessariamente assim entre os
Yaminawa: uma pessoa pode ser designada como "*txai* do meu *txai*" sem
que isso faça dele um irmão. Em outras palavras, o campo legítimo de

---

dos sistemas classificatórios (Trautmann, 2001); ou desde Lowie dentro do mais
específico dos sistemas de fusão bifurcada. Sucessivos estudos têm definido fronteiras entre os primeiros e o segundo (Lounsbury, 1969), ou entre o dravidiano e o
kariera, designado como representante dos sistemas australianos (Dumont, 1975).
Ou bem mostrando a variabilidade interna do dravidiano (Trautmann, 1981) ou
enfim postulando (Viveiros de Castro, 1996b) as possibilidades de convivência e
articulação entre dravidiano, australiano e iroquês, das quais os Yaminawa oferecem
um bom exemplo.

aplicação dos termos dravidianos é o espaço do *yura*, que, como vimos, é egocentrado e tem limites altamente variáveis segundo o contexto.

Há outros poréns. O sistema é tratado com uma certa distância, incompatível com essa naturalidade que se espera encontrar no léxico familiar. Sem que o pesquisador faça perguntas nesse sentido, parece às vezes precisar de explicações, e os Yaminawa dão algumas que lembram saborosamente a Lubbock ou McLennan. Um dos meus informantes mais aplicados, que tinha perdido sua mulher em proveito de irmãos mais moços, aventurava que casos como o dele mesmo e a instabilidade conjugal generalizada aconselhavam a extensão de nomes como *epa* ou *ewa* a toda uma categoria de parentes. As ideias Yaminawa acerca da gestação, que abrem a possibilidade de uma paternidade plural, não raro compartilhada por *siblings* do mesmo sexo, é dada como causa da terminologia.[12] Existem, assim, modificadores que servem para diferenciar o "classificatório" do "real". O par *kuin/utsa* (legítimo/outro) é usado com alguma frequência, sobretudo em relação aos genitores e seus *siblings*, e também, como veremos depois, para diferenciar os esposos efetivos de seus *siblings*. O uso dos termos de parentesco na língua do branco tem o mesmo sentido que esses modificadores; longe de se limitar às traduções ou aos diálogos em português, ocupa um papel na interação cotidiana, mesmo em língua Yaminawa: é o caso do uso de *pai* e *mãe* para designar os pais "verdadeiros" em lugar dos termos "antigos" *epa* e *ewa*, que não fazem essa distinção, a não ser com a ajuda de modificadores. Mas também, correlativamente o uso de *papa* e *mama*, provavelmente

---

12 A paternidade plural, tal como aparece em uma obra recente sobre o tema (Beckerman & Valentine, 2002, em si uma obra de paternidade plural, notável pela convivência de abordagens culturalistas e sociobiológicas), é uma ideia muito estendida na Amazônia, e muito consistente ao longo de um *continuum* que vai da sua aparição eventual e conflitiva até a sua aceitação como padrão, afetando também eventualmente a maternidade, no caso Culina (Pollock, 2002). O caso Yaminawa está claramente próximo deste último polo; não tenho dados sobre a maternidade plural, embora a colaboração na lactância ou a transferência do papel materno entre irmãs seja comum. Quanto à paternidade, a "ajuda" para "fazer" os filhos é comum e praticamente legítima entre irmãos, mas também se estende a pais muito mais distantes, eventualmente brancos, cujo papel pode ser lembrado ou reivindicado em determinadas circunstâncias.

tomados dos peruanos, para designar os pais "classificatórios".[13] Como o termo *utsa* antes comentado, esses complementos terminológicos restringem o âmbito de aplicação eficiente da grade dravidiana.

Na sua versão Yaminawa, essa grade utiliza quatro termos na segunda geração ascendente, conservando a diferença de gênero e consanguíneo/afim. Há também uma tendência a neutralizar as distinções nas gerações mais novas: *rarë* e *pia* são termos raramente usados, e com frequência substituídos por *wakë*. É comum que um chefe de família se dirija ao conjunto de seus dependentes como "meninos" – *wakraná*. Na geração de ego, é comum usar um termo, *yubé*, válido para o conjunto dos *siblings* – embora em outros casos pareça desdobrar-se, dedicando ao mais velho um termo deferente, *yabasta*, e reservando *yubé* para o mais novo.

Uma tendência à homogeneidade progressiva das gerações descendentes equilibra a compartimentalização das ascendentes, abrindo uma perspectiva de consanguinização dos aliados por meio da tecnonímia, e denotando também, provavelmente, um escasso interesse nas elistinções que poderiam servir para projetar a realização de alianças nas novas gerações.[14] O esquema poderia de fato se apresentar em forma afunilada ou mesmo triangular: as gerações descendentes são um terreno incerto em que a terminologia se dissolve no léxico geral: *wakë* designa em geral o "filhote", humano ou animal.

Vocativos e nomes

Falta ainda anotar os termos usados na interação cotidiana dos *yura*, e que não são outros que os próprios termos de referência antes expos-

---

13 No limite, cabe indicar aqui uma tendência à "esquimoização" simétrica à "havaianização" indicada entre os Amahuaca por Dole (1979), que, como depois veremos, também não é inédita aqui.

14 No caso Piaroa (Overing Kaplan, 1975), a tecnonímia aparece como um terceiro sistema que serve de mediação entre o sistema concêntrico *tuha* – análogo ao *yura/nawa* – e o sistema diametral dravidiano. No caso Yaminawa, pode se considerar antes como uma modificação do dravidiano em sentido concêntrico, com resultados semelhantes aos descritos no caso Piaroa.

tos, mas submetidos a uma espécie de espelhamento das gerações anteriores sobre as gerações posteriores a *ego*.

Assim, um ego chama seu pai (e os FB) e seu filho de *epa*; chama seu FF (e FFB) de *shidi*; e seu MB de *koka*, e é chamado por eles com o mesmo termo, respectivamente. A mesma operação é realizada com os outros termos do sistema.

As mesmas simetrias – reproduzindo mais uma vez, no essencial, a análise de Townsley – se manifestam no sistema de nominação. Cada ego recebe o nome de um parente consanguíneo do seu mesmo sexo da geração + 2: isto é, do FF ou de um FFB, tratando-se de um menino; de uma FFZ, se for menina. Mas também, do lado materno, cada menino receberá o nome de um MF ou MFB e cada menina da MM ou MMZ. A regra, porém, nada tem de automática: depende largamente da disposição dos parentes para implementá-la, e essa mesma disposição pode pesar sobre as informações. Embora os Yaminawa possam nos dar sequências de nomes com aspecto unilinear (patri- ou matri-), a herança de nomes é no limite paralela: a primazia na nominação pode depender em última instância do sexo da criança, e as vias paterna e materna terem preferência respectivamente para meninos e meninas.

Essa regra de herança de nomes gera, ao ser aplicada, um sistema de oito conjuntos de nomes definidos em termos de sexo, cruzamento e geração. Trata-se, em suma, de um sistema "australiano"[15] que tem sido descrito mais extensamente para o caso Kaxinawá (Kensinger, 1991; Oeshayes & Keifenheim, 1982). Entre os Kaxinawá, esses conjuntos de nomes – dado o eixo da "metade" – são ao mesmo tempo classes suscetíveis de regular os casamentos; dado o eixo da idade relativa, as

---

15 O uso da noção "kariera" para designar esses recursos Pano data de 1977. Júlio Cézar Melatti publicou um extenso relatório sobre o sistema de parentesco Marubo, mostrando suas semelhanças com um sistema de seções australiano do tipo Kariera. Essa interpretação foi reforçada pela análise posterior a propósito dos Kaxinawá, e tem sido aceita na maior parte das pesquisas subsequentes sobre este e outros grupos Pano. Resta advertir que, como indica Viveiros de Castro (1996, p.10), o sistema dos Kariera propriamente dito é um mau exemplo dos princípios, que ele veio a ilustrar, e que os povos Pano apresentam um uso mais consistente desses mesmos princípios, que, para evitar complicações e seguindo esse mesmo autor, chamamos aqui de "australianos".

classes se repetem a cada duas gerações. Um nome, em consequência, situa cada indivíduo como duplo de alguém do sexo, geração e metade do seu FF, ou de sua MM, e estabelece entre eles uma relação de relativa identidade: ambos são *shutabu,* por assim dizer encarnações do mesmo nome. Além dessa relação privilegiada, todas as relações podem ser formuladas por meio do nome. Nos mitos, "Qual é o teu nome?" é a saudação habitual que se dirige aos desconhecidos: pelo nome, um desconhecido adquire um lugar bem definido no sistema de parentesco.[16]

Estamos, é bom lembrar, falando em Kaxinawá. Seria possível deduzir a partir do sistema de vocativos/nomes (Townsley, 1988, p.62) um sistema de classes Yaminawa *implícito* que corresponde exatamente ao sistema explícito Kaxinawá? Mas os Yaminawa não o deduzem. No que diz respeito aos Yaminawa do Acre, talvez não se trate bem de uma omissão: eles aplicam o princípio dos vocativos autorrecíprocos de um modo mais radical que o observado no Kaxinawá/australiano:[17] este se limita a equacionar gerações alternadas, enquanto o primeiro estabelece a mesma simetria, não importa onde se coloque o eixo: entre os Yaminawa do Acre, FF e SS podem se chamar reciprocamente de *shidi,* mas também MB e ZS podem se chamar de *koka,* e F e S de *epa.* Os Yaminawa, e em maior ou menor medida os outros Pano, fazem coexistir esse ultra-australiano com um "dravidiano" egocêntrico;[18] um sistema absoluta-

---

16 Cf. Erikson (1993a): os nomes são "resumos" de relações de parentesco. Esses resumos, é claro, são inseparáveis de uma "consequência", cuja falta já indicamos para o caso Yaminawa.

17 De modo mais radical que o Kaxinawá de Kensinger (1991, p.17), mas coincidindo com o Kaxinawá/Kariera de McCallum (1989a)e com o esquema apresentado por Townsley (1988, p.56).

18 Na distinção traçada por Dumont (1975) entre dravidiano e kariera, o acento recai sobre o caráter sociocêntrico deste último. As metades kariera são metades "reais"; em outras palavras são categorias prévias, com nome próprio, independentes do ponto de vista de um ego. As metades dravidianas são "meneais", traçadas por cada indivíduo a partir de suas relações concretas. Podemos acrescentar que a temporalidade de ambos é diferente: o Kariera é o sistema "cíclico" por excelência; já o dravidiano poderia se associar a uma temporalidade "focal" e individualista, que marca o presente e quebra a simetria entre passado e futuro. O dravidiano à la Dumont, consequente ou transitivo, corresponde à circularidade temporal Kariera com uma circularidade espacial que, de resto, não é possível no dravidiano-yaminawa.

mente cíclico convive com uma terminologia de referência "orientada", com uma clara progressão do heterogêneo ao homogêneo. Mas poderia se dizer também que o uso dado aos termos vocativos, longe de reorganizar o sistema em termos sociocêntricos, acaba propondo mais uma virada egocêntrica, anulando a temporalidade orientada do sistema dravidiano e substituindo-a por uma classificação perspectivista, em que o enunciador desdobra a grade a partir da sua posição. Os autorrecíprocos se utilizam prioritariamente em sentido descendente: uma anciã pode chamar de *chipi* (irmã mais velha) a filha de sua filha, e, como já vimos, um homem maduro pode chamar de *koka* (irmão da mãe) o filho de sua irmã, ou um pai chamar de *epa* (pai) seu próprio filho. É mais raro, embora possível, que a equação se realize em sentido oposto, atribuindo às gerações ascendentes os termos reservados às descendentes.[19] O efeito mais visível dessa equação no caso Yaminawa é introduzir diferenças lá onde o sistema referencial dravidiano situava categorias progressivamente indiferenciadas: nas gerações -1 e -2.

Quanto às normas de nominação, como já dissemos, elas não geram o sistema de classes que poderiam gerar: não há entre os Yaminawa um equivalente aos *xutabu* Kaxinawá. Embora os Yaminawa conheçam bem a norma de nominação, não desenvolvem suas virtualidades. Não há necessariamente uma hierarquia das linhas de descendência respeitada na hora de aplicar o nome: um nome recebido da família materna pode ocupar o lugar supostamente devido a um nome herdado pela via do pai. Que um nome ou outro seja em geral reconhecido, deve-se provavelmente ao sucesso de determinado parente – habitualmente da geração + 2 – na pugna por fazê-lo reconhecer: o sistema foi submetido, também neste caso, a um viés egocêntrico. O conhecimento extensivo dos nomes – que não são secretos, mas também não são utilizados de modo corriqueiro – é de fato patrimônio dos mais velhos, é mais erudição histórica

---

19 Só numa ocasião ouvi um jovem designar seu FFB como *e wake*, "meu filho". Os Yaminawa reconhecem as possibilidades lógicas do sistema e as enfrentam com um certo humorismo. O uso autorrecíproco dos termos vocativos pode ser visto como inversão. Erikson (1986, p.201, com referências a Dole, 1979, e Siskind, 1973, cap.3) se refere ao seu papel na administração do sistema de parentesco: "o humor escorado na simetria do sistema é uma das características mais espantosas da utilização que os Pano fazem do seu sistema de parentesco".

que guia de conduta. Na nova geração de Yaminawa se perpetuam os nomes do passado, mas não a sociedade do passado: a afirmação Yaminawa de que "o nome não se perde" é expressão de uma vontade mais que constatação de um mecanismo. Quanto ao aspecto "cíclico" desse sistema de nominação, só existe entre os Yaminawa como inferência, já que na lista não desprezível de nomes que tenho levantado junto aos Yaminawa se observam poucas repetições, sendo algumas destas repetições "estatísticas", que não correspondem a relações visíveis. A interação de pessoas portadoras do mesmo nome parece infrequente.[20] O uso defectivo desse sistema "kariera" de nominação é coerente com o egocentrismo do esquema dravidiano com que convive e sua temporalidade orientada.

Para entender melhor esse uso defectivo dos nomes, devemos lembrar que cada Yaminawa tem também um nome "de branco", que é o nome comumente usado. O nome estrangeiro, longe de ser um ornato externo, é um item essencial na sociologia Yaminawa. Em primeiro lugar, porque neutraliza a "sistematicidade" dos "nomes legítimos" ou dos termos de parentesco. Designando um parente pelo seu nome de branco, o Yaminawa cria um espaço verbal individualista em que as condições criadas pelo parentesco não mais existem, e a etiqueta é dispensável. O efeito é plenamente consciente: muitas vezes vi as mulheres velhas ralhar com seus netos porque chamavam os pais pelo nome de branco, ou com estes mesmos porque consentiam esse uso. Essa reação às novas modas onomásticas não nos resulta alheia. Mas com a erosão da cultura "tradicional" se apresenta a sua reorganização alternativa. Como se verá mais tarde, os nomes de branco eram atribuídos de início por um "patrão" branco aos filhos de seu "compadre" indígena, ou a este mesmo. Nos censos realizados por Yaminawa, pode se ver que um resultado desta prática foi um certo reforço da linha paterna, ou da relação entre pais e filhos: todos os descendentes de um indivíduo tomavam o nome de branco de seu pai como patronímico: "Lauro do Olavo"

---

20 O sistema de nominação é interpretado por alguns Yaminawa em termos muito diferentes, por exemplo como um recurso para manifestar a solidariedade entre irmãos que levam o mesmo nome, e podem reproduzir esse paralelo na geração de seus filhos – um argumento que será significativo quando mais tarde tratarmos do que poderíamos chamar "ideologia fraterna".

ou "Terezinha do Paixão" são lembretes intraduzíveis aos modos tradicionais de designação, que, pelo contrário, saltam sempre de duas em duas gerações. Esse ensaio de patronímicos, comuns na faixa etária dos 25-40 anos, não chegou a criar um tipo de patrilinhagens nominais, entre outras coisas porque novas modas onomásticas chegaram à aldeia, e o velho acervo de nomes se afastou do hagiológio nordestino. Entre as novas fantasias, e ao lado da ironia dos nomes "indianistas" como Iracema ou Jacira, há um detalhe digno de atenção: vários grupos de *siblings* da mais nova geração usam nomes que formam um conjunto de variantes, elaboradas pelo pai. Um bom exemplo são os seis filhos de Correia: Arialdo, Aderaldo, Arimar, Artemira, Alexandra e Arquilene; e um outro ainda mais notável os de Adão, cujos nomes são anagramas do nome do pai: Adelina, Alidão, Abidão e Lindaura.

Podemos entender que há uma certa tensão no controle dos nomes entre as gerações mais velhas, que dominam o mecanismo de atribuição e reconhecimento do *adekuin*,[21] e o grupo dos pais jovens, que tenta organizar por meio do "nome de branco" um espaço à sua medida.

O planeta dos cunhados

Seguindo com os desvios a respeito do duplo padrão dravidiano-australiano que os Yaminawa do Acre compartilham em linhas gerais com os descritos por Townsley, mais reflexões ainda despertam a existência de termos especiais para designar os afins, algo por princípio contraditório com qualquer uma dessas variantes terminológicas, mas que é congruente com o seu uso não exaustivo e, digamos, suspicaz. A terminologia diametral poderia se adequar bem a uma situação de endogamia estabelecida entre dois grupos vizinhos que troquem mulheres. Dada a composição "aberta" das aldeias Yaminawa, é inevitável uma tensão entre ela e o sistema "Yura": os termos de afinidade efetiva parecem fazer a mediação no longo salto entre o *status* de estranho e o de "carne nossa". O modo em que essa mediação é feita merece atenção.

---

21 Para dizer o nome de seus filhos, ou às vezes o próprio nome, os Yaminawa das gerações intermediárias precisam quase sempre consultar algum velho – ou mais frequentemente uma velha.

Rais ♀ ♂		
Adiá ♀ ♂	Awi ♀ = Wede ♂	Adiá ♀ ♂
Rais ♀ ♂		

QUADRO 2 – Termos de afinidade.

Rais designa a relação entre sogros e genros, biunivocamente e sem distinção de gênero; o mesmo acontece com *adiá* entre cunhados. O par *wede/awi* designa o esposo e a esposa.[22] Os termos de afinidade efetiva, superpostos aos dravidianos – nos quais a afinidade é só virtual –, não representam só um acréscimo ou uma maior precisão, senão uma inversão sistemática do detalhe classificatório do outro sistema de termos: eliminam distinções em que aqueles as marcam, e vice-versa. *Rais* (= sogro, sogra, genro, nora, independentemente do sexo do locutor) ocupa o mesmo lugar da relação mais central, e hierárquica, do sistema, aquela que se estabeleceria entre *koka* e *pia*.[23] Os termos para cunhados e esposos enfrentam um enclave semântico espinhoso: se *bibiki*, o termo dravidiano para o(a) primo(a) cruzado(a) de sexo oposto, designa o(a) esposo(a) em potencial, *adiá* (cunhado/a) reúne o valor-afim de *bibiki*, *txai* e *tsawe*. Em contraponto, *awi/wede*, designando os esposos de fato, discrimina o autorrecíproco *bibiki*. À diferença da grade dravidiana, por metonímia relacionada com o sistema vocativo, o conjunto de termos para afins é puramente referencial.

É difícil delimitar a esfera de uso de cada um desses conjuntos. No que se refere à relação entre dadores e tomadores de esposa(o), o uso de *rais* é coerente com a distância, isto é, designa o aliado sobretudo em um diálogo com terceiros. É frequente que na convivência cotidiana se use, pelo contrário, o termo *koka* para designar o sogro: um caso e outro

---

22 Tschopik (1958) traduz o *Rais* shipibo como "*the avoided one*"; no caso Yaminawa, não acho que possa se falar em evitação, embora se trate de uma relação muito contida. Por outro lado, é interessante notar que uma palavra derivada, *raiai*, designa o trabalho e a ação de trabalhar. *Awi/wede* conotam fêmea e macho.
23 Cf. Erikson (1986) sobre a centralidade dessa relação.

ilustram situações de cômoda intimidade ou de cômoda distância, mas eu não saberia definir o uso correto em situações menos cômodas. A razão pode ser simplesmente que os Yaminawa se esquivam delas, evitando contatos ou estabelecendo a relação por meio de parentes comuns – o papel das crianças aqui é fundamental, não tanto pela tecnonímia quanto pela "tecnopráxis": são elas que levam carne, objetos emprestados e recados para sogros e genros.

Mais surpreendente que a existência desses termos específicos de aliança, porém congruente com eles, é o caráter fugidio dos termos "dravidianos" para os aliados de uma mesma geração: *txai*, talvez a única palavra Pano a sair, em asas da música, pelo mundo afora,[24] é raramente ouvida na aldeia Yaminawa, a não ser nos mitos ou em conversas de tema "sociológico": não é, em qualquer caso, muito comum como termo vocativo. Já *bibiki* está próxima de ser uma palavra tabu: embora tivesse sido apresentada como equivalente de primo(a)-esposo(a), nunca mais a ouvi aplicada a esposos potenciais ou a esposos de fato – a não ser nas narrações míticas, nas quais, pelo contrário, ganha destaque nas conversas com cônjuges potenciais não humanos. Como termos de referência, ouvi com alguma frequência *awi/wede*, aos quais podem se aplicar também os modificadores *kuin/utsa*, no que poderíamos entender como uma vontade explícita de deixar sem espaço o termo *bibiki*, que, já substituído no que diz respeito aos esposos reais, não é também necessário para distinguir os potenciais. Uma alternativa, no mínimo curiosa, no trato doméstico entre esposos é o uso dos termos próprios entre irmãos: o homem chama então sua mulher de *chiko*, irmãzinha.[25]

---

24 Como título de um álbum de Milton Nascimento com inspirações ecológicas, amazônicas e mais particularmente Kaxinawá. Paradoxalmente, o texto que acompanha o álbum glosa a palavra-título *Txai* como irmão, o que supõe uma tradução aberrante do termo Kaxinawá, mas não deixa de fazer algum sentido no contexto Yaminawa, como se verá mais adiante.

25 Observei esse uso entre os Yaminawa da geração mais velha, e sempre no sentido homem-mulher – é bem provável que o uso na recíproca também se dê, mas as limitações de meu ouvido foram muitas. Não devemos nos enganar com a "cotidianidade" ou a "familiaridade" desse uso. *Chiko*, a irmãzinha, é a destinatária habitual dos cantos eróticos Yaminawa, de temática sexual muito explícita.

Resumindo essa aproximação ao conjunto de termos para aliados efetivos, cabe notar que tal conjunto não se agrega simplesmente aos termos já oferecidos pela grade dravidiana, mas conflui com a tendência a evitá-los, evitação que ganha destaque precisamente no termo *bibiki*, e que de resto se dirige não só aos termos em si, senão à grade em que eles se inserem. Dito de outro modo, os termos específicos para afins efetivos, contrariando os eixos classificatórios que organizam os termos dravidianos, contribuem a apagar os vínculos entre genealogia e aliança, agindo assim no mesmo sentido que a homogeneização progressiva dos termos para as gerações descendentes daquela grade.

Mais uma questão deve ser levada em conta para entender esse sistema de reticências – e para desculpar as imprecisões do etnógrafo: como já dissemos, o uso habitual de nomes pessoais brasileiros tem, entre outras virtudes, a de substituir comodamente e sem efeitos colaterais qualquer termo de parentesco escorregadio. As reticências subsistem, porém, como um fato digno de atenção.

Os termos para afins não são exclusivos dos Yaminawa, e eu diria mesmo que se trata de termos especialmente estáveis: aparecem plenamente reconhecíveis em fontes antigas de outros grupos Pano[26] e são ocasionalmente citados em monografias atuais, mas não têm sido, que eu saiba, levados em conta nas análises: a tese de Edilene Lima (1994) talvez seja a primeira a quebrar esse silêncio.

Silêncio compreensível, no entanto, já que uma nomenclatura dravidiana ou kariera parece privá-los de qualquer espaço, sobretudo em presença de uma regra positiva de casamento. É o momento de examinar esse contexto.

Casamento

Apesar da evitação descrita, a tradução de *bibiki* como prima/o-esposa/o me levou durante algum tempo a persistir na procura de casamentos entre "primos cruzados". Seria uma procura coerente não só

---

26 É interessante para os Shipibo a lista de Tschopik (1958), muito mais complexa que a relatada aqui para os Yaminawa.

com a terminologia, mas também com modelos Pano próximos, como o dos próprios Yaminawa peruanos (Townsley, 1988, p.57).

Identificar esses casamentos a partir da genealogia é uma tarefa inglória: os sistemas terminológicos alternativos, os jogos de termos modificadores e a noção de paternidade plural, aliados à conturbada história dos Yaminawa, fazem difícil estabelecer mesmo as relações entre pais e filhos. Que esperar de cálculos mais delicados, como os que intervêm na conformação de uma aliança?

Na descrição dos casarios do capítulo anterior, citei os casos em que se aprecia uma manifestação clara de algo parecido com uma "troca restrita", mas mesmo nesses casos a aliança parece nova, independente de uma relação prévia dos cosogros. Caso único, ouvi dizer que o pai de Antônio Coruma teria sido "cunhado" (adiá) de Alfredo:[27] trata-se, assim, de uma aliança herdada, mas que tenta pôr entre parêntese suas próprias consequências no plano genealógico, já que em qualquer caso os termos usados para expressar essas alianças são os termos específicos de afinidade. A aliança parece limitar assim, mais uma vez, as suas virtualidades estruturais. Essas feições elementares, de resto, aparecem nos casarios mais a jusante, que teriam permanecido relativamente isolados dos outros, desenvolvendo algum grau de endogamia.

A procura de alianças entre txai, e, sobretudo, de matrimônios entre bibiki, foi em geral fracassada: como um jogo de pingue-pongue em mãos de jogadores canhestros, em que as bolas, em lugar de serem devolvidas ao campo do adversário, fossem constantemente lançadas fora do campo e substituídas por outras, os cônjuges vão e vêm, mas não retornam. Resulta impossível traçar o fluxo de alianças. A extrema instabilidade dos casamentos – favorecida pela frequência das mortes violentas, das epidemias e das ausências em terra de brancos – e a escassa memória genealógica me fizeram desistir de pesquisas mais tenazes[28] sobre um tema que definitivamente não conseguia prender o interesse dos nativos. Apelei então para os informantes.

---

27 Antônio Caruma era genro de Alfredo.

28 Dole (1979), em uma confissão à qual voltarei mais adiante, se refere também à inconsistência dos informantes, no caso Amahuaca.

As respostas oferecidas às minhas perguntas sobre regras matrimoniais não eram de grande ajuda para quem pensava encontrar sistemas elementares ou trocas restritas: algumas insistiam na absoluta anomia da vida Yaminawa ("se juntam com quem querem", "como os animais", "só não casam com a mãe") ou na sua "modernidade", explicando o matrimônio a partir da atração amorosa. Algumas afirmações que ouvi sobre as regras de casamento apontavam que, embora não houvesse normas positivas para a eleição de cônjuge, esta estaria limitada por critérios classificatórios: os esposos não poderiam pertencer ao mesmo *kaio*. Informações mais concretas sobre os costumes dos "antigos" pareciam se referir mais a uma disciplina que a uma regra de casamento: nos "tempos antigos"[29] os casamentos eram decididos pelos pais, com frequência já desde a infância dos filhos, e esses casamentos envolviam, não raro, noivos de faixas etárias distantes. Um homem podia de fato criar sua futura esposa desde menina, e, segundo um informante, os jovens casariam preferencialmente com a sua *achi*, FZ. Essa norma me foi relatada como um costume abusivo que ligava jovens a velhas, e que tinha sido abolido pessoalmente pelo então chefe do grupo, pai do informante: por muito tempo, tomei essa informação como uma manifestação modernista de um jovem aspirante à liderança. Mas seu testemunho isolado se viu adensado por outro tipo de dados. Um deles, um canto – um *yamayama* erótico, composto e interpretado por uma mulher em torno dos quarenta anos –, que expõe toda uma teoria Yaminawa do amor: as mulheres devem cuidar dos meninos pequenos para que eles as apreciem depois como amantes. O outro, um mito (M58), que de um modo especialmente cru apresenta a *achi* como um objeto de desejo furtivo e como uma cônjuge desprezível. Com as restrições impostas pelo caráter da informação, esta ofereceria algumas pistas importantes. Em um sentido, poderia sugerir uma norma anterior de casamento oblíguo, que uniria preferentemente FZ-BS (e MB-ZD?),

---

29 "Tempo amigo" é, se for necessário sublinhá-lo, uma precisão mais lógica que cronológica: pode se referir a épocas relativamente distantes, mas também a cinco anos atrás, ou designar atitudes presentes na atualidade em aldeias ou casarios mais conservadores.

recentemente abandonada, acompanhando a transformação do esquema dravidiano em um sentido dakota e descartando a *achi* como cônjuge potencial. Em outro, simplesmente denunciaria uma tensão permanente – semelhante à que exclui *bibiki* da fala cotidiana – entre as virtualidades reconhecidas na grade dravidiana e as práticas matrimoniais legítimas.[30]

Mas se as especulações sobre os regimes matrimoniais do passado são possíveis, nada pode se observar, porém, quanto às redes de relações movimentadas atualmente. Sempre cabe supor que a mudança do velho para o novo conota talvez a ampliação do espaço geográfico onde é possível a procura de esposa, eludindo o peso que a autoridade doméstica[31] desempenharia na estabilização de um sistema de alianças.

Tendo a considerar agora que os problemas de minha pesquisa tinham mais que ver com as expectativas associadas a modelos prévios prévios na literatura ou prévios no tempo Yaminawa – que com a adequação de meus dados. Mais um informante (que já antes tinha sido indagado, de modo menos sistemático) deixou-me claro que o sistema de alianças Yaminawa é complexo. Um homem decente não pode casar com parentes até um grau que não conseguiu esclarecer, entre o terceiro e o quarto.[32] A proibição, na prática, afeta todos aqueles a quem

---

30 As mesmas ambiguidades a respeito do papel da *achi* se observam no caso Yawanawa (Carid Naveira, 1999, p.51; Carid Naveira & Pérez Gil, com. pess. 2004). De um lado, um único informante masculino declara esse casamento possível (ressalvando que essa possibilidade não se estende ao casamento MB-ZD); informantes mulheres negam. Um casamento FZ-BS é justificado em função da distância genealógica. De outro, a *atxi*, no caso dos homens, e o *koka*, no caso das mulheres, são as únicas pessoas indicadas para tratar das inflamações genitais que se consideram como consequência de brincadeiras entre germanos de diferente sexo, e a *atxi* parece figurar como figura tingida de erotismo em algumas narrativas. Cabe advertir que no caso Yawanawa o casamento entre primos cruzados é explicitamente recomendado.

31 Cf. a indicação de McCallum sobre a conservação seletiva das regras de casamento tradicionais no primeiro casamento (1989a, p.222), paralela, por exemplo, à conservação de rituais - a clitoridectomia, por exemplo - nas famílias dos chefes Kaxinawá (Girard, 1958).

32 O protagonista do mito de Lua (M5), o incestuoso por excelência, alcança tal categoria fazendo amor em segredo com sua *bibiki*.

habitualmente se aplica, sem dúvidas, um termo na nomenclatura dravidiana, a qual no entanto conserva, recalcadas, as suas virtualidades matrimoniais.

Temos aqui uma certa vitória do sistema "yura-nawa" sobre o dravidiana, sendo os limites, sumamente vagos, do primeiro, e não as categorias do segundo, as que organizam as alianças. Parte-se de um grupo do tipo kindred e define-se a partir dele uma humanidade "outra" em que se encontram os inimigos e os possíveis afins.

A partir das práticas de casamento, o sistema Yaminawa pode ser revisto em termos iroquês-dakota, isto é, uma nomenclatura que "reconhece como consanguíneos os parentes paralelos e os parentes cruzados, constituindo os aliados uma terceira categoria, aberta".[33] Com essa vantagem do concêntrico sobre o diametral se relaciona a preeminência das fronteiras entre aldeias sobre os vínculos de parentesco, e em menor escala um certo "fechamento" dos casarios, que pode se traduzir seja numa espécie de endogamia, seja na preferência por casamentos distantes, não raro com mulheres de outros grupos Pano. Em qualquer caso, o papel estruturante da afinidade tende a ficar invisível no seio do grupo local.[34]

Penso que é por essa ambiguidade, e não por falta de domínio do português, que os tradutores Yaminawa embaralham os termos "primo" e "irmão" (prima e irmã) – perfeitamente discriminados quando se fala em abstrato – ao tratar de relações concretas. A constante duali-

---

33 Dreyfus (1993, p.122). Inclino-me a usar de preferência o termo dakota em vista da insistência Yaminawa (ou da insistência masculina Yaminawa) em vincular essas práticas à noção, um tanto fantasmal como veremos, de grupos de descendência patrilinear.

34 Por meios diferentes (consanguinização dos cruzados aqui, reduplicação das alianças lá), o efeito obtido pelos Yaminawa é semelhante ao descrito para os Candoshi por Surrallès (2000): a saturação do grupo local que força a procura de esposas alhures, com a ressalva de que essa diferença de meios leva também a soluções diferentes. Os Candoshi precisam da solidariedade local para uma procura bélica de esposas estrangeiras; os Yaminawa resolvem o problema cindindo o grupo local e recuperando a médio prazo, com o distanciamento dos parentes, um acervo de possíveis cônjuges.

dade que aparece nos mitos Yaminawa – e que apresentaria um alto rendimento sociológico, dentro por exemplo do sistema Kaxinawá, articulando consanguíneos e aliados – se prende, muito pelo contrário, a um par de irmãos cuja relação é solidária no mais alto grau e claramente hierárquica.[35] A sociedade está pensada segundo um modelo *fraterno*.

Noko kaio

Um terceiro aspecto da sociedade Yaminawa, o mais visível para quem se interessa em história e política, é o que estaríamos tentados a chamar de "clãs"[36] (*kaio, kaiwo*): grupos supostamente unidos por laços de descendência e designados por um nome "totêmico", habitualmente de um animal. Os *kaio* seriam espaços de solidariedade e exogamia, formados por uma regra de descendência unilinear, mais exatamente paterna.

Kaio, kaiwo e seus muitos correspondentes em outras línguas Pano (Erikson, 1986, p.188) partem de uma raiz léxica que denota crescimento; alguns Yaminawa traduzem *kaio* como "tronco" ou "raiz". Quer dizer, trata-se de algo que em princípio pertence à ordem do interno e do contínuo.

Tenho me encontrado com duas expressões desse *kaio:* uma, com o sufixo *-nawa* de que já falamos, e que atua no caso como um objetivador ou um externador. Neste caso, temos uma lista virtualmente ilimitada: Xixinawa, Yawanawa, Bashonawa, Xaonawa, Deenawa etc. Outra, com o sufixo *-wo*, que é um pluralizador. A lista de termos *-wo* parece mais simples: assim, segundo um informante, os Yaminawa se dividem em

---

35 O melhor exemplo é o mito M40, que fala em dois chefes de aldeia, irmãos, que segundo as versões parecem estar casados com a mesma mulher, com duas mulheres comuns, com uma mulher cada um ou com duas mulheres cada um...

36 É claro que numa sociedade cognática e de pouca memória genealógica, o encaixe hierárquico em que Radcliffe-Brown (1975 [1950], p.39-40) situa metade, clã e linhagem não faz sentido, e que nesses termos falar aqui em clãs seria inapropriado. Cf. neste sentido a discussão de Edilene Lima (1994) sobre a "danificação" dos Katukina, que apresenta importantes paralelos com o processo aqui descrito.

quatro "signos" diferentes: *Rwandiwo, Dwawakewo, Yawandiwo* e *Xapandiwo*, relacionados com determinados conjuntos zoológicos.

Quanto à forma *nawa*, trata-se de um saber muito comum, que qualquer indivíduo possui, embora o saber dos velhos possa ser mais extenso. O seu conjunto equivale à lista de etnônimos que infesta a literatura sobre grupos Pano. A pluralidade *nawa* é uma pluralidade *externa*.

O caso do conjunto de grupos *wo* é bem diferente. Foi-me descrito, bem no início das minhas pesquisas, pelo então chefe Yaminawa, Zé Correia, que se estendeu sobre as características dos *kaio* e os comparou explicitamente aos signos do zodíaco dos brancos. Com a grande diferença de que o pertencimento a um *kaio* seria herdado por linha paterna e excluiria o casamento dentro dele: isto é, o *kaio* seria uma peça essencial de uma estrutura social quatripartita. A sociedade Yaminawa possuiria uma diversidade *interna* – uma diversidade restrita e ordenada, alheia à serialidade caótica do conjunto *nawa*.

Essa teoria do conjunto -*wo* é mais ou menos esotérica. Tentei conferi-la com meus outros informantes, muitos deles especialmente eloquentes e bem-dispostos, sem qualquer resultado. Não poucas vezes em troca das minhas perguntas obtive informes detalhados sobre os grupos *nawa*, mas nunca sobre esses "signos do zodíaco". Concluí, em resumo, que se tratava de uma elaboração idiossincrásica de Correia, fundamentada em temas que meu pouco conhecimento da língua me fazia difícil abordar. Pouco antes do fim das pesquisas, porém, voltei a tratar desse tema com Júlio Isodawa, que reconheceu as informações de Correia como algo "que todo mundo sabia" e "do que se falava nas histórias dos antigos", e acrescentou detalhes relevantes. Vale a pena dizer que Júlio já tinha sido interrogado anteriormente, sem nenhum resultado, sobre esse mesmo tema; mas era já chefe do grupo naquele momento, e intuo que essa mudança de lugar influiu na mudança de discurso. As virtudes estruturantes que nele se atribuem ao conjunto de *kaio* parecem sobredimensionadas. Na prática, o que podemos observar é uma sociedade cognática, em que os parentes se contabilizam normalmente pelos dois lados, a proximidade importa mais que a linha, seja ela qual for, e, como já vimos, não faltam modos de fazer perder nitidez às distinções de próprios e estranhos.

Em outras palavras, é possível que só o chefe tenda a obter da no-ção de *kaio*, e da oposição entre *-nawa* e *-wo*,[37] rendimentos sociológicos virtuais que habitualmente não são ativados.[38]

Esse contraste, a julgar pelas explanações a seguir, prende-se a movimentos diferentes: de dissociação sociológica no caso dos *-nawa*, de integração cosmológica no caso dos *-wo*. Os *kaio* não parecem ser percebidos pela maior parte dos Yaminawa, essencialmente como "sociologia": as principais informações a seu respeito estão repartidas na mitologia. O aspecto principal dos *kaio* é o invisível: a relação de "consanguinidade" estabelecida entre os membros do grupo e deter-minadas classes de animais. Assim, *Rwandiwo* está relacionado com os animais da mata, especialmente onça e mucura – deles teriam a fealdade e o cheiro forte. *Dwawakewo* se corresponde com os animais subaquáticos, especialmente os providos de ferrão, como o mandi e a arraia. *Yawandiwo* se refere às queixadas, vistas preferentemente como nômades e prolíficas. *Xapandiwo*, enfim, é a categoria menos marcada, frouxamente associada às araras.[39]

Além de supor vagas semelhanças físicas ou de caráter com os ani-mais correspondentes, o pertencimento a um desses grupos obriga, em

---

37 O contraste entre *wo* e *nawa* tem feições muito diversas dentro do conjunto Pano. Para os ucayalinos, por exemplo, é *wo – bo*, na grafia peruana padrão – quem preen-che esse papel de pluralizador externo; outras combinações desses valores podem se encontrar entre os Katukina, os Marubo etc.

38 O uso de pluralizadores para constituir etnônimos, e destes mesmos etnônimos como uma alternativa serial a categorias discretas de identidade ou de parentesco, poderia ser objeto de um estudo comparativo no sudoeste amazônico, onde afixos como *-ineru* (Piro), *-djapá* (Katukina), *-madi* ou *-madiha* (Arawa), *oró-* (Txapakura) etc., em combinação com um acervo de termos tirados via de regra (mas não exclu-sivamente) da zoologia, formam vastos catálogos de etnônimos de uso múltiplo e frequente, onipresentes no discurso histórico e sociológico. São raros os tex-tos (Calavia Sáez, 2002; Vilaça, 2004) que prestem uma atenção substantiva a essa questão, habitualmente reduzida a um "ruído" na nomenclatura étnica.

39 Os etnônimos são capazes de sustentar também analogias "totêmicas": não é difícil ouvir que os Xixinawa ou os Yawanawa têm alguma característica própria dos quatis brancos ou das queixadas. Trata-se de uma procura de significação que é levada por alguns informantes ao extremo: características de um indivíduo podiam ser relacio-nadas, por exemplo, com o nome – em português – de um seringal onde teria nascido.

princípio, a restrições de dieta da parte humana – os animais não deveriam ser comidos pelos seus "parentes" humanos. Da parte animal, o ônus é maior: é a garantia de não agressão e a obrigação de vingança. Os *Dwawakewo* não são nunca, por exemplo, ferrados por uma arraia, nem os *Rwandiwo* atacados pelas onças. As exceções a essa regra – infelizmente, não faltam. *Dwa* ferrados por arraia, um acidente muito comum no rio Acre – servem para completar a regra: o animal agressor será trucidado pelos animais do seu próprio *kaio*, que vingam assim seu parente humano.[40]

A classificação é tão instigante quanto complexa: seria muito mais clara se limitada aos seus primeiros elementos. O interior da mata e o fundo das águas são dois polos rotundamente significativos na cultura Yaminawa. O povo das águas é um protagonista habitual, e quase sempre benéfico, da mitologia. *Rwandiwo* ou *Rwandawa* é o nome de um povo inimigo e canibal, que aparece também em numerosos mitos. *Rwa* e *Dwa* – ou *nawa* – são as raízes mais comuns dos nomes de metades Pano, que aparecem neste caso submetidas a uma curiosa torção: *Dwa*, que corresponderia habitualmente ao tigre e ao inimigo, fica aqui como "metade interna" e aquática, e *Rwa*, que em geral é identificado pelos Pano com o interior do grupo e associado a coisas como o urubu, o verme, a podridão ou o "esplendor", é despachado para a selva e situado do outro lado.[41] No que respeita às restrições alimentares, só a dos *Dwawakewo* teria algum resultado prático, já que peixes como o mandi e a arraia são iguarias muito comuns. Os animais associados com *Rwa* não são comidos por ninguém – e em sentido contrário não acredito que nenhum Yawandiwo

---

40 Há em todo este jogo uma "equação totêmica": proximidade do animal definido como parente = descontinuidade do "parente" definido com os traços de outro animal; há mais solidariedade dentro do *kaio*, maior distância entre os *kaio*. Há, porém, uma nota falsa nessa assimetria do dever de vingança, que só pesa sobre o animal, e que lembra a triste condição do animal-afim, que examinaremos na Terceira parte.

41 Note-se que embora o código zoológico tenha sido invertido pelo lado da onça e inovado pelo lado dos animais aquáticos, que não participam de outras metades Pano, há outros códigos inalterados, como o que diz respeito ao fedor, que continua sendo um atributo *Rwa*, ao custo de associar a onça à mucura.

se abstenha de fato de consumir queixada, uma das melhores carnes conhecidas pelos Yaminawa. Essa diversidade não supõe assistematicidade – considerando os quatro, teríamos combinações diferentes de dois conjuntos, um que reúne carnes de valores muito diferentes e outro que reúne as atitudes possíveis ante ela, da abstinência à gula. Mas não parece que os Yaminawa tenham refinado a esse ponto sua elaboração. Há algo de improviso nesse universo. Suas descrições sempre contavam com algum *lapsus linguae*: "são duas metades, aliás quatro", disse o primeiro chefe; "há duas, mas há muitas outras", falou o outro.

Parece que se dá aqui um compromisso entre as metades de outros grupos Pano – *Dwawakewo* e *Rwandiwo* – e a pluralidade dos grupos "nawa", limitados a dois representantes – *Yawandiwo* e *Xapandiwo* –, talvez porque o número quatro faz uma perfeita transição entre dualidade e pluralidade. Enfrentado com um contínuo interno, baseado em ideias como a do crescimento comum, e um exterior dividido em grupos discretos, o chefe tenta sintetizar uma espécie de "interno discreto" e postula para seus elementos uma realidade sociológica que dificilmente se traduz na prática: é a tarefa corriqueira do chefe, já que as aldeias Yaminawa dependem dele para elaborar uma unidade além da simples reunião de etnônimos.

Devemos renunciar à expectativa de que os *kaio* ou as metades tenham uma definição sociológica e um valor estrutural maior do que atribuímos à confusa patuleia dos etnônimos, porque a história Yaminawa é um constante processo de introjeção desses termos de identidade alheia. A exegese do "zodíaco" nos sugere que o espaço legítimo dessa operação é de tipo semântico, mais que sociológico. Mas isso obviamente não impede que alguns Yaminawa superponham à sua sociedade, constituída pela constante fragmentação e recombinação dos grupos locais, uma espécie de ideologia clânica ou linhageira que insiste na descendência unilinear, na solidariedade entre os membros de uma mesma "linhagem" repartidos entre diferentes grupos locais, e no caráter de unidades exogâmicas destes grupos. Essa tendência será visível sobretudo no Capítulo IV.

À parte as elaborações do chefe, o uso normal da noção de *kaio* apresenta uma antinomia paralela. Perguntado sobre seu *kaio*, um

Yaminawa tenderá a oferecer um termo -*nawa*, geralmente Xixinawa; mas pode continuar explicando os grupos -*nawa* de seus ancestrais imediatos, e eventualmente explicar que "na verdade" ou "também" ele é Xaonawa ou Kaxinawá. Nesse sentido, uma interrogação a um velho sempre se saldará com uma lista impressionante de etnônimos, pondo sobre a mesa o leque de grupos que é desfiado em qualquer etnografia. A anamnese genealógica descobre novas identidades em cada ancestral, e assim a pluralidade se multiplica de forma quase geométrica em direção ao passado. A história equivale à confusão. No extremo, essa enumeração de ancestrais sugere que os Yaminawa são uma "mistura", um juízo que em uma ocasião ouvi de um informante. É fácil ver por que esse juízo permanece alheio ao sentir comum dos Yaminawa: essa história plural, como poderemos ver na segunda parte, é vista habitualmente como um processo de atomização sem retorno, é a capacidade de desagregação o que evita a mestiçagem...

É notável o que acontece quando a pesquisa sobre *kaio* é conduzida com a ajuda de informantes mulheres e focalizada na sua rede de parentes mais próximos, isto é, aproximadamente, aqueles que convivem com ela na mesma unidade residencial – com o acréscimo de outros que outrora conviveram. Nesse espaço, a pluralidade um tanto caótica dos *kaio* se reduz dramaticamente a uma dualidade – no caso em questão, Xixinawa e Yawanawa. A uma dualidade organizada a partir de termos "externos", um par de etnônimos. Aliás, a uma dualidade assimétrica, em que a maior parte dos habitantes é, por um meio ou outro, assimilada à metade predominante, Xixinawa, sendo a outra relegada à condição de margem – os afins – de cada casario.[42]

Há assim dois pontos de vista: um masculino, da geração velha, histórica e "pública", e outro feminino, da geração madura, sociológica e doméstica. A combinação de ambos nos permite fazer pluralidades de metades e fazer metades de pluralidades. Não é muito diferente o processo que faz etnias de clãs e clãs de etnias, segundo se considere a aldeia Yaminawa como fruto de um consenso (um agregado de povos)

---

42 Erikson (1986), em crítica a Deshayes & Keifenheim (1982), sugere que o dualismo Pano tenha crescido recentemente à custa da pluralidade de grupos.

ou como vítima do conflito, resultado de uma cisão. É, em qualquer caso, uma questão de distância o que nos remete de novo à *yura/nawa*, que iniciou este capítulo. A pluralidade *-nawa* parece estar monopolizando esse terceiro espaço, fazendo assim do termo *yurautsa* (à diferença do que acontece no caso peruano) uma dependência do exterior e não mais do interior – um terceiro excluído mais do que um terceiro incluído.

Os Yaminawa, recapitulando, têm dois recursos para classificar a humanidade: um deles, um ponto de vista móbil, no espaço ou no tempo, que funde ou segmenta identidades em proporção à distância; outro, uma linha que corta o todo pela metade e elimina assim toda distância. Esse último recurso está subordinado ao primeiro, e assim se aplica sobretudo no âmbito particular, imediato.

Mas essa hierarquia que se dá na prática não é irreversível do ponto de vista lógico: de fato, é muito comum na etnologia Pano a aparição de sistemas de base dualista que conseguem reduzir qualquer tipo de distância – os nomes, as metades do tipo *Dwa-Rwa* que atravessam os diversos grupos... O termo *yurautsa* ganha assim uma maior relevância como categoria estratégica para entender os diversos compromissos que os grupos Pano estabelecem entre o diametral e o concêntrico. Demasiado próximo para ser *nawa* e demasiado estranho para entrar na divisão dual, ele ocupa o contestado gerado pela aplicação simultânea de dois critérios heterogêneos, e pode ser talvez uma chave para entender as variações Pano. Voltaremos a ele ao retomar na Terceira parte a questão da afinidade.[43]

Reflexões

Mas, afinal, aonde pode levar todo este exame? O que poderia honestamente dizer de uma sociedade cujas genealogias não consegui traçar, na qual nunca soube ao certo quem era de fato filho de quem, na qual a classificação de um parente parecia mudar de um dia para outro,

---

43 O *leitmotiv* da tensão diametral-concêntrico, que remete, obviamente, a Lévi-Strauss (1985 [1958]), está aqui tomado de Viveiros de Castro (1993).

atravessando mesmo aquelas linhas que deveriam ser suas divisórias fundamentais?

Foi muito útil, para situar essa percepção dos meus dados, a leitura de um artigo sobre o parentesco Amahuaca, de Gertrud Dole, linguista e missionária do SIL e, portanto, pode-se supor, hábil no uso do vernáculo e sobejamente dotada de rigor e perseverança. Ela descrevia para os Amahuaca a mesma falta de memória genealógica, as mesmas contradições e inconsistências. Talvez, enfim, os vazios de informação não eram desafios a procurar e a cavoucar com mais ênfase, mas dados em si, cujo sentido cabia revelar.

Não é necessário sublinhar as dificuldades de um estudo de parentesco entre os Yaminawa. A história recente sempre está à mão para justificar um alto grau de inconsistência, a justaposição de termos ou de cálculos provindos de outros grupos, Pano ou não, integrados na sua sociedade, a deformação dos modelos tradicionais e a fraqueza das normas, facilmente violadas num mundo que o branco domina. Há uma compreensível tendência a considerar esse tipo de dados como os restos de um naufrágio cultural em que seria incongruente procurar sistema. Não poucos termos de parentesco Yaminawa, e mesmo algum sistema de normas, só parecem inteligíveis à luz de seus análogos em outros grupos Pano – especialmente Kaxinawá e Shipibo, com quem os Yaminawa tiveram de fato relações.

Mas reduzir a história à entropia no âmbito do parentesco – um dos terrenos clássicos da estrutura – equivale a reiterar a descontinuidade entre povos com história e sem ela, pelo menos como descontinuidade provisória, entre o momento da quebra da velha ordem e a suposta dispersão ao largo de um padrão social "moderno". O caso Yaminawa depõe ao mesmo tempo contra uma nulificação dos sistemas de parentesco na descrição das transformações históricas e contra um determinado modo de fazer deles um núcleo duro fiel a uma tipologia e condição da identidade. Decerto não são só os Yaminawa a fazer coexistir princípios classificatórios diferentes: o sistema é sempre uma combinação de sistemas, mas essa pluralidade costuma ser interpretada como um recurso *ad hoc* para dissolver as contradições entre um sistema escolhido como central e a sua prática. No caso Pano, podemos comentar nesse sentido a tentativa de Hornborg (1991) de harmonizar terminologias tidas como incompatíveis.

Na hipótese de Hornborg, as classes "kariera" seriam um artifício para salvar as contradições lógicas de um sistema que contempla grupos unilineares e ao mesmo tempo usa a terminologia dravidiana em um contexto endogâmico. O sistema de classes Kariera circunscreveria a distinção consanguíneo/afim às categorias em que este é útil e inequívoco, neutralizando as classes ambíguas (como é o caso de FZ, ou mesmo de M), e seria uma alternativa à adoção de termos específicos de afinidade.[44] Isto é, mediaria entre um sistema de "clãs" e um dualismo dravidiano, afastando-os de um terreno doméstico em que ambos entrariam em conflito.

Vimos, porém, que os termos de afinidade existem e estão longe de ser uma exclusividade Yaminawa; que a ambiguidade de classes como FZ persiste, assim como persiste no recesso do lar a dicotomia entre afins e consanguíneos junto às práticas que a eludem. Não há, em suma, uma combinação arteira de três sistemas, mas um excesso de fórmulas compensado, mas não anulado, pelo defectivo da sua aplicação. Uma série de lapsos, de reticências ou de esquecimentos; um fraco *record* genealógico; um uso egocêntrico de vocativos ou nomes que poderiam, se usados de outro modo, criar classes; a evitação de termos como *bibiki* e *txai*, que neutraliza o eixo central da grade dravidiana; metades mentais, fórmulas locais, linhagens subjetivas, todos são modos de acumular ordens alternativas da mesma sociedade, distribuindo-as em seus distintos níveis de articulação. Toda uma pragmática da terminologia de parentesco que, em conjunto, encaminha o caso Yaminawa para o espaço desse "dravidiano concêntrico" (Viveiros de Castro, 1996b), oxímoro que poderíamos aqui entender como um dos núcleos da história Yaminawa.

Na convivência de ambos os termos teríamos assim não uma manipulação casuística das normas, que deixaria supor uma outra instância reguladora oculta – o imperativo funcional, as estratégias individuais? –,

---

44 A duplicidade da transmissão, já anotada por Siskind, "resolveria" por si só o problema.

mas a interação de estruturas operadas por grupos de protagonistas cujas divergências têm em si valor estrutural; afinal, caberia supor que uma sociedade pudesse se perpetuar pela produção e assimilação do outro-inimigo sem dar a esse processo uma forma agônica?

Há indícios de que, no caso Yaminawa, e englobando outras posições importantes no jogo, podem se identificar dois protagonistas eminentes deste: as mulheres velhas e os homens jovens; os segundos capazes de esgarçar a cada momento o grupo *yura*, gerando assim consanguíneos distantes e deles afins possíveis, e as primeiras capitalizando o saber genealógico e transformando os deslocamentos e as guerras dos homens em uma sorte de viagens *autour de sa chambre*.

Na estela da tradição funcionalista, tendemos a ver a organização social de um grupo como uma estrutura *real* que os percalços históricos podem poupar ou destruir; mas no caso Yaminawa a erosão cultural parece traduzir-se, pelo contrário, numa riqueza inverossímil de paradigmas em que só um trabalho decisivo da sociedade – uma autoridade indiscutida – poderia fazer uma seleção. Se a tensão básica de uma sociedade regida por uma autoridade tradicional se estabelece entre o modelo e a sua prática – um tópico essencial do funcionalismo –, uma sociedade como a Yaminawa assiste a uma contraposição de modelos virtuais que se enfrentam para dar conta da prática. Se uma sociedade estável consegue naturalizar determinadas opções organizativas, convertendo as outras em hipóteses impensáveis – sem lugar, utópicas, em suma –, pode se esperar que uma crise profunda faça emergir do nada estas últimas, em igualdade de condições. Prova, talvez, de que em termos sociais esse *nada* não existe, e de que as ambiguidades de uma cultura guardam sempre a possibilidade de reformulação do sistema, no momento necessário. Não é isso o que chamamos de "momento histórico"?

O nome e o tempo dos Yaminawa

FIGURA 12 – Crianças com Raimunda, Washa Bômo. São Lourenço, 1993.

FIGURA 13 – Meninos Yaminawa com material escolar. São Lourenço, 1993.

FIGURA 14 – Nazaré com a sua filha. São Lourenço, 1993.

FIGURA 15 – Crianças Yaminawa com o etnógrafo. São Lourenço, 1993.

FIGURA 16 – Batista voltando da caça. São Lourenço, 1993.

FIGURA 17 – Batista tocando o rekerekeite. São Lourenço, 1993.

3
A sociedade em ato

As festas

Sem-cerimônia

Vimos já que a sociedade Yaminawa, em que pese a sua famigerada desagregação, está longe de ser amorfa. O mal-estar dos Yaminawa, que de fora queremos atribuir à aculturação, lá dentro se atribui à monotonia e à solidão da vida na aldeia, à má educação, à sem-cerimônia dos jovens. Mais do que "formas", o que falta aos Yaminawa, em suma, são "modos", é "cena".[1]

Nada há na aldeia Yaminawa que lembre o Kachanawa dos Kaxinawá ou as diversas cerimônias de iniciação das moças entre Shipibo e Kaxinawá, nem mesmo a festa da "caça especial" dos Sharanahua.[2] As

---

1 Uma versão ampliada deste capítulo foi publicada no *Journal af the Royal Anthropological Institute* (Calavia, 2004).

2 Kachanawa, em Abreu (1941 [1914], p.95-9), foi descrito como "festa da paxiúba barriguda"; cf. também Abreu (1938, p.283-6). Quanto à iniciação das moças, cf. Roe (1982, p.93-112) para os Shipibo: McCallum (2001) e Lagrou (1998) para os Kaxinawá. Sobre a "caça especial", ver Siskind (1973, p.96-101). Também no caso

descrições de festivais dos tempos antigos são vagas e difíceis de conseguir – ou assim foram ao menos para mim: em geral, sugerem algo
parecido ao que os Kaxinawá chamariam de "brincadeira" (McCallum,
2001, p.130) com bebida e dança, ou se integram no "modelo antigo"
do *shori*, de que trataremos mais tarde. Careceriam assim do caráter
social e simbolicamente totalizador dos grandes rituais Pano. Parece
que mesmo essas "brincadeiras" desapareceram há um tempo, talvez
quando da saída do Iaco,[3] e assim não pode se observar hoje, na TI
Cabeceiras do rio Acre, nada que um lexicógrafo prudente se inclinaria
a chamar de "ritual". O *ethos* Yaminawa não permite que nos espante-
mos com o fato: sua sem-cerimônia é afim à nossa.

Lástima para os Yaminawa, cuja posição no campo político do indi-
genato acriano ou amazônico se vê seriamente comprometida por essa
carência; lástima, sobretudo, para as suas lideranças, que gostariam
de dispor de mais signos de identidade e de celebrações mais claras da
unidade do grupo.

Mas, afinal, quem disse que o conceito de ritual deve ser monopoli-
zado por lexicógrafos prudentes? A acepção de "ritual" na antropologia
pode ser muito mais ampla, e não é impossível que, na ausência declarada
de tradições, possa dar cabida às "festas" Yaminawa, concretamente as
duas maiores festas a que assisti durante o meu trabalho de campo. Impro-
visação e contingência foram características de ambas, elementos que
dificilmente ocupariam o núcleo de qualquer definição de ritual; mas a
fluidez desse invólucro pode fazer ainda mais visíveis algumas constantes
estruturais que, também sem muita cerimônia, se fazem nele presentes.

A primeira das festas que serão descritas teve lugar em 31 de outubro de 1992; a segunda, em 17 de agosto de 1993. A primeira foi

---

Sharanahua, Torralba (1986) descreve um bom número de festas. Passo por alto a
existência de condutas rituais como a famosa "saudação lacrimosa", comum entre
os Yaminawa e a que farei algumas referências, e a que poderíamos chamar "saudação agressiva", que aparece citada no próximo capítulo. Também deixo de lado
aqui – aludirei a elas brevemente em próximo capítulo – as sessões de *shori*, que se
celebram em caráter privado.

3 A julgar pelos informes de alguns jovens que têm feito recentemente visitas à
aldeia do Iaco, lá continuam sendo realizados rituais "tradicionais".

oferecida por Zé Correia na sua casa de Assis para dar as boas-vindas a Júlio Isodawa, que chegava de uma visita à Noruega organizada por uma ONG, e foi ao mesmo tempo a festa de aniversário de Artemira, uma das filhas de Correia. A segunda foi a festa de primeiro aniversário do primogênito de Júlio; mas, de fato, dado o momento em que foi celebrada, se constituiu numa espécie de festa de posse do novo líder, que tinha substituído um mês antes o deposto Correia. Como uma e outra manipulam elementos muito semelhantes, devem ser constantemente comparadas e entendidas em conjunto. É conveniente dar nomes a ambas: podemos chamar a primeira "Festa Escandinava" (FE) e a segunda "Forró Contido" (FC), e a sua descrição mostrará que esses nomes, que podem ser pitorescos, nada têm de impertinentes.

A Festa Escandinava

Ao tempo da FE, a maior parte dos Yaminawa se encontrava em Assis, por motivos muito diversos: esperar Júlio, que chegava da Noruega; despedir-se de Correia, que partia para a capital do estado, Rio Branco, e de outros que partiam com ele, a estudos ou para tratamento médico; receber aposentadorias do Funrural na agência dos Correios; acender velas para os mortos Yaminawa enterrados em Assis, no Dia de Finados etc. O próprio irmão de Júlio estava em Assis, porque tinha sido mordido por uma jararaca quando trabalhava na derrubada de um novo roçado. Em suma, um excesso de motivos individuais para uma migração geral que, invariavelmente, acontece todo mês.

Júlio chegou no dia 30 de outubro e foi recebido – na "favela dos índios" – com cantos de lamentação pelas mulheres de sua família. Ele mesmo chorou, no dia seguinte, quando soube em plena festa que seu irmão mais velho fora mordido pela cobra: cabe dizer que quando finalmente se encontraram não se dirigiram a palavra, e se juntaram a um grupo de Yaminawa que percorreu pela noite adentro os inúmeros botecos de Assis.[4]

---

4 As manifestações emocionais parecem ter sempre como condição a experiência da distância. Os lamentos cantados das mulheres se relacionam habitualmente com a

A chegada de Júlio foi um incentivo a mais para o festival alcoólico que já estava em marcha; quando a festa começou, na tarde do 31 de outubro, havia vários indivíduos inconscientes por uma bebedeira que vinha de um, dois ou até três dias atrás. Alguns deles só conseguiam se levantar a cada tanto para um novo gole de álcool e então caíam de novo. Além dos Yaminawa, uma pequena corte se reunia no bairro índio: seringueiros, algum peão, algum Piro.

A partir do meio-dia, Zé começou a oferecer intermitentemente, ao longo de várias horas, bebida e comida na sua casa: peixes (mandi, que ele pessoalmente evita comer) comprados de seu sogro, com farinha; latas de carne em conserva misturadas com farinha; um caldeirão de comida da cantina (umas cinco refeições), e sobretudo cachaça – algo mais de vinte garrafas. A comida foi distribuída fundamentalmente pela esposa do chefe, auxiliada em alguns casos pelos seus filhos, ou mediada por parentes próximos: digamos que a comida nunca é distribuída "longe" – é oferecida aos mais próximos, e extrapola essa limitação só por intermediários. A bebida, pelo contrário, anda sozinha e constitui o verdadeiro elo da festa.

Vale a pena especificar um pouco essa "bebida". O extenso consumo de cachaça na FE denota um certo índice de sofisticação. A bebida embriagante mais comum entre os Yaminawa – como de resto entre o proletariado rural da região – é o álcool de 97 graus para uso doméstico, vendido em garrafas de plástico de um litro: quando falo em álcool, me refiro a isto, e não por metonímia ao conjunto das bebidas alcoólicas. O álcool em Assis é muito mais caro que a cachaça, mas deve-se lembrar que não estamos falando em gastronomia, e o único critério relevante no caso é a virtude entorpecente. Nesse sentido, o álcool rende mais que a cachaça, e quando necessário é possível "temperá-lo", isto é, acrescentar-lhe água para ampliar o número dos bebedores. A

---

ausência dos parentes – carregada sempre de maus presságios, haja ou não constância de algum tipo de perigo. Os lamentos têm lugar também nos encontros depois de uma separação marcada; mas até onde sei se trata mais exatamente de "desencontros" que seus protagonistas celebram cada um por seu lado. Nas ocasiões em que vi chorar um doente, a mulher sentou nas proximidades, mas claramente à margem dele, ou de costas para ele.

cachaça mal alcança o teor de um álcool temperado, e chega a carregar o estigma de bebida fraca, própria de finórios. Mesmo assim, é preferida por estômagos menos valentes, e as garrafas de vidro da cachaça e de plástico do álcool dividem o lugar de honra das prateleiras e da receita do comércio local. O preço da cerveja é astronômico, e raramente é consumida pelos índios, fora dos raros momentos de prosperidade no recebimento de pagas ou pensões. Alguns Yaminawa ensaiam coquetéis de cerveja com cachaça ou álcool, também famosos pelo seu rendimento.

Mesmo tratando-se de fraca cachaça – na FE o álcool só fez sua aparição marginalmente no fim da festa –, várias horas desse regime converteram a casa de Correia, especialmente sua varanda, em uma quermesse à beira do onírico. Ao pôr do sol, um grupo jogava baralho, outro ensaiava canções sertanejas no violão; um velho percorria a casa vacilante, apoiando-se em vários ombros para não cair e estourando palavras no rosto dos que encontrava; um homem de seus trinta e cinco anos declamava não se sabe bem o quê em português e dançava dando vivas à aniversariante; e enfim esta, à frente de um grupo de crianças, balançava de um lado a outro do salão agarrada a uma tarrafa pendurada no teto. Canções, discursos e vivas eram em português, como de resto a maior parte das falas que vão ser descritas a seguir: o consumo de álcool incentiva o uso da língua dos brancos. Um jovem Yaminawa desmaiou, mas com uma surpreendente rapidez foi depositado numa rede – pendurada ali na hora – e coberto com mantas no meio do salão; dormiu em paz, e a festa continuou em volta dele. Um outro caiu a seu lado: os companheiros tentaram em vão carregá-lo, mas desistiram e o deixaram deitado no lugar.

Perto do anoitecer, e da casa vizinha, onde eu estava conversando com outros índios, ouvi discursos de Zé em voz alta. Quando voltei ao salão, encontro Júlio ao lado de Correia, no meio da sala, falando por sua vez com uma enorme caixa de bombons sobre o peito. Sobre a cartolina vermelha, a marca em grandes letras douradas: "**Kong Haakon**" e a coroa norueguesa sobre elas. Júlio estava dizendo que fora à Noruega com 23 professores indígenas, que recebera esse presente como símbolo, e o presente era para um destinatário que, pela sua fala, parecia confuso: para a comunidade, para ele mesmo, para os 23 professores, para a América do Sul? Seja lá como for, essa caixa seria repartida entre a comunidade Yaminawa, e para isso ele iria entregá-la a Zé.

Quando ele acabou de falar, Zé Correia retomou entusiasticamente o discurso, dizendo que ia explicar melhor algumas coisas que foram ditas. Tratou então de aquisições que valiam bilhões e mais bilhões,[5] procedentes de uma verba que o presidente da UNI (União de Nações Indígenas) obteve para a CPI da Educação, disse que foi um Yaminawa, um professor Yaminawa, o convidado para ser o primeiro índio da América do Sul a viajar à Noruega, ou à Europa; falou dos 500 anos de genocídio, da América do Sul, dos índios da América do Sul. Retoma a palavra Júlio, que varia seu discurso sobre os temas anteriores, sempre segurando a caixa sobre o peito, desculpando-se por não falar tão bem quanto Correia. O aludido toma de novo a palavra, ardorosamente e sem mudar de assunto; Júlio retoma, Correia retoma, Júlio retoma, Correia retoma em tom cada vez mais bolivariano, e puxando vivas aos protagonistas da festa e ao povo Yaminawa.

Durante essa antífona, os presentes foram se aglomerando em volta do chefe, entusiasmados e cobiçosos da partilha que já não podia demorar muito. No clímax, Zé Correia chamou a seu lado o antropólogo para que participasse do festejo, e organizou esforçadamente duas fileiras. Alguém segurou a caixa ainda aberta, e ao antropólogo correspondeu tirar os bombons um por um e entregá-los aos festantes. Mas aí!, os chocolateiros escandinavos não consideraram, é claro, as condições climáticas da Amazônia, e os bombons, quase derretidos, tiveram de ser arrancados a muito custo da caixa. O chefe usava generosamente de sua autoridade para conservar a fila, a fim de evitar que alguém se apresentasse várias vezes e para regular os constantes pleitos, às vezes atendidos, dos que queriam obter mais de um bombom em representação de parentes que não se encontravam lá. Distribuído o dom dos noruegueses, mas antes de se dissolver o tumulto, a aniversariante, com algumas amigas, desapareceu com a caixa, ainda repleta de fragmentos de chocolate, e a festa, já noturna, continuou com a chegada, já aludida anteriormente, do irmão de

---

5 Lembremos que a cena acontece em 1992, antes da estabilização da moeda brasileira. Mesmo assim, as cifras citadas eram enormes.

Júlio, mordido – felizmente sem a mínima consequência – por uma jararaca. Zé presidiu a expedição até o Posto de Saúde, onde um médico militar observou a mordida, e à procura de remédio, que depois de um longo périplo acabou se dissolvendo sem resultados concretos.

Faltam por descrever as brigas, que surgiram pouco depois e partiram dos dois jovens que desmaiaram durante a festa. Os motivos e o desenvolver de entreveros como aqueles nunca ficam claros para o observador, nem mesmo quiçá para seus protagonistas colaterais. Há sempre algum tipo de agressão sexual de fato, palavra ou intenção; sempre também um agitado ir e vir de parentes, que tentam evitar que a briga acabe em violência ou, se afinal for esse o caso, contribuem para ela. Nenhuma semelhança com o modo "concêntrico" das brigas de rua dos brancos, em que a multidão se agrupa em volta de um núcleo reduzido de protagonistas: as dos Yaminawa são brigas ambulatórias, que de resto raramente têm no momento consequências mais graves – quando estas se dão, acontecem mais tarde em emboscadas na solidão do caminho, longe do ambiente potencialmente explosivo da própria festa. O chefe cumpre então sua missão mais visível – ele, também, num agitado percurso de um cenário a outro –, recolhendo informações, repreendendo os protagonistas e levando-os até um lugar (naquele caso, a casa de seu sogro) onde ele mesmo dirige um animado sermão à comunidade, sem que as pessoas prestem aparentemente nenhuma atenção. Pelos cantos, os envolvidos desfiam sua própria fala, trôpega e ensimesmada, mas em português. Não falam em motivos ou detalhes da briga, mas em projetos ou temores: vão estudar, vão morar com os brancos, vão ser policiais, militares ou políticos, vão morrer jovens...

O forró contido

A segunda festa começou no dia 17 de agosto, de manhã, com o sacrifício de um porco que Júlio, instalado como chefe um mês e meio antes, tinha comprado de Antônio Pedro, morador da parte baixa de São Lourenço. À festa faltaram apenas os mais velhos e os mais opostos a Júlio; havia, porém, representantes de todas as tendências políticas da aldeia. Havia também numerosos convidados: seringueiros, sitiantes e os cunhados de Júlio, chegados da aldeia Yawanawa da Bolívia.

Quando cheguei, o porco estava já morto e repousava junto à fogueira, ao lado da casa de Júlio. Pouco depois foi limpo e sapecado, e esquartejado com o mesmo critério dos animais de caça. O fígado e, neste caso, também o coração são primícias entregues a parentes: Clementino (*koka* de Júlio) recebeu o fígado, e Chico de Raimundo, seu *ochi*, o coração e um bom pedaço de carne; um e outro a seguir foram embora com o presente para seus domicílios. Os intestinos foram entregues a uma mulher velha, que os limpou e preparou – em geral, se trata de uma comida de segunda ordem que ninguém disputa, dada a velhas e crianças. Os homens jovens assam pedaços da carne, especialmente as costelas, diretamente sobre os lenhos. A maior parte da carcaça seguiu para a cozinha da mulher de Júlio, de onde tempo depois foram distribuídos pratos de porco cozido com macaxera. Vários convidados, especialmente um seringueiro (talvez Piro), passaram longo tempo picando miúdo o toucinho do porco, que deveria ser derretido no dia seguinte para obter uma banha, mais prezada pelos Yaminawa – que gostam muito do frito – que a própria carne. Antes de comer-se o cozido, tomou-se mingau de macaxera e de banana, e começaram de leve as pressões sobre Júlio para que repartisse o álcool e a cachaça reservados para a festa. Júlio negava com firmeza, afirmando que só liberaria às dez da noite – uma hora avançadíssima, para o horário habitual dos Yaminawa.

O pequeno núcleo festivo se dispersou ainda antes do meio-dia: houve um jogo de futebol, e a maior parte dos convidados se retirou às suas casas. A festa de fato começou só com a noite bem entrada; uma noite, aliás, absolutamente escura, em que era difícil transitar pelas estreitas trilhas da aldeia. Apesar disso, os Yaminawa foram se reunindo na grande sala da escola. As carteiras tinham sido dispostas em volta das paredes de madeira, e nelas foram se instalando os recém-chegados, inabitualmente calados e formais; os organizadores da festa tentavam em vão, recorrendo a lampiões de querosene, instalar uma iluminação permanente no salão. O chefe, sentado numa das cadeiras escolares e armado de um violão, se esforçava por entreter o público com um repertório eclético; não conseguia, porém, empolgar os dançarinos, que seguiam quietos nos seus assentos. O cantor insistia, revezando-se com um desses enormes radio-cassetes devoradores de pilhas, muito populares na região, que repetia incansável duas únicas fitas, carregadas com *chicha* boliviana – uma peculiar mistura de *huayno* andino e *salsa* caribenha.

Nos rostos dos circunstantes podia se perceber um misto de pasmo e preocupação, pois ainda nem uma gota de bebida tinha sido distribuída. Discretos pedidos chegavam constantemente até Júlio, e ele, entre canção e canção, explicava pacientemente que a bebida devia ser administrada bem para que a festa fosse longa e animada. Se repartisse logo a bebida, todos ficariam bêbados e a festa acabaria logo. O alarde de autoridade foi de fato impressionante. Embora o álcool e a cachaça começassem a ser distribuídos um pouco antes da hora marcada, foram mesmo assim repartidos em pequenas doses pelo próprio chefe e seus auxiliares mais próximos.[6] Mais ou menos nessa hora chegou na festa Chaguinhas, um seringueiro aleijado que tirava do violão um som rústico mas inspirado e eficaz: seus forrós se desbordaram incansavelmente até o amanhecer, acompanhados por percussionistas e dançantes desajeitados e voluntariosos. O esforço de contenção foi em último termo eficaz e deu lugar a um baile sumamente animado, que multiplicou seu estrondo no chão de longas tábuas e naturalmente pôs em marcha diversos conflitos. Um deles, que não estourou durante a festa, partiu do boato – que tinha começado a circular antes da distribuição do álcool – de que as mulheres do círculo de Esmeralda (a esposa de Júlio, o chefe) estavam acabando com a bebida que ficara sob sua custódia. O assunto foi comentado amplamente durante o outro dia, entre comentários irados dos homens mais próximos de Júlio, que juravam não assistir a outra festa em que álcool não fosse "sobretudo para macho". Esmeralda reclamou por sua parte do muito trabalho que a festa lhe dera na preparação de mingau, macaxera cozida e carne.

---

6 Um sucesso, de fato, digno de consideração: duas semanas depois, o mesmo Júlio trouxe de Assis uma boa provisão de garrafas com destino à festa do 7 de Setembro; mas foi totalmente consumida durante a viagem e no dia seguinte à chegada, frustrando assim a projetada festa.

Fora desse contencioso, já no próprio forró houve várias brigas de escassa importância: a primeira, um surto de vozes e empurrões na quase escuridão do salão, foi tão confusa e breve que foi impossível inclusive identificar os protagonistas. Depois, perto das duas da madrugada, Xima, um dos professores de Ananaia, discutiu aos gritos com a sua mulher (irmã da esposa de Júlio) e depois avançou sobre Manoel Brabo, que teria se insinuado a ela: a briga levantou alarme, gritos e correrias dentro do barracão, mas se dissolveu também rapidamente sem mais consequências. Com as primeiras luzes do dia, frio e nublado, o festejo se dissolveu, e os Yaminawa foram para suas casas. Um grupo se deixou ficar na varanda da casa de Júlio, em volta de Chaguinhas, cantando ainda ao tempo em que o chefe já dormia.

Geometrias improvisadas

Comecemos a selecionar regularidades nessa folia irregular. O primeiro elemento que se destaca é a organização da festa em volta de bens estrangeiros. Em primeiro plano, a bebida alcoólica, à qual só chegam a fazer sombra os bombons norugueses, obtidos numa viagem cujo caráter extraordinário é longamente cantado a duas vozes. Mas em segundo plano desfilam todos os itens do mundo branco que têm alguma importância para os Yaminawa: a língua ou a música dos brancos, sua comida – mesmo quando preparada na própria cozinha, não se trata de carne de caça, mas de uma criação adorada do estrangeiro[7] –, seus jogos ou suas figuras de poder (esses policiais com cujas fardas sonham os meninos Yaminawa). Mesmo os motivos declarados das festas – aniversários de crianças – foram tomados de fora. FE foi celebrada "na rua". Em FC – que foi celebrado na aldeia, mas dentro do recinto da escola – havia o propósito explícito de imitar um baile de brancos, com sua disposição do espaço e sua desenvoltura na dança.[8] Em suma, o

---

7 Outras festas Yaminawa aproveitaram o sacrifício de um boi do rebanho da comunidade – uma carne pela qual eles não mostram em geral muito apreço.

8 Uma mimese equivalente da conduta dos brancos nas festas é descrita no caso Piro por Alvarez e Gow. A interpretação do fato é diametralmente oposta de

bem exótico é inseparável da conduta exótica. FE e FC são situações em que os Yaminawa mostram sua capacidade de agir como "brancos".

O papel do chefe é central em ambas as ocasiões: é ele quem *dá* a festa, e mais ainda quem a *regula,* no sentido mais incômodo do verbo. Em ambos os casos, há um lapso central, esticado até o limite, em que o chefe adia o consumo do bem por ele oferecido, tentando obter dele o máximo rendimento social. Esse momento "sovina" do chefe é de algum modo o centro da festa. Se ele falta, a festa pode se desagregar antes mesmo de começar – como aconteceu quando Júlio não soube segurar o álcool destinado ao 7 de Setembro. A regulação é necessária, mais concretamente, para que os consumidores do bem se situem *em formação.* Em FC, o chefe e seus ajudantes vão servindo um a um os convidados, situados aproximadamente em círculo no interior da escola; em FE se organizam em duas fileiras para aceder aos bombons, e dois são também – mediados por um estranho – os doadores. Temos assim uma representação espacial de dois princípios de organização aos que aludimos largamente no capítulo do parentesco: um eixo diametral e um limite circular, formas que só o esforço do chefe consegue impor, com seus gritos e seus presentes, aos cidadãos. Vale a pena repetir algo que já consta da descrição: enquanto o bombom parte pela metade e o álcool dá a volta no grupo completo, a comida se distribui em ondas concêntricas através dos vínculos de parentesco, de um modo não totalizador.

Sobre a bebida há bastantes coisas ainda para dizer: não há – nunca houve, ao que parece – festa sem algum tipo de embriaguez. Não é, decerto, uma exclusividade Yaminawa fazer desta o veículo ideal para nos transportar do cotidiano até o estado social alternativo que a festa representa. Mas se o álcool ocupa o centro da festa, devem ajudar para isso outras circunstâncias. É o exotismo, e não a embriaguez, o ponto central de FE e FC. Os Yaminawa poderiam se embriagar mais fácil e cotidianamente com fermentados de milho e macaxera, mas não o

---

um autor para o outro. Alvarez vê o fato como sátira dos costumes brancos e reafirmação correlata dos padrões tradicionais. Da interpretação de Gow se trata no texto mais adiante.

fazem. As explicações pela "preguiça" – pela desagregação cultural, em outro léxico – são tentadoras mas excessivamente frouxas. Peter Gow indica, na sua crítica já citada à teoria *"meat for sex"* (Siskind, 1973, p.117; Gow, 1987, p.128), que o correlato da caça oferecida pelo homem não é o sexo, senão a bebida fermentada. Vemos aqui que as mulheres deixaram de oferecer essa contrapartida, com uma preguiça que harmoniza com a decadência do *ethos* do caçador, de que se falou no fim do primeiro capítulo.[9] O álcool, bebida *nawa*, substitui a caiçuma de macaxera ou a *mama* de milho, e homens e mulheres concorrem pelo seu consumo.

A oposição homem/mulher é central nos grandes rituais Pano, seja por uma ampliação das agressões jocosas que se produzem no cotidiano, seja nas batalhas lúdicas que permeiam as festas sharanahua,[10] seja na equação de clitoridectomia e cortes no pescoço dos homens que se estabelece na festa de iniciação ucayalina. Mas se nestes casos a oposição é colocada em primeiro plano para produzir no final – segundo a interpretação dos respectivos etnólogos – um acordo em que homens e mulheres dividem de um modo equilibrado as esferas de autoridade, em FE e mais ainda em FC essa tensão aparece em um plano secundário e por assim dizer sorrateiro: as mulheres (algumas mulheres) subtraem a essência da festa para consumi-la de modo associal; a mulher do chefe reclama do trabalho de cozinhar. Trata-se, afinal, de um alimento em que os homens não têm exercido senão de modo muito incompleto suas funções: não há um dom que tenha que ser retribuído pelas mulheres. Se em FE essa tensão aparece enfraquecida – é uma menina quem se retira com suas amigas para consumir já não as primícias senão os restos do bombom –, é porque a comida era mais claramente *nawa* e chegava já elaborada: homens e mulheres podiam celebrar em paridade o consumo de um dom que jorrava do exterior

---

9 As mulheres Karukina (Lima, 1994, p.86) deixaram também de elaborar caiçuma, mas nesse caso se trata de uma negativa explícita, que tentaria evitar o perigo das bebedeiras. Os forrós Karukina, de resto, estão muito próximos das festas aqui descritas (Lima, 1994, p.111-5).

10 As festas yaminawa celebradas atualmente no rio Iaco partem desse mesmo esquema: agressão verbal feminina, ataque simulado por parte dos homens.

com relativa abundância. O alicerce da festa não é mais a colaboração entre os sexos, mas a boa comunicação com o exterior, que por sua vez põe à prova a capacidade de acordo entre homens e mulheres e entre os diversos grupos que formam o coletivo yaminawa.

Reparemos, enfim, que não há festa sem briga. Gow (1987, p.226-7) descreve as festas Piro, que reúnem vizinhos de várias comunidades – entre as quais existem numerosos vínculos de parentesco –, como eventos nos quais os atores, segundo eles mesmos, começam "comendo como brancos" e acabam "brigando como índios" ou "como animais". No caso Piro, as fronteiras revalidadas no curso dessas brigas estão claras. São as da "comunidade nativa": os oponentes na luta serão sempre os visitantes, parentes cuja proximidade biológica é relativizada pelos vínculos de convivência formados dentro da Comunidade – uma entidade gerada pela aplicação de uma lei dos brancos. Os Yaminawa apresentam uma situação mais difícil: não há uma linha que separe "dentro" e "fora", e a mesma forma errática das brigas – um deslocamento complexo de uma casa a outra, ou de um círculo de parentes a outro – parece querer tatear possíveis limites. Cada um deve avaliar no momento que tipo de laços de parentesco fará valer na sua atitude perante cada um dos brigões, que tipo de classificação prefere pôr em jogo nessa prova. Podemos lembrar que as linhas de fratura são cuidadosamente isoladas da festa: os adversários políticos *declarados* se eludem. E do mesmo modo tenta se evitar – o que nem sempre se consegue – que as tensões estabelecidas ao longo da festa virem linhas de fratura. Tudo se passa como se a boa ordem ocupasse um ponto intermédio entre a paz e a guerra declarada, porém mais próximo desta que daquela. O perigo maior da sociedade Yaminawa não é a discórdia, mas a dissolução dos laços. Esse círculo ou essa dupla fileira que organiza a distribuição dos bens nos ilustra a defasagem que existe entre a geometria sociológica Yaminawa e a vaga adscrição de cada indivíduo às suas formas: a festa e as brigas que a culminam são o momento em que cada um deve ocupar ou, melhor, definir um lugar.

Os Yaminawa têm, em suma, os rituais de que eles precisam: não celebrações, mas ensaios exemplares, de uma ordem que só existe virtualmente. Ao final, o chefe se felicita do bom fim que tudo teve: a festa conseguiu reunir todos os Yaminawa e fazê-los interagir de um modo significativo; e o consagrou, ele, o chefe, como único mediador de toda essa relação.

Ida e volta do exotismo

Essa negação do ritual Yaminawa com que começamos o capítulo depende de um equívoco de tradução. Não há na língua Yaminawa, que eu saiba, equivalentes para substantivos como "rito", "ritual" ou "festa", ou nomes próprios que especifiquem algum desses eventos. Há, sim, verbos que valem por "brincar", "curar", "cantar" etc. Há também um substantivo, *mariri*, que abrange um conjunto de ações que, condenadas no passado pelos diversos agentes nacionais, são exaltadas agora como tradições valiosas por antropólogos, missionários de esquerda e indigenistas. O *mariri* – praticado, como sabem os Yaminawa, por outros grupos acrianos – inclui cantos, danças, consumo de bebida fermentada e assim por diante. Mas esse emblema da tradicionalidade indígena regional é um empréstimo – possivelmente de línguas aruak – e, no fundo, um neologismo. As censuras e os regimes de trabalho coloniais, que apagaram ou restringiram velhos divertimentos, conseguiram assim também unificá-los como patrimônio perdido ou ameaçado, pronto para ser reivindicado depois como signo de identidade indígena. A "falta de rituais" dos Yaminawa os situa no meio desse processo: eles têm perdido as suas "brincadeiras" e não as têm recuperado ainda como totalidade significativa.

Mas podemos ir um pouco além, considerando uma feição marcante das festas aqui resenhadas, a saber, a sua exo-orientação. Um capítulo maior da literatura etnográfica mundial tem se dedicado às representações rituais dos brancos, ou à incorporação de seus instrumentos, seus signos de poder, sua riqueza. Às vezes, investidos de traços grotescos e monstruosos, os donos coloniais assumem papéis ou atributos que outrora correspondiam a inimigos, espíritos ou morros. Sua anomalia e sua potência fazem sentido nesse quadro, que incorpora novos protagonistas num roteiro conhecido: cultos, cargo, movimentos messiânicos ou rememorações da conquista são assim eventos que propõem traduções e atualizam estruturas.

O papel desses outros varia: o ritual pode estar destinado a exorcizá-los, a marcar distâncias, a inverter valores mediante a paródia. Na etnologia das terras baixas sul-americanas, identifica-se uma tendência a fazer dessas encenações um fator central da construção imaginária de uma sociedade que não consta de grupos corporados ou de fronteiras juridicamente definidas. É a incorporação desses outros – brancos, inimigos, animais – o que alimenta, ou cria, o interior.

Algo assim acontece nas festas Yaminawa. Elas perfazem ou "performam" uma sociedade, agrupando os Yaminawa como um todo, com o crucial chamariz dos elementos externos. Estão assim seguindo uma tradição comum nas terras baixas, a mesma que se revela nos grandes rituais Pano. Os Yaminawa, que foram sempre uma parte marginal e instável desse grupo, desenvolvem essa tradição do modo mais casual e improvisado, e isso é, em si mesmo, uma tradição.

Os Yaminawa são assim tradicionais, até tradicionais demais para serem tradicionalistas. Talvez haja só um verdadeiro tradicionalista entre eles: o líder do grupo, ávido por introduzi-lo no mercado simbólico da indianidade amazônica. Se os velhos rituais "performavam" sociedades indígenas a partir de substâncias e de espíritos externos, os rituais tradicionalistas encenam sociedades indígenas para o outro. A liderança indígena deve esforçar-se em ambos os sentidos. Diferentes desempenhos políticos podem reduzir um povo à triste condição dos sem-rituais, ou unir esforços na construção de um grande ritual antigo, ou inclusive assimilar a cultura cerimonial dos brancos ou dos missionários. As alianças externas responderão de modo diferente a cada caso. Embora bastante ricos em detalhes exóticos para satisfazer o gosto romântico do etnógrafo, a maior parte dos rituais amazônicos poderia se incluir na crescente literatura sobre invenção de rituais que enfoca de praxe regiões como o Nordeste e o Sul do Brasil. O resgate ou a reinvenção de rituais deveria ser entendido – a não ser que queiramos simplesmente nos deliciar numa narrativa desmistificadora – num contexto mais amplo, que incluiria inovações rituais, processos de de-ritualização (que têm sido tão diversos como os próprios rituais), enfim, as continuidades rituais desses grupos que por alguma razão apresentam uma cultura mais vigorosa".

A globalização dilui as barreiras exóticas e revela a virtualidade ritual de qualquer objeto ou ação. Enquanto anula o velho ritual, pode fornecer os elementos para o novo. A mercadoria vira objeto ritual, como no caso Yaminawa; o velho ritual é transformado em um valor de troca (como no caso de rituais "resgatados", por exemplo, o Toré e o Kiki) ou mesmo transformados numa quase-mercadoria (como no caso dessas cerimônias tradicionais tão valorizadas pelas câmeras do homem branco). Os rituais indígenas vão se agrupando rapidamente a um e a outro lado dessa gangorra.

Nada impede que num curto período de tempo as improvisações virem tradições. A distância entre as festas Yaminawa e os verdadeiros rituais pode permanecer intacta, ou ser superada por uma "ritopoiese" voluntariosa, mas em qualquer caso é menor e mais contingente do que parece.

A expansão do chefe

Modelos Pano

A análise mais completa da chefia Pano é a que, mais uma vez, tem se dedicado ao caso Kaxinawá (Deshayes & Keifenheim, 1982; Deshayes, 1992; McCallum, 1989). Situa-se na linhagem de Clastres: o chefe é uma espécie de hipercaçador, provedor eminente, loquaz, polígamo. O chefe utiliza esses excessos na pacificação de conflitos internos e na mediação com o mundo exterior. O chefe tem o dever da palavra – é a sua palavra pública a que oficializa as coisas que já se sabem em privado; é a sua palavra a que faz ouvir constantemente as boas regras da vida comunitária sobre as rixas cotidianas, e a que recrimina as atitudes imorais dos membros do grupo. Embora cotidianamente desobedecido, não devemos ver nesse *homiletic speech* (McCallum, 1989a, p.253)[11] uma palavra vazia. É, pelo contrário, a instauração virtual da vida comunitária

---

11 Cf. Gow (1987, p.230) para uma crítica ao famoso texto de Clastres.

e um louvor da sua absoluta bondade; um discurso da ordem, cuja candura pode se entender melhor em contraste com o medo da feitiçaria e de outras forças desagregadoras, sempre ativas (McCallum, 1989, p.277). Também é do chefe o dever da hospitalidade: é seu lar, frequentemente polígamo – a fartura de alimentos é ao mesmo tempo condição e consequência disso –, o mais aberto aos estranhos e o ponto de reunião constante dos membros do grupo.

Esses atributos simplesmente continuam os atributos do homem adulto, e mais concretamente do chefe de família; invertem, pelo contrário, os do xamã – por sua vez, uma versão radical do caçador panema, mau provedor e, portanto, sujeito de uma sexualidade e uma socialidade pobres, dono de uma palavra eficaz mas secreta – dirigida aos espíritos. Essa dualidade, elaborada em Deshayes (1992), parece uma versão descentrada do retrato traçado por Deshayes e Keifenheim (1982, p.72), em que o chefe e o xamã são os dois *Shama Ibu*, pertencentes a metades opostas, cuja aliança é necessária para a criação de uma comunidade legítima (*mae kuin*) e para seu perfeito funcionamento.[12]

A essas dualidades, Cecília McCallum (1989a) acrescenta mais duas: uma (p.223) entre chefia masculina e feminina – a mulher do chefe exerceria uma liderança efetiva sobre as mulheres da aldeia. Outra (p. 221) entre dois tipos de autoridade que comporiam a do chefe: uma interna, similar à que os pais exercem sobre os filhos, e fundamentada no cuidado e na nutrição; outra externa, decorrente do monopólio da informação sobre o mundo de fora e dos seus bens manufaturados – em boa medida ilegítima. Os conflitos inevitáveis entre essas duas atitudes são os ossos do ofício de chefe, e o motivo corriqueiro do seu fracasso e consequente abandono.

Junto a esse quadro coerente, os estudos Kaxi apartam incoerências valiosas. Para começar, aparecem figuras que acumulam as virtudes opostas do chefe e o xamã. É o caso precisamente de Salomón, o chefe que teria restaurado o modo de vida Kaxi tradicional (Deshayes

---

12 Erikson (1986) nota por sua vez a separação Pano entre xamã e chefe guerreiro nas próprias regras do ofício: a vigília é exigida do guerreiro antes do combate, ao tempo que o xamã precisa do sonho para sua adivinhação.

& Keifenheim, 1982, p.81-2). A seguir, o xamã como personagem tende a desaparecer do mundo Kaxi: as pesquisas de McCallum e Lagrou mostram ao mesmo tempo a divulgação do saber xamânico e a desaparição do xamã, sobretudo em função da sua potencialidade agressiva. Os Kulina especialmente, mas também os Campa, têm xamãs; alguns Yaminawa e mesmo algum branco – mas nunca um Kaxinawá – são designados como pajés poderosos, a quem os Kaxi recorrem em caso de necessidade (McCallum, 1989, p.396-8; Lagrou, 1991, p.39). Essa carência é sentida por eles como um sério problema à viabilidade de suas comunidades. Não é para menos: há uma estrutura em que a oposição chefe-xamã é constituinte, e uma história em que as duas figuras se sintetizam, ou se restringem a uma. A figura sobrevivente não pode sair incólume dessa mudança.

O primeiro Yaminawa

Esta introdução Kaxinawá é proveitosa porque a chefia Yaminawa oferece ao observador o risco da invisibilidade, mesmo que o chefe seja tudo, menos invisível. Ativo, protagonista, extrovertido sobretudo. Tão extrovertido que parece exercer um poder importado, uma dessas chefias externas que em geral merecem pouca atenção nas descrições etnográficas.

Se deixássemos de lado, porém, os anteolhos nativistas, perceberíamos que a chefia Yaminawa, tal como pode ser observada agora, desenvolve de modo muito rico as possibilidades do modelo acima exposto.

As virtudes do chefe Yaminawa são as já descritas: loquacidade, apoiada comumente num bom conhecimento da tradição, e agilidade para se movimentar no mundo dos brancos. Isso inclui, é claro, um domínio extenso do português: o chefe está entre as poucas pessoas realmente bilíngues do grupo. Entre seus discursos ao grupo entremeia exegeses de palavras portuguesas, e de sua boca os Yaminawa obtêm alguma ideia do que seja "extinto", "folclore" ou "inflação". Há mais: o chefe precisa demonstrar sua capacidade de distribuir bens externos – entre eles, especialmente a comida e o álcool, imprescindíveis para uma festa –, uma atitude de doador que substitui completamente o antigo prestígio da caça. O chefe é quem não manifesta antagonismos, quem não dá sequência às brigas. Nos imprescindíveis enfrentamentos que acompanham as bebedeiras, exerce sua função ralhando com os que brigam, chamando-os a explicarem suas razões e parodiando ele mesmo as disputas.

O chefe, de fato, é o único vínculo que mantém o grupo unido.[13] De um lado, porque desencoraja as rixas, mas fundamentalmente porque, dentro de um grupo que existe como tal só em relação ao exterior, ele encarna o exterior. Trataremos deste aspecto mais em detalhe na discussão da carreira política do chefe Correia; já antes, ao se falar nos *clãs* Yaminawa, foi possível apreciar como a chefia é um ponto de observação privilegiado de onde é possível entender como unidade algo que, de mais perto, aparece como um agregado sem ordem. O chefe deve se distanciar do grupo, entre outras razões, para vê-lo, e com este fim absorve, sempre que necessário, os saberes e os conceitos do branco.

Cabe dizer que esta exterioridade do chefe Yaminawa é completamente "secular", desprovida de qualquer vertente religiosa. Entre os Yaminawa do Acre pode se observar na prática atual a dualidade chefe-xamã, que os Kaxi expressam mas não atualizam.[14] Nada mais expressivo do contraste entre os dois *ethos* que as figuras de Correia e do pajé Sebastião. O grupo, ao menos tal como existiu entre 1989 e 1993, poderia de fato se considerar como articulado entre um chefe e um xamã de metades opostas – embora a aliança matrimonial não entrasse nesse jogo, nem o xamã pudesse ser designado a rigor como uma figura "política" ou mesmo "pública".

---

13 A dispersão após a morte do chefe é comum, e pode se observar em diversos grupos conhecidos como *Yaminawa*: assim acontece, por exemplo, com o grupo Yaminawa do Igarapé Preto, no Juruá (D. Melatti, 1977) ou com o grupo Yaminawa citado por Tastevin (1919-1922, p.25). À deposição de Correia do cargo de chefe, seguiu-se com poucos meses de diferença o desmembramento do grupo, apesar das tendências de coesão forçadas pelas entidades assistenciais.

14 Já Townsley nos fala, pelo contrário (no caso peruano), de um poderoso chefe/xamã Yaminawa; como veremos mais adiante, essa conjunção parece norma nos chefes do passado.

Diyewo, Tuxaua, Liderança

Os Yaminawa usam às vezes a palavra *diyewo* para designar o chefe. Vincular a chefia atual à chefia tradicional não é impossível, mas é outra armadilha fácil para o pesquisador.

Os traços do *diyewo* antigo estão ainda vivos na memória Yaminawa, e são muito semelhantes aos que caracterizam, por exemplo, os *big men* guianenses. O *diyewo* é, antes de mais nada, um homem rico – a palavra portuguesa "rico" é traduzida como "diyewo" –, o que no contexto tradicional equivale a um homem que controla de um modo ou outro um número crescido de parentes – filhos e genros, com suas esposas – subordinados a ele na qualidade de "mais novos". No caso guianense, a chefia é unitária e está vinculada aos saberes xamânicos do *big man*. No caso Yaminawa, a chefia tradicional parece ter sido dual, mas independente da dualidade chefe-xamã – os mitos e outras tradições orais atribuem aos *diyewo* poderes mágicos. *Diyewo* é de fato um termo no plural, que nos mitos aparece encarnado em um par de irmãos que lembra o par desigual dos gêmeos mitológicos: estreitamente unidos, costumam ser os acidentes ou os erros de um deles, o mais novo, que desencadeiam o drama, mal que pese à prudência do outro.[15] Trata-se, assim, de uma dualidade hierárquica, alheia a motivos de aliança: esse irmão mais velho tende inevitavelmente a passar sermões nos irmãos mais novos, sem que estes modifiquem visivelmente sua conduta.

O *diyewo* é também, como o chefe araweté, aquele que começa as tarefas, que vai em frente: mais ainda, vai e divulga. Nada expressa melhor essa palavra-ação do *diyewo* que o início de muitos relatos Yaminawa,[16] em que os episódios iniciais – uma expedição de guerra ou de caça, a abertura de novos roçados, a mudança de aldeia, ou empreendimentos menos comuns, que veremos a seguir – não são descritos pelo narrador, mas citados em estilo direto da fala de um chefe: "plantai! fazei flechas!".

---

15 Cf. por exemplo os mitos M26 e M40, no Apêndice.

16 O mesmo pode-se dizer das narrativas Kaxi de Capistrano; não é tão fácil reconhecer em coletâneas como a de D' Ans que não conservam o estilo oral da narração.

Se já a nossa análise sugeriu que o chefe é logicamente anterior ao grupo, como condição dele, na mitologia não é difícil que ele apareça como um demiurgo criador ou recriador do seu povo: na segunda parte citaremos o caso dos irmãos Kaxinawá, que "encantam" – isto é, dão forma – ao seu povo a partir de frutos silvestres. No caso Yaminawa, o exemplo mais radical talvez seja o do mito M41, em que a iniciativa do chefe leva todo um povo a se transformar em onças.[17]

Entre os Yaminawa atuais, não é difícil achar equivalentes da figura tradicional do *diyewo*. Como já foi explicado, o casario de São Lourenço pode ser assimilado em termos gerais a um assentamento duplo "tradicional", e suas cabeças visíveis – respectivamente o velho Alfredo e o Koshuiti Sebastião – poderiam bem reproduzir a dupla amistosa dos *shama ibu* Kaxinawá ou dos irmãos míticos Yaminawa. Mas não nos enganemos: ninguém os chama de *diyewo*, porque a vida Yaminawa mudou.

O velho Olavo poderia ser definido como um grande *diyewo* tradicional: seu casario reúne seus genros casados com suas filhas novas, o que é normal, mais seus próprios filhos com suas esposas, o que é mais difícil, e mesmo genros de casamentos tardios de filhas mais velhas, uma reunião infrequente, "riqueza" que pode se dever a uma conjuntura natural: o serviço da noiva de seus genros mais jovens coincide com a volta ao lar paterno de seus filhos mais velhos, com esposa e já com filhos; algum de seus genros carece de laços consanguíneos próximos. Um sistema de reciprocidade imediata como o descrito para os Kaxinawá dificilmente deixaria acontecer uma tal conjuntura natural; a volta dos filhos seria inevitavelmente equacionada à saída dos genros. Mas já vimos que o casario Yaminawa é algo mais que um produto do parentesco. O volume do casario de Olavo, embora possa fragilizá-lo a longo prazo, age como um importante atrativo para a vida cotidiana: dificilmente se encontra nele o ambiente desolado que qualquer viagem deixa em outros, e mesmo durante as viagens a animação dos acampa-

---

17 Neste caso se trata de uma transformação intencional e ativa, que é operada pelos homens e depois comunicada às mulheres; Quero caso semelhante mas inverso (mito M28), a transformação passiva dos seres humanos em animais de caça através da ingestão ou do contato com uns ovos misteriosos – é veiculada pela mulher do chefe.

mentos, com o patriarca sorridente sentado no meio de uma longa fileira de *papiris,* forma uma imagem tentadora para qualquer parente.

Outros Yaminawa dizem, com certa razão, que Apuí parece uma aldeia à parte: tem possibilidades demográficas e sociais de formá-la de fato. Alheios à política geral, os homens de Apuí formam um dos dois times de futebol que se enfrentam às vezes antes das festas Yaminawa. Olavo se constitui assim como uma espécie de chefe guianense, e devemos lembrar que Apuí é o único casario que mantém algo como uma atividade ritual: todo sábado – os Yaminawa, como já vimos, adotam com entusiasmo os recursos de medida de tempo dos *nawa* – Olavo prepara o *shori* para seus filhos e genros, o que sem dúvida é um elo importante entre eles. O velho Olavo, apesar de tudo isso, também não é designado como *diyewo.*

Vemos, assim, que o modelo tradicional de autoridade apresenta uma variabilidade importante, e que há uma disjunção entre as funções sociológicas do *diyewo,* que continuam encarnadas no cabeça de família, e o seu papel cultural e político que, traduzido a novos códigos e com dimensões magnificadas, passa a ser patrimônio do novo *diyewo.*

Mas há ainda outros dois termos que devemos levar em conta: *tuxaua* e liderança. *Diyewo, tuxaua* e liderança aparecem habitualmente confundidos no uso cotidiano, como prova de uma vontade de acumular atributos na autoridade atual. Mas há dados suficientes para desenvolver uma arqueologia desses títulos. *Tuxaua* (um termo indígena generalizado pelos brasileiros) e liderança (adaptação brasileira de uma palavra inglesa) representam as progressivas doses de exterioridade injetadas no *diyewo.*

Vários Yaminawa, alguns deles ainda vivos, são designados como *tuxaua* nos relatos ou na documentação dos últimos vinte anos: cabe inferir que se tratou de pequenos *diyewo* consagrados como chefes pelos patrões regionais nos primeiros períodos de contato continuado, intermediários pouco críticos na contratação de trabalho indígena e na introdução de mercadorias. Liderança, um termo cunhado pelos indigenistas, pertence a uma época posterior, em que se produz um fenômeno que pode ser muito significativo de um ponto de vista Pano: a segmentação, ou mais exatamente a duplicação do mundo branco, que permite aos Yaminawa um jogo político entre os brancos próximos, habitualmente adversários, e outros brancos longínquos, os das ONGs, residentes na cidade ou no estrangeiro. Se no Acre são *nawa* uns e outros, os Yaminawa peruanos têm consagrado essa cisão projetando nos brancos o seu próprio sistema dualista, distinguindo entre os brancos uma metade *nawa*, externa – a da população regional –, e uma metade *roa*, interna – a dos gringos, antropólogos ou missionários.[18]

Embora não considerada no Acre, tal divisão, de acordo com as alternâncias duais tão caras à ideologia Pano, explicaria o interesse desses *roa* brancos pelo estudo e a sobrevivência das "tradições" Yaminawa. O uso de uma linguagem nativista, em boa parte adaptada da ideologia dos amigos brancos, que bem poderia se resumir no discurso da festa, passa a ser uma característica infalível do chefe, que tem sem dúvida consequências na organização interna do grupo. Nessa passagem do *diyewo* ao *tuxaua*, a liderança poderia se cumprir em uma reviravolta de sabor hegeliano: uma chefia imanente sem objeto definido que se aliena irrefletidamente no exterior para finalmente voltar para si, capaz agora de perceber como objeto não somente o coletivo que governa, senão a si mesma como instituição. Se os Yaminawa utilizam indistintamente *diyewo*, *tuxaua* e *liderança* é talvez porque gostem de ter à mão, junto à síntese, a tese e sua antítese.[19]

Versões

Os debates políticos Yaminawa desenvolvem, no essencial, variações sobre essa dupla alternativa entre tradição e novidade e entre

---

18 Uma distinção paralela, embora sutilmente diferente, é a estabelecida pelos Piro (Gow, 1987, p.277) entre, por exemplo, os espanhóis legítimos e os missionários – andaluzes e bascos, que seriam "os nativos dos espanhóis" –, ou entre o mesmo autor, escocês, e os "gringos legítimos".

19 Desde que foi escrita a primeira versão deste capítulo, tem crescido a visibilidade das *lideranças* como agente político autônomo (rotulado como "elite administrativa", "burocrática-tecnocrática" ou "negocial", apud Gordon, 2004, p.115). O que faz a diferença dos Yaminawa, e de outros grupos amazônicos, em comparação por exemplo aos Jê, seria a frequente concentração desses atributos num único sujeito, coincidência fundamentada numa comum exterioridade das fontes do poder das três figuras.

exterioridade e interioridade. Na falta de uma ortodoxia, as disputas são também tentativas de elaboração do papel do chefe e de suas condições de legitimidade. Ao longo do meu trabalho de campo, recolhi três versões dos atributos e origens da chefia atual. A mais detalhada procedia de um Yaminawa de pouco menos de trinta anos, claramente alinhado contra Correia – embora morasse dentro de um casario em geral favorável a ele. É um relato em que a chefia de Correia aparece como uma eventualidade externa ao grupo. O relato de Arialdo, filho primogênito de Correia, ocupa o extremo oposto: encomiástica e fantasioso, mas não por isso menos revelador. A chefia Yaminawa, segundo ele, derivaria diretamente da tradição tribal. Interessado em consagrar uma versão hereditária da chefia, projeta-a no passado: Correia teria herdado o cargo de seu pai, um grande chefe Yaminawa.[20] O relato do próprio Correia ocupa um lugar intermédio entre a maledicência do primeiro e o ditirambo do segundo, e também uma mediação interessante entre os graus de exterioridade ou tradicionalidade que um e outro postulam.

Segundo a primeira versão, Correia teria sido "criado" como chefe pelos primeiros sertanistas da Funai, e especialmente por José Meirelles. "Muito sabido", Correia foi levado a Rio Branco para estudar, com Zé Orias (um chefe Manchineri igualmente acusado de desonestidade). "O pessoal o elegeu" para isso.

O relato de Correia oferece aqui um curioso contraste: sua ida com os brancos foi "um presente" dado pelos Yaminawa a um jovem que tinha perdido sua família – essencialmente seus irmãos – e que estava "revoltado com os brancos" e com a situação de seu povo nas mãos destes. Lembrando o passado, Correia relaciona paradoxalmente sua vocação para o estudo e os "assuntos exteriores" com seu ódio aos brancos e sua promessa infantil, suscitada pelos relatos das correrias, de matar algum branco em vingança. A teoria de Correia sobre o caráter

---

20 O informante cita um aspecto "matrimonial" pouco claro: de um lado, o futuro chefe deveria casar muito cedo, aos dez anos, para ajudar a seu pai. De outro, concretamente, Correia (cria se visto forçado a casar com uma mulher muito mais velha que ele: em qualquer caso, o que se aponta é um modelo de conservação seletiva de normas veneráveis dentro da "elite" Yaminawa.

"tradicional" da chefia abriga alguma contradição com essa explicação eventual. A chefia se transmitiria dentro de uma família que pertence ao clã mais numeroso – os outros clãs podem aconselhar, mas não mandar – e constitui um cargo herdado, se não necessariamente de pai a filho, ou ao irmão, ou ao primo, mas em qualquer caso atendendo a opinião dos mais velhos.

Mas a contradição entre eleição e herança é mais aparente que real. As eleições Yaminawa, e em geral suas outras reuniões políticas, servem-se de uma praxe totalmente alheia à do branco, o que ressalta mais dentro de um ritual democrático cuidadosamente aprendido deste. Embora haja uma pauta preestabelecida, uma convocatória geral e uma votação individual e universal (homens e mulheres votam); embora as decisões sejam adotadas por maioria, e não necessariamente por consenso, nunca essas reuniões são palco de conflitos: se alguém é destituído, esse alguém não comparece; o "candidato de oposição" fica como vice do candidato triunfante, que é, invariavelmente, a pessoa que deseja o cargo e é considerada pelos outros em situação adequada para ocupá-lo.

No caso em questão, a contradição está mais entre a pretendida "centralidade" do cargo e as qualidades reconhecidas ao candidato: as razões favoráveis a Correia eram sua juventude (não tinha compromissos familiares) e seu caráter periférico: "ele é muito sabido, ele não é índio, ele é filho de branco" – em outras palavras, qualidades opostas às do líder tradicional, que dispensavam sua presença na aldeia. Ser mestiço – uma condição, de resto, muito evidente no seu aspecto físico – vale ao chefe frequentes ataques, de dentro e fora do grupo, mais ou menos benignos: alguém o chama de "cearense" ou indica "eu conheci teu pai", uma atitude notável, precisamente porque em geral a mestiçagem não parece preocupar excessivamente os Yaminawa. Devemos concluir que, ao mesmo tempo que um certo caráter "mestiço" é o melhor caminho para a chefia, a mestiçagem mesmo só parece visível através da chefia.

As críticas a essa condição de mestiço – a rigor, de "branco", porque não existe uma categoria intermediária no pensamento Yaminawa – são paradoxais: o mesmo informante fala em outra ocasião do tradicionalismo de Correia, que respeita tabus alimentares – evita fundamentalmente peixes com esporão, como o mandi ou a arraia, representantes do seu *kaio* subaquático – como uma pretensão de ser "mais índio que o índio". De fato, é esse conhecimento das tradições que o chefe esgrime contra quem questiona sua identidade indígena.

Voltemos à versão adversa: Correia volta de Rio Branco – para suceder a Lampião, que seria o *tuxaua* no momento – como uma espécie de emissário dos "projetos" dos brancos. "Projeto" é, neste contexto, uma versão parcial do *cargo-boat:* 36 cabeças de gado e 40 espingardas (repartidas fraternalmente entre Yaminawa e Manchineri) constituíram o primeiro lote, e desde então o termo "projeto" é identificado com a entrega de bens de alto preço. Na versão do seu detrator, Correia, como mediador, embolsaria "a metade" dos recursos e ainda se gabaria disso perante "todo mundo". Quando não dirigida ao antropólogo senão ao "consumo interno", essa acusação adota uma forma levemente diferente, na qual o chefe favorece irregularmente os membros de sua família.

As acusações de malversação, qualquer que seja o seu fundamento, me parecem transcender pessoas, instituições ou conjunturas concretas: as acusações que promoveram a mudança na chefia em 1993 já eram antigas em 1991. Partidários do novo chefe em 1993 já opinavam que ele "também estava ficando sabido" como o anterior. A desonestidade do chefe é assim mais um atributo coerente com a sua situação de ponte entre duas economias e duas éticas diferentes. McCallum (l989a, p.262) expressa de modo muito semelhante a aporia econômica do chefe, que deve combinar dois sistemas de troca incompatíveis. Eterno credor e devedor, perseguido por seus credores e seus devedores, o chefe deve manter um equilíbrio difícil, análogo ao do patrão do sistema de aviamento.[21]

---

21 Se este item começou com uma referência às análises feitas a propósito da chefia Kaxinawá – pensadas em função de uma estrutura "tradicional" –, pode ser útil levar em conta o estudo de J.C. Melatti (1985a) sobre os *patrões* Marubo, cujo horizonte está mais perto dos problemas de contato. Há três formas de *big man* entre os Marubo: o patrão, o xamã e o *kakaya* – um patrocinador de festas que coincide no seu papel de "animador social" com o *diyewo*.
   O patrão deve se destacar pelo seu domínio do português e da contabilidade e pelo seu controle cioso das mercadorias. Mas para se relacionar consistentemente com

Não é essa a única ocasião em que o chefe é alvo de acusações com um duplo sentido "topológico". Também quando se trata da gestão de recursos, ele está ou excessivamente "dentro", favorecendo exclusivamente a seus parentes imediatos, ou excessivamente "fora", ausente durante longos períodos, gerindo os assuntos do grupo junto aos brancos. Em qualquer desses casos se enfraquece seu poder como polo residencial, gerador de ordem e doador de festas, restando só sua condição de intermediário com o exterior.

O drama fundamental do chefe é a dificuldade de traduzir sua função na linguagem do parentesco. O chefe não pode se comportar nos moldes exigidos de um aliado: não se submete a um sogro, nem seus aliados podem esperar dele as prestações pessoais adequadas ao caso. Genro ou cunhado, ele tenderá a se comportar como um irmão mais velho. O chefe é um estranho que usa a linguagem da consanguinidade, e se vê pego entre os dois fogos da consanguinidade real e a consanguinidade "ideológica":[22] espera-se que seja o parente de todos, mas é criticado porque tem parentes reais. Aquele que se apresenta como pai de todos enfrenta uma amarga ironia: aos seus muitos títulos, os Yaminawa acrescentam mais um, que pode soar quase como um insulto: *patrão*.

A relação da chefia atual com a chefia tradicional é complexa. O chefe, na medida em que ganha espaço no exterior, perde primeiro suas habilidades xamanísticas e depois, como já dissemos, seu peso sociológico – perde a continuidade marcada por McCallum com o modelo do chefe de família. Em compensação, essa exterioridade abre a possibilidade de uma "reflexão" nos sentidos literal e derivado da palavra: o chefe, que já não é tradicional, pode virar "tradicionalista".

---

o grupo, deve acertar contas com os outros modelos de autoridade. Se há possibilidades de confluência do patrão com o papel do xamã, já que o mundo dos brancos é por definição um "outro mundo" – certa feita um xamã voltou carregado de mercadorias de uma viagem ao mundo dos mortos –, onde a sovinice tem carta de natureza, a contradição é total com o modelo do *kakaya*, que deve ser "mundano" e generoso. Surge assim um conflito moral inevitável entre duas concepções econômicas, que, na descrição de Melatti, tem levado muitos patrões a desistir e se reintegrar aos papéis tradicionais.

22 Pode se apreciar o contraste com o chefe Piaroa, cujo espaço de ação é a afinidade – à custa da fidelidade devida aos consanguíneos.

É possível reconhecer nessas tensões próprias da chefia alguma das contradições que já definimos no capítulo sobre o parentesco. A linguagem da consanguinidade usada pelo chefe, e sua inoperância como "afim", é coerente com a teoria "clânica" e com a neutralização verbal da aliança – de fato, o chefe é um impulsor dessa "danificação". Não por acaso: é a exterioridade do chefe – repetimos – que consagra como unidade o grupo "Yaminawa"; que o cria a partir de unidades menores. É o exercício da chefia, e não um regime de aliança, que dá coerência política ao grupo. Não por acaso o chefe usa um discurso "nacionalista" que pode se aplicar à escala da aldeia ou do continente sul-americano: ele vive de manipular fronteiras. É o chefe esse olhar móbil de que se falou no capítulo anterior, que manipula o balanço *yura/nawa* e o mantém como critério privilegiado da formação da sociedade. A instabilidade do chefe é inseparável da instabilidade das fronteiras.

A reserva do Xamã

O mestre

Mais uma vez, começo falando em invisibilidade. O xamanismo Yaminawa está em toda e em nenhuma parte; é possível passar meses na aldeia sem enxergá-lo, e depois percebê-lo associado a todos os aspectos da vida cotidiana. Hóspede não convidado na minha pesquisa, é possível ver nele uma de suas claves. Devo advertir agora que vou descrever esse xamanismo de fora. Interessado nos aspectos mais "públicos" da vida Yaminawa, não empreendi a tarefa, difícil, de desentranhar os segredos de um especialista: o conteúdo esotérico deste capítulo será assim modesto, mesmo ancorado na informação encontrada nos mitos e na etnografia de xamanismos próximos.

Há de fato algum especialista? Os meus primeiros informantes Yaminawa me disseram que não: que o único pajé estava velho e aposentado e não queria mais saber de pajelança.[23] Pode-se entender como

---

23 Que a pajelança seja atividade suscetível de aposentadoria, nunca tinha me ocorrido, e de fato o velho pajé Sebastião é aposentado a título de trabalhador rural e não

brincadeira de jovens acostumados a ironizar sobre os seus parentes, especialmente os mais velhos, mas também como uma etiqueta prudente. É uma negativa polida e também uma negativa útil perante os brancos, que não acreditam em feitiçaria, porém a temem.[24]

O segundo passo foi admitir que o pajé existia, mas não na sua expressão mais alta: não há mais *ñiumuã* – "doutor" –, só *koshuiti* "segundo doutor" ou figuras subalternas que, dentro dessa mesma analogia com as hierarquias dos hospitais do homem branco, me foram descritas como "ajudantes" ou "enfermeiros". O xamanismo Yaminawa, mesmo na maior extensão que poderia ter no passado, parece se concentrar num segmento muito reduzido do catálogo das especialidades xamânicas Pano. Do *koshuiti*, equivalente ao rezador ou *shoitiya* Katukina (Lima, 2000, p.126), dono do canto-sopro (Pérez Gil, 2004, p.188) que ele pratica com finalidades terapêuticas sobre o corpo do paciente ou sobre uma chicha de milho que ele tomará depois, até o *yuwen*, capaz de matar com os venenos que ele assopra sobre o fogo ou as casas dos seus inimigos, encontramos uma diferença mais de grau que de especialidade: mais idade, mais saber, mais poder, manifestado na capacidade letal e na capacidade de ensinar os outros.

O *ñiumuã* está muito presente nos mitos, e os Yaminawa sabem imitar seus gestos característicos, passando as mãos por braços, peito e axilas para recolher um veneno exsudado e juntando-as em funil para lançá-lo com um sopro vigoroso. A desaparição do *ñiumuã* deve ser relativizada: talvez o *koshuiti* não possa chegar nunca a esse grau sem o contraste com um discípulo mais novo que encarne o lado menor do par; ou quem sabe o *yuwen* tenha existido sempre como uma contrafigura do *koshuiti*, afirmada desde longe mas nunca admitida na proximidade. Em qualquer caso, falta referência a especialistas capazes de atrair a

---

de pajé; mas a eventualidade de abandonar as atividades xamânicas, que exigem privações e um certo vigor físico, é algo comum entre os Yaminawa: a dedicação ao outro mundo não é irreversível.

24 Em um dia de outubro de 1992, uma luxuosa Ford encostou no bairro índio de Assis, e seu dono interpelou o chefe do grupo sobre o pajé, a cujas artes atribuía alguns distúrbios na sua vida conjugal – é o reverso das consultas que, como veremos, brancos e mestiços da região procuram agendar com o *koshuiti*.

caça ou de extrair objetos maléficos, como o *rameya* Katukina ou o *tsibuya* dos Yawanawa ou dos Yaminawa peruanos (Lima, 2000, p.128; Pérez Gil, 2004, p.188), ou a uma classificação dos xamãs em função das substâncias por eles usadas, como a que separa para os Kaxinawá *huni dauya* e *huni mukaya* (Lagrou, 1998, p.106).

Entre todos os eixos capazes de recortar o conjunto – muito mais contínuo do que tais recortes deixam supor – dos especialistas Pano, os Yaminawa têm escolhido aquele que melhor se presta a um contraste moral inteligível para os interlocutores brancos. Contamos então com essa restrição corriqueira nos sistemas de feitiçaria, postulando que as atividades do xamã sejam só exercidas "para o bem", mesmo que isso implique seu relativo desprestígio, e também com uma indicação valiosa dos caminhos seguidos pela tradução das figuras do xamanismo, no registro da medicina e não, por exemplo, no registro religioso, embora essa medicina possa estar por sua vez filtrada por visões medicalizadas da religião como as do espiritismo popular – um tema a que voltaremos mais tarde.

Não demorou muito para que as mesmas pessoas que negavam o pajé começassem a exaltar o *koshuiti* yaminawa, o velho Sebastião. De uma admiração abstrata a seus conhecimentos passaram a designá-lo como mestre de todos os Yaminawa capazes de elaborar *shori* e como um depositário de todas as tradições; essa valorização foi crescendo até o final da pesquisa de campo. A cada dia sabia mais um detalhe de suas prendas: os objetos tradicionais que só ele fabricava, ou fabricava melhor que outros, os cantos mais longos e difíceis que o *koshuiti* sabe cantar melhor que ninguém, sendo ainda o único capaz de decifrá-los corretamente.

Perguntado, o próprio Sebastião negava qualquer conhecimento, mesmo nos assuntos mais vulgares, embora afirmasse ao mesmo tempo ser doutor, saber curar e tomar *shori*. É possível em vários sentidos entender a figura do xamã em contraste com a do chefe: um certo caráter "saturnal" do *koshuiti* contrasta com a jovialidade do chefe: sua eventual recusa a falar ou a ser fotografado, sua discrição política, uma certa sovinice aplicada a todos os ramos do seu saber. Esse contraste se enquadra bem na tipologia chefe/xamã de Deshayes, da qual tratamos no item anterior.[25] No caso Yaminawa, essas reticências constituem mais uma etiqueta do que uma personalidade inteira.

O *koshuiti* é frequentemente um bom conviva, um conversador bem humorado; pai, esposo e caçador normal, e, no entanto, um membro definitivamente singular do grupo. Um bom *socius* se comparado com o *mukaya* ideal descrito por Deshayes, avesso à carne em todas as suas acepções, mas um cidadão excepcional quando se compara seu estatuto único com a ampla divulgação dos saberes xamânicos entre os Kaxinawá. O xamanismo Yaminawa é vocacional; se entre os Kaxinawá seu exercício decorre no essencial de uma escolha dos espíritos, se entre os Katukina (Lima, 2000, p.143) ele se origina num encontro com a sucuri que pode dar lugar ou não a um aprendizado formal, no caso Yaminawa há uma ênfase decidida na voluntariedade do aprendizado, um processo incrivelmente árduo.[26]

Xamanização

O processo de iniciação de um xamã é na atualidade um evento muito raro. Segundo o ideal expresso pelos Yaminawa, ele deveria tomar a forma de uma transmissão de conhecimento de pai para filho;

---

25 Deshayes, recapitulemos, caracteriza o chefe como um hipercaçador, que em função dessa capacidade tem também um uso extraordinário da palavra e da sexualidade. O xamã é seu oposto: um "hiperpanemo" e, em consequência, um homem de sexualidade extremamente restrita. O xamã é mau caçador porque é capaz de ver as presas como gente: o seu único modo de caçar é "eufemístico": atira na folhagem que bole sem imaginar que há um macaco atrás, ou leva o jabuti para casa sem mais propósito que o de convidá-lo a tomar mingau. Mesmo assim, não a come. Sua palavra se dirige ao mundo natural, e se atrofia na direção do grupo...

26 Isso não descarta o peso de acidentes biográficos na escolha dessa "vocação": o velho Sebastião é de fato aleijado, e sua função se complementa bem com sua disfunção. Mas nunca um processo de aflição natural me foi apresentado pelos Yaminawa como equivalente de um processo iniciatório; outros aleijados da aldeia não têm nenhuma inclinação a essa atividade, e os *koshuiti* do passado nunca são lembrados como aleijados. Entre os Yaminawa também não encontrei a explicação (onipresente entre outros *nawa*, cf. Pérez Gil, 2004, p.190) sobre a necessidade de virar xamã para cuidar dos próprios parentes.

mas esse ideal aparece sempre em termos negativos, como um lamento pelo desleixo em aprender, quando o pai, que tanto sabia, estava vivo e disposto a ensinar. A repetida falência dessa transmissão teria levado à atual concentração do saber em mãos de um único especialista, e, como já dito, todos os informantes que manifestaram ter aprendido algo – sem ter chegado nunca muito longe – tiveram o velho Sebastião como guia. O processo completo de aprendizado é longo, o suficiente talvez para – usando aqui uma velha fórmula clerical – *imprimir caráter* nos que conseguem completá-lo.

De acordo com os Yaminawa, a formação de um *koshuiti* exige períodos prolongados de afastamento do convívio cotidiano, em algum abrigo na mata onde o iniciando interage exclusivamente com o mestre. Durante os períodos iniciáticos – aparentemente o aprendizado pode acontecer por etapas –, o aspirante deve se abster de sexo, sal, carne e banana madura. Ao mesmo tempo, deve se consagrar à absorção progressiva de *shori*: os Yaminawa sugerem que o *shori* vai se acumulando dentro do corpo, "tomando força" nele, o que torna as visões cada vez mais independentes do agente externo. O ato de beber *shori,* de resto, é indissociável da escuta e do aprendizado dos cantos e, podemos supor, da sua hermenêutica: como veremos mais tarde, a língua dos cantos é um idioleto dos seus especialistas.

Enfim, todo o processo iniciático é pontuado por provas que fornecem marcos na aquisição do conhecimento. Na primeira, que inaugura a formação, o aprendiz deve chupar a língua de uma *ronoá* (jiboia/sucuri) previamente capturada e embriagada com *shori;* posteriormente, deve abraçar ou quebrar na cabeça um ninho de cabas, o que, além das dores excruciantes, produz febre alta e delírios durante vários dias. Os Yaminawa do Acre não citam outras provas, mas os estudos de Townsley (1988, p.133) e Pérez Gil (2004, p.182), mais detalhados em questões de *koshuitia,* mencionam: a ingestão de vespas e formigas de ferrão; o abraço do chamado pau-santo, uma árvore povoada por formigas sumamente agressivas; a ingestão de ovos de vespas misturados com o seu mel, causa de fortes vômitos. Aparentemente, a lista pode ser prolongada *ad infinitum,* já que o denominador comum dessas ações – a injeção de substâncias tóxicas no corpo do aprendiz – aponta para uma acumulação de saberes e poderes, que sempre é possível levar mais longe.[27] Pratiquem ou não essas outras disciplinas, os Yaminawa do Acre têm, entre a língua da *ronoá* e o suplício das vespas, um modelo condensado das experiências essenciais para um iniciando.

Todos os elementos que aparecem no processo de iniciação são familiares para os grupos Pano. A breve exegese que aqui oferecemos provém dos mitos Yaminawa e deve parte da sua estrutura a sugestões contidas em outras etnografias: como já disse, não recolhi explicações locais da atividade xamânica, exceto essas poucas que eventualmente irei indicando.

O *shori* ou *ayahuasca* é um elemento central do complexo. Seu prestígio ecumênico, que se estende por toda a Alta Amazônia indígena, por setores religiosos "populares" dos países da região e pelos campos globais da *new age*, dispensa apresentações. Vale a pena lembrar que esse prestígio não é necessariamente antigo nem indiscutível. O *shori* pode ser visto como um elemento a mais dentro de um conjunto de substâncias que inclui o tabaco e a pimenta, ou drogas já praticamente em desuso. Na sua versão mais comum entre os Yaminawa, como em toda a Alta Amazônia, a poção combina o *shori* ou cipó propriamente dito com *kawa* (folha-rainha, chacrona). A *kawa* pode ser substituída por *açudawa*, que seria um agente mais forte que ela (provavelmente o *toê*, ou *datura*); dados Shipibo (Roe, 1982, p.123) sugerem o uso de um terceiro elemento, o *yowi* ou seiva da samaúma, de associações especialmente maléficas. Os Yaminawa não me deram informações sobre esse uso, mas a samaúma possui, segundo eles, um espírito extremamente perigoso, e nos mitos é associada constantemente à feitiçaria.[28] É marcante o contraste entre o valor central e quase exclusivo do *shori* na

---

27 Lima (2000, p.137) cita, para os Katukina, uma exceção interessante: o xamã não deveria tomar "injeção de sapo", incompatível com a sua condição ideal de panemo.

28 Roe (1982, p.125) sugere aqui um paralelo do triângulo culinário levi-straussiano, com conotações morais equivalentes às deste, traçado entre a *datura* crua, a *ayahuasca* cozida e o *yowi* podre. Outro sistema das substâncias é o que os Yawanawa organizam entre a *ayahuasca*, que serve para ver; a datura, que serve para profetizar (especialmente o resultado das incursões guerreiras); o tabaco, como elemento protetor; e a pimenta, como agressor.

prática xamânica atual dos Yaminawa com seu papel relativamente secundário nos feitos dos xamãs que os mitos relatam: indício, entre outros muitos, de que a *ayahuasca*, ao menos na sua dimensão atual, pode ser uma relativa novidade vinda do mundo ribeirinho do Ucayali (Gow, 1996). O crédito que já foi dado aos Yaminawa como os seus inventores (Tastevin, 1925,p.414) sugere provavelmente que o fascínio pelos prestígios primitivos não é exclusivo dos ocidentais.

O *shori* é só uma parte do arsenal xamânico, mas uma parte maior que o todo, em certo sentido. Ele tem uma personalidade complexa. É uma *matéria* medicinal: os Yaminawa acreditam que tomar *shori* faz bem ao corpo, mas podem também aplicar sobre as partes doentes do corpo o bagaço cozido do cipó – à diferença de outros fármacos mais perigosos, é suscetível de um uso mais ou menos lúdico. O *shori* serve, sobretudo, para *ver*. Os Yaminawa veem muitas e bem diversas coisas através do *shori*. Veem a caça que vão caçar, veem cobras – e mais, cobras que os estrangulam e os levam aparentemente à morte (na verdade, à cura de sua doença) –, veem a dissolução do próprio corpo, veem as ameaças dos inimigos, que os levarão a guerras e vinganças. Ainda mais, veem muitas figuras, rostos, "muitas coisas diferentes", multidões, cidades cheias de gente. O *shori* "é como uma cidade" ou "é como a televisão". O repertório é de sobra conhecido nos estudos sobre o xamanismo Pano; seus aspectos mais heterodoxos – cidades e engenhocas *nawa* – são detalhadamente descritos por um xamã Shipibo-Conibo (Arévalo-Varela, 1986), que especifica o papel dessa cidade na iniciação do feiticeiro.

Quanto ao resto do conjunto, há estudos intensivos sobre ele. Os estudos na linha de Reichel-Dolmatoff sugerem que as visões com cipó (*Banisteriopsis caapi* e variedades próximas) seguem uma sequência típica que se pode considerar decorrente do próprio agente psicotrópico. A maior parte dos autores prefere marcar a relatividade cultural das visões e interpretá-las em termos simbólicos. Não posso aportar muitos dados à discussão: os Yaminawa parecem contemplar essas sequências ora como etapas de uma mesma experiência, ora como experiências alternativas: as visões aterrorizantes, por exemplo, podem ser apresentadas como a catarse necessária para a cura de um doente – "as cobras afogam ele, aí pronto, morre; mas não morre não, fica curado" –, mas podem também ser consideradas como próprias de quem não sabe tomar o *shori* ou de quem o toma além de suas possibilidades. Parece que, em geral, os Yaminawa privilegiam uma introdução paulatina ao consumo do *shori*, embora reservem a possibilidade de usos mais abruptos da bebida. De fato, a frase "o *shori* serve, sobretudo, para ver" é menos óbvia do que parece. Um estudo de Deshayes (2003), a partir de uma indagação na farmacologia dos componentes da beberagem, propõe um *continuum* dos seus usos, indo de um polo centrado na ação do cipó no corpo, percebida principalmente como "purga" (o nome com que a *ayahuasca* é designada pelos mestiços da Amazônia peruana), até uma ênfase oposta *na visão,* e, portanto, ligada à atividade da *kawa* ou chacrona. Deshayes sugere uma identificação desses polos com públicos diferentes, sendo que a *purga* corresponderia principalmente ao uso local de índios e mestiços, e a visão com um uso global, e no extremo com o neoxamanismo e com as igrejas do cipó. Tudo indica que a *ayahuasca* yaminawa está mais perto desta última opção que da primeira, o que reforça o caráter contínuo do *continuum* proposto, mas também, talvez, sugere que o que se dá entre os Yaminawa é um neoxamanismo, indígena que seja...

As visões sempre enfocam versões privilegiadas do outro: a caça para bons caçadores, os inimigos – "em outros tempos" mais guerreiros que os atuais – e o povo de baixo d'água representado pelas cobras. Mas esse "outro" não mais se limita a esse repertório romântico. É claro que as cidades são hoje o "outro" mais importante, muito mais que o branco que as ocupa. Muitos Yaminawa, alheios ao *shori* e muito mais às provações e abstinências exigidas pelo seu aprendizado, enfrentam provações e abstinências não pequenas para contemplar a cidade: depois de viagens duras, mal alimentados e frequentemente bêbados, e sem muita coisa a fazer, contemplam a "rua" durante horas a fio. Não pode assim nos surpreender a pertinácia – motivo da indagação de Townsley (1988) – do complexo xamânico em meio à entropia Yaminawa: esse complexo não é uma estrutura tradicional que possa ser conservada ou esquecida, mas um modo, tradicional que seja, de indagação no exterior, contemporâneo das mutações e mutável ele mesmo.

As visões não podem ser separadas dos cantos. Estes são emitidos em língua Yaminawa ou pelo menos usam o léxico Yaminawa. Quero dizer que mesmo que as palavras sejam compreensíveis para todos (até às vezes para o pesquisador), o sentido do discurso escapa aos leigos, e mais escapa, em princípio, quanto maior é o nível de conhecimento de quem canta.[29] Graham Townsley – que dedicou um texto específico a este assunto, apoiado num conhecimento amplo da língua Yaminawa (Townsley, 1993) – afirma que os cantos se referem às situações que o xamã enfrenta por meio de mitos (até aqui é clara a semelhança com o célebre argumento Cuna de Lévi-Strauss); mas estes, por sua *vez*, são tratados por meio de metáforas e metonímias. O canto é assim (continuo parafraseando Townsley) metafórico quanto à sua "mensagem", mas também quanto à sua forma, já que seu outro, e principal referente, são as visões do *shori*, cuja natureza só pode ser glosada por uma linguagem "serpenteante" – a metáfora é dessa vez minha. Podemos acrescentar outra observação. Esse uso críptico da própria língua parece ser uma particularidade Yaminawa: outros grupos vizinhos optam por línguas estrangeiras, por vezes fictícias: o pseudoquíchua dos Shipibo (Roe, 1982, p.89), o próprio Yaminawa (segundo Torralba, 1966) dos Sharanahua. Embora os próprios Yaminawa usem, às vezes, cantos em outras línguas – Culina, por exemplo –, é tentador ver nessa distância criada por citações e metáforas dentro da própria língua uma função da distância que entre o *koshuiti* e seus parentes estabelece um duro aprendizado.

Em várias ocasiões, Erikson (1990) e Townsley (1988, p.134) dissertam sobre o valor terapêutico e pedagógico da ferroada,[30] assimilada a outras perfurações, como as da tatuagem (atualmente muito rara entre

---

29 Os Yarninawa não são muito inclinados à tradução palavra por palavra. Tratando-se de cantos esotéricos, e não podendo explicar o sentido das frases concretas, preferem dar glosas externas e gerais: "está cantando para curar", por exemplo. Tenho motivos para desconfiar de algumas traduções de cantos feitas por jovens ansiosos de exibir seu conhecimento "da cultura"; em geral, optei por usar com muita parcimônia os depoimentos sobre *koshuitia*.

30 Erótico também, em um sentido mais geral. Na sua coletânea de mitos Kaxinawá, André Marcel D'Ans fornece dois bons exemplos: um deles é um conto mais ou menos bocacciano em que um amante clandestino, receando ter sido descoberto

os Pano); as próprias injeções dos agentes médicos brancos, muito bem consideradas e associadas sempre como a medicina por excelência, ou as pequenas queimaduras nas quais se aplica o veneno de sapo, apropriadamente chamadas de injeção de sapo.[31] Sem que essa noção tenha sido explicitada pelos Yaminawa, parece claro que a prática aponta para esse enriquecimento do corpo com substâncias amargas, conveniente para o homem e indispensável para o xamã, repetidamente comentada na etnologia regional (cf. Erikson, 1996, para os Matis; Kensinger, 1995, p.213-8, para os Kaxinawá; Pérez Gil, para os Yawanawa, Yaminawa e Txitonawa). Se a absorção de *muka* ou *pae* é um índice do saber do xamã, é verossímil que a experimentação com um amplo leque de toxinas animais ou vegetais traga para o iniciando uma maior quantidade e qualidade de saberes específicos. Pode se entender também assim a ênfase menor que os Yaminawa dão ao valor purgativo da *ayahuasca* – que é purgativo menos no sentido de limpeza que de substituição de matéria doce por fármaco amargo: nesse aspecto, a *ayahuasca* é só mais um elemento entre outros, enquanto o seu valor visionário a faz destacar-se dos outros.

Dentro do vasto capítulo que a etnologia da América do Sul dedica à cobra, e mais específica ou exatamente à grande anaconda-sucuri (que as línguas Pano costumam fundir com sua variedade de menor tamanho, a jiboia terrestre),[32] a especialidade Pano parece estar nos jogos de

---

no clarão de um relâmpago, foge em direção à sua casa, porém tropeça no caminho em todos os bichos de ferrão conhecidos, da tocandira à arraia, e morre literalmente crivado. O outro é a disputa entre o Kaxinawá Basabo e um Inca pelo amor da mulher deste último: ambos se agridem sucessivamente com todos os animais dotados de ferrão que se conhecem, até caírem inconscientes. A mulher do Inca sabe que não pode casar com Basabo, então o premia tatuando-o, por sua vez, com uma espinha. A ferida punçante une o aprimoramento cultural e o desejo da mulher alheia.

31 Os Yaminawa aludiam inclusive a um tipo de sapo cujo veneno poderia ser diretamente injetado por meio de uma espécie de esporão caudal; não posso dizer se esse detalhe tem apoio na morfologia dos sapos locais ou é só uma licença classificatória para adequar o veneno de sapo ao modelo da perfuração.

32 Lagrou (1998, p.61) especifica melhor essa fusão: a jiboia e a sucuri são momentos diferentes (com atributos diferentes) de um mesmo ser; outros animais – por exemplo, a anta – podem se transformar em sucuris sob as águas.

equivalência ou mais exatamente de mútuo englobamento entre a su-curi, a *ayahuasca*, as visões que ela oferece – ou, falando mais propria-mente, os seres que ela permite ver – e o próprio xamã. Como uma espécie de jogo de bonecas russas, em que eventualmente dentro de uma boneca maior pudesse ser achada uma boneca menor, e em que cada elemento figurasse traduzido um vocabulário ofídico: o primeiro conhecedor do *shori* é engolido pela sucuri, ou vira uma delas após a sua morte, ou do seu corpo enterrado surge o cipó,[33] que faz ver sucuris, que tomam *ayahuasca* para que o iniciando, chupando a sua língua, ab-sorva o conhecimento do cipó. A sucção da língua da cobra – que entre povos vizinhos pode ser substituída pela ingestão dos seus excremen-tos, ou da sua carne crua (Lagrou, 1998, p.63), ou de uma substância branca encontrada no seu coração etc. – cumpre a mesma função que a absorção da flema do mestre entre os Yagua (Chaumeil, 1998, p.38). Isto é, a sucuri é o mestre por excelência num processo cujo objeto é transformar o aprendiz em sucuri: o homem designado para ser xamã entre os Katukina, pelo encontro fortuito com a sucuri, fica cheirando como esta, e experimentando as sensações produzidas pela toma de *ayahuasca* (Lima, 2000, p.132-4); o iniciando Yawanawa come ratos e sapos porque assim faz a sucuri, ou para tornar-se ele mesmo sucuri.

Com a ajuda da *sucuri-ayahuasca* o xamã adquire muito mais que visões, uma teoria da visão, um modo de exprimir em termos desta as relações entre os mundos pelos quais ele transita – um assunto ao qual voltaremos na Terceira parte do livro. É tentador pensar que o vín-culo entre a sucuri e a ayahuasca – esse agente ecumênico do xama-nismo regional – seja um dos fatores determinantes da preeminência da sucuri como predador principal no sistema simbólico de boa parte da Alta Amazônia, em detrimento, por exemplo, do papel da onça, animal xamânico por excelência em outras terras, e reduzido, especialmente no caso Yaminawa, a uma mínima expressão.[34]

---

33 Cf. Mitos 30, 57, 55, 63, no Anexo.

34 A tese de doutorado de Edilene C. de Lima (2000) é uma boa descrição desse monopólio crescente da serpente nos terrenos simbólicos da caça e do xamanismo.

A outra poção mágica

Há um outro aspecto do *shori* que é necessário neste momento recuperar: sua relação com o álcool. Defrontado com as devastadoras bebedeiras já descritas, tinha ante mim uma alternativa clássica: entendê-las como resultado de uma desagregação moral induzida (não sem intenção explícita) pelos brancos, ou procurar nelas continuidades com uma ordem de mais longo prazo. Correlatos óbvios seriam as bebedeiras com *caiçuma*, O fermentado de macaxera, ou com *mama*, o fermentado de milho – "tradições perdidas" em qualquer caso. Mas não é difícil ver que a caiçuma é um costume tomado sem demasiado entusiasmo dos Manchineri; se os mitos dão indicações sobre o consumo de uma bebida de milho, ou mesmo de ocasiões em que muitos convidados participariam de um consumo maciço desta (M61), não há neles qualquer referência à embriaguez.[35] Pelo contrário, é muito comum que os Yaminawa lembrem antigas sessões de *shori* destacando a perda dos sentidos, e usando a palavra "bebedeira". Mais ainda, essa lembrança está em regra vinculada às violências que se associavam a elas: as antigas sessões de *shori* têm em comum com as bebedeiras atuais sua capacidade de gerar conflitos internos.

Apesar desse paralelo, pareceria excessivo comparar *shori* e álcool, duas substâncias que intuitivamente colocaríamos em polos muito distantes da gama de possíveis alterações da consciência.[36] Ou melhor, seria excessivo não fosse porque a ingestão de álcool leva a não poucos Yaminawa aos domínios do *shori*. Praticamente todos os cantos de *shori* que recolhi foram entoados por Yaminawa sob a ação do álcool. A relação entre uma e outra substância é objeto de muita atenção por parte dos Yaminawa. As críticas ao uso de álcool costumam se acompanhar

---

35 Townsley ouviu de seus informantes – e ele afirma não ter nenhum dado em contra – que as bebedeiras de caiçuma são um costume importado dos "mestiços". A caiçuma é para os Yaminawa "bebida de Manchineri".

36 Essa distância, acrescento numa revisão final deste texto, é provavelmente um preconceito indianista: os Kaxinawá não duvidam em incluir *ayahuasca* e álcool (junto a outras substâncias tóxicas e alucinógenas) numa mesma categoria, *pae* (Lagrou, 1998, p. 79).

de elogios ao *shori*; o álcool mata e o *shori* cura, o *shori* ensina e o álcool embrutece – veremos, porém, que o *shori* que serve para este contraste está em boa medida domesticado. O modo pelo qual os dois termos se relacionam na prática pode variar muito. Entre os dois únicos casos masculinos de abstinência de álcool que conheci entre os Yaminawa, um deles, o próprio *koshuiti*, faz dessa abstinência uma condição do consumo de *shori*. O outro – Oscar – renunciou ao álcool e posteriormente ao *shori*, o que de algum modo contraria o esquema do *koshuiti*, colocando álcool e *shori* em um mesmo *continuum*. Já Alfredo, que consome álcool e *shori*, os vê como um par homogêneo, embora hierarquizado: o cipó é melhor que o álcool, ensina coisas, cura, e é um agente mais eficiente. Canta-se com álcool, mas cantar-se-ia mais com *shori*. O *shori*, que é medicinal, não tem os efeitos indesejáveis do álcool, que mata quando tomado em excesso e empurra a fazer coisas indevidas. No entanto, uns poucos copos de cachaça levam Alfredo a iniciar uma longa sessão de cantos que, em princípio, pertencem à esfera do *shori*, incluindo aqueles supostamente mais secretos, como os cantos capazes de induzir à morte.

O caso de Clementino acrescenta talvez uma virada irônica a este contraste. Sob o influxo do álcool, Clementino começou em uma tarde de agosto de 1993 uma sessão de gravação de *shedipawó* – os "mitos", em que é mestre reconhecido – misturados com cantigas amorosas. Em determinado momento, porém, mudou para os compassos facilmente reconhecíveis de um canto de *shori*. O jovem intérprete que me ajudou em primeira instância com a tradução da fita me revelou meses depois algo surpreendente: o que Clementino havia gravado na ocasião era um canto especial ao álcool, em que este era tratado com um estilo e uma retórica semelhantes aos que habitualmente se dedicam ao próprio *shori*. O canto descreveria a força que o álcool vai tomando no corpo, e como o bebedor – Clementino – se sobrepõe a ela, sem deixar que ela o domine: bêbado, ele conhecerá o mundo que não conhece, o lugar onde o álcool se fabrica; manifesta seu desejo de construir um engenho, e fabricar álcool ele mesmo. O canto de Clementino incluiria uma proposição herética: tomando álcool ele se demonstra mais forte que a própria sucuri, dona do *shori* – que não bebe álcool, mas como já vimos toma *shori* em algumas circunstâncias. Clementino, bebedor muito habitual de álcool, havia abandonado o *shori* há muito tempo. A glosa do jovem Yaminawa – que, não iniciado, era de praxe muito menos explícito quanto ao conteúdo dos cantos esotéricos, e que, segundo ele mesmo comentou a terceiras pessoas, "estava me enganando" nas traduções –, era, quase com certeza, uma brincadeira. Outros intérpretes se referiram a este mesmo canto com os ligeiros resumos que sempre cabiam aos não especialistas, sem perceber nele nada de diferente. A usurpação pelo álcool do lugar preeminente do *shori* não passava de um ácido comentário de um jovem que, com frequência, aplicava a mesma ironia a outros aspectos da conduta dos seus pares ou de seus maiores; não era, porém, uma fantasia, tendo fundamento suficiente na praxe observada. A relação entre álcool e *shori* é significativa, e tem se estabelecido em paralelo com mudanças conscientes na função deste último.

À luz do que os Yaminawa contam sobre a antiga pajelança e as antigas festas, podemos detectar uma restrição importante no uso do *shori*, acompanhada de sua moralização. Das sessões "coletivas" com a participação de mulheres a uma ciência oculta cuja iniciação se faz cada vez mais dura – pelas provas em si e pelo afrouxamento comparativo dos costumes. Também de um uso perigoso, conflitivo, a um uso exclusivamente curativo. O álcool herda o lado sinistro do *shori* – as bebedeiras, como vimos, geram brigas com uma espantosa regularidade – e sua antiga popularidade. Herda, ainda mais, seu valor topológico: o álcool, fabricado pelos poderes *nawa*, não remete a bebidas como a caiçuma, produto da agricultura e da elaboração doméstica, senão ao cipó silvestre, que os Yaminawa não sabem ou não querem cultivar.

Ciência antiga e nova ciência

O contraste entre a ciência antiga e a nova é marcado e explícito. Em primeiro lugar, pelo grau de conhecimento dos antigos e pela extensão desse conhecimento: os sábios do passado eram grandes adivinhos. Ainda hoje se adivinha sonhando; mas os novos nada sabem, não tomam *shori*. Quem viesse de outra aldeia "para rezar" só poderia se entender com o velho Sebastião, o único que conserva a ciência.

Antigamente, os grupos que se encontravam na mata competiam para demonstrar seu maior conhecimento no *shori*: tornavam, cantavam, dançavam juntos em encontros que, ao que parece, estavam sempre beirando o combate. O *shori*, que é agora um instrumento curativo, era no passado, sobretudo, um instrumento de vingança. A adivinhação se dirigia preferentemente a identificar os feiticeiros causantes de uma morte. Na toma de *shori* não faltava eventualmente um aspecto canibal: a folha *(kawa)* era, por exemplo, molhada no sangue de um irmão morto quando se tratava de matar seu homicida. O velho Alfredo, elogiando o saber de seu pai – um dos maiores "doutores" dos tempos antigos –, se descarta de seus objetivos: não teria chegado a velho se tivesse praticado a magia agressiva do pai, que de fato foi morto por um Kaxinawá.[37] Essa pacificação tem ainda outras causas: o *shori* terapêutico se dirige a doenças, como a pneumonia, que não existiam antigamente. As causas externas de mortalidade têm de algum modo ajudado a neutralizar as endógenas.

O lugar do xamã na sociedade Yaminawa tem mudado dramaticamente. Suas atividades são tema muito frequente dos mitos Yaminawa, que podem nos ilustrar a ideia que os Yaminawa fazem do velho modelo do *shori*. No sentido mais geral, é impossível diferenciar o grande xamã do chefe ou do guerreiro: os poderes mágicos são mais um atributo, importante que seja, do homem mais importante da aldeia ou mesmo de um chefe de família.[38] Outros relatos retratam, pelo contrário, um personagem que é em primeiro termo feiticeiro, e por isso objeto de temor, ódio ou precauções rituais específicas.[39] O xamanismo como ciência curativa é objeto apenas de uma rápida alusão no ciclo mítico da sucuri-*ayahuasca*.

O mito 32 da minha coleção é talvez o documento-chave para entender o velho xamanismo Yaminawa: narrado sempre como um dos

---

37 Os novos tempos são desfavoráveis também para muitas receitas de magia erótica, que "não podem se usar agora". O erotismo, como sabemos, não está nunca longe da violência.

38 Assim em M12, M33, M40 ou M41.

39 M7, M32 e M69.

mitos mais importantes, relato claro e bem organizado, esse *Kukushnawa* é possivelmente a única narração Yaminawa que não tem equivalente nas outras mitologias Pano publicadas. É um relato de iniciação, no sentido mais amplo da palavra: um menino se converte em prestigioso guerreiro seguindo os conselhos de uma cobra, transformação de um feiticeiro morto – seu *shidi*, que ajuda o neto passando por cima do pai. A preação de outros grupos *nawa* é o objetivo principal desse par de consanguíneos que – é bom destacar o detalhe – não se valem, na sua missão, de meios "mágicos". Isto é, apesar da intensiva presença dos elementos da magia Pano – as plantas xamânicas semeadas na tumba, o feiticeiro convertido em jiboia, a samaúma –, os inermes Kukushnawa são degolados manualmente, enquanto dormem, segundo um padrão muito comum nas *correrias* do passado. Há, sim, algo como uma magia prospectiva: esses Kukushnawa são um povo de "vaga-lumes", e assim dormem de dia e andam à noite, o que permite ao menino obter uma vitória espetacular e fuga fácil. Os homens enfeitados com colares brilhantes deste mundo são vaga-lumes no outro; o que neste mundo é magia, no outro mundo é guerra. O xamanismo Yaminawa do passado era a continuação da guerra em outros planos.[40]

Se o chefe é o agente da *formação* Yaminawa, o ponto de vista desde o qual a *sociedade* yaminawa existe como tal, podemos nos perguntar se o xamã não será algo como um ponto de inflexão através do qual se operam as *transformações*, ou mais exatamente os desdobramentos metafóricos da sociedade yaminawa. O M32 nos sugere que as artes mágicas e a guerra são metáforas uma da outra, sem deixar por isso de ter ao mesmo tempo uma relação de contiguidade. É bom lembrar que o complexo iniciático do xamanismo Yaminawa tem seus correspondentes mais explícitos não no xamanismo, mas nas magias de caça de outros grupos Pano (Lagrou, 1991, p.177; Carneiro,1970), e que por fim há

---

40 A diferença entre o xamanismo da sucuri-*ayahuasca* e o xamanismo guerreiro de Kukushnawa está também num registro diretamente sociológico: o primeiro vincula a *ayahuasca* a uma relação de aliança, mesmo que seja no momento da sua falência; o segundo enfatiza, pelo contrário, a linha da ancestralidade: o *shori* não será mais um dom dos aliados.

uma quarta série mágico-predatória que traça um paralelo com essas três, a da sedução erótica. Todas essas atividades veem-se submetidas a uma séria restrição nos tempos novos: como explica Alfredo, a magia erótica "não é mais permitida" e já vimos como esse esfriamento erótico vai de mãos dadas com a decadência das atividades de caça. Feitiçaria agressiva e guerra não podem também esfriar senão juntas. No seu lugar surge uma prática terapêutica que é também, e talvez em primeiro lugar, uma prática comunicativa.

A *ayahuasca* ecumênica

O xamanismo Yaminawa não se encaixa – é a opinião de Townsley (1993) – em categorias como "ritual" (embora utilize ritos), "sistema simbólico" (embora seja rico em referências a este) ou "religião". O sistema simbólico Yaminawa – ou mesmo a "cultura" ou a "etnia" Yaminawa – pode dar forma, mas não pôr limites ao *shori*, que é essencialmente uma ciência, uma obra aberta, mais ou menos oculta.[41] Este, como já dissemos, é um agente sumamente lábil que permite modos e níveis diferentes de acesso, abrindo um campo de crenças e práticas comum a diversas etnias – a dos brancos não é a menos importante entre elas.

Podemos ver assim que não são descabidas as passadas alusões ao espiritismo popular, dado o influxo ideológico deste sobre as várias igrejas "do cipó", entre cujos membros, vale a pena notar, se recruta uma parte importante dos indigenistas, oficiais ou não, que operam no Acre. Indigenismo que, desta vez, vai unido a um indianismo: os índios negados em função da borracha são reivindicados em função do cipó, e a prática tomada deles é exaltada como base de uma espécie de religião nacional acreana. Assisti a um bom exemplo deste ecumenismo: um

---

41 Com "ciência" não me refiro aqui a um conteúdo "positivo" como uma etnobotânica ou uma etnomedicina – embora algo assim possa formar parte do patrimônio do *koshuiti* –, mas a uma atividade com um espaço institucional definido, com seus requisitos de admissão, seus métodos, e com uma teoria complexa que integra suas noções.

adepto do Santo Daime, funcionário estadual, visitou a aldeia com o objetivo de tomar cipó com os Yaminawa – uma "viagem de estudos" já realizada junto a outros grupos. Hospedado na casa de Júlio, o visitante foi de fato agraciado com uma sessão que tinha sido convocada outras vezes, e sempre adiada. À noite, depois da preparação do *shori* – misturado com *kawa*, ambos coletados por Luís Brabo – na varanda da casa de Júlio, os participantes armaram as redes, jantaram e deixaram o tempo passar até que o *shori* esfriasse, já entrada a noite. Um dos participantes, Rubem, começou a sessão, tomando uma xícara que defumou com tabaco antes; cada um tomou, por sua vez, antes de se retirar em silêncio à sua rede. Passou o tempo sem que nada acontecesse, e os participantes decidiram beber mais *shori*. Dessa vez, a dose foi suficiente, e pouco depois um dos participantes começou a entoar cantos em língua Yaminawa. Quando acabou, foi a vez de outro cantor; em alguns momentos, dois cantores coincidiram: todos na sua rede, cada um num processo autônomo. O visitante entoou, por sua vez, suas cantigas, em português, com letras piedosas escritas com o mesmo ternário dos pontos de uma umbanda muito próxima à "mesa branca" kardecista: hierarquias espirituais, luz, conselho, evolução, beneficência... O repertório era amplo, e o convidado cantou com a ajuda de um hinário, que lia à luz de uma vela. Um dos índios conhecia cantigas do Santo Daime, e as entoou também em outro momento. A sessão continuou assim, até que todos os participantes passaram, sem muita quebra, da visão ao sonho.

Outras sessões a que assisti seguiram – com menor concurso, e com menos elementos exóticos – o mesmo padrão; mesmo as sessões presididas pelo próprio *koshuiti* não parecem se afastar sensivelmente dele, salvo, com certeza, pela qualidade e densidade dos cantos. Os Yaminawa parecem unir paradoxalmente uma prática xamânica cada vez mais genérica com uma restrição cada vez maior dos seus praticantes plenos.

A dureza das provas, e as frequentes austeridades que se fazem necessárias no exercício desse papel, atualmente fazem do *koshuiti* uma categoria sumamente restrita e uma carreira pouco procurada, apesar de suas inequívocas vantagens econômicas. A despeito das constantes lamentações sobre a perda do saber, essa contração parece um efeito plenamente congruente com a nova ciência a que fizemos alusão. Vale a pena destacar que a iniciação do *koshuiti* é a única iniciação ainda praticada pelos Yaminawa, de resto despojados de rituais explícitos. Não muito tempo atrás – como sugere Pérez Gil (2004, p.185-7), essa iniciação pode ter sido um evento coletivo, que unia num comum denominador o conjunto dos homens da aldeia.

A excepcionalidade atual do *koshuiti* se coaduna, assim, com algo só em aparência contraditório. Se estou dando essas informações, apesar de não ter contado com o *koshuiti* entre meus informantes, é porque desses assuntos todo mundo sabe um tanto, mesmo se tratando de assuntos extraordinários como as técnicas de homicídio mágico. Um bom número de Yaminawa tem aprendido com Sebastião ou mesmo com outros "doutores" do passado e pode reivindicar títulos de "enfermeiro", "doutor" ou "pai da *ayahuasca*", *shoriepa*. Muitos mais têm enfrentado ao menos uma parte do aprendizado e são capazes de entoar cantos. Nada se opõe ao consumo de *shori* por pessoas não iniciadas, e aparentemente este foi ainda mais geral no passado, estendendo-se, por exemplo (à margem do costume atual), às mulheres. Ninguém, porém, discute a autoridade do *koshuiti*: o que diferencia esses "todos feiticeiros" do "feiticeiro único" é esse reconhecimento do título, uma diferença de grau no conhecimento e, sobretudo, uma diferença categórica na propensão a divulgá-lo. Esse consenso sobre a raridade da magia poderosa tende a fazer da *koshuitia* uma atividade controlada, desprovida de perigos para uma vida comunitária já suficientemente incerta.

Se entre os Yaminawa parece haver sempre um, e só um, xamã proeminente, este falta em muitos casos entre os Pano, e muito expressivamente entre os Kaxinawá, que em compensação oferecem exegeses muito expressivas da feitiçaria e atribuem a esta um caráter nitidamente agressivo[42] – para bem da convivialidade do grupo, esta

---

42 Erikson (1986, p.126) se refere à restrição do número de xamãs como uma característica estendida entre os grupos Pano.

vem sempre do exterior. Os Yaminawa, muito mais dados às disputas internas e pouco capazes de manter essa coesão, têm conservado como própria a instituição, ao preço de aliená-la, tanto por uma legitimação restritiva quanto por conteúdos que se libertam claramente de padrões "tradicionais". Se já tanto se falou em xamanismo sem xamãs, conviria sublinhar aqui a especificidade do xamanismo com um só xamã, encarnação menos de um saber que dos limites dentro dos quais ele deve ser mantido.

Parte 2
Uma crônica Yaminawa

Pós-data introdutória

Desde os anos 1992-1994, quando realizei minha pesquisa de campo, a história dos Yaminawa não foi interrompida. As disputas, às quais farei mais tarde alusão, deram continuidade a novas cisões; parte do grupo que conheci na Terra Indígena Cabeceiras do rio Acre se redistribuiu nas aldeias já existentes, tendo criado algumas novas. Um relatório datado de 2001 e elaborado por um agente da Funai (Coutinho Jr., 2001), com notícias esparsas chegadas por outras vias, permite traçar um rápido panorama da distribuição dos Yaminawa dez anos depois. Confirma algumas análises que aparecerão nas próximas páginas e deixa intuir que o processo de recombinação dos grupos Yaminawa continua firme e forte, não dependendo das eventualidades da política indigenista.

Terra indígena/rio	Aldeia	População
Cabeceira do rio Acre	Ananaia	70 habitantes
Cabeceira do rio Acre	São Lourenço	52 habitantes
Cabeceira do rio Acre	Igarapé dos Patos	29 habitantes
Mamoadate (rio Iaco)	Betel	70 habitantes

continuação

Terra indígena/rio	Aldeia	População
Mamoadate (rio Iaco)	Cujubim	42 habitantes
Rio Caeté	Buenos Aires	36 habitantes
Rio Caeté	Extrema	30 habitantes
Rio Iaco	Guajará	67 habitantes
Rio Iaco	Asa Branca	10 habitantes
Rio Purus	São Paulino	61 habitantes
Rio Purus	Caiapucá	45 habitantes
Cidade – Brasileia	Samaúma	11 habitantes
Cidade – Rio Branco	Diversos	30 habitantes
Total		553 habitantes

QUADRO 3 – População Yaminawa.
Fonte: Coutinho Jr., 2001.

Faltam nesse quadro as referências aos Yaminawa da Bolívia, que viram seu número incrementado com a chegada de contingentes de aldeias acreanas. O elemento mais considerável no quadro pode ser a aparição de uma nova aldeia dirigida por Batista – o filho do *koshuiti* Sebastião, sempre refratário a seguir a especialidade do seu pai, e que acedeu à condição muito diferente de chefe. O grupo de Batista, cuja composição infelizmente desconheço, se instalou em terras de um antigo seringal no rio Caeté, sem nenhuma vinculação histórica com os Yaminawa e relativamente longe das outras localizações.

A empresa de legalizar a nova terra tem se revelado uma fonte de cavilações para os indigenistas. Trata-se de uma localização totalmente nova para os Yaminawa, e por isso a argumentação a respeito da tradicionalidade da ocupação teve que lançar mão de referências documentais à antiga presença de índios Piro, cuja frequente associação com os Yaminawa é conhecida na literatura, levando assim a noção de terra tradicional a uma consequência lógica que, na opinião de outros indigenistas, a dissolve. A proposta alternativa, a de criar uma área indígena estadual mediante a compra das terras pelo estado do Acre, quebra também o quadro habitual da política territorial indigenista, sempre ligada à esfera federal e muito avessa à ideia da compra de terras. Em qualquer caso, os Yaminawa continuam a testar alguns limites habituais da política de tutela aplicada aos povos indígenas no Brasil.

Durante esses dez anos, os Yaminawa adquiriram, no panorama indigenista do Acre, uma personalidade bem definida – embora deteriorada ou conflitiva. Se na época da minha pesquisa eles passavam por um povo problemático cujas vicissitudes podiam ser um resíduo do regime dos patrões, ou de uma cultura tradicional em declive, desde então suas vicissitudes têm ascendido à categoria de *problema Yaminawa*.

Esse problema é formulado de um modo paradoxal. No diagnóstico geral, é o de um povo deculturado e anômico, que abandona o refúgio de uma tradição e um território reconhecido e demarcado para se perder nas sarjetas e nos interstícios de uma cidade inclemente. Mas essa *ruptura com a tradição* se mede, afinal, pelos constantes fracassos dos projetos de desenvolvimento, sustentável ou não, a eles voltados, pela sua incapacidade de se acomodar nos limites de um território legalizado (e, ao menos por enquanto, não disputado), pela sua incapacidade de manter ou produzir signos de identidade indígena reconhecível, e, no fundo, pela sua anarquia:

> As consequências dessa diáspora, entretanto, já se fazem sentir, registrando o *"Documento Jaminawa"* resultante da assembleia desse povo indígena, realizada na colocação Caiapucá entre os dias 4 e 7 de junho do corrente (que contou com cerca de 60 participantes, provenientes de oito grupos locais distintos), a deliberação de *"fortalecer o conjunto de nossas aldeias, respeitando nossas lideranças"*: *"cada aldeia Jaminawa organizará suas atividades internas evitando o esvaziamento de nossas aldeias diminuindo a permanência de nossa população nas cidades"*. (Coutinho, 2001, p.12, grifos do autor)

As autocríticas não são novas. Sem o adequado respeito às lideranças, cogestoras desse espaço, os Yaminawa não acham seu lugar na nova ordem multicultural. Só em 2001, durante um festival indígena celebrado em Rio Branco sob os auspícios do governo de esquerda do estado, os Yaminawa ofereceram pela primeira vez ao público a sua contribuição ao leque sincrético da cultura indígena acreana, em forma de cantos xamânicos. Não tenho dados sobre essa apresentação ao grande público de uma prática de cuja extrema discrição já falei no capítulo anterior: a passagem do privado para o público ou, em termos durkheimianos, da magia para a religião, é no Acre uma das características do surgimento disso que já tem sido chamado (o que não deixa de ser uma redundância) "pajelança genérica".

Em outros termos, o grau de *deculturação* dos Yaminawa tem sido medido pela sua negativa de fato a se integrar nos nichos destinados aos povos indígenas numa ordem estruturada sobre o conceito de *cultura*. Ora, se comprovarmos, como acho que comprovaremos, que a imagem atual dos Yaminawa se apresenta, *mutatis mutandis*, bem próxima do que era a sua imagem nos primeiros textos que a eles faziam referência, cem anos atrás, quiçá seja necessário admitir que a crônica Yaminawa que aqui se oferece mostra, apesar de tudo, a continuidade de uma tradição.

4
Êxodos e cativeiros

A história contemporânea dos Yaminawa, tal como a ouvi contar dez anos atrás, é genuinamente bíblica. Desde que "se entregaram aos brancos", atraídos por suas manufaturas, ligando-se a um e outro patrão, sendo progressivamente escravizados, até a sua saída do Iaco e sua volta, seguindo pela mata em direção ao Acre, lar de seus avós, dirigidos por um chefe educado entre os brancos e revoltado com o trato que estes davam ao seu povo.

Essa crônica dos últimos tempos é a que nos oferece uma base mais firme e riqueza de detalhes. Sobretudo, nossa informação é plural: oral e escrita, provinda de indigenistas, antropólogos, missionários, chefes indígenas ou simples cidadãos Yaminawa, que nos relatam versões distintas dos mesmos episódios. À diferença de capítulos posteriores – em que terão de imaginar a história a partir de dados cada vez mais ralos –, este terá como objetivo central mostrar que esses fatos contemporâneos são também *história*. Isto é, evitar esse efeito paradoxal do historicismo que nos convida a ver o tempo desaguando num fim dos tempos, que supera ou pelo menos neutraliza as crises antigas. A atualidade Yaminawa, muito pelo contrário, é coerente com seu passado, e assim nos ajuda a entendê-lo.

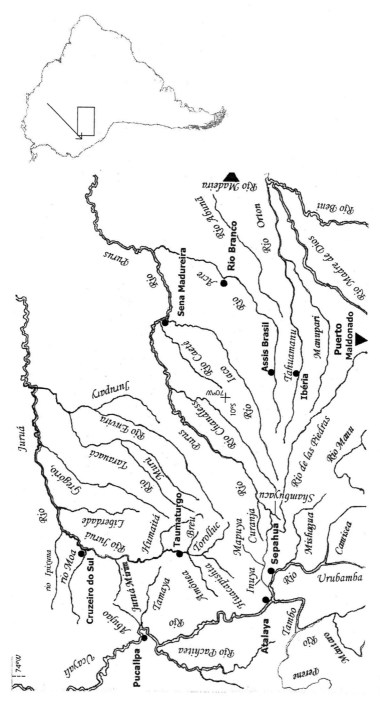

FIGURA 18 – Principais lugares citados na segunda parte.

Primeiros contatos

Os "primeiros contatos" com o branco aconteceram no Peru, e são relatados de um modo decididamente incolor: apesar da enorme importância simbólica do branco, ou precisamente por causa dela, as suas primeiras manifestações carecem de dramatismo.

Os peruanos chegaram oferecendo presentes. Luís Brabo, o mais velho dos Yaminawa, ilustra as ambivalências do momento. Dado Meireles, o primeiro patrão, deu-lhe o apelido porque não aceitava as mercadorias brancas: "dava roupa pra ele, ele jogava fora; dava terçado, jogava fora; dava espingarda, jogava fora".

Ainda hoje o velho é um marco comparativo da civilidade adquirida pelos Yaminawa. Mesmo já vestido e dono de implementas *nawa*, o velho é praticamente impermeável ao português, é incapaz de encarar comida de branco (cada visita sua à cidade o faz protagonista de episódios pitorescos que os outros comentam com espanto) e não sabe manipular uma prensa de farinha. Como acontece com muitas outras etnias da região, o caminho então empreendido é visto simultaneamente como "cativeiro" e como "processo civilizatório". No caso Yaminawa, essa ambivalência se traduz na prática por sucessivos avanços e recuos em relação aos brancos, possibilitados pela situação de fronteira viva ainda hoje vigente. Em função dessas alternativas, não é descabido pensar – e outros aspectos da história oral que trataremos no próximo capítulo[1] apoiam essa impressão – que esse "primeiro contato" não deixa de ser o primeiro contato *nas gerações vivas*, e que a noção tradicional do *nawa* inimigo e canibal incorporava já antigamente uma experiência do branco mais ou menos direta. Esse "primeiro encontro" não pode remontar muito além de 1950, a julgar pela idade dos sobreviventes daquele tempo: o mais prudente, em vista das alternativas da ocupação peruana da região, seria pensar na breve expansão que aconteceu por volta da década de 1940.

---

1 Cf. no Capítulo 6 a narração de Ricardo Alvarez do contato com os Yaminawa.

Os patrões

Mas essas especulações são prematuras. O que importa é que a lista de patrões começa então: Benedito Batista, no rio Acre; Eneias Batista, do seringal Icuriã; e Otávio Correia, do Maloca (isso já em 1954, data do nascimento de Zé Correia em Maloca): locais todos situados entre o Acre e o Iaco. No mesmo ano de 1954, os Yaminawa saem para o igarapé dos Patos, um pouco acima da atual localização da TI. Lá caçam e constroem ubás para um tal sr. Coriolano, intermediário de Benedito Batista. Várias epidemias, sobretudo de sarampo, atingem o grupo, forçando alguns de seus deslocamentos e provavelmente empurrando-os a um maior entrosamento com os brancos. Descontentes com o escasso retorno que obtêm de seus patrões, e aconselhados por outros índios, os Yaminawa vão em 1968 trabalhar para Canísio Brasil, do seringal Petrópolis, às margens do rio Iaco.[2]

Essa mudança é importante. Pode-se inferir que até então sua relação com os brancos é eventual e flexível, embora circunscrita a um único aviador, e a seus sócios ou familiares. No fundamental, vivem independentes dos patrões.

A experiência de Petrópolis pode ter sido diferente, intensificando o fluxo de mercadorias e a dependência com respeito às manufaturas: é talvez a esse momento que se aplica melhor aquele "se entregaram aos brancos" – a expressão é de Júlio –, citado na abertura. À diferença das colocações do Acre, Petrópolis e Guanabara eram empreendimentos de grande porte, fundados na época áurea da borracha, reativados com o desenvolvimentismo das décadas de 1960-1970 e que de novo esmoreceram com o fim dos incentivos estatais.

O seringal Guanabara tinha sido, na época do ciclo da borracha, o maior seringal do Iaco, e Petrópolis, uma de suas dependências. Estendia seus domínios e influência ao Alto Acre, incluindo boa parte do que agora é o município de Assis. O cel. Avelino Chaves, por volta de 1896,

---

2 O guia principal para este roteiro são dois documentos: cotas AC JW CA lb/01 e 02 do arquivo CIMI – Rio Branco.

praticava uma política de aproximação aos Catiana, e já em 1913 albergava os últimos remanescentes indígenas, Catiana e especialmente Manchineri, sob um único *Tuxaua*, trabalhando nas suas plantações de Ynmenrã ou Balseirão. Os seringais de Chaves parecem passar, entre as duas guerras, às mãos da família Vieira, que mantinham vínculos de aliança com Chaves e fama de perseguidores de índios. Os Manchineri que eles herdam de Chaves vão perseguir a seu mando os Yaminawa que perambulavam na região do Iaco, antes que as ironias da história os fizessem, a partir de 1968, companheiros de "cativeiro". Os sete anos passados "como escravos" no seringal Petrópolis foram penosos para o grupo. Um informe dessa época (de autoria provável do sertanista Meirelles, da Funai) conta 120 Yaminawa em Petrópolis, outros 29 em Asa Branca, também no rio Iaco, além de 120 que permanecem no rio Acre.

Os Manchineri, em número de 177, convivem com os Yaminawa, e se encontram também em Guanabara e Icuriã. Em Petrópolis trabalham também "peruanos" – "Kexua", possivelmente os mesmos Santarrosinos que anteriormente extraíam caucho no rio Breu (Castello Branco, 1947, p.596).

Os Yaminawa, segundo o mesmo informe, se encontram em franca decadência: carecem de chefe e tem um pajé velho e inativo. Alcoolizados, trabalham de graça para Canísio Brasil, e as mulheres se prostituem em troca de bebida. Estão abandonando o uso de sua língua. Outros 120 Yaminawa que permaneceram no Acre – o grupo atual do casario de São Lourenço – não se viam isentos de mazelas. Se as memórias de Petrópolis falam em escravidão, as do Acre falam em distribuição de álcool, estupro e esbulho de recursos naturais, de que o pequeno grupo mal podia se defender.

As possibilidades de manobra dos índios não eram muitas. Os missionários de Novas Tribos que frequentam o seringal trabalham fundamentalmente com os Manchineri. Nem com eles, nem com os missionários católicos os Yaminawa estabelecem nessa época relações intensas. O modelo habitual de ação dos padres na região consistia em expedições esporádicas que visitavam os seringais e realizavam a "desobriga", isto é, uma maratona de casamentos e batizados, que alguns índios lembram. Muitos índios devem ter sido batizados nessas ocasiões, mas não há nada no Acre que se identifique como "missão" propriamente dita.[3]

A linha de patrões que vai de Benedito a Canísio está claramente bifurcada: a relação com patrões como Coriolano é contemporânea da instalação em Petrópolis. O grupo do Acre entreteve relações contínuas – até agora vigentes, em alguns casos – com a família Batista. Cada uma das peripécias diz respeito a um fragmento do grupo atual, já que a memória tenta responder à pluralidade sociológica do grupo, unificando em uma linha esse *"cluster"* de processos paralelos. É preciso notar, ainda, que esses deslocamentos poderiam ser mais bem descritos como fluxo de contingentes Yaminawa entre assentamentos – próximos a um ou outro patrão – que, em geral, são relativamente estáveis, como sugerem as próprias práticas agrícolas dos Yaminawa.

Se as mudanças de patrão podem ser vistas mais exatamente como um fluxo de população ou mais exatamente ainda como deslocamento de uma fração, é possível também dizer que elas resultam mais de política interna que externa. Nos casos de cisões recentes – como a de uma parte dos Yawanawa da Bolívia (migrados desde o Iaco) ou a dos Bashonawa de Brasileia, ou a própria saída de metade do grupo do Iaco em direção ao Acre –, há claras referências a conflitos internos, que vão se apagando com os anos. Tudo permite supor que conflitos semelhantes presidiram cada uma dessas mudanças de patrão; a memória desses fatos vigora só em função das "diástoles" Yaminawa e se anula em conexão com as refundições. Deveremos voltar ao assunto mais adiante.

---

3 Mais recentemente, a missão Novas Tribos tem alcançado alguma audiência entre os Yawanawa "bolivianos" e entre os Yaminawa do Iaco. Em 1993, uma das primeiras iniciativas de Júlio, como novo chefe, foi chamar os missionários de Novas Tribos por meio do chefe Yaminawa do Iaco, Zé Pequeno. Não se trata de qualquer tipo de proximidade doutrinal: os missionários são vistos estritamente como fornecedores de assistência médica e de outros bens. Sua procura depende também das táticas da política local: os missionários estão em antagonismo, abafado que seja, com o indigenismo oficial, com quem o chefe anterior mantinha relações comparativamente melhores. Coincidência ou não, foi um mês depois da mudança de chefe que presenciei a primeira tentativa da Funai de intervir na aldeia Yaminawa.

Por enquanto, cabe definir melhor a época dos patrões. Um dos pontos mais destacados pelos Yaminawa é que essa pacificação mútua, dissipando os temores recíprocos de canibalismo, deixa espaço para as relações sexuais com os *nawa* – relações, não é preciso dizer, assimétricas; é raro que os índios tenham acesso a mulheres "brancas". Não poucos jovens (e não tão jovens) Yaminawa procedem dessas uniões, que adotaram formas variadas, do simples estupro de Índias intoxicadas com álcool até namoros estáveis, passando por adultérios tensos em que o branco forçava o índio a se afastar para "dar em cima" de sua mulher. Nada nesses fatos desborda o esquema tradicional da vida amatória Yaminawa, ou a margem de transgressão que ele prevê: uma longa série de narrações "míticas" tem como heróis sedutores mau-caráter. O abuso que constitui a relação sexual com o branco não se considera ausente do namoro entre os Yaminawa, e governa de outro lado as relações com os Manchineri: vários Yaminawa que conheci aparentemente "casados" com mulheres Manchineri negaram rotundamente tempos depois qualquer ligação.

Há um amplo espaço reservado à sexualidade fora da aliança. As relações pacíficas com os brancos, nesse aspecto, não se estabeleceram em geral em termos de aliança,[4] senão de sexualidade "abusiva" – fonte de um gênero menor de tensão, não muito diferente do que preside as trocas comerciais. Os Yaminawa expõem uma doutrina sumamente rigorosa sobre a "honra", que, no entanto, parece permanecer no limbo dos comportamentos ideais, ou nos exemplos da virtude dos tempos antigos;[5] a doutrina parece funcionar preferentemente ao

---

4 Casos de aliança, "assimétrica" que seja, não são desconhecidos na época da borracha, em que muitos patrões ganhavam, pela sua união com mulheres índias, um estatuto de "parentes" (Cf. Gow, 1987, p.216). No caso Yaminawa, esse expediente não é habitualmente lembrado.

5 Cf. a história do velho que mata sua mulher adúltera com o amante, em M65, que é versão de um episódio da saga de uma espécie de Hércules Pano, o Robuekoin Tononi dos Kaxinawá. É claro que o nível de violência na sociedade Yaminawa foi sensivelmente superior no passado, e que as mulheres estavam sujeitas a surras e outros castigos, de que na atualidade não há rastros. Mas não esqueçamos que o herói Kaxinawá que ecoa nessa história é um matador extraordinário, que seus próprios parentes decidem eliminar.

contrário, isto é, não tanto causando de fato enfrentamentos quanto fornecendo um motivo homogêneo às distintas brigas que acontecem dentro ou fora do grupo.

Vale a pena destacar que, embora os "filhos de branco" sejam reconhecíveis e reconhecidos e não escondam de modo algum essa origem, não existe a categoria de "mestiço". No limite, é possível ser índio e branco ao mesmo tempo; não um ser intermédio. No dia a dia, os filhos de brancos são Yaminawa de pleno direito, e eventualmente têm também um pai índio. Essa permanência entre os índios dos rebentos de casais mistos não é simplesmente um caso do que poderíamos chamar "hipofiliação": os brancos concorrem às vezes pelo controle das crianças, que dentro da norma rural se convertem rapidamente em mão de obra, e parecem ter continuado em tempo de paz com uma forma "branda" do rapto de crianças dos tempos de guerra. Um exemplo é o de Chico Caboclo, irmão mais velho do atual chefe, que segundo os índios foi "escondido" por um dos patrões,[6] que o criou e depois o manteve como criado.

Nada se sabe, em compensação, dos filhos gerados alhures por homens Yaminawa – que certamente existem, sobretudo entre os Manchineri: a patrilinearidade, reforçada entre os Yaminawa pelo modelo branco, parece fazer sentido mais como uma criadora de diferenças entre Pano que como uma teoria consistente de descendência.

Se não há aliança entre índios e brancos, os laços "positivos" se estabelecem entre eles em termos de "compadrio". Trata-se de um compadrio "informal", talvez sem muita liturgia dada a presença rala da Igreja, mas que contempla a aplicação pelo "padrinho" branco de um "nome de branco" às crianças, e uma relação de intercâmbio, em que o compadre Yaminawa entra com a força de trabalho de seus sujeitos.[7] É assim uma versão do compadrio nos termos do sistema de aviamento, mas que recebe ecos do sistema de relações Yaminawa. O padrinho-patrão é um "parente" externo e construído, mas também um doador, de bens e de nome, como o pai.

---

6 Os patrões alegam ter trocado o menino por sabão.

7 Carneiro (1964b) cita o caso de compadrio entre o chefe de um grupo e um patrão madeireiro, que utiliza por este intermédio a força de trabalho de todo o grupo.

A sovinice do patrão não o separa necessariamente do pai. As relações entre pais e filhos estão não raro marcadas pela cobiça dos bens dos velhos: se a concessão de aposentadorias do Funrural aos velhos pode ter acirrado recentemente essa cobiça, ela se estende também a itens tradicionais: lembro bem o prazer furtivo com que um jovem Yaminawa se apossava dos arcos e tarrafas de seu pai durante as ausências deste.

O *Ancien Régime* não desapareceu totalmente e tem seus partidários. Os antigos patrões ainda existem no rio, e a última crise política os trouxe à tona: o velho *koshuiti* volta e meia anuncia seu propósito de ir morar no São Francisco, propriedade do compadre Batista; pessoas ligadas ao finado Coriolano cogitavam em Assis pôr em produção as antigas roças deste, botando os índios a trabalhar lá, e se valiam do seu relacionamento com alguns destes – seus empregados – para atravessar a reserva.

"Cativeiro", nos termos em que é habitualmente usado, é sobretudo uma racionalização *a posteriori,* ou mais exatamente uma racionalização adequada para separar o presente do modelo anterior. Mas essa descontinuidade não é considerada pela maioria dos Yaminawa, que, com o tempo – e talvez depois de algumas dúvidas classificatórias –, vão integrando seus sucessivos libertadores na categoria do patrão.

Os indigenistas

Os Yaminawa encontram novos parceiros nesse período entre os agentes governamentais.[8] Em 1975 é fundada a Funai no Acre. Até então, persistia a ficção de que no Acre não existiam mais indígenas.[9] O

---

8 Esta reconstrução se apoia em depoimentos Yaminawa e em vários documentos do arquivo do CIMI, em Rio Branco, localizados nas cotas AC JW CA 1b/02 e 1b/04; ACJW MD lb/01,02,03,06,08 e 87.

9 Cf. Terry Vale de Aquino, 1985. Que o Acre tinha sido ocupado por nordestinos, especialmente cearenses, era fato divulgado, convertido em peça épica e argumento legitimador nas disputas fronteiriças. Já Capistrano de Abreu protestava contra a opinião, "do outro lado do Atlântico", de que não mais existiam indígenas no Acre, particularmente no Juruá. Há outros fatos ligados a este. Por exemplo, a

sertanista José Carlos dos Reis Meirelles Jr. estabelece nesse mesmo ano um Posto Indígena no Iaco, visando quebrar o monopólio do seringal. De fato, com esse apoio oficial os índios se emancipam de Canísio Brasil e vão se instalar numa área rio acima, a Mamoadate, que congrega duas aldeias Yaminawa (Bétel e Jatobá) e uma Manchineri (Extrema).

A colaboração não parece viável por muito tempo. A Funai acaba fracassando em um duplo sentido. Para começar, os projetos econômicos implementados entre os Yaminawa fracassam pela falta de conhecimento técnico destes (por exemplo, o plantio de oitenta hectares de café) ou são entendidos com uma lógica alheia ao mercado – não se vê a necessidade de devolver os empréstimos da Funai para insumos, e os proprietários brancos da região reforçam a opinião nativa de que dinheiro do governo não precisa ser retribuído. A nova localização dos índios, carente dos recursos extrativos tradicionais como castanha e seringa, impedia-os de seguir o padrão tradicional de relação econômica com o branco: o aviamento. Do ponto de vista Yaminawa, a situação ideal na relação com o patrão é a soma de uma certa autonomia de subsistência e um acesso fácil e farto aos manufaturados. A Funai, agora único patrão, não era bom aviador: não fornecia bens de consumo brancos nem prestava assistência com a suficiente intensidade. A descida até Sena Madureira levava 12 dias, e a volta, rio acima, um mês. Com muita caça, mas sem sal, a vida no Alto Iaco, lembra um dos informantes, era como de índio brabo.

As guerras civis

Os Yaminawa padeceram sérias crises no período. Quando Zé Correia, um de seus líderes, passa a dirigir a União de Nações Indígenas em Rio Branco, boa parte de seu grupo o segue à capital. Desarraigados

---

extrema exiguidade do registro iconográfico: não foi tentador para ninguém criar a imagem dos índios da região. De outro lado, o ciclo da borracha, comunicando os índios com a indústria com maior intensidade que alhures, incidiu negativamente sobre sua cultura material, tornando-os afinal índios invisíveis.

e miseráveis na periferia da cidade, os Yaminawa são objeto de uma campanha de ajuda para facilitar seu retorno à área. Vários conflitos violentos se produzem na época, cujo desenrolar nem sempre é claro. Em um deles, um tal Zé Batista fere no braço Tuxaua; Adão, em vingança, esfaqueia vários parentes do primeiro agressor, e estes na retaliação matam um filho de Sebastião, que morava entre eles por casamento, e matam também o pai de Paixão, vinculado também ao grupo de Tuxaua. Com medo da vingança que poderia chegar de Adão e Antônio Caruma, um setor do grupo se desgarra e abandona a área. São os Bashonawa de Brasileia.[10]

Em outro caso, o pai de Antônio Pedro, que residia então com seus parentes em Asa Branca, é morto por Antônio Batista, morador ainda na aldeia Bétel. Nesse caso, o grupo ofendido escapa para São Pedro, no rio Acre, formando parte do efetivo dos Yawanawa da Missão na Bolívia. O conflito mais bem documentado acontece em dezembro de 1986 na aldeia Bétel, quando Tuxaua traz, por encomenda de Machico, uma provisão de álcool. O dono do álcool não está, e a mercadoria é consumida na hora: nas brigas consequentes à bebedeira, Lauro do Olavo mata Antônio Lourival, seu cunhado, na época casado com Rosa, agora residente em Apuí. Em vingança, Valdo (um irmão classificatório de Antônio) mata Lauro. A situação fica extremamente tensa, com o grupo à beira da cisão e muito medo de ulteriores violências: só a chegada de Correia consegue apaziguar os ânimos e evitar esse desfecho. O chefe, à diferença do que acontecia nos outros casos, tinha relações próximas com ambos os bandos – era *txai* de ambos os mortos. Mesmo assim, a disputa de 1986, como veremos depois, fornece boa parte das linhas de quebra do grupo que vão se efetivar em 1989.

---

10 Em 30 de novembro de 1991, o jornal A Gazeta, de Rio Branco, anuncia em manchete: "Jaminawas abandonados na miséria". Trata-se de um grupo de 22 indivíduos, em sua maioria crianças, que habitavam até então as proximidades de Brasileia e tinham se deslocado naqueles dias até Rio Branco. Sua separação do grupo de Correia datava de 1987.

Um exame geral dos conflitos nos indica que se trata de conflitos "entre afins", que tendem a ativar a solidariedade "entre consanguíneos". Os motivos de conflito são comumente desconsiderados pelos informantes. Declara-se, habitualmente, que brigaram "porque tinham bebido" ou, quando há alguma proximidade ao caso, alegam o que poderíamos chamar de ofensas tautológicas: disse, xingou, pegou da faca, não gostava dele. Cabe dizer que em nenhum dos casos se alegou um motivo sexual, que pelo contrário é a causa infalível dos homicídios que envolvem estrangeiros ou de brigas sem graves sequelas entre os Yaminawa.

Mas se as causas ou as circunstâncias não estão claras, as consequências estão: a distribuição atual dos Yaminawa na região depende diretamente desses conflitos, que nos dois primeiros casos chegaram a consagrar etnônimos independentes para os segmentos segregados.

Os Yaminawa brigam – permita-se um pouco de teleologia – para se separar. Pouco depois do fim da minha pesquisa de campo, Abdia, o irmão novo de Antônio Coruma, foi assassinado em Brasiléia por um dos Bashonawa, quando lá esperava um barco que o levaria para a aldeia. O incidente, ao que parece, provocou a saída de um grupo de Yaminawa da TI em direção à Boca do Acre, decidindo enfim a ruptura que vinha sendo ensaiada de diversos modos desde a substituição de Correia por Júlio. Já que a agressão partiu de um grupo alheio à TI e indisposto de longa data com os parentes do morto, são necessárias interpretações complexas para ligar o assassinato e a cisão: no caso, alega-se que Júlio não enviou em tempo a barca e que a morte foi encomendada por Tuxaua – partidário de Júlio e também inimigo antigo dos Bashonawa, mas com vagos elos de parentesco que o ligariam a eles.

Mais útil que procurar as raízes dessas violências é entender os homicídios como eventos "sem sentido", no entanto capazes de congregar ao seu redor consequências e causas. As relações de parentesco Yaminawa não geram grupos "corporados", capazes de estabelecer uma competição em qualquer campo que explique essas violências. Se determinadas categorias de parentes – irmãos *versus* cunhados – repartem papéis nos conflitos, o fazem de modo a mostrar mais sua fraqueza que sua força como tais categorias. Os irmãos que tomam a iniciativa na vingança são irmãos "classificatórios": isto é, sua vingança os faz mais irmãos do que eram, em virtude de uma ética de vingança que não empurrou suficientemente os irmãos legítimos.[11]

Podemos dizer em definitivo que o objetivo da briga é a própria divisão, e essa, sim, gera grupos bem definidos – que, antes ou depois, começam a funcionar como trocadores de esposos/as. Se a aldeia dual postulada como modelo primitivo é um modo de evitar as tensões procedentes da exogamia, neutralizando esta a residência comum; se o ciclo residencial é um modo diplomático de equilibrar no tempo essas tensões, a atual fissão por brigas fecha o ciclo negando o tipo de aliança estabelecida desde a aldeia dual – essa troca elementar de mulheres que cria um mundo "de cunhados" – e criando aldeias "de parentes" que recorrem a matrimônios complexos.

É preciso apontar a confluência entre esse esboço e as análises de Deshayes (1992, p.100), que a propósito dos conflitos internos entre os Kaxinawá, relativamente pacíficos e endógamos, mostra que, sem eles, os grupos autônomos acabariam se convertendo em grupos isolados.

A guerra, em suma, pode preencher um papel estruturador que complementa ou modifica o da aliança.

Sem grupos corporados "preexistentes" às brigas, a fronteira bélica que se estabelece entre os grupos é "egocentrada", isto é, afeta na verdade um número reduzidíssimo de indivíduos, inclusos numa cadeia de vinganças que a rápida cisão não permite estender. Isto é, a maior parte do grupo continua mantendo relações com o segmento separado. A cisão gera, de fato, uma espécie de expansão territorial sem a qual os Yaminawa estariam agora praticamente reclusos no Iaco.[12]

---

11 Não há, diga-se de passagem, nenhuma vantagem "ecológica" decorrente das cisões: não há uma limitação de espaço ou recursos que recomende uma maior dispersão. Não há disputas sobre roçados ou lugares de caça que sirvam como motivos alegados para as brigas. Muito pelo contrário, a separação tem colocado vários grupos em condições de sobrevivência sumamente difíceis.

12 Cf. a análise paralela de Erikson (1993b): os Pano se dividem para reinar...

A grande mudança

A interpretação anterior pode ser um pouco sofística e instaurar um otimismo talvez excessivo a propósito da política interna Yaminawa, mas compensa com isso uma interpretação da sua história – subscrita por eles mesmos – em que as divisões se sucedem, de modo inverossímil, *ad infinitum*. Comumente uma cisão implica uma fusão correlata. Um caso é o do grupo que migrou de Asa Branca em direção à Bolívia. Mais visível é o caso da mudança da aldeia (em 1989) do Alto Iaco para o Alto Acre, que gerou a TI Cabeceiras.

O grupo de Zé Correia resolveu se reintegrar ao que restava no Alto rio Acre. O êxodo foi acertado em conversas "com os caciques de São Lourenço". Para os Yaminawa de São Lourenço, era um reforço demográfico que possibilitava enfrentar a pressão de madeireiros e caçadores brancos, e um maior acesso às entidades indígenas e indigenistas de Rio Branco, com as quais os parentes do Iaco tinham muito trato. Os Yaminawa do Iaco atravessaram então a mata numa marcha duríssima desde o Iaco até o Acre, por trilhas antigas, hoje quase fechadas. Uma enorme ubá, carregada com algumas posses especialmente pesadas, fez um périplo espetacular, descendo o Iaco e o Purus até a foz do Acre e remontando a seguir até as cabeceiras.

Quais eram os motivos correlatos dos Yaminawa do Iaco? Três explicações se dão para a mudança. A primeira, oferecida à imprensa na época pelo indigenista da Funai e pelo próprio chefe do grupo, apela para o confronto interétnico. A Funai tinha reunido no Alto Iaco dois grupos com longa história de confrontos: Yaminawa e Manchineri, que eram já vizinhos em Petrópolis e tinham se enfrentado no tempo dos seringalistas. Recuperada alguma autonomia dos brancos, renasceu o contraste entre uns e outros, acirrado pelo trato diferencial que os Manchineri conseguiam dos brancos, fossem estes funcionários da Funai ou missionários de Novas Tribos. Começam as hostilidades, e chegam "facadas e tiroteios".

Não fosse a documentação, nada restaria dessa história, de que os próprios Yaminawa parecem ter guardado nenhuma lembrança. Vale a pena observar que as hostilidades entre Manchineri e Yaminawa tiveram de fato consequências menos trágicas que as havidas no meio dos próprios Yaminawa. A cisão Yaminawa, aliás, foi acompanhada por uma cisão Manchineri paralela. Um pequeno grupo de Manchineri se deslocou para o rio Acre, se afastando do resto de seu grupo, ao que parece descontente com o desempenho de seu chefe, Zé Orias. Só em 1992, depois de uma briga em festa, quando um Manchineri foi assassinado, o seu grupo em bloco abandonou a TI em direção a outras colocações águas abaixo no Acre.

Há as outras duas versões. Em 1992, o próprio Zé Correia me explicou que o êxodo tinha sido forçado por conflitos internos Yaminawa: os mesmos que resenhamos anteriormente, e que, como vimos, precederam um bom tempo à separação efetiva do grupo.

Mas a versão mais comum dessa mudança é anticlimática: a maior parte dos Yaminawa declara ter saído do Iaco por ser este um lugar demasiado afastado dos brancos e de suas mercadorias. Para os recém-chegados, depois de um êxodo difícil, o novo local facilitava um acesso rápido ao comércio branco.

Não devemos necessariamente escolher entre essas três versões, que conseguem na sua junção uma densidade sociológica que, isoladamente, lhes falta: a análise deixou clara a relação – muito mais estrutural que "eventual" e assim independente de maus humores passageiros – entre brigas internas e migração, e veremos ainda que essa separação entre parentes permite uma relação diferenciada com os brancos, uma útil variedade nas formas de contato. A tensão com os Manchineri – com alguns Manchineri, cabe dizer –, enfim, não era ilusória, e acrescentada às outras incentivou uma migração difícil. Forneceu, ainda, um motivo oficial – aceitável para os círculos indigenistas, oficiais ou não – para um êxodo que recebeu apoio de várias entidades brancas.

A Funai, desde então – tanto por ação quanto por omissão –, põe em relação os Yaminawa com outras agências indigenistas, que prestam assistência e canalizam financiamentos internacionais. Principalmente a CPI – Comissão Pró-Índio do Acre –, desdobrada nas suas seções de Educação e Saúde, que junto à Funai e à Fundação Cultural do Acre – mais ou menos nesta ordem – constituem o eixo das relações com os brancos.[13] Não tenho dados para uma análise da política indigenista do Acre, mas alguns aspectos dessa relação são visíveis desde a experiência de campo e relevantes para entender temas centrais da etnografia.

Governamental e não governamental não são termos tão excludentes como o segundo termo sugere. O mesmo Meirelles, pioneiro da Funai no Acre, foi durante um tempo presidente da CPI, e não faltam exemplos de ação conjunta. Mas isso está muito longe de fazê-los idênticos.

O indigenismo não governamental é capaz de exercer maior poder, de fato, que a Funai: administra diretamente fundos, à diferença da Funai, que normalmente se limita a ser mediadora local de planos de maior abrangência. O indigenismo não oficial mantém um controle maior das aldeias, realizando missões ou visitas de inspeção com mais frequência. As agências chegaram, com o tempo, a definir papéis diferenciados. O indigenismo oficial é um prestador passivo de assistência a que os índios acodem para resolver necessidades imediatas, como passagens de ônibus, internações hospitalares, estágios na Casa do Índio de Rio Branco etc. O extraoficial, assumindo o maior dinamismo dos órgãos privados e de pequeno porte, se dedica essencialmente à criação de elites indígenas: é ele o responsável pelos salários de professores indígenas e enfermeiros, e, sobretudo, pelos cursos de formação e pela participação de jovens Yaminawa em congressos ou reuniões de indígenas em escala nacional ou internacional.

À diferença do indigenismo oficial, que pretendia simplesmente ocupar o lugar de um patrão benévolo, o indigenismo não oficial chega com uma preocupação, inevitavelmente paradoxal, pela preservação da "cultura tradicional". É um propósito complexo cujos complexos resultados põem à prova as convicções de muitos de seus agentes.

Os temas de reflexão podem começar com o próprio objeto a que se destina essa cooperação: a "comunidade" Yaminawa. Essa noção implica um certo anacoluto intelectual da etnoesquerda: por muito

---

13 Não tenho infelizmente dados sobre as relações dos Yaminawa com o CIMI.

que a alteridade sociológica dos índios – sua intrincada estrutura de clãs, *kindreds*, linhagens, metades ou subtribos – seja moeda corrente nas ciências sociais, parece que a aplicação dessas ciências, o engajamento na luta, legitima pensar nos índios como comunidades. O "comunismo primitivo" e suas expressões nacionais, como o mutirão, têm ainda um papel de destaque na imagem desse índio objeto da assistência.[14] Pode não ser um acaso que, contemporaneamente a essa exaltação da comunidade, tenha se feito notar um individualismo ciumento base daquele mal-estar de que se falou antes – que corrói tanto essa solidariedade comunitária postulada quanto as velhas solidariedades articuladas no parentesco. Se o chefe, pelo seu compromisso com as velhas formas de autoridade, é alvo de acusações com algum rendimento sociológico, os jovens engajados nos cargos pagos pelos indigenistas são comumente acusados de abandonar a comunidade e gastar o dinheiro individualmente.

O efeito deletério da intervenção dos brancos sobre a "cultura tradicional" – entendida aqui como conjunto de signos distintivos – parece ter crescido na mesma proporção que suas intenções de preservá-la. Cinco anos de apoio enterraram enfeites, artesanatos e rituais que tinham sobrevivido a decênios de exploração. Não que isso diga nada em favor dos velhos patrões. A diferença está na maior proximidade do branco que o novo regime propicia – os patrões não necessitavam de índios na cidade e forneciam a "cultura branca" com conta-gotas; o regime das ONGs abre para os Yaminawa um mundo que não respeita fronteiras étnicas. Também mudam as vias de penetração no grupo: os patrões tinham como parceiros, geralmente, homens maduros ou velhos dotados de alguma autoridade, que pudessem lhes garantir um retorno lucrativo. Os indigenistas, livres desse tipo de interesse, optam pela colaboração dos jovens, implodindo em boa medida a autoridade

---

14 Posteriormente à primeira redação deste capítulo, foi publicado o artigo de Alcida Rita Ramos (1995) sobre o Índio hiper-real, um bom índice de que resulta cada vez mais visível o confronto entre o índio concreto e determinados pressupostos genéricos que fundamentam a articulação de movimento indígena e agentes do indigenismo.

doméstica e desativando os canais de transmissão da saudosa tradição. Os novos indigenistas – como, de resto, os antropólogos – estão ligados a filosofias em maior ou menor medida antiautoritárias e não querem pensar que a "pureza" de uma cultura dependa do controle dos jovens pelos velhos. É óbvio que seus métodos devem gerar uma séria desorientação, pelo menos até que os jovens colaboradores não se transformem por sua vez em homens maduros e façam de novo coincidir no grupo indígena a autoridade interna e a externa.

Vamos assim matizar esse termo "deletério" que há pouco mencionamos: não é este escrito o melhor lugar para fazer da história uma contabilidade de conservação e perda de traços "tradicionais". Mas é preciso sublinhar o caráter *histórico* da ação das ONGs, que sua proximidade – cronológica e em relação ao discurso acadêmico – tende a esconder. Os novos indigenismos preferem pensar que, no essencial, sua ação neutraliza ou reverte ações anteriores dos brancos, mas sua influência, e o potencial de mudança que os grupos indígenas desenvolvem a partir dela, supera em muito esses limites modestos.

E que dizer da educação indígena? Essa combinação de antropologia e pedagogia enche o autor de perplexidade. Os projetos de educação indígena entre os Yaminawa, no que diz respeito aos seus métodos e à parte mais convencional dos seus conteúdos, constituem um agente "aculturador" que facilita aos alunos mais dispostos a abordagem do mundo dos brancos – um saber muitas vezes necessário e em geral cobiçado.

Mais estranho é o compromisso dessa educação com a cultura "tradicional". Um rápido olhar nos textos produzidos pela CPI, em colaboração com os próprios educadores indígenas, revela no essencial um inventário cuidadoso do quotidiano da vida de aldeia: como se constroem casas, como se prepara a comida, como se elabora a borracha, quais são os animais da mata. Isto é, aquilo que todo mundo sabe, reunido numa coletânea sincrética, que obtém, a partir de um mundo indígena muito preocupado em gerar diferenças, um denominador comum aos diversos povos, embora tutelado pelo modelo Kaxinawá. Textos referidos ao "índio", mais significativos para o "branco" que para os membros de etnias concretas, são possivelmente mais eficazes para embasar uma cultura nacional-popular à escala acreana, ou uma indianidade genérica regionalizada que, para ajudar na preservação de conteúdos como os citados, dificilmente poderíamos considerar em perigo.

Não é necessário exagerar na avaliação dessa matéria: os Yaminawa lhe aplicam o filtro que têm aplicado a outras novidades dos brancos: entendem, como propúnhamos no começo deste capítulo, como continuação de uma história, e não como seu fim.

5
Memórias Yaminawa

O período em que documentação e memória coincidem é muito curto: não vai além de vinte anos. Para além dessa data, devemos confiar exclusivamente na memória Yaminawa. Tentemos precisar o termo *memórias*. Este capítulo deve nos mostrar a história oral como um acervo não só de dados – e de juízos – relevantes, mas também de diferença. O que apresento aqui, em suma, não é uma tentativa de "história oral", mas uma seleção de relatos particulares, devidos a alguns dos meus melhores informantes. São três narrações – de Clementino, Oscar e Zé Correia – e um conjunto de cantos, atribuído a três mulheres: Raimunda, sua filha Nazaré e sua neta Nazaré.

O relato de Clementino

Os Jaminawa antigamente não tinham machado; tinham [algo] como um machado de pedra.

Comiam sem sal.

Não tinham aldeia: andavam constantemente de um canto para o outro.

Quando conheceram os brancos, de primeiro estes matavam os homens, levavam as mulheres e as crianças. Agora os jovens Jaminawa não

FIGURA 18 – O velho Clementino narrando a história do contato. Ananaia, 1992.

têm mais medo do branco; vão para a cidade, para estudar com eles, já não têm mais medo.

    Antigamente, não faziam amor no sexo da mulher, faziam aqui, na dobra atrás do joelho, porque as mulheres diziam que o sexo era um tumor. Um dia, um Jaminawa andava na mata e viu o macaco-prego fazendo na sua fêmea, e daí aprendeu o modo certo. Voltou à aldeia e começou a fazer amor com todas as mulheres. Os Jaminawa aprenderam dele, e desde então houve muitas crianças; antes, no joelho, não tinha jeito.

    Antes não havia machados, havia uma espécie de cacetes de pupunha para derrubar o mato e fazer as roças.

Uma aproximação à história oral Yaminawa não pode começar senão pelo relato de Clementino. A simetria – mais, a circularidade – se observa dentro e fora: o relato parte do passado e volta ao passado. Foi a primeira narração ouvida da boca de Clementino, a quem tinham me apresentado como o melhor conhecedor das histórias dos antigos, no meu primeiro dia de visita à aldeia. E também a última: Clementino me procurou inesperadamente no meu quarto de hotel, na véspera de minha partida definitiva, e, depois de conversar com outros dois Yaminawa que lá se encontravam também, fumou um cachimbo e pediu o gravador:

lá, sem pedidos da minha parte, registrou os termos Yaminawa para várias palavras – sal, açúcar e alguns animais – e repetiu o relato que encabeça este capítulo, antes de sair apressado. Alguém tinha comprado álcool e o convidara para beber.

À primeira vista, é difícil evitar uma certa perplexidade. A narração parece uma colagem irrefletida de dois relatos – mais, de dois gêneros de relato – heteróclitos. De um lado, no episódio do macaco, remete aos *shedipawó,* as "histórias" dos Yaminawa, que de um modo (quase) literal poderíamos traduzir como "os antigos". Frequentemente começam com uma fórmula do tipo "*(noko) shedipawó askadé*", "(nossos) antigos assim foram". Apesar dessa enunciação "historicista", os *shedipawó* correspondem ao que costuma se chamar de "mitos": neles os macacos falam, os homens se transformam em animais e os animais em homens; em suma, acontecem coisas que não estamos dispostos a aceitar como fatos históricos.

De outro lado, a narração de Clementino remete ao que poderíamos chamar de "relato do contato", que encontraria menos reticências para ser validado como história. Esse "relato do contato" é a resposta mais frequente dos Yaminawa às perguntas sobre o passado: um relato padronizado, que parte da carência inicial dos índios isolados, cita a violência recíproca gerada pelo encontro com os brancos, e acaba com o apaziguamento e a aquisição de bens e conhecimentos dos brancos, tudo quase sempre em menos palavras das que usei neste resumo. Haverá mais tarde lugar para falar sobre eles com detalhes.

O que importa, por enquanto, é o relato de Clementino na sua totalidade. Notemos, em primeiro lugar, que foi esse, e não qualquer outro, o relato colocado em destaque. Em seu lugar, Clementino poderia ter se limitado a dar detalhes avulsos sobre o modo de vida dos antigos, que ele conheceu. Narradores mais novos e menos prestigiosos que ele deixam escapar com frequência informações desse tipo, ao fio da conversa ou como glosas dos *shedipawó.* Clementino poderia também ter oferecido um "relato do contato" simples, com as informações que se considera de interesse do branco. Poderia, enfim, ter relatado, sem mais, um *shedipawó* importante, como os M22, M32, M40 ou outros aos quais se outorga um grande valor representativo da vida dos antigos; optou, no entanto, por um relato misto, que acrescenta à heterogeneidade de gênero uma heterogeneidade de argumentos.

A desordem do relato, porém, diminui quando o examinamos mais de perto. Temos dois argumentos, dispostos hierarquicamente – um englobado pelo outro – mas paralelos. No primeiro, os índios partem de uma situação de carência: não têm ferramentas, sal nem aldeias. Atravessam depois uma grave crise: os brancos chegam, os perseguem violentamente e os esbulham do que parece ser seu único patrimônio, as mulheres e as crianças. Se isso aconteceu com os antigos, os jovens alcançam um novo acordo: já não têm mais medo dos brancos, vão estudar com eles. Subentende-se que agora os índios possuem aquilo que antes não possuíam. O segundo argumento, por diverso que possa parecer, é uma variante do primeiro: os índios antigos eram ignorantes, no caso, da técnica sexual – advirta-se que na língua Yaminawa a mesma palavra *awastapiaba* designa o pobre e o ignorante. Essa ignorância os privava de um acesso adequado às suas mulheres e os condenava a não ter filhos. É o macaco-prego que os tira dessa situação com seu exemplo: como no caso anterior, a superação da miséria inicial se consegue por uma mimese, um estudo se quisermos, da conduta de um outro. Uma análise detalhada do conjunto pode destacar equivalências que em parte já conhecemos: equivalência topológica entre o branco e o animal, entre uma caçada humana que traz benefícios para suas vítimas e uma outra, frustrada, que no entanto permite ao caçador alcançar a sabedoria sexual, entre um conflito entre homens e mulheres (são estas que sonegam, com sua mistificação, o sexo e a fertilidade) mediado pelo macaco, e um outro entre índios pobres e brancos ricos mediado pelos jovens, por obra do seu "estudo"...

Mas se essas equivalências são notáveis por si mesmas, mais notável resulta um certo desequilíbrio equivalente no final de ambas as histórias. De um lado, em lugar de explicitar o final feliz – "agora temos machados, sal etc." –, o relato volta ao começo, e volta mesmo em um nível mais primitivo, em que a pupunha aparece em lugar da pedra.[1]

---

1 O cacete de pupunha e o machado de pedra coexistiram longamente, com fins específicos: a pupunha servia para quebrar arbustos, galhos ou árvores novas, e a

De outro, temos um final um pouco bocacciano, que situa uma ofensa no começo da sexualidade humana. Se lembrarmos que outras versões (Cf. M59) explicitam que os maridos "ficaram ciumentos" com o ensino, e que o adultério real ou suposto é o principal motivo aduzido para as brigas entre os Yaminawa, podemos avaliar as consequências daquele início.

São assim duas histórias com final dúbio, o primeiro por indefinição e o segundo por ambiguidade; relatos também de uma temporalidade precária – um volta ao começo em lugar de concluir, o outro parte de um ponto problemático, pois de onde vinham e o que faziam, sem sexualidade, aqueles homens e mulheres? É bom dizer que os Yaminawa narram suas histórias no tom que nós reservamos aos paradoxos: são capazes assim, neste caso, de exibir o seu peculiar conceito da evolução histórica, que primeiro desmente o discurso do genocídio e a perda cultural e depois codifica esse progresso em termos que podem parecer pouco pertinentes. Ao ser perguntado se achava melhor a vida dos antigos ou a vida de agora, Clementino respondeu sem hesitações que a de agora é muito melhor: antigamente, o pênis amarrado na fita de embira balançava demais ao andar.

A sexualidade é um dos códigos que articulam a mudança dos tempos: já descrevemos no Capítulo 1 as mutações na "ética do caçador" relacionadas com a perturbação das relações entre os sexos, vimos no 3 que a magia erótica "não pode mais ser feita", e veremos a seguir as amargas reflexões de Oscar sobre o "degelo" sexual entre brancos e índias.

A preferência sexual pelos brancos é um tema comum do cancioneiro erótico Yaminawa. Se nesse sentido todas as mudanças parecem apontar para uma restrição da sexualidade, caberia então propor como centro de uma possível interpretação do relato essa contraposição entre uma vida antiga sexual, e por isso conflitiva, e uma paz branca, baseada de fato na desarticulação violenta da família índia.

---

pedra, para as árvores duras, e tiveram sua descendência moderna, respectivamente, no terçado e machado metálicos. Mas, como pode-se ver no Capítulo 7 (A Idade do Ferro), o machado de pedra já era, em relação à pupunha, um objeto "estrangeiro" .

Se o "relato de contato" tem como fim principal explicar a um branco o que os Índios são, e de um modo que o branco entenda – fazendo um resumo de suas carências e um atestado de seu genuíno desejo de civilidade –, o relato de Clementino, com seu duplo argumento, procura esse mesmo fim mas acrescenta outros: deixar implícitas as contrapartidas dessa domesticação, e também explicar ao branco o que o Índio pensa dele, colocando-o simbolicamente em confronto com o Índio e o animal.

O relato de Oscar

Ouvi o segundo relato com convite prévio e hora marcada. Oscar Yaminawa, que sabia de minhas pesquisas e me tratava com especial benevolência por causa da coincidência dos nossos nomes – sempre me chamava e se referia a mim como *xarapí* –, me chamou para conversar, quando, certo dia, eu passava na frente de seu casario, e me disse que tinha coisas para me contar sobre os Yaminawa. "Não hoje", acrescentou, "mas no domingo, que é dia de descanso". Fui à sua casa no domingo seguinte: lá estava Oscar com sua mulher e os netos, que tinham recebido a visita de Tuxaua, irmão de Oscar, acompanhado por sua mulher. Depois de algumas dúvidas, e pedindo dos presentes um silêncio que nunca observei em outras gravações, gravou com voz muito calma um relato em sua língua, que depois resumiu em português:

FIGURA 19 – Oscar Yaminawa na sua casa com um neto. TI Cabeceiras do rio Acre, 1993.

Antigamente os índios não eram como agora, moravam na maloca, não sabiam nada: não sabiam português, não sabiam trabalhar. Os brancos atacavam eles, matavam gente, levavam mulheres e crianças; então os índios atacavam também, matavam os brancos, era assim. Uma vez, os brancos pegaram uma criança e a levaram para criar: cresceu com os brancos, aprendeu português. Foram então os brancos, uma turma grande, cinquenta brancos, armados, com o menino que sabia português na frente. Quando os índios viram, pegaram nas armas – eles já tinham armas de fogo –, mas o menino na frente gritou na língua deles que não era para matar, que os brancos vinham em paz. Então os índios ficaram animados; os brancos iam para as cabeceiras do Purus, davam presentes aos índios, os índios não matavam mais brancos.

A narração de Oscar é uma das poucas que acrescenta novos detalhes, especialmente a mediação linguística do menino, ao "relato do contato" convencional que qualquer Yaminawa sabe narrar ao branco.[2] Mesmo essa relativa riqueza serve para destacar a fixidez do gênero: a narração de Oscar lembra fortemente a literatura missionária, com a criança poliglota na frente dos brancos armados acalmando os parentes surpresos e predispostos à violência.

O relato do contato, que pelo seu conteúdo factual não duvidaríamos em aceitar como "histórico", se aproxima do mito formalmente: a sua repetição, a seleção quase invariável dos mesmos elementos, parecem mais aptos a transmitir uma mensagem paradigmática – o conceito Yaminawa de suas relações com o branco – que uma informação genuinamente "histórica". Pode-se fazer, é claro, uma objeção a este comentário: se o relato do contato é sempre assim, é porque o contato de fato aconteceu assim, e aconteceu assim também com inúmeros outros grupos indígenas.

Mas é uma objeção que, apesar de irrefutável, antes radicaliza o problema do que o anula: se nem os fatos nem a visão dos fatos mudam em três séculos, é porque em certo sentido, apesar do tempo que passa

---

2 Não quero dizer que não possam incluir alguns detalhes surpreendentes: por exemplo, segundo Doca, filho de Oscar, índio antigamente matava branco porque este começara a matar índio: "tinha um general, ou marechal, Rondon, creio que era ele que mandava matar...".

e dos eventos que nele se passam, não há história. Euclides da Cunha, sempre um pouco retumbante, chamou a região do Purus de "terra sem história": numa paráfrase estruturalista, poderíamos supor que essa carência é real, e equivale a um congelamento das oposições significativas.[3] Vimos já como os Yaminawa veem "patrão" em personagens que nós julgamos opostos: mostram assim o seu estereótipo do "branco" com a mesma fidelidade que os europeus mostram o nosso estereótipo do "selvagem". A relação entre índios e brancos, longe de ser o catalisador da história indígena com que sempre contamos, é aqui uma relação "fria".

A narração de Oscar, ainda, é uma narração "correta", livre das ambiguidades argumentais e éticas do relato de Clementino, e livre também de detalhes que puderam ser prolixos ou indelicados para o ouvinte branco. Como já disse, o depoimento de Oscar na língua Yaminawa foi gravado, e meses depois foi traduzido por um intérprete. O resultado trouxe algumas surpresas: se a armação da história era a mesma, sua textura diferia muito. A versão vernácula é mais ampla: é maior a lista dos itens de que os índios careciam no início, e também a dos costumes que já desapareceram; são citadas as festas de outrora (o intérprete falou em *mariri*), que não existem mais, e agora só há o cipó, que alguns tomam ainda. E continua:

> Os Yaminawa conheceram com os peruanos roupa, terçado, machado e os outros bens; os peruanos só não davam espingarda. No começo era só essa troca de manufaturas por outras coisas ou por trabalho. Mas depois os brancos ficaram na terra, começaram a matar índios; estes, vendo a morte de seus parentes, decidiram se armar e revidar, conseguiram espingardas dos peruanos, e passaram por sua vez a matar brancos. No meio dessas violências, um índio Yaminawa foi "levado para estudar" na Bolívia: ele (ou um filho dele),[4] de volta aos índios, mudou o modo de vida

---

3 Seria essa a característica que separaria as sociedades "frias" das "quentes", numa metáfora famosa e muito caluniada.

4 Além das versões em português e em vernáculo, poderíamos distinguir uma terceira versão, a do intérprete; por enquanto, prefiro deixá-la de lado, descartando as paráfrases demasiado livres ou as duplas versões deste. Há vários detalhes, porém, em que essa discriminação é difícil, como neste caso.

destes: aprenderam a língua dos brancos, começaram a trocar com eles os produtos que desejavam – seringa e castanha, entre outros. Tratavam com peruanos e brasileiros. O "menino" mediador – convertido já em "chefe" – mantinha a paz, mas nem sempre os parentes o obedeciam. Uns índios encontraram os brancos na mata, atiraram três tiros: de volta ao conflito, o chefe falou para todos que, em lugar de fugir, enfrentariam os brancos. O nome desse chefe era Wutxu Keruidia, e o outro chefe era Kuyu Wêdã. Esse Kuyu Wêdã estava preparando um ataque, quando os brasileiros descobriram e o mataram. Hoje não somos mais assim, temos mais conhecimento, branco só ataca de outros modos. Hoje é diferente: nem mulher solteira quer saber mais com índio, prefere branco que tem pica maior. Até as velhas, querendo comer farinha do branco, é só dar pra ele. Até X – mulher do irmão, presente na conversa – dá para os brancos.

A conversa continuou com comentários sobre a entrega sexual das índias aos brancos e sobre o canibalismo, que teria sido uma suspeita entre índios e brancos. Todos afirmam jamais ter ouvido que índio comesse gente, mas Tuxaua fez uma exceção para os Kaxinawá de antigamente, que comeriam sim, segundo um Kaxinawá tinha confessado para ele em Rio Branco.

A narração na sua versão vernácula deixa mais claro o caráter "mítico" do relato do contato que se dirige ao branco. Para começar, desdramatiza o momento do contato propriamente dito, separando-o da troca de violências, que teria sido um feito posterior. O episódio do menino levado pelos brancos se define não tanto como uma origem da relação positiva com os brancos, mas da institucionalização de uma figura mediadora, a do chefe: basta comparar esse relato com as versões da origem da chefia que já foram incluídas no capítulo correspondente. O relato oferece ainda alguns dados "irredutíveis", raros na tradição oral Yaminawa, como os nomes próprios dos chefes[5] ou uma percepção das fronteiras entre "brancos".

---

5 Arialdo, o intérprete, me disse que na aldeia do Iaco há uma criança com o nome de Wutxu Keruidia; dada a herança de nomes a cada duas gerações, pode-se pensar que o protagonista da história pertencia à geração -5, contando da presente. Seria, portanto, um dos avós dos velhos atuais, e seus feitos poderiam coincidir com o ciclo da borracha.

Cabe a possibilidade de entender a violência entre índios e *nawa* como um capítulo das disputas territoriais entre brancos, e não exclusivamente como episódios da frente pioneira;[6] ou mesmo considerar a sucessão de ambas as formas. Embora a pouca documentação existente seja favorável a essas hipóteses, não acho conveniente carregar o acento nesse tipo de dados, que raras vezes aparecem e assim mal podem ser cotejados dentro da tradição oral, e que são marginais para os próprios Yaminawa.

Vale a pena lembrar que a conversa suscitada pelo relato trata de sexualidade – um tema recorrente, como vimos no relato de Clementino – e medo do canibalismo. É interessante perceber no discurso a amálgama dos dois sentidos – o sexual e o oral – de "comer", uma analogia já lexicalizada em português, mas que até onde alcanço não tem correspondente em Yaminawa: *txuta* e *pia,* os lexemas correspondentes, não trocam seus lugares. De praxe, *txuta* é traduzido por outros circunlóquios, como "fazer o serviço". Essa assimilação de sexo e devoração traz ecos mitológicos, como o do sinistro comedor de esposas do M23. Neste detalhe, em suma, o relato de Oscar abre a porta a uma região mais escura. O medo que sentem dos brancos não está tão apagado como as histórias pretendem, o que acrescenta importantes dimensões às visitas à "rua": as festas dos brancos, de apelo tão irresistível, são ocasiões em que se teme que os brancos, bêbados, decidam matar todos os índios.

Enfim, é bom notar que a versão vernácula do relato de Oscar sugere, com seu maior teor de informação, que a história não acaba, que os enfrentamentos bélicos e a troca comercial voltam uma e outra vez. Algo diferente do relato traduzido, que propunha um diplomático apagamento das contradições originais.

O relato de Correia

Também o contexto do relato de Correia é importante. Chefe sumamente prestigiado na época entre os índios e com excelente trânsito

---

6 Ver no próximo capítulo a respeito de conflitos fronteiriços.

entre autoridades locais e estaduais, Correia era um informante criativo e consciente de seus saberes. Algumas vezes, chegou a me prometer uma sessão, e em outubro de 1992, durante uma conversa em Assis Brasil, me convidou a ir até a sua casa – de fato, a casa de seu sogro, que fazia as vezes de varanda. Ali, depois de algumas horas de jantar, bebida e conversa, e à luz de um fumarento lampião de querosene, Correia expôs sua visão da história Yaminawa. Um bom número de índios tinha se reunido em volta para escutar, e o relato foi dirigido assim, em português, a um público dual, pesquisador e cidadãos, deliciados com o relato e com as notas, que o pesquisador se esforçava em garatujar. A sessão tratou de muitas coisas: política, *shedipawó*, "clãs" Yaminawa, normas de casamento etc. Mas sua primeira parte, de que tento dar aqui uma ideia aproximada, tratou de história:

> Antigamente nossa gente vivia em duas grandes aldeias. Uma no rio Moa, outra entre o Iaco e o Tahuamanu.
>
> Entre o rio Moa e o Ucayali teve um combate com os brancos; lá morreu o pai do velho Bravo. Do rio Moa passaram para o Chandle-chá [um afluente da cabeceira do Chandless], onde tiveram seu primeiro contato pacífico com os brancos, com os caucheiros peruanos de um tal Estevão Meirelles.
>
> Cada episódio importante está localizado num rio.[7]
>
> Assim, o Chamiacu [Shambuyacu peruano] foi o lugar de encontro com os Sharanawa, Marinawa e Mastanawa, que sabiam falar castelhano e ao que parece atuaram como intermediários entre Yaminawa e brancos.
>
> A convivência com os outros Pano do Purus foi às vezes violenta. Foi também naquela região, mas talvez em outro tempo, que os Yaminawa, ou pelo menos uma de suas parcialidades, os Xapanawa, entraram em contato com os Shipibo, no rio Pinshiã.
>
> Foi também lá que os Yaminawa tiveram notícia dos "índios dos índios", os "primitivos dos primitivos" que viviam nas profundezas da flo-

---

7 O rio, na falta do nome do povoado, é dado como "lugar de nascimento" das pessoas (praticamente cada geração é de um rio diferente); os velhos, pelo contrário, são dados como nascidos em lugar nenhum, no meio do mato.

resta e eram chamados de "morcegos": os Kaxinawá, aqueles que os Yaminawa integraram parcialmente. Esses Kaxinawá "verdadeiros", agora uma das parcialidades Yaminawa, não devem ser confundidos com os que habitualmente são denominados assim, que na verdade são Shaindawa [povo numeroso].

No começo eram quatro as nações de índios que conviviam na região: Piro, Catiana, Shipiu e Yaminawa. Viviam a uma distância discreta, se relacionando entre si sem se misturar.

Tinha naquela época, como agora, o "catamentiras", espalhador de boatos de um grupo a outro, e um destes comunicou aos Yaminawa que os Shipiu pensavam "torrá-los" por uma questão de etiqueta – tinham, ao que parece, recusado alguns convites.

A ameaça tinha sido uma brincadeira, mas foi levada muito a sério pelos Yaminawa, que decidiram se adiantar à suposta ameaça. Convidaram os Shipiu para uma caçada, e no decurso desta os separaram dissimuladamente, matando um a um a bordunadas.

Um dos matadores foi o avô de Antônio Coruma, que tomou o nome de sua vítima, o Shipiu Cutiamama.

Um dos Shipiu conseguiu escapar e contou o acontecido. Os Shipiu eram fabricantes de canoas. Desde então se dispersaram os Shipiu, os Piro, os Catiana: dos Yaminawa, ninguém mais quis saber.

Os antigos Yaminawa eram belicosos e extremamente suscetíveis em questões de etiqueta. Para provocar um homicídio, bastava que alguém soprasse na casa de outro. Mesmo alguém que fosse muito amigo, já desconfiavam, pensavam que estivesse se aproximando para pegar uma unha, uns cabelos para feitiçaria, podiam matar por isso.

A morte de Cutiamama e seus companheiros foi uma espécie de pecado original para os Yaminawa, que desde então se viram isolados nas florestas, evitados pelos outros índios; por sua vez, começaram a brigar entre si e a dispersar-se.

Assim, se dividiram em quatro povos principais: os Yawanawa, os Xapanawa, os Xixinawa e os Bashonawa, que, por falar uma mesma língua, começaram a variar as palavras para marcar distância.

E mais povos: os Shaonawa, os Niandawa, os Cashindawa, que são os que chamam de Yaminawa no Peru, e muitos outros. Como o Yaminawa era desconfiado e mesquinho, considerando a si mesmo o único humano, por isso chamava todos os outros de nawa ("brancos", não humanos).

Yaminawa de fato não existe, é um conjunto de povos, um nome imposto pela sociedade dos brancos.

A informação contida nesse relato é surpreendentemente rica, mas só pode se entender cabalmente com alguns dados suplementares, que apareceram na mesma sessão.

1. Antigamente nossa gente vivia em duas grandes aldeias. Uma no rio Moa, outra entre o Iaco e o Tahuamanu.

Esse rio Moa não é o afluente do Juruá, mas um outro muito menor tributário do Iaco. É possivelmente a única informação que recebi a propósito de algo como um modelo dual primitivo: a distância é suficiente, porém, para impedir qualquer relação cotidiana, o que relativiza essa interpretação. "Os antigos não viviam perto como agora", me explicou o tradutor de um mito.

É imprescindível relembrar o que já vimos no capítulo anterior: não há uma identidade fixa, uma linha de descendência em que o relato possa se apoiar. A história de Correia é inevitavelmente miscelânea, pode haver vários começos, várias tramas simultâneas.

2. Entre o rio Moa e o Ucayali teve um combate com os brancos; lá morreu o pai do velho Bravo. Do rio Moa passaram para o Chandle-chá [um afluente da cabeceira do Chandless], onde tiveram seu primeiro contato pacífico com os brancos, com os caucheiros peruanos de um tal Estevão Meirelles.

Cabe supor que se trate de um combate com caucheiros peruanos, pouco antes ou depois da crise da borracha: o velho Brabo está na faixa dos oitenta anos. Não sabemos se a aldeia do Tahuamanu sai de cena ou se agrega à outra nesse deslocamento. A julgar pelos atuais costumes Yaminawa, não vale a pena tentar reconstruir "rotas de migração" nesta pequena escala, senão pensar em deslocamentos fracionados e de curto prazo. Em um texto publicado em jornal em 1989, e assinado pelo próprio Correia e por Antônio Coruma, o trajeto inicial é diferente. Parte-se das cabeceiras do Acre e o Chandless para aportar no Alto Iaco, próximo do seringal Guanabara, propriedade então de Alfredo Vieira. O seringal Guanabara tinha sido fundado em 1898 por Avelino Chaves, depois de fartas dificuldades com os indígenas que ocupavam a área: Catiana, Canamari, Inamari e Manchineri. Já na época referida, estes últimos colaboravam com Vieira e começaram a perseguir os Yaminawa a seu mando em diversas correrias.

3. Cada episódio importante está localizado num rio.

O cenário geográfico onde acontece a história Yaminawa é desenhado como um leque invertido, em que as cabeceiras dos rios ocupam o arco, e o vértice (implícito) está na junção de todos no Amazonas. Juruá, Tarauacá, Purus, Iaco, Acre, Abunã, Tahuamanu e Madeira. Explicitam-se com mais detalhes os formadores do Purus, onde se dá a maior densidade de episódios; e se acrescentam, pontualmente, alguns rios peruanos, como o Pinshiã – "rio das palmeiras" –, tributário do Ucayali, que é por sua vez citado como uma noção de segunda mão.

Se a hidrografia central está afinada com as noções e a nomenclatura dos brancos, fechando o leque estão dois rios cujo nome se dá em Yaminawa. Um deles, o Yuraiá (que não o Juruá) , ao norte. Zé Correia aventura uma localização improvável: no rio Negro, na Colômbia. Seria um rio – a diferença de todos os outros – em cujas margens habitam exclusivamente índios, que assim o nomearam Yuraiá, "rio da gente". De fato, o Yuraiá é um rio acriano, que Tastevin (1925, p.415) identifica a um rio Jurupari – seguramente um afluente do Envira situado próximo ao Moa.[8] Ao sul-sudeste, os antigos frequentaram o rio Ruia (Pedra), afluente do Madeira, que não é arriscado identificar com o Rio de las Piedras peruano.

Da toponímia amazônica pode se dizer algo semelhante ao que foi dito sobre a memória histórica: sua redundância impõe sérias limitações

---

8 A glosa de Yuraiá é provavelmente a "etimologia popular" de um topônimo estranho. Um informante Yawanawa do rio Gregório referia-se também a um rio Yuraiá, explicando que teria recebido esse nome por causa dos corpos (*yura*) que eram vistos por ele depois de uma batalha...

a qualquer história convencional. Os mesmos nomes de rios e seringais se repetem no espaço em ciclos curtos e longos.

4. Assim, o Chamiacu [Shambuyacu peruano] foi o lugar de encontro com os Sharanawa, Marinawa e Mastanawa, que sabiam falar castelhano e ao que parece atuaram como intermediários entre Yaminawa e brancos.

Harald Schultz (Schultz & Chiara, 1955), em uma viagem de 1951, situa os Yaminawa no Alto Curanja e no Purus, acima da foz do Curanja. Os primeiros, junto a um grupo de Kustanawa que habita a mesma região, são francamente hostis aos brancos.

Mas a cronologia oral é vaga; ora situa a época do Purus no tempo dos avós, ora relata o trabalho feito com os peruanos dos informantes velhos, que devem andar na casa dos setenta. A lista dos povos do Purus fornecida por um dos informantes velhos – Paulo Maxico, sogro de Correia – concorda com esta e é idêntica a que pode se coligir dos dados de Schultz ou de Siskind, válidos para começo das décadas de 1950-1960, e que não sei em que medida podem se ampliar a épocas anteriores. Maxico ainda diz contar com cinco "primos" no Purus. Tudo isso pode significar uma saída do Purus posterior à inferida, mas também uma reaproximação posterior. Os Pano purusinos têm algumas noções coincidentes. Os Sharanahua (Siskind, 1973, p.44) pensam que existem outros Shara no rio Acre. Alguns Yaminawa do Purus e alguns Yora do Manu se consideram, segundo Townsley (1988, p.12-3), descendentes dos Shishinahua (gente-quati branco), que é o nome de um dos "clãs" Yaminawa do Acre. Os Yaminawa do Juruá se consideram descendentes dos Shaonawa, que segundo eles existiriam também no Brasil, no rio Iaco, conhecidos como Yaminawa. De fato, vários Yaminawa do Acre se identificam com esse nome, e existem pequenas comunidades Shaonawa em várias áreas indígenas do Juruá; todos eles seriam descendentes de um grupo ancestral comum que habitava o Embira, os Deenahua – salvo erro de audição, é o mesmo etnônimo que Clementino atribuía aos primeiros ancestrais dos Yaminawa.

5. A convivência com os outros Pano do Purus foi às vezes violenta. Foi também naquela região, mas talvez em outro tempo, que os Yaminawa,

ou pelo menos uma de suas parcialidades, os Xapanawa, entraram em contato com os Shipibo, no rio Pinshiã.

Há um afluente de direita do Urubamba, águas abaixo da foz do Sepahua (próximo aos 11°S e 73°W), que os mapas peruanos indicam como Pinria, e pode de modo verossímil se identificar com esse. Shipibo – um etnônimo cujas variantes já aparecem em relatórios jesuítas de Maynas, em meados do século XVII – designa, mais do que uma etnia, um estágio dentro de um processo de amálgama de grupos Pano já em parte superado, pois está se generalizando no Ucayali peruano o uso do binômio "Shipibo-Conibo"). Embora não haja referências concretas à presença de Shipibo nessas áreas, esse encontro é perfeitamente verossímil, dado que lá está a rota de varação entre a bacia do Ucayali e a do Madre de Diós, ambas habitadas por eles, em função do seu serviço aos patrões caucheiros.

6. Foi também lá que os Yaminawa tiveram notícia dos "índios dos índios", os "primitivos dos primitivos" que viviam nas profundezas da floresta e eram chamados de "morcegos": os Kaxinawá, que os Yaminawa integraram parcialmente. Esses Kaxinawá "verdadeiros", agora uma das parcialidades Yaminawa, não devem ser confundidos com os que habitualmente são denominados assim, que na verdade são Shaindawa [povo numeroso].

Conheceremos várias encarnações desses "índios dos índios", identificados com diversos etnônimos segundo o momento: Mastanawa e Yaminawa, entre eles. Como já dissemos ao criticar o binômio fluvial/ interfluvial, aparecem aqui antinomias centrais do pensamento indígena local. Mais, antinomias muito ativas: a integração com esses "Kaxinawá verdadeiros" parece ter sido, ao menos em parte, de tipo matrimonial, mas também um processo que oscilou entre a "patronagem" e a correria, reservado aos índios "do lado selvagem". Os anos de permanência – na década de 1980 – na aldeia do Iaco foram marcados pela proximidade de "índios brabos", arredios, ao que parece não Pano, que perambulavam na área do igarapé do Abismo, na fronteira. O sertanista Meirelles, durante um encontro fortuito – quando estava acompanhado por vários Yaminawa, entre eles Clementino –, chegou a disparar contra eles em defesa própria, matando um. Um padre católico projetava desde a década de 1970 uma missão entre os arredios, que tomaria como base as aldeias de "mansos" do Iaco – Meirelles o impediu categoricamente, e por sua vez projetou um Posto de Atração, que não deu resultados. Os Yaminawa, por sua vez, se dedicaram ativamente à procura dos "brabos" para "trazê-los a morar com eles, a trabalhar com eles". O caso Matses (Cf. Romanoff) tem sido o exemplo mais espetacular de fagocitose de outros pequenos grupos.

> 7. No começo eram quatro as nações de índios que conviviam na região: Piro, Catiana, Shipiu e Yaminawa. Viviam a uma distância discreta, se relacionando entre si sem se misturar.

Um outro começo da história: não já um ponto de origem, mas um quadrângulo interétnico, que remete a outros dois: Yaminawa, Sharanawa, Marinawa e Mastanawa, da época do Purus; e Xixinawa, Yawanawa, Xapanawa e Bashonawa, da época da "dispersão". Essa sucessão de quadrângulos é um convite a uma história "lógica" antes que "cronológica": se uma ordem temporal desses conjuntos seria difícil de definir e altamente dúbia (Piro e Catiana, apresentados no relato como povos antigos, são vizinhos atuais), está clara a ordem ideológica. Yawa, Basho, Xixi e Xapa "-nawa" são, segundo o próprio Correia, os segmentos que formam o atual conjunto Yaminawa: parece assim como se na história se projetasse um futuro virtual de desagregação das atuais alianças. Esse quarteto "interno" vinculado à formação atual da aldeia se contrapõe a um quadrângulo "interétnico" e, enfim, a um outro "interlinguístico", permitindo também uma leitura concêntrica do processo.

> 8. Tinha naquela época, como agora, o "catamentiras", espalhador de boatos de um grupo a outro, e um destes comunicou aos Yaminawa que os Shipiu pensavam "torrá-los" por uma questão de etiqueta – tinham, ao que parece, recusado alguns convites.

Dados Piro sugerem que esse "catamentiras" pode ter sido uma instituição crucial no sistema pluriétnico dos "tempos antigos", um mediador negativo que resguardava os grupos de aproximações excessivas. Os conflitos violentos entre Yaminawa e grupos vizinhos parecem de fato requerer uma mediação deste tipo (ver próximo item). Segundo Alvarez (1972, p.140), os grupos Piro contavam com um mediador deste tipo, sempre grande viageiro e conhecedor de outras tribos. Suas funções seriam mal-interpretar as ações e declarações dos outros grupos, incentivar o medo e promover o que poderíamos chamar de "retaliações preventivas". Esse contradiplomata era, caracteristicamente, um não combatente.

> 9. A ameaça tinha sido uma brincadeira, mas foi levada muito a sério pelos Yaminawa, que decidiram se adiantar à suposta ameaça. Convidaram os Shipiu para uma caçada, e no decurso desta os separaram dissimuladamente, matando um a um a bordunadas.

São impressionantes os paralelos entre a narração da chacina dos Shipiu pelos Yaminawa e a que Ricardo Álvarez, missionário no Purus, faz de outra, sofrida desta vez por Yaminawa nas mãos dos Amawaka, nos primeiros anos da década de 1960 (Alvarez, 1964; outra versão em Alvarez, 1972, p.130). O conflito se origina também no medo do feitiço e em interpretações equívocas; a execução se vale do mesmo ardil, e as consequências, de que falo mais adiante, são semelhantes. A diferença é digna de atenção: no conflito entre Yaminawa e Amahuaca, a guerra, por longo tempo latente, só consegue se concretizar depois de uma cerimônia católica, realizada pelo missionário.

> 10. Um dos matadores foi o avô de Antônio Caruma, que tomou o nome de sua vítima, o Shipiu Cutiamama.

O homicida está obrigado a uma dieta especial, afim à do caçador – toma-se só mingau de milho, retomando-se a dieta normal aos poucos, evita-se a banana madura. Há outras restrições: deve se manter um tempo afastado da aldeia e evitar o contato físico com seus familiares. Deve, ainda, se privar do sono ao menos na primeira noite depois do feito para evitar a invasão pelo espírito da sua vítima. Herda, porém, seu nome, que depois pode ser transmitido a outros: há um Cutiamama no rio Iaco que comprou o nome do matador. O complexo guerreiro

Yaminawa tem sobrevivido, ainda que seja de um modo marginal, e as restrições de dieta são ainda observadas, como a adoção de nome: um membro do casario A, que matou em 1991 um dos Manchineri que morava na área, era chamado de Santana, como a vítima, pelas crianças da sua casa. Seria necessário caracterizar esse "nome de inimigo" entre os outros elementos do sistema onomástico Yaminawa – o *ade kuin* ou nome verdadeiro, os "apelidos" vernáculos e o "nome de branco" – e determinar as transações entre uns e outros. Não faltam, entre os *ade kuin* declarados nomes estrangeiros (Abdias, do casario H, chamava-se por exemplo Xamiró, um nome que existe entre os Piro do Urubamba).

> 11. Um dos Shipiu conseguiu escapar, e contou o acontecido. Os Shipiu eram fabricantes de canoas. Desde então se dispersaram os Shipiu, os Piro, os Catiana: dos Yaminawa, ninguém mais quis saber.

Outro modelo próximo desse episódio é o conflito que no início de 1992 acabou com a saída dos Manchineri da área indígena: não há guerra, mas fuga dos agredidos, que obviamente não formam um grupo sólido, mas um agregado disperso em volta dos Yaminawa. Também no caso recente o conflito levou fora das vistas o construtor de canoas.

> 12. Os antigos Yaminawa eram belicosos e extremamente suscetíveis em questões de etiqueta. Para provocar um homicídio, bastava que alguém soprasse na casa de outro. Mesmo alguém que fosse muito amigo, já desconfiavam, pensavam que estivesse se aproximando para pegar uma unha, uns cabelos para feitiçaria, podiam matar por isso.

Soprar, dado aqui como um motivo fútil, é de fato um gesto perigoso, a ação típica do *niumuã*, O "doutor" capaz de matar alguém a distância. A bruxaria é o detonante das ações violentas. O medo da bruxaria fazia suspeitar mesmo de amizades muito devotadas, que podiam ser ocasião para o roubo de resíduos corporais úteis para um feitiço: a agressão mágica, mesmo agora que não há mais *niumuã*, está às mãos de qualquer um.

> 13. A morte de Cutiamama e seus companheiros foi uma espécie de pecado original para os Yaminawa, que desde então se viram isolados nas

florestas, evitados pelos outros índios; por sua vez, começaram a brigar entre si e a dispersar-se.

Muito longe desse etnocentrismo com que autores do passado gostam de interpretar as supostas "autodenominações" Pano – "homens verdadeiros" e assim por diante –, os Yaminawa costumam oferecer uma visão pessimista de si mesmos, recheada de pecados originais como esse, que justificam a rejeição dos outros.

> 14. Assim, se dividiram em quatro povos principais: os Yawanawa, os Xapanawa, os Xixinawa e os Bashonawa, que, por falar uma mesma língua, começaram a variar as palavras para marcar distância.

Vale a pena comparar este motivo da dispersão babélica – uma dispersão, aliás, intencional – com as referências, muito mais abundantes, a uma conjunção linguística intencional entre os grupos Pano, estendida mesmo a grupos Arawak vizinhos, como os Piro. Os mesmos Yaminawa costumam qualificar sua língua – com evidente exagero como língua "misturada" com o Piro.

O uso corriqueiro de português ou espanhol tem abolido o uso de algumas quase línguas francas, como a que, segundo Kensinger (apud Shell, 1985, p.25), usavam os Amahuaca, Kaxinawá e Marinahua nos seus encontros fluviais, mas as evidências etno-históricas sugerem um grau de interação incompatível com a fragmentação linguística descrita pelos especialistas (por exemplo, em Shell, 1985, ou D'Ans, 1973) e obrigam a pensar na importância constante de algum gênero de etno-esperanto no passado. Os missionários franciscanos, ao longo de sua extensa documentação, prodigam juízos superlativos sobre o caráter de língua franca do Pano, que eles estendem a grupos Arawak ou mesmo Tupi (os Cocama do Ucayali). Os linguistas rejeitam esses excessos, que no entanto são em certa medida endossados pelos próprios Yaminawa de hoje: jovens participantes em encontros indígenas afirmam ter se entendido na língua não só com Pano próximos, como Yawanawa ou Kaxinawá, mas mesmo com outros tão distantes como os Shipibo peruanos – e há dados independentes sobre essa interação (ver mais adiante o encontro dos Yaminawa e Shipibo no Tahuamanu).

Já que se trata de línguas que os linguistas classificam como mutuamente ininteligíveis, cabe pensar que os Pano têm um critério extremamente generoso do que seja entender uma língua e mostram um sério interesse por superar distâncias idiomáticas: assim interpreta Erikson (1993b, p.48) a assimilação que os Matis fazem de sua língua às línguas Pano vizinhas, ou a adoção voluntária do sistema fonológico predominante em aldeias vizinhas, observada entre os Shipibo (ibidem, citado de Levy, 1991). Neste contexto, a afirmação do trecho 14 ganha sentido, indicando que a segregação/agregação linguística tem sido parte regular dos processos de segregação e agregação política; e que nos dois sentidos esse dado pode impor limites ao uso etno-histórico dos dados linguísticos.

15. E mais povos: os Shaonawa, os Niandawa, os Cashindawa, que são os que chamam de Yaminawa no Peru, e muitos outros. Como o Yaminawa era desconfiado e mesquinho, considerando a si mesmo o único humano, por isso chamava todos os outros de *nawa* ("brancos", não humanos).

Para essa exegese do termo *nawa* e essa referência correlata ao egoísmo Yaminawa, remeto, é claro, à passada análise do parentesco, e mais ainda às relações de humanidade e não humanidade presentes na mitologia, que será analisada no capítulo 9. Essa identificação dos Yaminawa do Peru com os Kaxinawá "autênticos" pode ajudar a avaliar a vinculação dos Yaminawa acrianos com os grupos do Alto Purus. Veja-se que também para os Yaminawa a pluralidade de etnônimos pode ser vista como um expoente da decadência, quando não submetida a algum tipo de geometria.

16. Yaminawa de fato não existe, é um conjunto de povos, um nome imposto pela sociedade dos brancos.

Foi dos agentes da Funai que os Yaminawa tomaram seu nome. Esses provavelmente se basearam em informações locais, de seringalistas ou índios Kaxinawá, e com certeza conheciam a bibliografia, procedente de Tastevin, Stegelman e Carvalho, que registram referências aos Jaminawa, grafado assim, com J. Os índios, como já disse no começo deste trabalho, assumiram esse nome e identificavam com ele uma variedade de outros grupos acrianos. O sertanista Meirelles, em um documento[9] da Funai, engloba na categoria Yaminawa grupos como Masta, Kudu, Mari, Xixi, Yawa e parte dos Kaxi "-nawa", provavelmente se baseando nas informações dos próprios índios. Curiosamente, esse nome era para os Yaminawa um sinal vazio: às minhas perguntas sobre o significado de Jaminawa, não sabiam responder nada ou lhe atribuíam um sentido puramente diacrítico: "Jaminawa é uma gente que é diferente das outras" – é curioso comparar com a tradução de Stegelman: "*manner-indianer*".

Enfim, um dia me animei a insinuar a etimologia que eu conhecia pelos livros: Yaminawa não teria que ver com *yami/yabi*, o metal, o machado? Meu interlocutor assentiu com veemência e associou esse significado com as "histórias dos antigos" que falavam em longas viagens à procura de machados; mas isso é *yami*, não *jami*. Um leve erro fonético tinha desligado o etnônimo de sua etimologia, mostrando de passagem que a visão da história dos Yaminawa é menos dependente da "origem" que a nossa. A negação de Correia tem um contexto preciso, e pode ser corrigida em outro: "nós não éramos Jaminawa, éramos Xixinawa, Yawanawa, Mastanawa e muitos outros, vivíamos separados, depois misturou tudo, vivemos juntos, agora somos Jaminawa".

Além desses comentários, o relato de Correia mereceria algumas explicações de método. No seu conjunto, Correia oferece suas informações com aparelhagem crítica. Às vezes, é possível especificar as fontes de informação, via de regra velhos do grupo; e não é difícil reconhecer informações obtidas através dos brancos, mesmo vinculados à academia. Esse tipo relativamente sofisticado de história oral tem um emissor definido: o chefe do grupo, que por muitas razões tende a se aproximar mais de nossa historiografia. O chefe, na medida em que se desvincula de núcleos familiares concretos, é capaz de acumular informações repartidas entre os outros membros do grupo. A determinação de saber e pesquisar é apresentada pelos chefes Yaminawa que conheço

---

9 Arquivo CIMI – Rio Branco, cotas AC JW MD 1d/01.

como um atributo pessoal, que desde fora podemos interpretar como condição da chefia.

Duas suspeitas podem recair sobre este historiador local: o caráter "estrangeiro" do seu saber – o óbvio aproveitamento de dados e conceitos tomados de indigenistas e antropólogos – e o seu visível empenho em sujeitar a história Yaminawa a um padrão numerológico.

Essas suspeitas falam mais que nada do nosso historicismo e do ciúme que a ele dedicamos. É compreensível que o discurso histórico assuma muito do "estrangeiro", porque ele, como o chefe que o possui, ocupa um espaço fora da definição mais própria da identidade Yaminawa: isto é, cabe na cota de alteridade que cada grupo Pano pode e deseja abranger. Quanto à numerologia, é óbvio que a redundância do 4 está fadada a articular essa história com a sociologia atual dos Yaminawa – à qual o mesmo informante, como vimos em capítulos anteriores, aplica o 4 como cifra estrutural. Em outras palavras, o relato de Correia – como, em registros mais exóticos, os relatos de Oscar e Clementino – não é a rigor uma *memória*, mas uma *história* em toda a extensão da palavra, intencional e com critérios próprios de significação. Mas sobre essas considerações trataremos no último capítulo.

Os lamentos

O quarto e último exemplo de memória Yaminawa difere dos anteriores já à primeira vista: não contado por homens, mas cantado por mulheres. Várias vezes, ao longo do livro, tratou-se dos *yamayama*, as canções dos Yaminawa. Os *yamayama* – chamados assim pela constante repetição desse bordão, sem significado segundo os Yaminawa, mas que, na glosa dos Yawanawa do rio Gregório significa "amigo" – foram ocasião de um polido desencontro entre o etnógrafo e os seus anfitriões. O primeiro queria ouvir histórias, que os segundos ofereciam de bom grado; mas eles preferiam oferecer suas canções, cuja música e cuja letra o etnógrafo não era capaz de apreciar.

Esse desinteresse começou a ser desafiado pela evidente paixão que as canções despertavam ao meu redor. Primeiro entre os próprios Yaminawa, que pediam insistentemente para ouvir uma e outra vez a canção que alguém tinha gravado nas minhas fitas, e que chegavam à minha casa, às vezes depois de uma boa caminhada, com o único intuito de escutá-las mais uma vez. Anos depois, os Yawanawa do rio Gregório, que mostravam seu desdém pelas narrações Yaminawa, errôneas ou inconvenientes, confessaram sua admiração pelos seus cantos, que eles achavam "românticos". Esse desdém e essa admiração, juntos, sintetizam bem a imagem que os Yaminawa oferecem para os seus vizinhos: a dor e a delícia que se encontram fora das normas, a fragmentação de um universo bem regrado onde os sujeitos ganham um destaque imprevisível.

Não será possível neste livro dizer muito mais que isso a respeito de uma arte cuja investigação pode dizer muito sobre[10] os Yaminawa, suas emoções e sua arte erótica. Direi unicamente que as razões que os faziam tão atrativos para os Yaminawa ou seus vizinhos imediatos não são muito diferentes das que podem lhes conferir, aos nossos ouvidos, um interesse absolutamente alheio a qualquer exotismo. Envolvidos numa música padronizada, os *yamayama,* criações individuais e em geral autobiográficas, albergam uma expressão intensamente pessoal, que nas traduções que consegui auferir incluíam referências muito explícitas à sexualidade. Essas canções de amigo são criadas, com características muito parecidas, por homens e mulheres. Mas ao lado delas, e sem que nada as diferenciasse aparentemente das outras, havia também entre os *yamayama* femininos canções que transferiam ou estendiam o foco da relação erótica para um âmbito afetivo mais amplo, incluindo na letra fragmentos de história familiar:

> Dorme, filha, cantarei a cantiga
> que os nossos sempre cantaram;
> para ver os mortos em sonhos;
> para ver o pai voltando da pesca.

---

10 Miguel Carid Naveira desenvolve atualmente uma pesquisa de doutorado sobre essa questão. Uma análise mais fundamentada das canções Yaminawa – e do uso do arco musical, o *rekerekeité* – seria vital para uma melhor compreensão das relações de gênero entre os Yaminawa, e da dimensão emocional do seu sistema de parentesco.

Sou infeliz; cresci sem ver meu pai,
só vi estrangeiros.[11]

Meu pai morreu, quero também morrer logo,
e acabarão minhas mágoas.

Mas não irei ao Céu mais alto.

Virarei o rosto para não ver o urubu
e ficarei mais embaixo,
lá onde os meus mortos moram.

Essa canção foi gravada por Nazaré, uma das mulheres do casario em que permaneci durante a maior parte da minha pesquisa, filha de Alfredo e esposa de Batista, de aproximadamente 35 anos. Outra Nazaré mais jovem (devia ter 25 anos na época), que convivia ainda na época no mesmo casario, filha de Raimunda e irmã de Alfredo, estava casada com o filho de Clementino, e os seus cantos (apresento aqui dois entre os vários que ela me ofereceu) faziam constantemente referência à filiação "yawanawa", a "raiz-queixada", do seu esposo, e às dolorosas consequências que esta lhe trazia:

A raiz das queixadas chegou de outras ribeiras.

As queixadas chegaram, penando, chegaram no rio grande após deixar o pequeno, chegaram das nascentes do rio.

Vieram viver conosco, e penar conosco; convivem com estrangeiros.

Sofro desde que encontrei com as queixadas; embora grandes e gordas elas andam sempre, não sossegam, e não tem vez para eles lá onde decidem deitar. Assim nasceu minha filha, andarilha como queixada, minha filhinha. O que poderei fazer? Irei atrás dela até o outro rio?

***

O meu marido está chegando a Rio Branco, à Casa do Índio.

---

11 A tradução do canto diz "branco", como nas outras ocasiões em que estou usando o termo "estrangeiro". Como já foi de sobra exposto, *nawa* pode denotar estrangeiros muito diferentes entre si.

E eu canto para que os da Funai não o desprezem; se o desprezarem ele irá embora para Xapuri.

E canto para os meus parentes: estou grávida,
irei parir na Casa do Índio.

Se vocês me acompanharem será bom.

Se não, irei só com meu marido e meus filhinhos.

Farei como outros fazem, sairei da aldeia para nunca mais lembrar de voltar.

A Velha Raimunda, Washa Bômo, mãe de Alfredo, de Juarez e da Nazaré mais nova, gravou também vários *yamayama* em que evocava ao longe a vida com seu esposo, morto muitos anos atrás pelos Kaxinawá, durante uma festa – o filho Alfredo foi também ferido na ocasião, com uma bordunada na cabeça –, sob acusações de feitiçaria:[12]

Meu velho marido me perguntava, e eu me furtava a responder
(nada iria acontecer se eu não contasse).

Ele foi morto pelos estrangeiros. Eu lhe pedia que não saísse a caçar,
lhe pedia para andar junto, andar junto.

Ele está agora enterrado. Nossos filhos sofrerão.

Os txai dele eram como eu, cheios de perfume.

Quando saía a caçar, ele me perguntava, sob a árvore, o que eu não queria responder: o que queres saber, marido?, lhe dizia.

Ele estava então vivo, e eu o traía.

---

12 Outra canção da Velha Raimunda poderia ter sido incluída nesta seção: ela, mais uma vez, falava com saudade da sua juventude e do seu marido – incluindo lembranças menos aptas para a saudade, como as surras que teria recebido dele, as festas em que tomava *ayahuasca* e de como, na bebedeira, olhava a lua e via com terror seu corpo se dissolvendo. A incerteza sobre a letra dessa canção é ainda maior que a das outras, que já é muito alta. Para minha decepção, o tradutor se mostrou muito maldisposto em relação a este canto, ecoando a discreta chacota que ele tinha produzido quando foi registrado. À diferença de outras canções que, mesmo quando cantadas por mulheres demasiado maduras, faziam referência a relações amorosas próximas, a canção da anciã fazia referência a um tempo já impossível de recobrar.

Pessimismo sentimental

Impossível precaver o leitor do grau de liberdade dessa tradução, que não podendo restituir suficientemente o detalhe do discurso, nem sua distribuição dentro de uma estrutura fundada na repetição se permite uma liberdade quase absoluta para ensaiar, pelo menos, um equivalente do que poderia ser o seu tom emocional.[13] O comentário de ambos os cantos deverá se reduzir ao único fator que pode ser transmitido com alguma garantia: o seu tema, o seu roteiro geral. Os cantos aqui apresentados, como já disse, desviam-se em parte do erotismo habitual dos *yamayama:* em lugar de pôr entre parênteses a relação entre os amantes – como faziam as canções dos homens, e quase todas as canções das mulheres –, ela se estende ao conjunto da vida familiar, afetada pela decepção amorosa, pelos conflitos do casal, pela presença de estranhos, explorando o tema dessa saudade que perpassa o conjunto das relações. No primeiro canto anotado, faz ainda alusão à transformação das relações de parentesco no além.

As autoras dos *yamayama,* afinal, estavam também me contando histórias; de fato, uma nova versão, ou pelo menos uma nova avaliação da história. Várias vezes ouvi os Yaminawa, especialmente os seus chefes, entoarem elegias mais prosaicas sobre o fim iminente do seu povo: "de aqui a trinta anos não haverá mais Yaminawa...", resumia Júlio Isodawa. Esses prognósticos evocam os juízos que etnólogos ou historiadores têm prodigado sobre o destino dos povos indígenas, e sem dúvida podem ser produto de um diálogo com esses especialistas, ou com os agentes do indigenismo oficial ou paraoficial que compartilham tais ideias. Tomam desse diálogo o motivo central (os Yaminawa desaparecerão porque esquecem as suas tradições), e, sobretudo, a certeza

---

13 À diferença da tradução de mitos, que se apoiava no conhecimento público dos relatos, a dos *yamayama* obrigava a adentrar-se num mundo muito pessoal, o que era ainda possível para tradutores muito próximos, que estavam ao corrente das biografias dos cantores ou cantoras, e apoiavam sua tradução neste conhecimento. Tentativas posteriores de confirmar essas traduções com intérpretes mais distantes davam só resultados muito vagos. Sabemos, afinal, que se o mito é eminentemente traduzível, a lírica é o gênero que se aprofunda na diferença entre as línguas.

de que esse juízo será entendido e aprovado. Neste sentido são a contrapartida, ou simplesmente uma versão mais recente, dos "relatos do contato" de que falamos no início do capítulo: sínteses brevíssimas da história Yaminawa para uso de estrangeiros, que destacam em cada momento os elementos que podem ser mais bem entendidos, ou mais bem recebidos, por esse estrangeiro – a saber, a transformação positiva advinda do comércio estável nos relatos do contato dirigidos aos representantes clássicos da sociedade nacional, ou os prognósticos fatídicos dirigidos aos aliados de ONGs, inclinados a uma visão trágica do destino indígena, que fornece subsídios para projetos de resgate. O contraste desses dois relatos do contato – o *progressista* e o *trágico* – gera um interesse especial aos relatos das mulheres, alheias a esse diálogo, ou que ao menos participam nele de um modo muito indireto. Nesses relatos cantados não se fala na roupa, no sal e no açúcar trazidos pelos brancos. Também não se fala em tradições ou em cultura. A história é o parentesco; a história é, também, o infortúnio.

Pode ser este o momento de trazer à baila uma ambiguidade que recorre toda a bibliografia sobre a história indígena e que neste livro pode muito bem se manifestar nos seus dois extremos. De um lado, temos a história vista como um processo de perda, que tem seu corolário na extinção (uma profecia cuja capacidade de autorrealização ficou em evidência durante mais de um século). Sobre essa versão pesam algumas suspeitas graves: seria o produto de uma ilusão primitivista, ou de um sentimentalismo unido à estética exotizante e arcaizante da diferença. Do outro lado, temos visões (otimistas?) que acenam para a perpétua construção da cultura e da identidade: assim, sob as novas formas que aparecem na vida indígena – escola bilíngue, cristianismo, movimento político, parcerias com empresas –, seremos convidados a reencontrar os traços do sistema ritual, da cosmologia, do faccionalismo ou das trocas xamânicas de outrora. Ou, se quisermos ser mais rigorosos, reconheceremos simplesmente que, realizadas por sujeitos indígenas, essas novas instituições constituem, aqui e agora, a cultura legítima de que nos cabe ocuparmos.

O pessimismo etnográfico está muito bem morto. Mas o otimismo etnográfico que lhe sucedeu tem, na hora de dar conta da história, um inconveniente sério: evoca às vezes o otimismo do doutor Pangloss. Eventualmente, se vê obrigado a fazer ouvidos moucos ao pessimismo do nativo, empurrado agora talvez para a lixeira da falsa consciência. Caberia talvez restabelecer uma certa simetria com a ambiguidade da nossa própria percepção da história, que não por acaso levou muitos a imaginar com inveja a existência de povos livres dela.

O caso é que nenhum resumo das memórias Yaminawa seria minimamente fiel se excluísse a melancolia, mais ou menos eivada de ironia, que as acompanha. Os cantos das mulheres Yaminawa a expressam inequivocamente: eles apresentam um pessimismo não contaminado pelo romantismo dos etnógrafos. Neles, a história é o parentesco, mas isso não significa um relato doméstico, pautado pelo ritmo de um ciclo vital continuado através das gerações. O parentesco como história significa a narração desde pontos de vista particulares das transformações do modelo descritas capítulos atrás, ou das contradições originadas na sua prática. É essa dúvida sobre o trato que se receberá da parte dos agentes indigenistas, mas também a carência e a saudade, o custo das cisões, dos rearranjos, das mudanças no modelo das relações (como no canto, citado capítulos atrás, que se referia ao desinteresse dos jovens pelas mulheres mais velhas). É, quase sempre, para utilizar uma expressão lévi-straussiana, a impossível doçura de viver entre si, o lamento por esse viver entre estranhos que, como dissemos, é o eixo mais evidente da sociologia Yaminawa. Poder-se-ia dizer, no limite, que a história é *a dissolução* do parentesco, a colusão entre essa precariedade dos laços reais de aliança e esse céu familiar do canto da primeira Nazaré, ao que espera aceder logo, uma utopia muito comum – nativa porém não nativista – de um além sem afinidade.

A história continua, mas talvez não seja apropriado dizê-lo com essa entonação de quem anuncia a sorte grande.

6
O *boom* elástico

Trompe l'oeil

O ciclo da borracha é um evento hipnótico: por ser vasto, parece-nos também conhecido. Na história indígena costuma ser usado como um dado invariante, ou mesmo como um ponto de referência seguro em meio às incertezas da tradição oral.[1] Mas basta examinar a bibliografia disponível sobre o tema para dizer, sem excesso, que a época do *bool* é uma lacuna, entre muitas, na historiografia da Amazônia Ocidental.[2]

O vazio é preenchido com diversas mitologias: os movimentos da economia mundial que criam e destroem a prosperidade da floresta; a maré de nordestinos que civiliza ou varre os índios; ou a barbárie co-

---

1 Assume-se, por exemplo, que parte dessa data o primeiro contato de numerosos grupos indígenas com o homem branco, significando assim a divisória entre um antes "tradicional" e um depois desequilibrado. As narrações indígenas sobre perseguições sofridas dos brancos são automaticamente associadas ao tempo da borracha, o que nem sempre é necessário.

2 Cf. Anne-Cristine Taylor (1992, p.225-7; notas 23, 26 e 27 à p.237) sobre a variedade das histórias subrregionais e as diversas formas de patronagem que organizaram a exploração da goma.

lonial que tortura e extermina esses mesmos índios, do Putumayo ao Acre. Note-se que "mito" não está aqui por "mentira": nordestinos, sistema mundial e etnocídio são reais. Mas monopolizam sem direito toda a realidade e apoiam assim alguns mal-entendidos: a homogeneidade do processo, o seu caráter catastrófico e passageiro, a anulação física e histórica dos índios.

Algumas anotações do Pe. Tastevin (Tastevin, 1919-1922) sobre a história dos seringais do Juruá oferecem detalhes de um processo muito menos uniforme:

> Santa Cruz se chamou primeiro Pedreira. Antonio Coutinho, portuguez, que abriu a foz do Envira em 1882, expulso d'ahi 2 vezes pelos Indios Kaxinauas... Depois foi buscar gente ao Pará, e voltou a Foz do Envira. Os Indios não mexeram mais com elle... (Foz do Tarauacá). Os Caxinaua e os Curina mataram muitos brancos no Tarauacá e no Erú. Os Canamari, não (p.27).

> " – Nova Sorte... Os Kasinaua matam tres francezes e 1 suissa que vivia só. Luniere ficou. Os indios amansaram. *Plumerat fut crucifié tête en bas et tué a coups de tacuara. Dugalet s'enfuit; on ne sait a que devint George. Ils furent attaqués pendant qu'ils nettoyaient les estradas... Le beau père de Henrique...domestica 18 Jaminauas (70 avec f. et enfants), travaillaient au caucho. A sa mort ils se dévandèrent...*" (p.25)[3]

> " – Acurana... *Il y avait Colina à g(auche) et Capanaua; á d(roite) Caxinaua e Katukina. Les Kolina exterminerent les Capanaua qui étaient travailleurs: ils étaient trés méchants, ils tuaient + brûlaient. Il fallut faire contre eux plusieurs expeditions. Les Kol(ina) Kat(ukina) + Kas(inaua) venaient jusqu'a l'embouchure, + se donnaient finalement bien avec Emile*" (p.28)[4]

---

3 "Nova Sorte... Os Kaxinawá matam três franceses e um suíço que vivia só. Luniere ficou. Os índios amansaram. Plumerat foi crucificado de ponta cabeça e morto a taquaradas. Dugalet fugiu, não se sabe que foi de George. Foram atacados enquanto limpavam as estradas... O sogro de Henrique domesticou 18 Jaminawas (70 com mulheres e crianças), trabalhavam no caucho. À sua morte debandaram..."

4 "Acurana... Lá tinha Kulina à esquerda e Capanawa; à direita, Kaxinawá e Katukina. Os Kulina exterminaram os Capanawa que eram trabalhadores: eram muito malvados, matavam + queimavam. Precisou fazer várias expedições contra eles. Os Kulina, Katukina + Kaxinawá vinham até a foz, + afinal se davam bem com Emile."

Se as notas não desmentem – não era para desmentir – aqueles supostos, mostram decerto sua parcialidade, e nos obrigam a contar com novos elementos. A variedade étnica e política da parte de brancos e índios, que resulta em alianças e estratégias variadas; o protagonismo dos índios, que não se limitam ao papel de vítimas ou empecilhos, e sobretudo a continuidade da história local depois da crise da borracha. Tastevin, que escreverá suas obras bem depois dessa data, está longe de marcar mudanças catastróficas nas áreas que ele percorre, que tinham em geral diversificado e regionalizado sua economia, e se adaptavam à nova situação melhor que as grandes cidades comerciais, como Iquitos, Manaus e Belém.

Não é este o lugar para reescrever a história da borracha, mas sim de lembrar que os modelos macro-históricos devem ser examinados com calma antes de ser aplicados à micro-história. Para nossos fins, teremos de fato que nos acostumar com mínimas escalas e informações escassas.

Os Yaminawa prosperam na documentação com o início do século, quando os peruanos, na procura de árvores de caucho, começam a explorar as nascentes dos rios Madre de Dios, Juruá e Purus, de difícil navegação. Para isso abrem – na verdade, ampliam – varadouros, atravessando as divisórias de águas, e aí encontram os Yaminawa, dos quais nos transmitem algumas informações sumárias.

Von Hassell (1906, p.52-3) os situa nas cabeceiras do rio Cumbira (Embira) e calcula que sejam de 1.000 a 1.500. No seu mapa publicado em 1905, coloca-os à direita do Juruá e à esquerda do Purus, nas cabeceiras do Embira. Os do Juruá aparecem grafados como Yaminahuas, os do Purus como Yuminahuas, que é a forma que ele utiliza no texto: é bom lembrarmos essa variação e outras que aparecem na documentação – como Yabinawas, Yambinawas, Yumbanawas etc. – porque será questão de alguma relevância posteriormente. Por enquanto, tomemos como sinônimos.

Na sua lista de tribos selvagens, V. Hassell inclui pelo menos outro verbete que pode ser aproximado ao nosso objeto. Assim, os Yuras – uma palavra que já foi glosada na primeira parte – se encontram na região do Alto Juruá, Pique-Yacu e Torolluc, e não alcançam o número de 1.500.[5] Deles nos diz simplesmente que usam arco, flecha e borduna e que se perfuram o rosto para introduzir penas de enfeite. Dos Yaminawa, afirma que são uma subtribo dos Amahuaca, com suas mesmas armas, língua e costumes. Na época, o Amahuaca era para os peruanos o paradigma do índio selvagem do interflúvio. Já havia sido objeto de missões franciscanas prontamente fracassadas, como a de Cayariya, e era presa favorita dos traficantes Shipibo-Conibo (Amich, 1988, cap.XXX). Atribuíam-se-lhe uma demografia e uma extensão amplas: seis a nove mil membros espalhados à direita do Ucayali, e nas cabeceiras do Juruá, Purus, Acre e Tarahuacá. Por essa inclusão no termo Amahuaca, podemos assumir, então, que os Yaminawa "usam arco, flecha e borduna e são hostis aos brancos. Cultivam milho, banana e mandioca e rara vez se vestem". Diz-nos, ainda, que estão divididos em subtribos, e algumas delas usam ainda machado de pedra (V. Hassell, 1906, p.34).

Stegelmann, em data pouco anterior (Reich & Stegelmann, 1903, narrando fatos de aproximadamente 1899), colocam os Yaminawa no rio do seu mesmo nome, na região do alto Embira,[6] e os qualificam de grupo recentemente descoberto, com os Kaxinawá, sendo ambos os povos mais consideráveis da região. Os *caucheros* de que fala Stegelmann, que permaneceu uns três anos na área, podem ser os de Carlos Scharff, que em 1899 realiza violentas correrias nos rios Gregório, Yaminawa e Paraná do Ouro, e em 1904 as estende ao Curanja e ao Iaco, na área do Purus (Castello Branco, 1959, p.212).[7]

---

5 É interessante notar também os Juaparis, que ascendem a 3 mil ou 4 mil, e estão entre o rio Amigo e o Tacuatimanu ou rio das Pedras, e ao norte até perto do Acre. Segundo Von Hassell, estão aparentados com os Amahuaca, com os quais limitam e se misturam constantemente.

6 Há pelo menos dois igarapés "Yaminawa": afluentes de direita de, respectivamente, o Embira e o Alto Tarauacá, este último perto de Foz do Jordão.

7 Não devemos esquecer que a documentação da época depende da disputa fronteiriça: os informes sobre o tráfico de escravos por parte de brasileiros e sobre massacres de índios pelas mãos de caucheiros estão frequentemente inflados. Carlos Scharff é um personagem importante na *histoire événementielle* da região. *Cabecilha* peruano muito ativo nas disputas fronteiriças com os brasileiros tanto no Juruá quanto no Purus, parece ter chefiado nutridos grupos de Campas, Piras e Amahuacas, que

Embora não alcancem o prestígio guerreiro dos Campa nem a fama de ferocidade dos Cashibo, os Yaminawa pertencem ao rol das tribos hostis aos brancos. Já em 1900 (Villanueva, 1902) são eles que matam no Purus Delfin Fitzcarrald, irmão do famoso *cauchero* empossado lá como agente alfandegário dos peruanos. Essa hostilidade não é, porém, contínua. Ao lado das notícias de assaltos e correrias aparecem indefectivelmente grupos de Yaminawa trabalhando para os extratores ou assentados junto deles. Como é improvável que Stegelmann coletasse seus vocabulários no meio de uma correria, podemos assumir que ao menos uma parte dos Yaminawa que Scharff teria exterminado nas suas correrias trabalhava para ele em 1900.

Na bibliografia e na documentação – para não falar dos muitos romances da época inspirados no *boom* – abundam as descrições dramáticas e animadas das correrias, que em geral se traduziam em matanças entre indígenas, bem formuladas por Varese (1973, p.246): "entregam-se winchester aos Cunibo, que devem pagar com escravos Campa, depois entregam-se winchester aos Campa que devem pagar com escravos Cunibo ou Amuesha...". Tal cadeia é uma parte importante do programa de Fitzcarrald de "usar [os índios] conforme a sus usos y costumbres" (Reyna, 1942, p.24): o *boom* magnifica preações já muito antigas. Os grupos Yaminawa, Cashibo ou Amahuaca, refugiados na selva, são os últimos elos da corrente: nas correrias dirigidas contra eles, a captura de escravos é um subproduto do massacre, que visa principalmente a aterrorizar e limpar a área de índios bravos. As memórias dos Shipibo (Roe, 1982, p.83-4) mostram também o medo dos carrascos à reação dos índios selvagens e às enormes pontas de suas flechas, que, chegada sua hora, são mais mortíferas e dolorosas que as balas. Como amostra dessa guerra noturna, vale um fragmento quase incompreensível das anotações de Tastevin:

---

talvez estejam na origem de alguns assentamentos dessas etnias, muito longe de seu lugar clássico. Personagem um tanto mefistofélico, segundo testemunhas contemporâneas, foi morto anos depois no Alto Piedras, em uma rebelião de seus subordinados: Amahuaca, Piro, brancos ou todos eles, segundo as versões.

Jaminaua – Ils ne laissaient pas José Mario travailler: assaut de la maloca é 5 h. du m.: feu pendant 1 h.: on vit tomber 1 femme avec enfants. Personne n'alla viu fin l'etendue du massacre.[8] (Tastevin, 1919-1922)

As correrias contra os Yaminawa sempre acham justificativa nos seus frequentes assaltos aos seringais à procura de armas, ferramentas e farinha, sem os quais, indica Villanueva, ninguém poderia sobreviver em plena montanha. Para o viageiro peruano,[9] está claro que se trata de uma situação forçada:

La persecución de que son objeto mantiene a los indios en constante movimiento. Ya no tienen casas fijas para vivir ni chacras para alimentarse. Viven errantes en una condición deplorable. Por este motivo su número va decreciendo sensiblemente. (Villanueva, 1902)

Esse tipo de guerra tem mais efeitos devido à insegurança e ao medo que às próprias balas: dispersão demográfica, nomadismo, desorganização e arrocho da agricultura. As manufaturas tomadas dos brancos são o motivo, mas também a condição técnica dessa crise: só o ferro e as armas de fogo permitem a abertura de roçados e uma defesa eficiente a grupos minúsculos. A guerra, como a paz, escraviza os Yaminawa a bens que eles não produzem. Em suma, a situação dos Yaminawa na documentação dessa época é paradoxal: de um lado, as informações a seu respeito, embora frequentes, são esquálidas – um lugar, uma data, declarações genéricas como "são hostis" ou "plantam roças"; no melhor dos casos, uma lista de palavras. De outro lado, uma caracterização viva como índios ávidos de mercadorias brancas e um diagnóstico precoce de sua entropia: os juízos de Villanueva sobre os efeitos deletérios da guerra caucheira são ainda hoje emitidos para explicar as anomalias do modelo Yaminawa.

---

8 Jaminaua – Não deixavam José Mario trabalhar: assalto à maloca é às 5 h da m (anhã); viu-se cair 1 mulher com crianças. Ninguém foi ver no fim a extensão do massacre [o texto mistura francês e português e é no final incoerente].

9 Nas fontes brasileiras da época, Villanueva é designado como "espião" que reunia informações sobre áreas acreanas disputadas pelo Peru.

Os escravos da selva

Mas esses Yaminawa fugidios são só uma parte. Muitos outros existem como "escravos" dos brancos. Nas páginas que seguem, veremos que essa escravidão é polissêmica.

Villanueva (1902, p.427-8) fornece alguns dados do comércio de escravos índios durante o *boom*. Um garoto de 10 a 12 anos vale em média 500 soles – o que equivale, segundo as cifras que ele fornece alhures, a 250 quilos de borracha. A moça da mesma idade pode valer uns 300 ou 400 soles; e o preço se reduz para os escravos, homens ou mulheres, de maior idade, mais difíceis de domesticar. Com esses preços e essas preferências, parece claro que a compra/venda de cativos índios não se reclui nos seringais, nem se relaciona preferentemente com a extração da goma. Os negociantes levam serviçais índios para Cuzco ou Lima; índios extraídos da área peruana eram vendidos mesmo em Manaus ou em Belém. Farabee relata alguns casos: sua informante Amahuaca, por exemplo, é uma menina de 12 anos, Katseime, tomada pelos Campa e vendida aos *caucheros*. Durante seis semanas, aproximadamente, ela forneceu informações ao etnólogo, e a seguir foi levada pela sua patroa, que seguia para Lima, aonde nunca chegou: mal vestida, atravessando os Andes a pé atrás de sua ama a cavalo, a menina morreu de pneumonia.

William Curtis Farabee foi um etnólogo americano que viajou pela selva peruana em pleno auge do ciclo da borracha, e cujos informantes eram em quase todos os casos um *cauchero* de um lado e um jovem escravo de outro. Embora alheio à ética pós-moderna, Farabee não carece de boas intenções nem de candura, e em várias ocasiões se apraz em informar que os traficantes de escravos foram punidos pelo governo ou mesmo que viu um deles – sem nome – em ferros, levado a juízo.

Talvez se trate de um espanhol que Farabee encontra em 1908. Empregado de Baldomero Rodríguez, chega a Serjali "com uma família de Piro: cinco homens, cinco mulheres, seis crianças, um pecari, cinco cachorros e nove frangos". Cada família faz seu próprio fogo, e o guarda explica ao etnólogo que para que não fujam basta acorrentar a uma árvore as duas mulheres com filhos lactantes (Farabee, 1922, p.61-2).

Este mesmo B. Rodríguez aparece mais adiante como um de seus principais informantes a respeito dos Conibo: morara muitos anos entre eles e falava bem sua língua. Seu outro informante – no posto de Cahuide – é um homem Conibo que não lembra seu nome; procedente do Ucayali, "foi usado por vários anos" por *caucheros*. Trouxe consigo seu filho quando a primeira mulher morreu e casou com uma Machiguenga (ibidem, p.80- 1). A língua de sua esposa lhe serve para se comunicar com Farabee através de um "Machiguenga educado". Os Conibo, explica Farabee, são os índios que mais comumente se encontram servindo aos *caucheros*. Há mão de obra mais insegura, como os Mashco que vivem na vizinhança imediata de B. Rodríguez, muitos dos quais ele emprega (o índice do livro se refere a eles como "escravos"). Quando Farabee visita seu assentamento, comprova que os Mashco foram embora sem deixar rastros (p. 77 -8).

Um irmão desse *cauchero*, Máximo Rodríguez, detém a posse de um grupo de Shipibo – no rio Madre de Dios, junto à foz do rio Piedras –, que Farabee interroga e fotografa. Desse Máximo Rodríguez sabemos bastante por outras fontes: espanhol, chega ao Peru algo antes de 1890, atraído pela prosperidade de seus irmãos. Instala-se primeiro no Ucayali e depois chega ao Madre de Dios, próximo ao boca do Piedras, onde, segundo as tradições orais desses índios, mantinha um numeroso grupo – alcançou os duzentos indivíduos – de Shipibo e Conibo (Rummenhoeller, 1988). O poder de Máximo Rodríguez na região se amplia progressivamente – embora seu centro se desloque um pouco ao norte, para o Fundo Iberia, sobre o rio Tahuamanu – e se faz quase absoluto quando a maior parte dos outros proprietários fracassa ou falece no fim do *boom*. Rodríguez substitui o Estado peruano na selva – é ele, com sua força de Shipibo e Campa armados, quem defende a fronteira contra os bolivianos – e cria uma curiosa sociedade de quatro castas, dirigida por uma minoria de espanhóis, em geral parentes ou patrícios seus, com um grupo de "empregados de confiança", feitores ou administrativos – brasileiros, bolivianos ou europeus, em qualquer caso não peruanos – e um terceiro nível de seringueiros, contratados ou presos por dívida. Na base da organização estavam os "Chama", nome genérico e depreciativo dado aos Pano do Ucayali, mas que às vezes podia abranger índios Arawak, como Piro ou Campa, trazidos, por famílias, do Ucayali – a mão de obra da região tinha sido quase exaurida por correrias dos *caucheros* bolivianos do Beni. O regime de vida deste último escalão devia muito à tradição disciplinar das missões: vida regulada ao toque do sino, rigoroso isolamento do mundo exterior – descrito para os índios em tons sombrios – e do uso de moeda, trato paternalista que incluía um recurso frequente ao tronco e ao açoite, mas que em geral excluía a pena de morte que ameaçava aos seringueiros rebeldes etc.

Rodríguez favoreceu assiduamente os missionários dominicanos, oferecendo-lhes a infraestrutura de sua casa comercial, ou com algumas doações. Pouco antes de morrer, cedeu-lhes uma ampla colocação próxima de Puerto Maldonado, onde os dominicanos organizaram a missão de El Pilar, com os remanescentes dos índios *caucheros* de Rodríguez. O juízo destes a seu respeito é condizente com essa colaboração. Assim explica o cronista Fernandez Moro o recrutamento de mão de obra indígena pelo *cauchero:* "os indígenas campas, chamas, piros etc., que foram conhecendo sua bondade, seu afeto ao desvalido, uniram-se a ele" (Fernandez Moro, 1952, p.663).

É inevitável ler essas declarações com impaciência, mas elas nos situam adequadamente na época. Cabe dizer que os dominicanos – a quem, pelo reparto de áreas realizado no Peru em 1898 correspondiam as áreas do Alto Urubamba e Madre de Dios – estiveram longe de ser capelães servis dos barões da borracha, e em diversas ocasiões enfrentaram abertamente "escravizadores de índios". Durante muito tempo, mantêm acesa uma disputa com supostos "desbravadores" do rio Colorado, cujo único negócio, segundo eles denunciam, é o tráfico de escravos. Os dominicanos, observadores cultos e com experiência da região, alternam dois modos de entender o uso da mão de obra indígena, aos quais outorgam qualificações morais opostas: ou como uma continuação das instituições coloniais ou como escravidão pura e simples, adaptada à sem-cerimônia do capitalismo. À parte diferenças de grau entre os diferentes empresários, poder-se-ia colocar essa fronteira não tanto nos métodos extremos – o melhor dos patrões recorria quando necessário à chibata e ao fuzil – quanto nos meios *normais* de coerção. Os bons patrões são os grandes patrões que contam com uma rede comercial densa o suficiente para prender nas suas dívidas a mão de obra, e com pessoal hábil para controlar o bom andamento do jogo. Em geral, esses bons patrões assumem papéis de homens públicos e gostam de estar aliados às instituições. Os maus patrões são ou estrangeiros ou recém--chegados, sem influência nem capital, com mais audácia para capturar escravos que meios para empregá-los ou retê-los.

Cabe dizer ainda que bons patrões precisam de bons empregados: a atitude dos índios está longe de ser uniforme, e a longo prazo tendem a buscar algum tipo de relações com os seringais. Veja-se o caso que conta Farabee – e que tem seus paralelos nas próprias memórias Yaminawa: Mathias Scharff (irmão do citado Carlos), querendo aliciar um grupo de Amahuaca, dirige-se à sua aldeia acompanhado por um bando armado e um intérprete, um Amahuaca agregado seu. O emissário se adianta até as casas, onde, avisado da visita, o chefe o espera só e se nega em princípio às pretensões do *cauchero*. A instâncias do embaixador, porém, aceita visitar com mais quatro homens a colocação de Scharff. Feita a pesquisa, o grupo Amahuaca decide se mudar para o rio do *cauchero*, enviando previamente uma vanguarda que abre clareiras e prepara roçados. O mesmo processo, em suma, que foi testado por séculos de *descimentos* missionários.

No capítulo anterior foi possível apreciar a intermitência dessa colaboração no caso dos Yaminawa. Pouco se sabe deles no Peru desde a quebra dos preços da borracha, até a década de 1930. No ano de 1936, aparece no Fundo Iberia, de Máximo Rodríguez, um grupo de mais de trinta Yaminawa – umas dez famílias, segundo fontes orais Shipibo (Rummenhoeller, 1988, p.26-8). A lembrança é viva: os Yaminawa aparecem nus, armados de flechas e carregados de xerimbabos: filhotes de caititu, de porquinho, de tatu, de maquiçapa. Emblemas da selvageria aos olhos dos Shipibo, esses índios contraditórios reúnem, no entanto, outros traços surpreendentes: "Os Yaminawa falavam castelhano e português, conheciam terçado e espingarda, eram gente branca, barbões... eram bem gringos!" (Arcemio Vargas, em Rummenhoeller,1988, p.27).

Os Yaminawa que chegam primeiro voltam várias vezes à mata à procura de mais parentes; durante o tempo – um ano, mais ou menos – que permanecerão no Fundo Iberia, manterão eles com outro grupo de Yaminawa "arredios" no Alto Tahuamanu. Rodríguez faz construir para eles um barracão e tenta integrá-los ao seu sistema: em troca de mercadorias, eles coletam goma e limpam roçados, mas tudo em vão. Ao cabo de um ano, eles fogem; mas vale a pena notar que o episódio tem aspecto de guerra entre Pano. Os Yaminawa, que se entendiam em sua língua com os Shipibo, escapam levando duas mulheres desse grupo. Na expedição punitiva que Rodríguez organiza a seguir, a luta parece ficar circunscrita a eles: muitos Yaminawa são eliminados, os Shipibo sofrem onze baixas, mas conseguem duas mulheres Yaminawa.

A escravidão dos seringais abrange modos de exploração muito diferentes. Atinge grupos indígenas organizados, famílias inteiras ou indivíduos desgarrados, adultos ou crianças: as consequências variam em cada caso. As formas de coação variam também de uma atração precária pela oferta de mercadorias à força bruta, habitualmente combinada com o deslocamento da mão de obra para longe de seu território de origem. No meio, toda uma escala de sedução pela mercadoria, escravidão por dívida e regimes disciplinares que bebem de tradições diversas, sem contar uma política de informação e contrainformação, de propaganda e de terror que não é patrimônio exclusivo dos brancos e da qual devemos falar mais adiante.

Em termos macroeconômicos, o ciclo da borracha acaba com a Primeira Guerra Mundial – um pouco antes no caso das regiões de cauchal, esgotadas antes pelas razões que depois veremos –, deixando atrás de si uma letargia que vai durar decênios em toda a Amazônia. Do ponto de vista local, a história é bem outra. Malgrado a população flutuante que se retira com a desaceleração da economia, há uma população "branca" que tenta se readaptar, dedicando-se a outros produtos de exportação e regionalizando a economia, com resultados favoráveis em vários casos. É o caso do Fundo Iberia, que embora continue a produzir seringa se dedica preferentemente à agricultura, à pecuária e à fabricação de cachaça, além da extração da castanha, que é um recurso renovável e de alto valor comercial.

A casta dos seringueiros, no Fundo Iberia, tinha se reduzido dramaticamente, e seu número não passava dos cem – a metade dos operários indígenas. O ponto é importante: a depopulação da região da borracha, embora dramática, não deixa atrás o deserto que é de praxe imaginar. O processo é muito diferente segundo as regiões: mais agudo no Alto Purus, menos no rio Acre ou no Tahuamanu, onde a castanha e outros recursos fixaram uma população considerável. Mas, em qualquer caso, uma coisa é óbvia: no final do processo, a proporção de brancos e índios na região muda consideravelmente: é dos índios que em muitos casos vai se obter a subsistência que já não é mais possível importar, como já não é mais possível importar mão de obra de terras longínquas. Invertendo uma sequência comum na história colonial, os índios passam a ser cobiçados como mão de obra depois de ter sido perseguidos como empecilhos à posse do território.[10]

Ainda durante o auge dos seringais, os governos prefeitorais do Acre põem em prática a política indigenista do incipiente Serviço de Proteção ao Índio (SPI), controlando as correrias e tentando aproveitar a mão de obra indígena com fins diversos: a abertura de estradas, por exemplo, ou o estabelecimento de colônias agrícolas perto dos agrupamentos urbanos. O prefeito Barros, por exemplo, tentou levar os Manchineri do Alto Iaco, como lavradores, para as vizinhanças de Sena Madureira, sem sucesso. Se há, durante um tempo, uma intensa colaboração entre prefeituras e "iniciativa privada", a ação governamental enfraquece depois do período relativamente dinâmico, e certamente próspero, das prefeituras. Sobretudo a partir de 1920, com a unificação administrativa do Território do Acre (Castello Branco, 1952, p.18), o indigenismo oficial, que nunca chegou a se diferenciar dos "empresários ilustrados", se apaga sem que as consequências do fato sejam visíveis.

Os Yaminawa fazem parte desse processo. Tastevin (1919-1922, p.25) anota sua presença, por exemplo, no seringal Nova Sorte, no Juruá: 18 Yaminawa (70, contando mulheres e crianças) trabalhavam tempos atrás no caucho. Muito perto, outro grupo de Yaminawa é exterminado por um outro seringalista, incomodado pelos seus assaltos.

---

10 "Colonial" aparece sempre neste trabalho no seu sentido mais amplo, para designar em geral a intervenção "branca" e não um período histórico concreto. A sequência de uso laboral-expropriação territorial é tomada dos estudos de Carneiro da Cunha (1992, p.133-54) sobre política indigenista no século XIX. Cf. João Pacheco de Oliveira (1988, p.79) para o caso do Alto Solimões, diferenciando no seringal um "modelo de auge" e um "modelo caboclo", que se alternam no espaço ou no tempo. Em geral, o papel da mão de obra indígena tem sido muito mal avaliado, por motivos essencialmente ideológicos.

Castello Branco (1922, p.596) nos informa de um grupo de Yaminawa que morava no seringal Valparaíso e mantém grandes roçados de mandioca, milho, banana e amendoim. Qualifica-os, apesar disso, de "indolentes", porque sua produção não cobre o consumo do seringal.

A coexistência, em quase todos os informes, de Yaminawa mansos e bravos não se deve só ao acaso. A segmentação dos grupos[11] é uma estratégia mais ou menos consciente ante os brancos, que visa a filtrar seu poder, admitindo bens manufaturados e evitando epidemias e controle. No caso dos Yaminawa que entraram em contato com Máximo Rodríguez, por exemplo, é sabido que eles mantinham contato com um outro grupo arredio no Alto Tahuamanu. A aproximação aos brancos e a fuga para a selva parecem um padrão cíclico, facilitado pela instabilidade da população branca na área.

A guerra fragmentar

O regime de trabalho dos cauchais e dos seringais, mesmo nas suas versões mais tirânicas, repousava em um equilíbrio frágil, que se mostrou vulnerável à baixa de preços do seu produto. Saturados de mercadorias, ou decepcionados pela crescente sovinice de seus "patrões", não poucos grupos indígenas mudaram de política, passando de uma colaboração às vezes já longa para a hostilidade declarada.

Assim, os Piro (Alvarez, 1972) podem entender o final do *boom* como uma expulsão dos brancos, e tal interpretação está longe de ser um exemplo de autacomplacência. O final do *boom* foi pontuado por uma série de revoltas indígenas sobre as quais temos escassíssimos dados.

Carlos Scharff, o maior *cauchero* da região, instalado então no Alto Piedras (ou Tacuatimanu), recrutava seus colaboradores por meios mais expeditivos que os do seu diplomático irmão, Mathias, antes resenhados: organizava correrias de índios, dirigidos por um branco, que capturavam alguns "brabos", matavam outros e afugentavam o resto. Em 1909, confiante em excesso, envia um grupo só de Amahuaca, armados

---

11 Ver as observações de Romanoff neste sentido, para o caso Matses.

de Winchester, com o mesmo objetivo, mas eles voltam inesperadamente, matam Scharff e seus dez empregados brancos, e queimam a colocação. Baldomero Rodríguez, a mando de uma expedição que tentava esclarecer o sucedido, é morto também pelos mesmos Amahuaca, e a região é então abandonada aos "selvagens". Vale a pena confrontar essa versão, devida a Farabee – sempre fértil em inexatidões – com a dos dominicanos (Fernandez Moro, 1952, p.209), que narram a morte de B. Rodríguez como episódio independente. Os Piro que trabalhavam para ele em Sotilija eliminaram pelo menos oito empregados da colocação, entre espanhóis, peruanos e japoneses, instigados ou não por civilizados, movidos por maus-tratos ou por ciúmes. O patrão caiu, dizem, por acaso, confundido no entrevero com outra pessoa. Quanto ao primeiro caso, e segundo a mesma fonte (idem, p.159), "o pessoal do senhor Scharf, tanto dos civilizados quanto dos selvagens, sublevou-se; e desde o varadouro de Scharf (do Piedras ao Purus) vinham assassinando os empregados desta Casa Comercial". Os sublevados chegam à sede, e lá trucidam os negociantes: entre eles Leopoldo Collazos, um dos diádocos de Fitzcarrald, que teria vendido a Scharff os Piro participantes da revolta. Um *cauchero* chamado Pasmiño dá o primeiro tiro em Scharff, fuzilado a seguir por cada um dos insurgentes.

O fenômeno é mais amplo. D' Ans (1972) cita, em nota de rodapé, um tal Warakopa, chefe de guerra dos Rondowo, que "tendo unificado vários grupos de Amahuacas sob sua autoridade, conduziu, no início do século, uma guerrilha encarniçada contra os patrões do caucho, especialmente no alto [Rio] Piedras". Deshayes & Keifenheim (1982, p.81-2) reportam o caso dos Kaxinawá, que, depois de muitos anos de trabalho no seringal brasileiro, decidem fugir para um lugar afastado no Peru, não sem antes massacrar os brancos e apoderar-se de suas mercadorias. O líder dessa retirada é o seu chefe e xamã, Salomon, que foi morto depois por feitiços dos Kulina.[12]

---

12 Deve-se notar no caso de Salomon a conjunção de duas ambiguidades *fortes:* aliança e conflito com os brancos (aspecto interno) e essa suma de chefia e xamanismo (aspecto externo) – papéis antinômicos, segundo a análise de um dos autores (Deshayes, 1993) – que configuram Salomon como uma espécie de "profeta".

Nas memórias Yaminawa expostas no capítulo anterior soubemos de outros protagonistas de guerras semelhantes, e devemos lembrar que não se tratava de hostilidades pré-contato, mas de ruptura de uma relação contratual: o chefe rebelde é de fato o antigo mediador, como se a mesma mediação que o levou a trabalhar para os brancos fosse também necessária para que os endo belicistas Pano combatessem coerentemente os brancos. As fontes missionárias, e em geral indigenistas, dificilmente acreditam em agressões vindas de selvagens puros, e precisam sempre achar um instigador "mestiço": mas o preconceito tem alguns apoios importantes na história da região. Não é estranho que os Piro, como etnia "mediadora", sejam mais visíveis como cabeças das rebeliões indígenas.

A revolta dos indígenas não se limita às cabeceiras inacessíveis, estendendo-se também às regiões "fluviais":

... como resultado da crise do caucho se produziram no Pichis, Pachitea e Alto Ucayali várias desordens ... levantando-se indignados os indígenas pelos abusos cometidos pelos caucheros, vitimando alguns. À deficiência no pagamento juntava-se o mau trato. (Ortiz, 1980, p.92-4)

O exército chega a intervir contra os Campa, nessa ocasião; mas em geral não há, nessas solidões, guerra declarada, senão uma alta ocorrência de homicídios e assaltos que inviabilizam a presença dos brancos em condições de escasso lucro. A crise do caucho faz a diferença entre as grandes vias fluviais, em que o domínio branco pode continuar se apoiando em outras fontes, e as cabeceiras dos rios, que resultava dispendioso e pouco atraente voltar a ocupar. Ortiz, confessando não ter "maiores informes", supõe que a população peruana do Purus, hostilizada por brasileiros e índios, fugiu por difíceis caminhos até pontos mais seguros.[13] Os Yaminawa, como veremos adiante, eram

---

13 Em 1940, dois aviadores peruanos descobrem um casario isolado na área do rio Manu: descem com muitas prevenções, temendo encontrar os Piro que assassinaram Scharff, mas encontram uma família de caucheiros – aliados, de fato, com Piro vizinhos –, durante decênios sem contatos com o exterior, que se maravilham ao ouvir pela primeira vez um rádio (Reyna, 1942, p.158-61).

temidos na região, embora – a eterna dualidade – alguns patrões ainda continuassem a contar com eles nos seus empreendimentos. Mas são casos isolados: em geral, sem os altos benefícios de outrora, "os patrões não têm mais nada para reduzi-los e enganá-los".

Embora saibamos pouco desse movimento, é fácil pensar que nele continuam as revoltas que desde o primeiro contato agitaram o mundo ucayalino com uma periodicidade regular, extinguindo a cada cinquenta anos as missões tenazmente reconstruídas. Pouco importa que neste caso os expulsos sejam mascates, seringueiros e outros *patrões*, e não frades fervorosos, uma diferença muito maior aos nossos olhos que aos dos índios. Os missionários eram, antes de mais nada, fornecedores de mercadorias, e os caucheiros não carecem, em muitos casos, de uma roupagem religiosa mais ou menos sincera e mais ou menos intencional.[14] Mas há de se entender com cautela essa continuidade: não se trata de um levante messiânico, muito menos de um levante pan-índio. Um exemplo pode ser Tescon, Caxinawá, de quem dão notícia Tastevin (1928, p.211-2) e Linhares (apud Castello Branco, 1952): célebre por suas lutas contra os peruanos, entre os quais tinha sido criado, já em 1907 está instalado na região do Juruá, próximo à boca do Forquilha, como chefe de um forte grupo de Katukina. Essa designação compreende uma pluralidade de grupos: Iskunawa, Rununawa e Cachinawa. Com eles, Tescon mantém agora "uma guerra terrível" contra os Arara do Tawary e do Forquilha, o que não o impede – peculiaridades das

---

14 Ortiz (1980, p.145) cita as palavras de um *habilitado* – isto é, um intermediário no sistema de aviamento –, que equipara sua situação à do missionário neste aspecto, ponderando a inutilidade de tratar com os índios sem a mediação das mercadorias. As relações entre a fé e a mercadoria são constantemente expostas com ou sem amargura pejos missionários, em desabafos privados ou na propaganda destinada a arrecadar fundos entre os fiéis da cidade. De outro lado, é reveladora – embora vinculada ao linguajar positivista – a palavra que durante muito tempo se usará no Brasil para designar os patrões de índios: "catequizador". O missionário franciscano Gabriel Sala, em 1887, denuncia como comerciante um tal Juan de la Vela de Dios, "deus de caucho", que se faz adorar pelos índios do Ucayali, casando e descasando etc. (Izaguirre, 1922-1929, vol.XII, p.83). O mesmo Sala em outro momento declara que Fitzcarrald se faz passar entre os índios por *amacegua* ou "deus branco", e um biógrafo/mitógrafo daquele (Reyna,1942, p.21) sugere que esse título lhe foi espontaneamente outorgado pelos índios.

240

guerras amazônicas – de aceitar um convite para uma pescaria desses seus inimigos, que aproveitam a ocasião para matá-lo. Seus Katukina continuarão a guerra: aliam-se com os Amahuaca ou Chipinawa e convidam por sua vez os Arara a pescar, esperando-os a meio caminho, armados de fuzis. Os Arara se defendem e ganham a batalha: pouco depois são eles os que fracassam num ensaio de "civilizar" os Yawavo. O levante contra o branco se enlaça, sem solução de continuidade, com guerras intergrupais, em que as armas do branco passam a se integrar, do mesmo modo que seus conceitos.

Acostumados à racionalização dos conflitos, não estamos dispostos a reconhecer guerra sem ideologias ou pelo menos identidades amplas e estáveis em conflito; no caso da desocupação pelos brancos de amplos espaços na Alta Amazônia, a ótica "macro" permite enfrentar o abandono como um fenômeno quase "natural". Mais de perto, porém, é possível ver o processo como uma série de pequenas guerras.

A confusão étnica

A morte de Scharff – em que cada um contribui com um disparo, em que a responsabilidade passa de uma tribo a outra segundo as fontes do documento ou as simpatias do autor – é um bom emblema da constelação étnica organizada, em boa medida, pelos próprios *caucheros*.

Na região do Tahuamanu-Acre, um informe contemporâneo (Cf. Fernandez Moro, 1952, p.249) cita como habitantes índios Amahuaca, Huitoto, Manchineri e Iñapari, além dos Chama (isto é, Shipibo-Conibo), Campa e Piro, levados pelos *caucheros*. Um dominicano que percorre em 1913 as colocações em volta do rio Piedras consegue batizar Yaminawa, Amahuaca, Mashco, Cachinahua e Campa (Fernandez Moro, 1952, p.250). Uma fotografia conservada no acervo do Itamaraty – não consta sua origem, mas talvez proceda da expedição de Euclides da Cunha ao Alto Purus – mostra, encostados ao barracão, um grupo de "índios civilizados": Amahuaca, Andoa, Conibo, Campa, Piro.[15]

---

15 Publicada em Carneiro da Cunha (1992, p.209).

O fenômeno ocorre em toda a Alta Amazônia, embora seja mais visível nas regiões do extremo oriente peruano, especialmente o departamento de Madre de Dios, por várias razões: como já vimos, correrias prévias dos bolivianos tinham rarefeito a população indígena local, e, por outro lado, as regiões do Ucayali ofereciam grandes contingentes de mão de obra com longa experiência missionária. Os seringalistas preferiam declaradamente estes índios a selvagens da região, ralos e ariscos, como os Huarayo ou Yaminawa: assim se explicam os deslocamentos dos Shipibo, ou dos Huitoto e Andoa, trazidos do extremo norte da Amazônia peruana.[16]

FIGURA 19 – Barracão de seringal com índios Amahuaca, Campa, Andoa, Conibo e Piro. Foto: Hugo Nascimento Leal. Arquivo do Itamaraty (em Carneiro da Cunha, 1992, p.209).

---

16 Boa parte dessas populações acompanha a migração de seus patrões brancos, que no caso do Peru vão perseguindo as árvores de caucho em sentido norte-sul, como pode se ver nas referências biográficas de alguns *caucheros*, dadas supra.

As missões, seguindo uma tradição centenária, não ficavam atrás nesta síntese: a missão do Manu, fundada em 1913, reunia na sua escola membros dos Piro, Chama, Campa e filhos de *caucheros* (Fernandez Moro, 1952, p.149). Com a exceção de etnias exóticas, como os Huitoto e Andoa, barões e missionários não juntaram etnias que não se conhecessem entre si antes. Os grupos que se encontram nos seringais já tinham vivido períodos de vizinhança mais ou menos forçosa nas missões do Ucayali, e mesmo nas missões jesuíticas de Mainas. Mas, mesmo nessas missões, o contato entre os grupos tinha seguido vias "institucionais": a missão de Sarayacu, como mostram seus cronistas (Cf. Amich e Izaguirre), não conseguiu quebrar as barreiras "étnicas" entre os diversos grupos Pano, que preferiam sempre organizar aldeias ou pelo menos "bairros" diferenciados, sem falar dos grupos (Campa ou Cocama) falantes de outras línguas. As interações entre os grupos indígenas são surpreendentes, mas se apoiam precisamente nas linhas de separação entre eles.

A novidade dos campos *caucheros* e seringueiros é de tipo sexual: o desequilíbrio gerado pela diversidade de meios de recrutamento (correrias que eliminam homens adultos, desgarramento de indivíduos...) e o patrocínio expresso dos patrões, que tendiam a considerar os casamentos tradicionais como "incestuosos" e por isso fomentavam as alianças interétnicas, criam uma ocasião de mestiçagem considerada por alguns grupos (Cf. o caso Piro, Gow 1988, p.216) como a origem efetiva da gente de hoje.

Seria interessante seguir até a atualidade o destino dos diversos grupos que páginas atrás víamos escravizados pelos *caucheros*. No caso dos Yaminawa, é visível a continuidade de um modelo intermitente de contato com os brancos: selvagens sempre acabados de sair do mato possuem também características que os aproximam dos brancos; se o contato com o exterior parece mais deletério para eles que para outros povos, a dispersão e a marginalidade impedem sua integração. Já vimos que seu cálculo social lhes permite dissolver sem dificuldade o traço *biológico* dos brancos. A mestiçagem não é ignorada nem escondida, simplesmente não é levada em conta; ilustram, assim, um limite dessa confusão.

É fácil seguir o caso dos Shipibo-Conibo de Máximo Rodríguez. Em 1943, no segundo ciclo da borracha, Rodríguez vendeu suas propriedades à Peruvian Rubber Company, que de repente viu-se de posse de um nutrido grupo de indígenas. A companhia facilitou então a volta dos índios ao Ucayali, mas uma parte deles ficou no Madre de Dios. Alguns integraram a missão de El Pilar, outros se instalaram na cidade de Puerto Maldonado ou se dispersaram pela região. Atualmente, El Pilar é uma Comunidade Nativa aparentemente falha, um apanhado de restos étnicos que interagem com dificuldade: pude ouvir lá o desagrado de uma anciã Conibo perante o casamento infeliz de seu filho com uma mulher de outra etnia. A maior parte dos Shipibo-Conibo está organizando uma comunidade exclusiva e reimplantando o uso da língua vernácula, que tinha sido substituída pelo espanhol: outro limite da mestiçagem, desta vez intencional.

Os Piro, que durante muito tempo foram os favoritos dos *caucheros* – que os viam como "índios mais civilizados" –, tiveram posteriormente uma relação intensa com as missões dominicanas da área do Urubamba (representantes precoces de uma espécie de teologia da libertação) e posteriormente aderiram também ao regime de Comunidades Nativas.

É curioso comparar as duas monografias que existem a eles dedicadas. Uma é de um missionário, Ricardo Álvarez, que tende a enfatizar a fidelidade dos Piro à sua própria história, a preservação da sua cultura e em suma o que poderíamos chamar sua "pureza"; a outra, já vezes citada, é a de Peter Gow, especialmente insistente em negar as ilusões de pureza cultural e em estabelecer a mestiçagem como o ponto de partida, declarado pelos Piro, para sua história e sua sociologia atuais. Não tenho competência para julgar no caso, mas ouso sugerir que ambas as visões não são totalmente excludentes. No que diz respeito à malha étnica, o *boom* parece ter favorecido duas tendências opostas: de um lado, uma mestiçagem caótica, operada entre unidades de escala diferente (grupos locais, famílias, indivíduos) e em níveis diferentes (linguístico, matrimonial, cultural...), e, de outro, o isolamento endogâmico de pequenos grupos arredios – e em consequência um embrião de unidades étnicas "puras". Vimos como no caso Yaminawa cálculos diferentes permitem falar alternativamente em mestiçagem ou pureza, e uma duplicidade semelhante não seria impossível entre os Piro. O caráter "mestiço" dos Piro acaba sendo, ele mesmo, o terceiro limite da mestiçagem, na medida em que, longe de definir uma categoria intersticial, caracteriza os Piro como a única etnia "completa" – porque misturada – por oposição às outras etnias "puras", como brancos ou Yaminawa, e por isso defectivas (Gow, 1993). Pode-se dizer que a pureza étnica não existe sem o contraste da mestiçagem, deduzindo assim que o ciclo da borracha trouxe essa alternativa ao primeiro plano da compreensão sociológica dos indígenas da região.

A época é rica em etnias equívocas: mais adiante se comenta o caso Caripuna, e é famoso o caso Katukina. Em seu artigo de 1924, Tastevin relata o caso paradoxal de um grupo Pano que se autonomeia "Katukina", identificando-se como membro de um outro grupo linguístico com quem não tem qualquer relação. Por que esse disfarce, se pergunta Tastevin. A primeira explicação plausível aproveita o recurso da "informação errada": os brancos, no primeiro contato, teriam confundido esses índios com os Katukina, e eles espelhariam essa identidade atribuída. A outra explicação é diferente: temendo os brancos, que matavam às centenas os *nawa*, aqueles índios teriam decidido se fazer passar por Katukina, que os brancos tratavam melhor. Há ainda um outro grupo de "falsos Katukina": são os seguidores de Tescon e depois de Ângelo Ferreira, aos quais faremos referência adiante, e que congregam diferentes grupos Pano. Os dominicanos consideram comum esse artifício no Madre de Dios: "não poucas vezes averiguou--se que [as tribos] mudavam de nome para desorientar os patrões ou outros selvagens" (Fernandez Moro, 1952, p.178).

Mais importante para o aqui exposto é o caso Kuniba. Localizados no rio Juruá pelos relatórios oficiais desde meados do século XIX e por Chandless, que os assimila aos Manchineri, são tratados com mais vagar por Tastevin, que se encarrega de desfazer um equívoco fácil: falantes de uma língua arawak, esses Kuniba não devem ser confundidos com os Conibo-Pano do rio Ucayali.[17] Mas Tastevin não se inquieta por

---

17 Rivet & Tastevin publicam na revista Anthropos, a partir de seu número XVIII (1923, também), alguns vocabulários colhidos por este último, entre eles um Piro-Kunibo.

esse etnônimo obviamente Pano que os próprios Kuniba veiculam. Nimuendaju publica em 1923 um vocabulário e alguns mitos de uma índia Kuniba, servente em Manaus. O vocabulário é arawak, mas a versão do mito de Lua, relatada provavelmente pela mesma informante (Baldus, 1946, p.108-9; carta de Nimuendaju) é parecida com a Kaxinawá e idêntica à que recolhi entre os Yaminawa. Poder-se-ia duvidar de que aquela atribuição seja válida para todos os casos de presença Kunibo no Brasil: a coleta de vocabulários usa informantes isolados, e há outras testemunhas – Stegelmann, por exemplo – que incluem os Kunibo do Purus com outros Pano. Alguns informes de Tastevin oferecem uma visão alternativa do fenômeno, o seringal Porto Sérgio, por exemplo:

> ... foi aberto por·Moysés, um índio Kuniba, antes criado de um Daniel Sevalho em outra colocação, da que foge para abrir o novo seringal. Amigado antes com uma Miranha, sobe até o Envira onde toma uma mulher Caxinaua, e baixa com muitos caboclos, alguns dos quais vão com ele até Pono Sérgio. Corta seringa para uma tal Dª Maria, que o batiza a ele e a sua mulher Caxi. (Tastevin, 1919-1922, p.27)

Outras entradas do diário os apresentam como índios poliglotas, capturadores de Yaminawa ou sócios tortuosos dos brancos, que roubam a estes e responsabilizam os índios "selvagens" (idem, p.30).

Há informações que falam de uma certa expansão dos Conibo – aqui é impossível saber a língua do grupo – em direção ao leste. Relatórios de presidentes da província do Amazonas os citam como aldeados no Juruá, já em 1857 (apud Castello Branco, 1947, p.175). São eles que atuam como canoeiros da expedição de Chandless, sempre temerosos de represálias por parte de grupos Pano – os "Nahua" – aos quais eles teriam dirigido suas correrias. Informes franciscanos do século XVIII – o próprio mapa de Pablo Alonso Carballo, que será comentado no próximo capítulo – indicam de fato que os índios do Ucayali conheciam os varadouros entre o Ucayali e a bacia do Juruá-Purus (este binômio, porém, era considerado como um único rio, o Cuja).

A dúvida não precisa se resolver em termos de linguística. Seja qual for a língua desses Conibo ou Kuniba – e em muitos casos se trata obviamente de uma língua arawak –, é claro que eles agem sempre como elemento de um conjunto que inclui grupos Pano "interfluviais", aos que "servem" como intermediários, recebendo e assumindo um etnônimo congruente com esse contexto. Cabe lembrar que Piro e Conibo são contingentes habituais das missões franciscanas do Ucayali, e especialmente de Sarayacu, cuja composição linguística não é fácil de definir, e que com sua maciça introdução de ferramentas e sua demanda de almas fomentou entre os seus fregueses o comércio e a pilhagem das populações interfluviais, e muitos vieram engrossar, de grado ou à força, as fileiras de neófitos.

Recapitulando, é possível distinguir três níveis nessa "confusão étnica" que caracteriza a região: para começar, uma intensificação da comunicação entre grupos diferentes, e mesmo distantes, que pode chegar a produzir uma ruptura dos limites sociais entre os grupos. Em segundo lugar, uma reflexão sobre esse processo, que fornece ideias opostas e simétricas sobre mestiçagem e pureza étnica. Em terceiro lugar, a mediação dos brancos fornece aos índios uma certa distância com respeito às suas próprias identidades étnicas: é possível jogar com os etnônimos e fazer um uso estratégico deles. Generalizam-se o disfarce, a assimilação a outros grupos ou a formação de conglomerados étnicos sob um nome único.

Peruanos e brasileiros

Mas se o ciclo da borracha age intensificando as comunicações, há um outro processo oposto que a riqueza seringueira desencadeia, e permanece além da extinção daquela: é a delimitação das fronteiras.

Os Yaminawa aparecem na documentação como tribo "peruana" e como tal permanecem aproximadamente até 1910. Depois – basta conferir a bibliografia – essa frequência cai rapidamente, e os Yaminawa não são citados, no melhor dos casos, senão como habitantes da região interfluvial – fronteiriça, aliás – mais inacessível. Na mesma época, os Yaminawa começam a aparecer na documentação brasileira, cada vez com maior detalhe. Por trás disso, podemos em primeiro termo imaginar um deslocamento físico: durante o *boom*, especialmente durante o período mais intenso de procura de caucho, os Yaminawa fogem dos *caucheros* peruanos, e os peruanos fogem dos Yaminawa lá onde a baixa rentabilidade da exploração faz estes mais fortes. O território Yaminawa se configura como um cone irregular, com um vértice "selvagem" situado no Peru, na múltipla divisória de águas Ucayali-Juruá-Purus-Madre de Dios, e uma ampla circunferência de acesso aos brancos, que se estende mais do lado brasileiro.

Em palavras dos informantes Kaxi de Capistrano de Abreu, os peruanos eram ruins e os brasileiros bons. As razões dessa assimetria não são nenhum mistério: a exploração da *Hevea brasiliensis*, a seringueira, paulatina e prolongada, dá lugar a assentamentos fixos que se beneficiam da vizinhança de índios pacificados. O fluxo comercial brasileiro foi sempre mais intenso e continuado. Do lado peruano, a hévea é praticamente desconhecida, e a principal produtora de goma, a *Castilloa elastica* – o caucho – é cortada de uma vez por todas. Os *caucheros* – "caçadores de árvores", como os denominou Euclides da Cunha – não consolidam uma rede de povoados nem um sistema de transporte. Os índios são recrutados para a caça de árvores, ou caçados por sua vez.[18] O viageiro, ou espião, Villanueva estreia em 1902 um tópico, depois frequentemente repetido pelos publicistas peruanos: os brasileiros teriam aproveitado

---

18 Não é um excesso de determinismo considerar a fronteira um fruto da botânica, aliada à hidrologia. Malgrado os tratados coloniais, a fronteira brasileira avançou até o limite da *Hevea*, lá onde a navegabilidade dos rios – a do sistema Juruá--Purus é muito louvada por Euclides da Cunha – facilitava sua expansão sem descontinuidades desde o vale amazônico. A exceção à regra da *Hevea* – a região do Tahuamanu, rica em *Hevea* mas ocupada e mantida pelos peruanos – confirma a regra do rio: embora vizinho imediato do rio Acre, onde era maior a concentração de brasileiros na época, o Tahuamanu não tem acesso direto ao Amazonas por causa das cachoeiras do rio Madeira. A dicotomia seringa/caucho permanece válida no fundamental, embora tenha sido elaborada como tema propagandístico. Euclides da Cunha desenvolve brilhantemente os estereótipos do seringueiro e do *cauchero* – o desbravador firme, forte e humilde ante o aventureiro violento, inconstante e bombástico. Do outro lado (vg. Villanueva, 1902) só mudam os adjetivos: os peruanos se gabam das correrias e lamentam ter abandonado regiões onde os brasileiros têm se assentado. A dicotomia, como disse, pode ser válida no fundamental, mas deve ser estendida. A assimetria do espaço alto-amazônico está lá antes de *caucheros* e seringueiros; estes a herdam dos indígenas de um modo ainda não bem escrutado.

a limpeza de índios selvagens feita previamente pelos *caucheros* para se expandir sem problemas. A notícia é desmentida pelos eruditos dos seringais, que alegam com bons documentos a prioridade dos brasileiros nessas regiões; mas, data acima ou abaixo, consta a existência de quadrilhas de peruanos especialistas em correrias e que eram contratados para esse fim por seringalistas brasileiros, na ocasião, a troco do aproveitamento dos cauchais (Castello Branco, 1952, p.22). Um veterano das correrias acreanas, Pedro Biló, em entrevista realizada em 1981,[19] ainda lembrava os peruanos como "especialistas" em tal matéria.

Como já vimos, a ruína do sistema peruano não esperou a crise da borracha. A devastação dos cauchais dispersou os brancos e esvaziou a área. A imigração branca reverte: alguns núcleos no Purus peruano se conservam simplesmente porque é difícil sair.

Ainda em 1949, depois do reduzido ciclo da Segunda Guerra, a metade da população civilizada de Catay no Purus foge, através da mata, em direção ao Ucayali (Ortiz, 1980). Catay estava em franca decadência e isolada do resto do Peru precisamente pelos Yaminawa, que interceptavam os varadouros. Durante decênios os Yaminawa fazem intransitáveis os varadouros na mesma área do Purus. Possuem armas de fogo e fazem frente mesmo a pequenas expedições. Na época, os peruanos pensavam que essas armas eram fornecidas pelos brasileiros, para debilitar a presença peruana na fronteira. Trate-se ou não de estratégia, o uso de armas de fogo evidencia um trato continuado com os brasileiros. Os peruanos devem se comunicar com o Alto Purus por Manaus, e a área peruana se converte então numa espécie de refúgio dos Yaminawa arredios, invertendo de algum modo os caminhos do começo de século e fazendo da fronteira uma divisória "cultural" entre grupos "aculturados" e "tradicionais".

Não há só uma situação demográfica e econômica diferenciada a um lado e outro da fronteira: a própria fronteira é um elemento que, embora raramente dificulte o deslocamento dos índios, é conhecido por estes, que passam a manipulá-la. A definição das fronteiras por

---

19 O herói dos cariús. Entrevista com Terry Vale de Aquino, s. d.

parte dos brancos acompanha uma mudança no panorama étnico da região, a partir de agora fronteiriça. Os Piro "mercuriais" – comerciantes, navegadores, "mestiços", que no mapa de Nimuendaju, baseado em fontes contemporâneas do *boom*, dominavam os varadouros – são substituídos pelos Nawa "balcânicos". Taumaturgo de Azevedo, no seu primeiro relatório em 1905, assinala a presença de índios armados com Winchester nas cabeceiras dos rios Gregório, Acuraua, Liberdade e São Salvador (apud Castello Branco, 1952, p.15). Oppenheim (1936a) fala em ataques amahuacas nas cabeceiras do Abujao, por volta de 1934. A fronteira, do lado brasileiro, começa a ser policiada, desde pouco depois de sua criação, por grupos Pano, reunidos sob o comando de um chefe branco. O primeiro é o cearense Ângelo Ferreira, de que Tastevin dá informações no seu artigo sobre o Alto Tarauacá (1926, p.47-8): em 1905, consegue se fazer chefe dos Yawanawa, Rununawa e Iskonawa, agrupando-os sob o nome de Katukina, e alcançando também a adesão de grupos próximos, como Kaxinawá (as "hordas" de Tescon) e Arara. Com seu apoio, empreende a abertura de uma estrada de Cruzeiro do Sul até Sena Madureira, que chegou ao menos a Cocamera, onde Ferreira tinha seu quartel-general:

> sacava montanhas de caucho com os índios; tinha uma peruana poliglota como companheira: a cana crecia no meio do caucho... Começou em Cocamera onde residiu de 1900 a 1909: obrigava os Indios ... a trabalhar no caucho + nas plantações: Kolina, Kasinaua, Capanaua, Catukina + Canamari. Falava vários dialetos... (Tastevin, 1919-22, p.29)

Ferreira consegue, ainda, a vassalagem de Tescon: o mesmo Tescon antes citado, de quem um engenheiro que reconhece a área diz que vestia calça e camisa, à diferença dos outros índios. Linhares acrescenta que ele fala regularmente o português (além de saber o espanhol, que se nega a falar) e tem um pequeno comércio de borracha e produtos de seus roçados que negocia com os barracões vizinhos. Ferreira e Tescon, figuras simétricas, se integram perfeitamente, em degraus imediatos, na escada do aviamento. Se no capítulo anterior atribuímos à chefia atual uma herança do patrão, vemos agora que também não houve solução de continuidade entre os chefes rebeldes indígenas e os novos patrões ou catequizadores. "Catequizador", é bom lembrar, era uma palavra cara aos positivistas, que a tomaram dos padres católicos para designar os diversos desbravadores do sertão e empregadores de índios, em reconhecimento de sua ação civilizatória. Mesmo nessa acepção ampla, a palavra parece inadequada para o cargo a que a destinam.

Absolon Moreira *catequiza* um grupo de Amahuaca, empregando seus serviços eventuais cada vez que aparecem; o sucesso parece estar em uma limitação do serviço requerido dos índios, ou no aspecto temporal (eventuais serviços de derruba, transporte etc.) ou no caráter dos serviços: os índios que servem a Ferreira atuam na qualidade de "caçadores e soldados". Sem alterar dramaticamente a autonomia dos grupos, os frutos visíveis da catequização são limitados: o mesmo Castello Branco (1952, p.49), quando juiz em Vila Taumaturgo, deve intimar um gaúcho – ao que ele mesmo dizia, *tuxaua*, desde vinte anos atrás, de um grupo de Amahuaca peruanos – a pôr roupas nos seus catequizados para circular pela cidade... O pacifismo das relações entre catequizadores e índios é uma face da moeda: esse "serviço como soldados" significa que as correrias continuam contra os grupos "não catequizados" e que elas se convertem em estratégias dos próprios catequizados para ampliar o seu grupo e praticar, por sua vez, uma sorte de etnocatequese. São os Katukina de Ângelo Ferreira os que, segundo conta Tastevin (1924), capturam um grupo de Yaminawa e lhes impõem sua própria tatuagem: desde então, esses *"misérables vauriens"* deixarão de ser Yaminawa para se converter em legítimos Katukina.

A união dos diversos grupos tem um certo ar confederal que nos aproxima do panorama político atual: *"chaque tribo avait sa 'maloca' aupuis du barracão"* (Tastevin, 1919-22, p.29).

É o mesmo Tastevin que anota, escrevendo sobre o Alto Tarauacá (1926), que os restos dos Katukina de Ferreira ainda moram na colocação Atenas, sob as vistas de um empregado da CPI que não lhes dá bom exemplo – tem quatro mulheres. O estereótipo do branco escolhido como chefe de um grupo indígena, tão caro ao imaginário aventureiro do Ocidente, tem seu lugar na reorganização dos grupos Pano e na criação de um novo modelo de chefia.

Felizardo Cerqueira, também cearense, é em certo sentido o sucessor de Ferreira: empregado seu, instala-se entre os Kaxinawá do Iboaçu depois do assassinato daquele por arrendatários de um seringal. Tastevin prodiga os detalhes:

> Esse homem tem conseguido fanatizar os índios, que estão todos prontos a derramar seu sangue por ele. Ele possui um harém de nove mulheres que põe à disposição dos seus companheiros civilizados, pelo tempo que permaneçam com ele. Ele não admite que se seja solteiro no meio dos seus índios. (1926, p.48)

Com os índios, Felizardo se dedica à coleta de caucho, e na década de 1920 presta importantes serviços à Comissão de Limites, traçando a trilha fronteiriça que depois ele mesmo controlará com suas milícias Kaxinawá: já em 1919 os seringalistas do Alto Tarauacá requeriam seus serviços para conter as incursões dos Papavo, um nome genérico que englobava uma pluralidade de grupos -nawa, "brabos" identificáveis com os Yaminawa ou próximos deles.

Os três últimos decênios dão alguma simetria ao enclave Yaminawa, que no começo da década de 1960 alcança alguma definição no Peru. De novo, os Yaminawa aparecem como hostis: a revalorização da borracha amazônica durante a Segunda Guerra Mundial dá um fôlego passageiro à ocupação peruana, e a área Yaminawa começa a ser procurada também por madeireiros e "gateiros" (traficantes de peles). Dessa vez, porém, a invasão é paulatina e sem grande poder de choque. Funciona sobretudo pelo aviamento de indígenas e mestiços. Já no decênio de 1950, os Yaminawa são um sério obstáculo para a economia da região, e mantêm conflitos com diversos grupos indígenas:

> Uma seção do povo Pano, os Yaminahua, tem se revelado nestes últimos anos como o grupo mais guerreiro da área do Alto Ucayali e do Urubamba. Este grupo enfrentou repetidamente os Brancos, os Mestiços, os Piro, os Mashco, os Machiguenga e os Campa. São nômades, todo astúcia, que fogem através da floresta até os lugares mais recônditos. (Alvarez, 1972, p.128)

Os missionários dominicanos, cuja experiência com grupos Pano era muito limitada até o momento, começam então a atuar na área. Já em 1921 (Fernandez Moro, 1952, p.352), José Alvarez percorre boa parte da atual área Yaminawa: sobe até o Alto Tahuamanu, que os *caucheros* estavam abandonando, e alcança o posto Tungurahua, onde predica para alguns índios indefinidos, empregados dos *caucheros*. De lá, segue por terra até o Alto Acre, e à beira do rio Blanco – provavelmente o mesmo que serve agora de limite à área – encontra uma cabana indígena abandonada, com duas tumbas no seu interior. Então vara até o rio Iaco, onde, com a ajuda de um patrão possivelmente peruano, procede à "desobriga" de um grupo nutrido de Manchineri. Nada se diz na época dos Yaminawa. A fundação da missão de Sepahua em 1948, num velho varadouro do Ucayali ao Purus, cria pela primeira vez um polo de sedentarização dos Yaminawa em território peruano: alguns se instalam na missão, e outros dois vilarejos no Purus mantêm contato com os missionários católicos e também com os "linguistas" do SIL (Townsley, 1988, p.25-6). Na área do Juruá peruano o contato é mais tardio. Em 1958, Ricardo Alvarez começa uma série de nove expedições de contato ao Inuya e ao Mapuya, encontrando primeiro os Amahuaca por meio dos Piro e de outros Amahuaca "mansos", e posteriormente os Yaminawa, por meio de guias Amahuaca.

O relato da expedição (publicado como entrevista: Soria & Alvarez, 1965, p.12-6) vale a pena. São os próprios Amahuaca que falam aos missionários da existência dos Yaminawa e se oferecem como intermediários: os padres não poderiam entrar na trilha dos Yaminawa – uma trilha larga, a dois dias de caminho do seu casario –, que eles transitam e vigiam permanentemente, matando qualquer um que encontram nela vestido. Os missionários mandam então seus embaixadores Amahuaca e esperam com outros índios a chegada dos Yaminawa. Estes chegam, enfim:

> Eran las 10 de la mañana, cuando sentimos retumbar todo el cerro con los gritos de aquellos energúmenos. Imponía su presencia. Tipos de apariencia robusta, totalmente desnudos, gritando como locos... Me dijeron los "embajadores" míos: – Tienes que salir a saludarles... Salí. El saludo de ellos era apuntarme con sus flechas, dando uno y otro y otro más, vueltas en torno de mí, gritando, gesticulando, y siempre apuntándome con sus flechas.

No momento que segue e no dia seguinte, durante uma missa, os Yaminawa vão tomando, sempre entre gritos, as roupas da mala do missionário, os presentes e o cálice. Quando a situação se acalma,

Álvarez quer saber o que os Yaminawa diziam durante a "saudação", e os intérpretes explicam: estavam muito contentes de vê-lo, prometiam cortar muitas toras de madeira para ele, e lhe dar muita macaxera e banana. Desse discurso, o missionário só tinha entendido uma palavra, múltiplas vezes repetida: "patrón".

O relato de Álvarez é precioso por muitas razões: a principal é que essa rara descrição de um *primeiro contato* entre o homem branco e os índios nus nos revela que esse início não é senão a continuação de uma história já velha, que volta com seus equívocos. O missionário insiste então – *"hasta cansarme y cansarles"* – em rejeitar qualquer retribuição pelos presentes e em negar sua identidade de patrão, não só para provar a diferença de suas intenções, mas também *"para no terminar como tantos patrones 'sabidos', muertos bajo sus flechas..."*. Muitos dos Yaminawa – mais ou menos trinta – querem acompanhar de volta o missionário. Andam com ele – os guias Amahuaca já tinham voltado – dois dias pela mata, até chegar ao rio. Lá encontram com parte dos Amahuaca que tinham improvisado jangadas e provam sua inexperiência fluvial; lotam a embarcação improvisada até afundá-la e se aterrorizam com os rios cada vez maiores. Começa, a partir daquela visita, uma relação continuada com a missão e os madeireiros do Mapuya: a metade do grupo foge das epidemias frequentes e se refugia no Huacapishta, embora continue mantendo contatos regulares com os brancos – especialmente com missionários do SIL, desde 1976 – para obter bens manufaturados (Townsley, 1988, p.26). Nessa época, a Funai já tinha começado a atuar junto aos Yaminawa do Iaco: a leste e a oeste, o conjunto dos Yaminawa começa a lidar com agências brancas. Em 1984, os Yaminawa de Sepahua (Zarzar, 1987) participam na toma de contato com os Yora ou "Parquenahua" do Parque Nacional deI Manu, em Madre de Dios (Peru) e incorporam em princípio uma parte do grupo.

Os Yaminawa sempre estão à mão quando se trata de identificar grupos arredios. Uma extensíssima área, na tradicional divisória de águas e no Parque Nacional del Manu, supõe-se habitada fundamentalmente por Yaminawa/Yora.[20] Os Kaxinawá identificam como Yaminawa os

---

20 Thomas Moore e Heinrich Hoeller, com. pess.

"bravos" que atacam no Alto Tarauacá.[21] Ainda mais ao norte, Erikson atribui uma identidade Yaminawa aos Papavo, que têm feito incursões na área Matis. Pode-se assumir que ainda hoje é só um lado do complexo Yaminawa que se oferece à vista.

Nomina sunt numina

Eles foram sempre essencialmente invisíveis, e agora temos elementos de juízo para saber por que a documentação sobre os Yaminawa é tão pobre, apesar das frequentes alusões a eles; por que, sendo os Yaminawa nosso objeto, dedicamos longas páginas deste capítulo a falar de outros. Só os missionários católicos ou a Funai em datas mais recentes começam a fixar como Yaminawa algumas populações autônomas: foram, simplesmente, os últimos a sair quando a ocupação de ambos os lados da fronteira esgotou a "terra de ninguém" em que Amahuaca (desde o Peru) e Kaxinauá (desde o Brasil) apontavam seus outros.[22] Os Yaminawa são por definição **outros** índios.

Amahuaca e Kaxinawá são inimigos para os Yaminawa. Segundo Luís Sombra (Sombra, 1913; apud Castello-Branco, 1952, p.29), depois de terem arranjado armas e munições com os seringueiros, os Kaxinawá projetavam uma expedição contra os Yaminawa, oferecendo ao tenente alguns cativos em troca de sua autorização: seria o momento de se vingar de agravos de longa data. Os Amahuaca, por sua parte (Alvarez, 1964), depois de muitas vezes terem intermediado no contato entre os brancos e os Yaminawa, demonstram em relação a estes um temor que às vezes os empurra a atos de uma virulência surpreendente. O Yaminawa é um *outro* que deve ser destruído ou capturado.

Os melhores informes de Tastevin a respeito de Yaminawa estão registrados, numa época pouco posterior ao *boom*, em dois escritos, da-

---

21 Terry Vale de Aquino: Entrevista com Getúlio Tené, s. d.

22 R. L. Carneiro (1962) se refere às numerosas notas que, durante suas pesquisas entre os Amahuaca em fins da década de 1950, teria recolhido sobre os Yaminawa, então arredios. Apesar de suas intenções iniciais, o autor não chegou a publicar suas notas, e eu não tive ocasião de consultar seus diários, disponíveis no Museum of Natural History de Nova York.

tados de março e novembro de 1924, e publicados por *La Géographie* nos dois anos consecutivos, com notícias do rio Muru e do Alto Tarauacá.

A ideia que os Kaxi fazem dos Yaminawa é digna de atenção: eles são os inventores da cultura indígena – do uso do cipó, da injeção de sapo... São donos indiscutíveis do centro da floresta. Quanto ao conceito que deles fazem os brancos não é menos notável, e cabe se perguntar se não se trata de uma transformação do próprio estereótipo Kaxi: os Yaminawa seriam mais altos, claros, fortes, valentes e espertos que os Kaxi; teriam em ocasiões o cabelo ruivo. Esse encontro de alteridades opostas – a da selva profunda e a da borealidade europeia – aparece atribuído aos Yaminawa (lembremos o encontro de Yaminawa e Shipibo nas propriedades de Máximo Rodriguez), mas também aos Tuxinawa (amarelos) e, muito tempo atrás, nas fontes jesuíticas, aos Mayoruna.[23]

No limite, caberia pensar que esse Yaminawa depende do branco, como um fantasma que surge para cumprir uma espécie de dever de simetria:[24] a cidade exige a selva. Mas não devemos exagerar o patrimônio da imaginação: os Yaminawa e todos os outros "nawa" são considerados *huni kui* pelos informantes Kaxi. Essa reflexão sobre a civilização e a "selvageria" se baseia numa experiência concreta.

Podemos ter uma ideia dessa experiência com a ajuda de duas cativas "nawa", informantes de Tastevin. Uma, Tsatsa Wano, fora cap-

---

23 As explicações naturalistas ou históricas não faltam: palidez dos índios escondidos na mata, índios albinos, mestiçagem com aventureiros brancos, sobreviventes dos expedicionários de Ursua que teriam perpetuado seus genes na floresta etc. Algum tipo de Pishtako, vampiro branco com o rosto dos conquistadores, assombra o imaginário de boa parte dos grupos indígenas dos Andes e da Alta Amazônia. Aqui, porém, é mais imediata a relação com a etno etnologia dos Piro (Gow, 1993), que estabelece um triângulo entre o "nativo", de um lado, e o branco e o Yaminawa de outro, ambos definidos por virtudes e carências simétricas, e aproximados pelo contraste com o nativo legítimo, ponto médio do humano.

24 No extremo, pode-se duvidar que as velhas referências aos "Yaminawa" tenham qualquer conteúdo – que se refiram, de fato, a grupos Pano. A descrição que Villanueva (1902, p.426-7) faz dos Amahuaca, de um lado, e dos Yaminawa e Yura, de outro – os primeiros, com caprichosas pinturas faciais; os demais, com enfeites de penas coloridas introduzidas em orifícios no rosto – sugere a possibilidade de que, com os dois últimos nomes, o autor esteja na verdade se referindo a algum grupo Harankbut.

turada pelos Paranawa do rio Teixeira; outra, pertencente ao grupo dos Nehanawa, teria sido ferida no ataque dos peruanos à sua aldeia – achada na mata pelos Kaxinawá de Felizardo, que patrulhavam a fronteira, foi vendida a um branco como esposa. A partir de ambas, e de informes complementares Kaxi, temos pela primeira vez uma informação algo mais endógena dos grupos "interfluviais" nas nascentes do Juruá e no espaço entre o Muru e o Embira: é uma longa lista de nomes *nawa*, todos eles glosados e com algumas informações suplementares que fazem desse texto um item fundamental para o conhecimento dos Pano marginais. Sintetizá-lo é tão difícil quanto sintetizar o próprio conjunto de etnônimos, que parece estar aí como um antídoto contra toda síntese. Uma classificação dos grupos indígenas baseada nele é uma contradição em si. O termo A engloba o B ou é englobado por ele, indistintamente.

A persistência dos nomes é notável: podemos comparar a lista de Tastevin com as de Linhares, Sombra, Carvalho, Torralba, Townsley e com as que podemos recolher agora mesmo da memória Yaminawa. O sistema é coerente com o que ainda hoje existe ou é lembrado: Shaonahua, Chaninawa, Machonawa, Yawanawa, Bastanawa, Marinawa e outros – mesmo aqueles que são, como os Kununawa, grupos remotos na época – são citados como ancestrais, ou vizinhos desses ancestrais.[25] Veremos que os etnônimos, como os nomes pessoais, não se perdem. E essa persistência é tanto mais surpreendente porque o exame a revela banal. Embora possam significar muito, não estão aí por isso: convivem com nomes que não significam quase nada.

As glosas que desses etnônimos dão as informantes de Tastevin são muito mais do que traduções; algumas são exegeses baseadas em supostos culturais comuns ou nas circunstâncias do momento: vejam-se esses Paraua *"dresseurs d'embuscades"* ou esses Chaonahua *comedores de ossos*; ou esses Tyuchanawa (de Tyuchi, fogo apagado), "que dormem sem fogo" – supõe-se que para não serem descobertos, como esses Mainawa, que vivem em buracos como tatus, ou esses Kurunawa,

---

25 A cativa de Felizardo pertencia a um grupo que Clementino define como o "verdadeiro ancestral" dos Yaminawa do Acre.

que se pintam com cinza branca. São frequentes as duplas versões do mesmo nome em que uma pequena diferença fonética opõe dois significados alternativos, um deles derrogatório: assim Tchani ou Chandinawa (mentirosos/pássaros azuis), Shara ou Saranawas (bons/abelhas) (Torralba, 1986). A proximidade fonética permite organizar outras duplas semelhantes – Kunu ou Kurunawas (cogumelos/cinza branca); Yumba ou Yambinawas (curimatãs/machados) –, que cortam pela metade o enorme conjunto de etnônimos, articulando o conjunto entre nomes e apelidos. Nada indica que esse humorismo seja anômico. Muito pelo contrário, parece o modo adequado de enfretar determinadas relações.[26] Mas o acaso, os erros de pronúncia ou de transcrição parecem sempre recursos bem-vindos, fontes válidas de variação etnonímica. Variação, mas não mudança: como se novas distorções corrigissem as antigas, e os velhos nomes voltassem a aparecer. Os nomes se perpetuam mesmo quando perdem seu sentido – até voltar alguma vez a ganhá-lo.

Algo parecido com a ignorância Yaminawa do significado do próprio nome acontece com os Amawaka. Para os do Baixo Pariamanu, "Amawaka" é um denominador vazio, que não significa nada e ainda colide com a fonética de seu idioma. D'Ans (1972), embora sendo um extenso conhecedor das línguas Pano, não acerta com o significado do nome, que vai procurar no quíchua. É possivelmente, aqui também,

---

26 Sobre o humorismo Pano, quase todos os antropólogos se expressam a respeito na apresentação de suas monografias. No capítulo do parentesco, tratamos de manifestações mais específicas desse humor, mas o tema não se esgota nessas ocasiões leves e reaparece em outras com tons muito mais sombrios. Assim, desde as galinhas que os Conibo escaldam e depenam vivas entre gargalhadas, para horror de Castelnau e companheiros, até o Cashibo crucificado – e assim comido vivo pelos urubus – pelos Shetebo, que cumpriam assim sua promessa de "não matar o prisioneiro", passando pelas mascaradas dos neófitos Amahuaca com as vestes litúrgicas dos franciscanos, e pelos risos incontidos dos corsários Conibo, que esses mesmos missionários veem no rio, rumando à aldeia desses mesmos Amahuaca que vão capturar e vender como escravos. São esses traços de humor que irritam profundamente os missionários e os levam a qualificar os Pano como "perversos", à diferença de outros índios, que são simplesmente "selvagens". Em suma, trata-se de um humor que, em suas diversas versões, marca como paradoxais todas as distâncias sociais: a do parente, a do outro índio, a do estrangeiro e a do inimigo.

um erro de pronúncia. Tanto Torralba quanto Townsley, pelo contrário, traduzem "Amawaka" como "gente-capivara" ou "filhos da capivara"; seria um apelido Shipibo, literalmente traduzido pela palavra "Impetineri", com que os Piro se referem às populações nômades do interflúvio. As etimologias, desconhecidas às vezes para o próprio grupo, existem em potência, por assim dizer, "depositadas" nos dialetos Pano vizinhos e mesmo em línguas diferentes.

"Yaminawa" aparece neste contexto, nos relatos de Tastevin, em três situações diversas: como uma parte dos Huni Kuin, oposta aos Kaxinawá e diferenciada de outros pequenos grupos *nawa*, também Huni Kuin; como um equivalente de outros nomes genéricos como Amahuaca ou Papavo; ou enfim, como um grupo concreto, perdido entre muitos outros no conjunto dos Papavo.

Parece, assim, que o etnônimo Yaminawa, como qualquer outro etnônimo Pano, é capaz de cumprir três funções, ou melhor, ocupar três extensões diferentes. A primeira, a de denominador relativamente indiferenciado e elástico, suscetível de ser aplicado, como esse Huni Kuin, a um número muito amplo de grupos. A segunda, um denominador dual, que divide o campo étnico entre um nós e um outro intimamente vinculados; e terceira, uma denominação particular, atomística. Essas três extensões repetem, se bem lembramos, os três níveis de compreensão da organização da aldeia Yaminawa vista de dentro. Se essa configuração permite a formação de agregados plurais como a aldeia Yaminawa, podemos pensar se não organiza também coletivos mais amplos, como o Kaxinawá, que os etnólogos entendem como uma "etnia" relativamente homogênea, ou o Shipibo-Conibo, que forma uma pequena "nação", mal que pese à frouxidão de seus vínculos internos.

Uma característica constante da história Pano tem sido a facilidade com que tem se reorganizado em conjuntos de escala muito diferente, sem por isso incrementar seu despojado aparato político: vemos que essa facilidade é afim à mutabilidade do seu sistema etnonímico. Yaminawa – como, em potência, qualquer etnônimo Pano – é assim um coringa, mas que como qualquer coringa ganha em cada jogada um valor bem definido. O etnônimo cria etnia, porque grupos definidos por uma opinião externa, mas gerada a partir de um acervo simbólico que eles compartilham, tendem a se decantar como unidades políticas de fato, e mesmo a assumir alguma das características diferenciais que essa opinião lhes atribuía.[27]

Os Yaminawa são um fantasma dos índios "civilizados" e de seus brancos, que toma figura humana e política na medida em que o centro da selva, seu nicho lógico, é ocupado. Não é raro assim que as histórias orais yaminawa pensem no seu passado a partir de uma antinomia (*yuranawa*) ou de um caos de grupúsculos, ou de uma espécie de quiasmas semânticos de grupos étnicos. As identidades só existem dentro de um sistema – de nomes. Se isso acontece com os Yaminawa, deve acontecer também com os outros grupos do seu entorno: é uma visão nominalista da etnologia Pano, que de um lado irrealiza algumas unidades étnicas a que a bibliografia atribui certa solidez, e de outro propõe como estrutural um aspecto atomizado que essa mesma bibliografia costuma ver como produto de um desastre histórico, o ciclo da borracha.

Um olhar retrospectivo

É bom retomar aqui uma dúvida expressa no seu começo: serve o *boom* como divisória de águas da história indígena? Temos, antes dele, um mundo "tradicional" prestes a ser destruído pelo branco?

É fácil prever a falácia, em último termo, dessa tese: não é lógico nem inevitável situar tão perto de nós um marco zero da história.

Parece inevitável porque a tradição oral não alcança além do ciclo da borracha qualquer terreno claro. A situação dos *nawa* arredios durante o *boom* é reconstruída por Townsley e Torralba na base de memórias. De um lado, escassez e dificuldades: não há roças fixas, não há aldeias estáveis, nem acesso aos rios, nem cultura material que seja demasiado pesada para ser carregada numa fuga previsível: em suma,

---

27 Se essa explicação parece demasiado inverossímil, deve se refletir sobre as numerosas ocasiões em que ao longo deste texto se mostra a capacidade Pano de assimilar pontos de vista exteriores. Compare-se com os dados surpreendentes de Lima (1994) sobre dados tão básicos como a identidade (p.16-9) ou a definição da linha de descendência (p.49).

uma rigorosa interfluvialidade imposta pelas circunstâncias militares. De outro, compressão em um pequeno território em que os choques entre as comunidades e dentro destas são frequentes – bom terreno para as acusações de feitiçaria e as vinganças associadas a elas. Enfim: tendências centrífugas comandadas pela mesma força que impõe a concentração. Para finalizar, epidemias frequentes, especialmente de sarampo, que dizimam os grupos e forçam às vezes a procura dos brancos.

Essa concentração de desastres num lapso de tempo relativamente breve, tão adequada de resto para uma explicação da origem de determinados aspectos do mundo yaminawa atual, incita inconscientemente a projetar no passado pré-*boom* um modelo anterior de ordem. É de Kensinger, ao que parece, a iniciativa de propor o sistema social e político Kaxinawá como herdeiro mais direto de um modelo protopano, que teria se conservado melhor e mais estendido antes da chegada de *caucheros* e seringueiros. Deshayes e Keifenheim (1982) e Keifenheim (1992) tomam, com alguma maior precaução, essa tese – evitando, por exemplo, postular um protopano como tal. O prestígio do modelo Kaxinawá é tão grande que pode chegar a ser proposto (como relata Lima, 1994, p.49) a grupos Pano menos conservadores. Não me corresponde discutir esse modelo, mas o argumento aqui desenvolvido é em certo sentido incompatível com a ideia de modelo permanente. E há materiais Kaxi bem conhecidos que abrem a possibilidade de perceber a historicidade do modelo, com o mérito, ainda, de apontar para uma época anterior ao *boom*.

Um texto ditado a Capistrano de Abreu por Borô (Abreu, 1941, § 5722-804; cf. a glosa em Abreu, 1938, p.341-5) guarda algumas especulações Kaxinawá sobre o passado, expressas durante o auge mesmo da crise. O texto narra a dispersão dos Huni Kuin a partir de um primeiro lar, à beira do "rio zangado" *(hönö cinatapa)*.[28] Lá viveriam dois ancestrais: Harukum (o primeiro) e Apõ, gerado depois. Cada um deles gera

---

28 Capistrano identifica esse rio zangado com o mar. Borô tinha de fato viajado por mar e usaria desse nome para descrevê-lo. *Pelo* que atualmente sabemos sobre a pré-história Pano, a interpretação não parece pertinente. Também não necessária, porque às mitologias Pano não faltam turbulências de rios e lagoas de água doce.

seu povo "encantando" (*damiwani kiaki*) uma fruta do mato, *kuta* (jaci) e *xebõ* (uricuri), respectivamente. Harukum tem mulher, muito bonita; Apõ não tem e se apaixona por aquela. Na briga consequente, Harukum recrimina Apõ por não ter se casado, tendo muitas mulheres de sua gente, e o censura por desejar logo a sua; ameaça, enfim, apoderar-se das mulheres do grupo de Apõ. Na luta, Harukum morre, os grupos de ambos os chefes pelejam e se dispersam, subindo uma multiplicidade de rios: o Juruá, o Tarauacá, o Envira, o Muru, o Moronal, o Tawaya, o Ibuaçu, o Humaitá, o Colombo, o Purus e o Acre (§5792, p.513). O relato acaba com um lamento: não tivesse sido essa morte, ainda viveríamos em aldeias direitas (*mae kaya*) à beira do rio zangado.

Esse texto oferece vários elementos interessantes. De um lado, nos apresenta uns Kaxinawá já saudosos de uma ordem primordial, que teria se quebrado em tempos anteriores à chegada dos seringueiros, em um processo visto como interno. Borô já contempla a sociedade Kaxi como o fruto de uma queda, supostamente anterior e alheia aos brancos. De outro lado, o modelo clássico Kaxinawá não é visível no relato – como não é visível, de fato, em toda a coletânea de Capistrano.[29] Já tínhamos observado *supra* que nos dados de Tastevin se inclui uma acepção de *Huni Kuin* que contradiz esse mesmo modelo clássico, por incluir nela toda a desordenada variedade dos *nawa*. O par Harukum-Apõ é bastante estranho às sociogonias descritas por Deshayes e Keifenheim, em que o começo da sociedade é gerado pelo estabelecimento da aliança, e os desastres pelo incesto. Harukum e Apõ não são cunhados: não está clara a relação entre eles, só que um é mais velho que outro – uma relação significativa entre irmãos. A criação de seus povos não só prescinde da troca matrimonial, mas mesmo da sexual: os heróis formam os povos "encantando" duas espécies de frutas silves-

---

29 É claro que pode se tratar de uma lacuna considerável: o mesmo Capistrano fazia reservas quanto à erudição de seus jovens informantes. Mas vale a pena compará-la com o trabalho do etnólogo-turista Rafael Girard, que quase cinquenta anos depois, após um breve contato com índios Kaxinawá – mediado por Kensinger e Cromack, que realizavam trabalho de campo naquela época –, expõe esse modelo completo em primeiro plano. O modelo tinha ganho, no mínimo, visibilidade.

tres. A seguir, adotam uma conduta claramente endógama: o pecado de Apõ, que acaba com essa idade de ouro, é aspirar à troca matrimonial, um pecado incompreensível nos termos do modelo Kaxinawá, mas que garantiu a Apõ uma duradoura fama de vilão. Rafael Girard, que visitou os Kaxinawá na década de 1950 e descreve claramente o modelo tal como agora o conhecemos, cita ainda Apõ (1958, p.228) como protagonista nefando: Apõ é Lua, o incestuoso.

Reviravoltas em que as feições descritas na primeira parte desta obra participam em igualdade de condições com outras mais cristalinas. Os Yaminawa e seus equívocos são mais antigos do que pensamos.

7
A idade de ferro

Origens

O engenheiro Keller-Leuzinger, que percorreu o rio Madeira mediando o século XIX, deixou-nos um relato relativamente detalhado de seu encontro com os Caripuna. Esse encontro era desejado e temido pelos viageiros que enfrentavam as cachoeiras próximas a Abunã: os Caripuna, preciosos auxiliares na difícil passagem, podiam também atacá-los aproveitando sua momentânea vulnerabilidade. Pode-se inferir do relato que os Caripuna tinham acudido às proximidades do rio com uma curiosidade e uma prevenção semelhantes, para estabelecer trocas com os viageiros: o acampamento visitado pelo engenheiro está prudentemente afastado do rio. Mais interessante é ler que os Caripuna procuram as miçangas, mas não se interessam em absoluto pelos utensílios de ferro, o que, paradoxalmente, o engenheiro compreende: para as necessidades dos Caripuna, não são mais adequados que os de concha, pedra e osso que eles já têm.[1]

---

1 Cf. o relato de Cunha Correa (apud Castello Branco, 1952, p.6), que mais ou menos na mesma época deixa machados, facões, peças de pano e outras manufaturas

FIGURA 20 – Encontro com os Caripuna, reproduzido de Keller-Leuzinger, 1874.

Esse descaso pela modernidade parece já muito longe entre os indígenas da Amazônia: sugere, porém, que a mudança para o ferro não se processou nem teve suas causas exclusivas no domínio técnico. Vimos no segundo capítulo como a memória de todo um grupo pode pivotar sobre o machado de ferro, esse machado que ocupa o próprio nome dos Yaminawa.

"Yaminawa" não tem um significado; tem pelo menos quatro, que podem ser vistos como um conjunto de variantes.

A glosa mais divulgada de "Yaminawa" é *gente do machado*. Entenda-se, do machado de ferro, obtido nos acampamentos civilizados por troca, trabalho ou rapina. Já no vocabulário de Capistrano de Abreu,

---

na maloca dos Nawa no Juruá; eles, ao afastar-se o viageiro, voltam à maloca e jogam os presentes no rio. Outras referências ao comércio com os Caripuna, já em 1723 (idem, p.5), descrevem-nos ajudando os comerciantes a transpor as cachoeiras e recebendo em troca instrumentos de ferro. Caripuna é na verdade um coringa etnográfico que, sem sair do Madeira, deve ter sido aplicado a povos muito distintos: parecem ter em comum essa aproximação aos brancos mediada pelas cachoeiras.

aparece *Iami* traduzido como "metal" e aparece também o composto *Iami-naua*. A "fome de machado" dos Yaminawa está longe de ser anedótica. Foi durante mais de um século o eixo de suas relações com o branco fazendo que, apesar de experiências amargas, não se isolassem definitivamente deste e o procurassem ciclicamente para renovar seu estoque de ferramentas.

Uma versão Kaxinawá varia sutilmente: os Yaminawa são ainda gentes do machado, mas agora como donos, comerciantes do ferro. Segundo Deshayes & Keifenheim (1982), no Purus, os Iami-nahua são para os Kashi *gentes do metal*, intermediários com o mundo dos brancos ao qual estão fatalmente ligados. Também Tastevin, no Juruá, traduz Yaminawa como *"vendeurs de haches"*.

Se até aí a denominação aparece simples e imposta de fora – mais exatamente, pelos Kaxinawá – é necessário constatar que o mesmo Tastevin traduz Yaminawa (1926) também como fabricantes de *machados de pedra*, uma etimologia aceita em várias ocasiões por seus referidos.[2] Cabe dizer que se trata de uma reinterpretação, e mesmo de uma etimologia fictícia traçada através da língua dos brancos: as palavras que designam o machado de pedra nas línguas Pano são outras.[3]

Uma quarta versão desses homens-machado paira no argumento de Keifenheim (1992): do ponto de vista shipibo-conibo, os *nawa* em geral são de novo intermediários do metal desejado, mas não mais como

---

2 No Purus, os Sharanahua postulam e os Yaminawa assumem (Torralba, 1986, p.12-3) essa interpretação. Segundo seu próprio relato, os Yaminawa eram os melhores artífices de machados de pedra, e os outros grupos vinham ao seu povoado para consegui-los. Na repetição dessas visitas, certos acontecimentos serviram para distinguir uns grupos de outros, aos olhos dos Yaminawa: assim, uns foram chamados de gente-cotia. Marinawa, porque comiam sua mandioca; outros Kaxinawá, gente-morcego, porque andavam à noite; Chaninawa, porque mentiam; Mastanawa porque não cresciam; Amawaka, capivaras, porque, como estas, andavam na lama; ou Saranawa, abelhas, porque comiam os favos de mel.

3 Formas como *Rui* ou *Roe*. Os Yaminawa do Alto Acre não conhecem aparentemente qualquer significado do nome por que são conhecidos. Um dos meus informantes, porém, aventurou uma explicação: Yaminawa quer dizer só um povo que é diferente dos outros. Stegelmann explica Yaminawa como uma espécie de autodenominação: *"manner-indianer"*, índios-homens.

mercadores, senão como mercadoria. Os Yaminawa são esses escravos *nawa* capturados durante as correrias, que eles trocam por objetos de metal. "Um homem, um machado" é uma velha matemática colonial bem conhecida pelos grupos do Ucayali.

Temos, assim, um sistema de exegeses, mas estão espigadas em campos demasiado heterogêneos. Vagas etimologias, exegeses destas, interpretações... Resta ver se esse objeto aqui elaborado tem alguma correspondência na nossa documentação.

A primeira etimologia é familiar. O índio louco pelo ferro é um personagem muito comum nas crônicas. Já citamos anteriormente o texto de Villanueva, diagnosticando com clareza que os assaltos yaminawas procuram o abastecimento de mercadorias sem as quais é impossível sobreviver na selva. A presença de caucheiros na região dificulta a abertura de roças por métodos tradicionais,[4] e assim as ferramentas começam a ser imprescindíveis. O ferro – o das armas e o das ferramentas – favorece também as tendências centrífugas dos grupos Pano. Pequenos conjuntos são mais capazes de evitar as correrias, por ser mais móveis e menos visíveis e porque podem se refugiar em áreas muito restritas; são menos capazes, porém, de exercer tarefas pesadas que requerem um esforço coletivo, como a abertura de roças – só exequível desde então com a ajuda do ferro.

Devemos ter cuidado, porém, para não fazer do ferro um produto definitivo de causas passageiras: mesmo depois do colapso do *boom*, quando a pressão branca na Alta Amazônia diminui, há Yaminawa assaltando as colocações à procura de ferramentas. Não devemos limitar a idade do ferro do oeste amazônico a um período da borracha durante o qual os Pano interfluviais teriam sido contatados "pela primeira vez": sabemos que essa "primeira vez" é com frequência ilusória.

Reparemos no machado de pedra. É um dos ídolos da região: índios "que ainda utilizam machados de pedra" são indicados – desde Von

---

4 Os Matses (Romanoff, 1984) lembram-se do tempo do caucho como tempo de fome, por falta não de caça, mas de mandioca e banana. É interessante lembrar que os Cashinawa (Deshayes & Keifenheim, 1982) usam termos diferentes para designar a fome de caça e a fome de mantimentos vegetais.

Hassell até os informes contemporâneos – sempre um pouco além dos limites da civilização: *isto é, ocupando no imaginário o mesmo nicho dos Yaminawa*. O machado de pedra tem a qualidade da miragem: é tenazmente procurado, mas apenas se repara nele quando é encontrado. Eu mesmo me esqueci de dizer que os Yaminawa do rio Acre utilizam machados de pedra, sem cabo, para algumas funções marginais. Stegelmann, na virada do século, contempla-o entre os Tawari do rio Embira. Cada homem, ele diz, possui um ou vários, trazidos de muito longe, segundo os mesmos índios – na região do Embira não se acha pedra dura.[5] No relato de Clementino, que inicia o segundo capítulo desta parte, o mesmo machado de pedra aparece ao lado de um outro instrumento equivalente, mas de menor efetividade: um grande terçado de pupunha, do qual alguns exemplares Kaxi – um deles imitando o formato de um terçado de ferro – podem ser vistos no Museu da Borracha, em Rio Branco. O machado de pedra não era um instrumento primigênio, mas uma aquisição exótica que prefigura o ferro.[6]

Victor Oppenheim, geólogo que viajou pelas regiões do Juruá e Ucayali na década de 1930, localizou vários exemplares de machado de pedra em povoados Pano ou em capoeiras altas com vestígios de habitação. Obteve informações junto a vários índios velhos sobre o nome e o uso dos instrumentos, de que oferece descrição e fotografias.

Há de início machados usados (40 ou 50 anos atrás, segundo os informantes) no trabalho agrícola, do qual são exemplos o "Oksooroe" e o "Uaisuroe", nomes obtidos ao que parece de um informante Poianaua. Trata-se, em ambos os casos, de machados retangulares e muito toscos, o primeiro de pequeno tamanho. Nos vocabulários Kaxi e Yaminawa de Stegelmann encontramos a mesma raiz – *hroe, hrui* – designando o machado de pedra.

De outro lado está uma coleção de machados bem polidos e de desenho elaborado que eram usados exclusivamente na caça e na guerra,

---

5 "Jeder Mann verfugte uber eine oder mehrere Steinaxte, die sie nach ihrer eigenen Angabe sehr weit her geholt haben mussen, da ich im ganzen Enviragebiet niemals hartes Gestein traf." (Reich & Stegelmann, 1903)

6 Cf. o mito M25, em que os espíritos experimentam uma série de omoplatas de animais como machados.

fixos a um cabo de madeira dura de 40 centímetros. Um deles, localizado no igarapé Ramon, foi denominado *Quey-Iss* pelo informante – um Remo, talvez, dada a localização. O mais curioso, porém, é a constatação de que a pedra utilizada na maior parte dos casos, como no caso de Stegelmann, não é da região, e procede verossimilmente da pré-cordilheira. Oppenheim interpreta o dado como um indício da procedência dos Pano, que teriam migrado com as pedras desde a região pré-andina.

A hipótese é desnecessária. Castelnau, que em 1846 percorre o Urubamba e o Ucayali, anota a prevenção que os remeiros Campa e Chontaquiro tinham na passagem das cachoeiras do Alto Ucayali. Lá, segundo eles, acudiam regularmente os Impetineri a se aprovisionar de pedras, que não existiam na sua terra, para machados e facas, aproveitando a ocasião para atacar os eventuais viageiros (Castelnau, 1850-1851, p.342). Os Impetineri, que moravam à direita do Urubamba, infere Castelnau, devem ser os mesmos que os Conibo conhecem como Amouaca e os Campa como Pauca-Pacuri.

A procura de pedras é uma das ocasiões em que os Pano interfluviais, revertendo o caminho que se considera mais frequente, aproximam-se do Ucayali e eventualmente atacam os ribeirinhos ou os viageiros;[7] a outra é a coleta sazonal de ovos de tartaruga. Duas hipóteses cabem aqui, e ambas supõem uma certa coordenação dos Pano interfluviais em relação com a fronteira do Ucayali.[8] Ou bem os povos de uma área relativamente ampla atravessam os varadouros para se aprovisionar periodicamente dessas pedras, ou bem um povo em particular, próximo à fronteira, consegue essas pedras e as distribui entre os outros, por meio de uma rede comercial "interfluvial": o terceiro fantasma etimológico ganha assim forma e espaço.

Em fins do século XVIII temos mais informes sobre esse mercado de pedras. Ramón Busquets, um missionário franciscano do Colégio de

---

7 Cabe dizer que também os Conibo fazem expedições às regiões ricas em pedra do alto rio para conseguir suas *rencati*, pedras de alisar cerâmica (Roe, 1982, p.21).

8 Não somente Pano: os Tawari eram um grupo de língua katukina, que como outros da mesma língua pareciam estar em estreitas relações culturais com os Pano: praticavam, por exemplo, segundo Stegelmann, o endocanibalismo funerário, marca dos Pano da região.

Moquegua, fez uma viagem pelo que agora é conhecido como rio Urubamba, desde a missão de Cocabambilla até pouco depois da confluência com o Tambo, onde tentou fundar uma missão entre os Chontaquiro. Nas cachoeiras do Urubamba, ele comenta o perigo de incursões dos Coca-Pacori – os "matadores" na sua glosa –, que a partir dessa data serão sempre associados aos Impetineri/Amahuaca.

Desde pouco depois de Sepahua até quase a confluência do Tambo, o rio é dominado por esses "Epetineri" (é a grafia que Busquets utiliza) que parecem intrusos dentro de um mundo bastante bem integrado. É possível que seu acesso ao meio ribeirinho fosse recente e visasse a um acesso maior às manufaturas. A região parece propícia às incursões dos "interfluviais" em direção ao Ucayali, e vice-versa. Já no século XVII, o cacique Conibo Caya-Bay alude ao rio Urubamba como território de correrias, sem especificar as "nações bárbaras" que constituem suas vítimas. A cachoeira, um lugar onde a "fluvialidade" do rio fica entre parênteses, é um ponto sociológico e simbolicamente privilegiado, que promove o encontro dos habitantes do rio e os da selva. Não é estranho que perto delas prosperem nomes genéricos como Epetineri, Yaminawa ou, a leste, sobre as cachoeiras do Madeira, Caripuna. Dos muitos grupos de diferentes línguas que têm sido designados com esse nome (Tassinari, 1998), pelo menos um era Pano: aquele de quem Natterer[9] recolheu um vocabulário, publicado depois por Von Martius no seu *Wörtersammlung brasilianischen Sprachen* (1867, p.240). Além de um léxico muito próximo, aos olhos de um leigo, às atuais línguas Pano do Purus, o vocabulário de Natterer conserva um outro nome desses Caripuna do Madeira: *Jaun-avo*, traduzido como homens-javali, um etnônimo muito familiar. Não muito depois, os informes do presidente da província de Mato Grosso citam, nessas mesmas cachoeiras, uns Senabo também registrados por fontes franciscanas próximos ao médio Ucayali. Um sinal – essa repetida coincidência de nomes Pano em ambos os extremos de um território muito amplo – bem de longas viagens, bem de um conjunto humano organizado numa escala geográfica ampla.

---

9 Johann Natterer (1787-1845). Naturalista austríaco, percorreu, entre outras regiões da Amazônia, a do Guaporé-Madeira.

As forças, no fim do século XVIII, estavam mais ou menos equilibradas entre os habitantes do rio e os molestos visitantes das cachoeiras. A expedição de Busquets evita cuidadosamente os Epetineri. Quando algum deles aborda o missionário pedindo ferramentas, ele as nega, condicionando-as à fundação de uma missão: um casario Chontaquiro tinha sido de fato assaltado por eles não muito antes, e o temor desses vizinhos impulsionava o agrupamento dos Chontaquiro e provavelmente sua aliança aos frades.

A extensão das missões, capazes de despejar no Ucayali grandes quantidades de instrumentos de ferro, cria, na interpretação de Erwin Frank (1991), uns mistos de grupo étnico e burocracia – as populações ribeirinhas do Ucayali, que serão depreciativamente designadas como *Chama* –, que desequilibram a relação entre os grupos do interflúvio e do rio. Informes não muito posteriores não situam mais Epetineri a beira-rio. Desde então, serão escravos em potência, refugiados nos cursos altos.

A terceira margem do rio

Há uma narração Yaminawa que se aproxima inequivocamente dos problemas aqui tratados:

> Um grupo de índios decidiu ir de canoa pelo rio à procura de *pataruá*, pedra para machado. Andaram oito dias: aí viram um poço grande, e depois no outro dia viram outro, e depois no outro mais um poço muito grande, com um balseiro no meio. Lá abandonam um deles, que tivera o descuido de se afastar de seus próximos e viajar sozinho com maus parceiros. Sem poder nadar até à beira, fica no meio do rio, comido pelo pium e o sol. Vê então algo que emerge da água: é a Edeborañusi (uma espécie de cobra grande/mãe d'água) que se transforma em mulher na sua frente. Ela quer saber os motivos de sua situação, e seus nomes: "Quem é você, qual o nome de teu pai?". "O primeiro nome é Roishmitabo, 'bochecha de uruburei', e o outro é Varesanakui, 'sapecado do sol'". A mulher aquática, por esses nomes, identifica o estranho como irmão de seu marido. Procura então este – também uma cobra grande, que se transforma em gente –, que repete o interrogatório. Comprovando que se trata efetivamente de um "irmão", passam-lhe um remédio na cara para que possa viver embaixo d'água. O poço é a casa, e o balseiro é seu telhado. Lá, curam suas chagas e lhe dão de comer. Tem queixada para comer, e os irmãos aquáticos dão para Roishmitabo

machado de ferro, terçado, rede e roupa – mercadorias que, segundo algumas versões, eram tomadas à força dos "brasileiros" que passavam no lugar – e ainda lhe oferecem vingança: "Nos teus inimigos que te deixaram no balseiro vamos dar um jeito. Traz eles aqui enganados e vamos ver". Roishmitabo volta para a terra e para a aldeia. Os outros ficam fascinados com os presentes: "Onde você conseguiu esses machados?". "É bem fácil, venham comigo que tem também para vocês." Leva-os até o grande poço, onde os parentes de debaixo d'água os flecham, matam, moqueam e aí comem.[10]

É tentador buscar neste mito uma história escondida. O relato descreve uma expedição ampla, em que participam membros de grupos ou pelo menos facções diferentes, e latentemente hostis. É uma expedição que percorre um rio grande, organizada para buscar machados *de pedra,* mas que para um indivíduo em concreto acaba na descoberta dos instrumentos *de ferro* e outros bens estrangeiros, como os tecidos e os cachorros. E o que são essas grandes cobras benfeitoras, e mais, *parentes?* Podemos propor que a mesma hipérbole que faz dos *nawa* selvagens seres *do interior da mata* faça dos índios "fluviais" seres *do fundo do rio:* poderíamos assim ler, por exemplo, Conibo onde diz serpentes – não estaríamos muito longe da exegese indígena, já que Conibo significa "enguias" ou "poraquês"[11] – e considerar o mito uma lembrança mais ou menos fantasiada do estabelecimento de relações de comércio entre um grupo e outro, mais ainda, da reorganização das relações políticas dentro da região. O mito postula, lembremos, uma relação de consanguinidade entre o herói abandonado e o povo da água – deduzido da onomástica, como é possível fazer no espaço pan-pano –, e uma ruptura com a outra parte do grupo, que passa a ser objeto de preação.

---

10 Este relato sintetiza e resume várias versões de M22; as narrações originais multiplicam os detalhes e matizam o final. Vale a pena comparar essas versões com o *Roishmitabo* recolhido por Townsley (1988, p.99), que repete o mesmo argumento, inclusive o nome do protagonista, mas varia no início – é uma simples expedição de pesca – e na identidade do poderoso parente, que no caso é o Urubu-rei. A proximidade é clara também com o Pachakamaite Campa (Varese, 1973, p.309), o Kanáibari Kaxinawá (D'Ans, 1975, p.336-42) e toda uma extensíssima mitologia sobre as origens dos produtos manufaturados.

11 O poraquê entra no número dos animais Dwawakebu, e é um dos que no acervo de relatos de Capistrano (Abreu, 1941, p.305-9) aparece como transformação de um homem. "Piro", por sua vez, é o nome Pano de um peixe grande.

Vemos assim articuladas no mesmo relato, em segmentos narrativos sucessivos, as quatro acepções da palavra Yaminawa: homens do machado de pedra – da pedra cuja origem longínqua prefigura o ferro tanto como sua dureza; intermediários para a obtenção do ferro; homens ávidos de ferro, e finalmente vítimas dessa avidez, devorados em troca do ferro. Mais ainda, essa espécie de Coração das Trevas contado desde o outro extremo do rio nos oferece em primeiro plano um rio intensamente transitado, entre cujos extremos se estabelece o drama. Não é aventurado identificá-lo com o Urubamba, que Caya-Bay percorria à procura de cativos, e os selvagens à procura de machados de pedra ou ferro. O atual rio Urubamba é designado com vários nomes na documentação: Paru (o nome Pano para o Ucayali) ou Yanatili (o nome de um de seus formadores). O mapa de Pablo Alonso Carballo, prefeito e comissário de missões, é de 1819, refletindo assim a expansão das missões franciscanas, e se baseia nos dados que elas forneciam. É o único que dá a esse rio um nome já familiar: rio Yami.

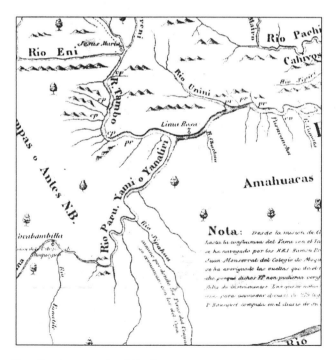

FIGURA 21 – Detalhe do mapa das Missões.

Ligações perigosas

É hora de retomar a anunciada revisão do binômio fluvial-inter-fluvial, ao que parece tão criticado quanto inevitável. A partir do mito podemos reconsiderar, por exemplo, um ponto escuro que subsiste nos escritos sobre Shipibo, Conibo e Piro, os "Chama" da velha bibliografia: como é que povos nitidamente ribeirinhos, que preferem "remar quatro quilômetros a andar um", que mantêm uma ideia extremamente nega-tiva da floresta e não são a rigor grandes caçadores, podem ter se con-vertido em predadores implacáveis dos grupos florestais, quando nesse encontro toda a vantagem militar deveria estar do lado dos *selvagens*? Pudemos ver de um lado que os interfluviais frequentam os rios: pedras, tartarugas, comércio, rapina. Que o comércio – repetimos aqui um tópi-co famoso – é uma relação perigosa que mal se distingue da guerra e da captura, e que nesse ramo fluviais e interfluviais se apresentam frequen-temente associados. A informação mais antiga sobre os Yaminawa, de uma testemunha brasileira que precede em muito o ciclo da borracha, refere-se a essa relação. Os Nawa – Capanawas – do Alto Juruá, quando contatados por João da Cunha Corrêa, ao redor de 1854, tinham sido recentemente atacados "pelos Jarninawa e Cunibo" (Castello Branco, 1947, p.145). O fato, embora digno de nota, não está isolado. Em rela-tório do presidente da Província do Amazonas que enumera as aldeias indígenas do Juruá (citado em Castello Branco, 1947, p.175), os Cunibo aparecem citados entre os Marauá, Canamaris, Naua, Catuquina e Catauaxi. O explorador inglês W. Chandless contrata canoeiros Conibo para sua viagem pelo Juruá; é precisamente o temor dos Nawa que os faz interromper a subida.

Malgrado a comum opinião que os confina invariavelmente no Ucayali, os Conibo parecem ter se expandido notavelmente no Juruá antes e durante a época da borracha. Os varadouros que comunicam o Ucayali com o Juruá (Tamaya) e o Purus (Sepahua) eram usados por eles bem antes de se generalizar entre os brancos. Mais um depoi-mento (Castello Branco, 1922, p.596) sugere a aliança guerreira entre ucayalinos e Pano marginais: os Amahuaca que habitam as cabeceiras do Amônea e Breu transitam entre um e outro rio, "roubando, incendiando, matando e cometendo toda sorte de desatinos, em comum com uma tribo peruana, Conibus. Ambos falam o castelhano e tem seus aldeamentos entre as cabeceiras dos rios Amônea e Tamaya".

Mas não é essa aliança o único fato a considerar. Há, ao que parece, alguma afetação nessa "fluvialidade", manifestada, por exemplo, pelos Shipibo. Não obstante representem na atualidade o paradigma dos Pano fluviais e dos ceramistas sofisticados, registros fotográficos obtidos em datas não muito distantes os exibem com um aspecto sugestivamente "selvático",[12] que de resto é coerente com a figura dos "chipeos" dada pelos missionários franciscanos e jesuítas. O relato franciscano da conversão dos Setebo por meio da intérprete Ana Rosa, que Amich recolhe, descreve muito bem o abandono do rio, dos grandes roçados, das aldeias estáveis e mesmo da roupa – por falta de algodão – de um grupo nitidamente "fluvial", acossado pelos mesmos Shipibo e obrigado a se selvatizar – como os mesmos franciscanos, cento e cinquenta anos mais tarde, temiam acontecesse com os índios do Ucayali após a quebra da borracha.

Na outra vertente, temos o processo de "fluvialização" dos Cashibo ("demonios de la selva", na gentil descrição tomada pelos franciscanos dos Shipibo-Conibo), que no transcurso do século XX adotaram sistematicamente os traços culturais mais visíveis de seus antigos perseguidores. Caso mais recente, o dos Amahuaca (Roe, 1982, p.85), que têm também assumido recentemente os modos Conibo, alegando parentesco com eles. Esses mimetismos não abrem necessariamente uma era de paz: subsiste uma marcada suspicácia que pode se traduzir em ataques "preventivos", como aquele que os Yaminawa guardam em sua memória. Não se trata, assim, de "assimilação", mas de uma política em boa medida intencional. O reparto dos nichos ecológicos não traduz diferenças culturais, mas disputas políticas ou guerreiras; é o que podemos inferir dessa "facilidade assimétrica com que os grupos do interior da selva ... podem reingressar no rio principal na ausência de concorrentes" (Roe, 1982, p.88).

---

12 Poderia ser interessante conferir as fotografias de Safford, tomadas em 1893 e conservadas na Smithsonian Institution, que, segundo Roe (1982, p.78), nos mostram uns Shipibo razoavelmente *backwoods*.

Ler os mitos como cripto-história é um empenho muito dúbio: tirando evhemerizações ingênuas, o que obtemos deles não vai além do que já sabíamos. A preservação de nomes e datas no mito é aleatória e difícil: dele não podemos esperar muita informação, mas sim, em troca, meios de organizar o que já temos. O mito reúne uma série de protagonistas e seleciona relações essenciais a partir das quais podemos construir um relato histórico: sua presença no mito garante que essas peças são significativas na visão nativa do passado. Quando citei aos Yaminawa o significado mais comum que se dá ao seu nome – "homens do machado" –, eles o colocaram imediatamente em conexão com as aventuras de Roishmitabo.

Podemos ver agora que toda essa exploração atrás de um nome, que poderia parecer um pouco vã, tem reunido no mesmo rio vários elementos que nos preocupam desde o começo do trabalho. Variando sobre os argumentos do capítulo anterior, digamos que Yaminawa não designa originalmente uma etnia, mas uma relação. O conjunto Pano, como temos visto, é algo ainda mais homogêneo do que uma primeira visão poderia sugerir. Melhor, algo muito mais organizado, porque esse trânsito intenso, essas alianças, essas subidas e descidas, essas recombinações que aliam elementos muito díspares – que é uma aldeia Yaminawa atual, senão um conglomerado de índios caçadores e índios urbanos? – conseguem manter ao mesmo tempo a comunicação e a diferença. Um grupo mantém em potência o que o outro manifesta em ato – organização social ou relação com o meio. O sistema etnonímico, que como vimos no capítulo anterior é solidário da elasticidade organizativa do conjunto Pano, é também, em função dos seus conteúdos "figurativos", uma espécie de guia etnológico para a política interna do mundo indígena. Um juízo que se adiantava no capítulo I ganha assim contornos mais claros: essa categoria fluvial/interfluvial, tomada pela antropologia como esquema classificatório, é real, mas como categoria operativa do pensamento nativo. Que haja uma ideologia, expressa pelos nativos, que distinga índios selvagens e civilizados (categorias ambíguas, sujeitas de carências e potências ao mesmo tempo) é de sobra sabido. Mas não é comum que decidamos reconhecer esse binômio como produto indígena, independente da ideologia colonial.

Oscar Calavia Sáez

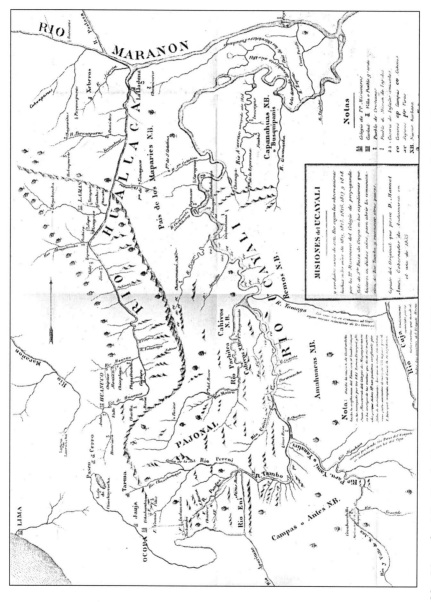

FIGURA 22 – Mapa das Missões do Ucayali. Cópia feita em 1833 do mapa de Pablo Alonso de Carballo. Nela se acrescentam (ver detalhe na figura 21) dois outros nomes, Paru e Yanatiri, do rio que no original aparece identificado como Yami. Reproduzido de Izaguirre, v.9.

8
O soberano inexistente

Fábulas amazônicas

A *Relación* de Juan Alvarez Maldonado – o primeiro espanhol a percorrer, em meados do século XVI, o rio conhecido agora como Madre de Dios – pouco pode acrescentar à nossa crônica, mesmo que inclua o que talvez seja o mais velho registro documental de um etnônimo *nawa-Cauanaua*, que podemos situar no baixo Madre de Dios ou já no Beni. Um apêndice da *Relación* trata do reino do Paitite, que, segundo Juan Alvarez ou seu escrevinhador, teria sido descrito pelo cacique Cauanaua; não é difícil catalogá-lo como mais uma fantasia de conquistador.

Mas a forma dessa fantasia é notável. Águas abaixo, podemos ler, chega-se ao pé de uma cadeia de montanhas, e nelas se assenta um poderoso império, com casas e palácios de pedra. Podemos pensar num grande espelho, instalado no diâmetro da floresta, que postulasse a oriente uma duplicação do império e do contexto geográfico dos Incas. Dá-se, no mesmo texto, uma explicação histórica ao caso: um general inca, perdido numa das fracassadas expedições amazônicas do império, teria fundado com seus homens uma réplica do seu lar de origem.

Paitite faz parte de uma literatura de ficção histórica ou geográfica que chega aos nossos dias. O reino das Amazonas, tal como descrito na crônica da viagem de Orelhana por Gaspar de Carvajal – que de novo assegura ter ouvido essas notícias da boca dos índios – é também uma variante do império Inca, especialmente pitoresca: de novo as construções de pedra, e até rebanhos de "carneiros" nas paragens mais orientais da Amazônia. Podemos assumir que a vontade de encontrar impérios incaicos, bem policiados e ricos em ouro, tenha se convertido para os espanhóis em uma obsessão: ouviam o que queriam. Mas nunca está demais revisar essas certezas. A arqueologia amazônica, de Lathrap a Roosevelt, tende a convalidar muitas informações de primeiros cronistas que, por muito tempo, foram tidas como delírios. No seu relato da primeira descida do rio Amazonas, Fray Gaspar de Carvajal descreve, além desse império das Amazonas, de que ouviu falar, grandes chefias ricas e populosas que ele mesmo viu e que, como enfim sabemos, nada tinham de fantásticas (Porro, 1996): numa dessas, o velho chefe Aparia fala de um cacique poderoso e rico em ouro que reina terra adentro e cujo nome é *Ica*. Devemos notar que desta vez Carvajal não se ocupou em identificar esse *Ica* com o soberano andino, nem aproveitou por qualquer outra via essa ocasião de fazer propaganda de sua descoberta. Pode se dar a esse relato valores diferentes: simples constatação do óbvio – as gentes de Aparia tinham comunicação com o mundo andino – ou revelação de algo que deveria ser ainda mais óbvio: as gentes do Amazonas tinham ideias próprias sobre o mundo, independentes do ouvido e da imaginação dos europeus.

A avaliação dos relatos sobre Eldorado, Paitite ou o reino das Amazonas tem se distribuído, em geral, entre céticos (que consideram essas notícias miragens do imaginário europeu) e crédulos (que as leem como mapas de um tesouro à cuja procura é sempre uma tentação partir). Raramente tem sido levada em conta a possibilidade de tratá-las como amostras de uma cosmografia indígena: isto é, informações efetivamente transmitidas aos conquistadores pelos índios, e baseadas na sua visão do mundo – seja lá qual for sua relação com a realidade observável. A hipótese é talvez impossível de provar – não mais, porém, que a do imaginário europeu –, mas é fácil, em compensação, ver que sua exclusão como tal hipótese foi devida a alguns preconceitos.

Afinal, para estar na história é preciso ser capaz de inventá-la. E, aos povos das terras baixas ameríndias, velhos excluídos da história, sempre tem se atribuído uma espécie de autenticidade por defeito – uma incapacidade de gerar noções equivalentes às do Preste João ou da terra de Catay. Comunidades indígenas mínimas, isoladas física e mentalmente, nômades mas nunca viageiras, mal poderiam dar lugar a grandes mentirosos. Sabemos, porém, que o universo indígena nunca se ajustou a esse paradigma: povos que realizavam longas expedições comerciais – como as que Renard-Casevitz descreve para os Arawak pré-andinos – deviam se ocupar das atitudes e modos de vida de seus vizinhos, fazer da diferença e da distância observadas uma matéria-prima de sua própria textura.[1]

Em geral, temos nos esforçado em entender a mitologia indígena como uma empresa sedentária – isolada de outros tipos de pensamento, como o filosófico e científico, mas sobretudo isolada do tipo de reflexão motivada pela viagem. A grande exceção poderia ser, como de praxe, o conjunto das *Mitológicas* de Lévi-Strauss, no qual a difusão dos mitos aparece integrada na descrição, promovida a um nível epistemológico superior ao que o difusionismo lhe atribuía. É mais comum que a análise da mitologia se limite a um âmbito estritamente local ou abstratamente universal, prescindindo dessa cadeia de diferenciação que a difusão supõe. Operações como a inversão de mitos aparecem assim como operações abstratas dificilmente explicáveis (ou arbitrariamente designadas pelo analista), e não como operações bem reais e corriqueiras, cujo *locus* é a transmissão.

Há tempos que estudos como o de Magaña (1982) têm colocado sob suspeita a hipótese do imaginário europeu, para abrir espaço a uma (digamos) etno-etnologia, de relações complexas com a mitologia. É possível estender esse tipo de abordagem e considerar esse espaço em um sentido ao mesmo tempo mais estrutural e mais intencional. Mais

---

1 Muito embora o tratamento da diferença que aparece em determinados mitos matsiguenga "de viagem" (Renard-Casevitz, 1991, p.24-5), fractal ou perspectivista, pareça em princípio longe dessa cosmografia "plínica" da qual tratamos até aqui.

estrutural, porque longe de ser uma fabulação livre, depende sempre de noções e de critérios herdados, dos quais deve dar conta. Mais intencional, porque se trata sem dúvida de uma ciência aplicada, que determina em boa parte a política interétnica.

Nos capítulos anteriores foi possível perceber até que ponto a organização interna e a coordenação dos grupos no campo étnico da região estudada depende de uma etnologia "nativa". É bem visível no caso dos Piro – não por acaso uma etnia "mediadora" –, que organizam a este respeito um sistema extremamente coerente. Nos informes de Alvarez (1972, p.249-50), há numerosos códigos que servem para estabelecer diferenças entre os Piro e seus vizinhos Pano e Arawak: a comida (uso masculino ou feminino do milho seco ou verde; uso da macaxera fermentada no *masato* ou cozida como base alimentar etc.); o modo de limpar as roças (recolhendo o entulho no centro, nas margens ou deixando-o sem recolher); além da dicotomia fundamental entre povos que usam desenhos, como os Piro e muitos Pano, e aqueles que somente borram a face com cores, como os Campa. Na versão de Gow (1993), essas diferenças são organizadas numa síntese mais geral, que opõe, num triângulo sociológico, os Piro, humanidade modelar, aos "gringos" e aos "índios selvagens" – de quem os Yaminawa são a expressão "forte" e os Amahuaca a expressão "fraca". Os Piro, apesar da diferença de língua, sabem parodiar os mitos Yaminawa – com o resultado fatal de gerar versões perfeitamente plausíveis.[2] Há evidência assim de um conhecimento extenso das culturas vizinhas que serve de base a essa etno-etnologia.

É importante levarmos em conta que esses jogos de diferenças se produzem num meio que desde fora foi quase sempre julgado como especialmente homogêneo. Von Hassell descreve os indígenas da Amazônia peruana como "una masa compacta que no se distingue mucho en sus detalles", e Castelnau, sessenta anos antes, descreve o Alto

---

2 A paródia citada por Gow (1993; nota 6) tem correspondência (cf. Siskind, 1973, p.115-6) com um mito Sharanahua em que se dá um uso semelhante – como veneno de pesca – do excremento de anta.

Ucayali como um espaço uniforme em que as diferenças de tribos estão marcadas pelas cores de pinturas e túnicas, vermelhas ou pretas: isto é, os próprios indígenas têm organizado seu conjunto como um sistema de sinais diacríticos. Antes que ninguém elaborasse para os índios amazônicos uma dicotomia fluvial/interfluvial, o catálogo de Von Hassell (1906) já estava eivado pelo dualismo índios civilizados/índios selváticos. É evidente que a importância desse labor diferenciador aumenta em proporção à densidade da população indígena; as fábulas a respeito do universo circundante têm mais relação com o conhecimento que com o desconhecimento.

Esse modelo etno-etnológico não é desinteressado; ele é a base da geopolítica nativa. Acuña, no seu relatório da descida do Amazonas com Pedro Teixeira em 1637 (Acuña, 1986, p.90), anota a descrição que os Tupinambá fazem dos outros habitantes de sua ilha, a eles submetidos: anões como os Guayazi, ou com os pés ao contrário, como os Mutayu – que são, aliás, os que fabricam para eles os machados de pedra. O "folclore" é um dos meios que os Tupi invasores põem em jogo para dominar sua nova terra. Poucos anos depois, o jesuíta Figueroa julga que os boatos que correm sobre grandes populações, grandes distâncias entre elas e grande ferocidade de seus habitantes – ele devia estar pensando muito especialmente nos temidos Mayoruna – são uma tática do diabo contra os missionários (Figueroa, 1986, p.246). A geografia que os índios aliados confiavam aos missionários estava, é claro, traçada segundo distâncias sociais e não abstratas. E, e se bem incluía uma certa dose de maquiavelismo, tinha fontes de inspiração mais amplas. À propaganda e à desinformação sistemática se misturam os saberes míticos e os terrores reais, por exemplo nos casos em que uma etnia mediadora demoniza um outro grupo, como os Cashibo, para manter os brancos sujeitos ao seu monopólio.[3]

---

3 Cf. a fábula do caçador caçado, aquele que, tentando atrair a presa com seus arremedos, comete o erro de sair por sua vez atrás do que ele pensa ser a voz do animal, e é na verdade outro arremedo, o de um monstro canibal. O monstro em questão é para Deshayes & Keifenheim (1982) o *yoshi*, e para Tastevin (1926, I, p.44-5) o *mapinguari*, ao tempo que Smyth e Lowe (1836) atribuem esse ardil aos

Oscar Calavia Sáez

As fábulas são, assim, fatores de primeira importância na história amazônica. Neste repasso de dados heterogêneos quanto ao tempo e ao espaço – que caberia estender por longas páginas –, podemos apreciar a ubiquidade de alguns estereótipos que nos ocuparam em capítulos anteriores. Os Yaminawa, por exemplo, não são os únicos homens-machado da Amazônia. Os Andoque do Caquetá colombiano (Japurá, no Brasil) devem à sua situação de habitantes das primeiras cachoeiras o seu papel de donos do machado de pedra e, posteriormente, de intermediários do machado de ferro. Andoque significa também "homem-machado" (Landaburu & Pineda, 1984, p.26-7). "Homens-machado" são igualmente, no rio Negro, os Gê-Tapuia (Alves da Silva, 1977, p.39). O mesmo Cristóbal de Acuña, na sua *Relação* (1986, p. 78), fala-nos de um povo indígena que possui minérios de ouro, os Yumaguari, "que quer dizer extratores de metal; porque Yuma é o metal, Guari os que o extraem e chamam todo gênero de metais com este nome geral de Yuma, e assim para qualquer ferramenta das nossas, como eram machados, terçados e facas, usavam deste mesmo vocábulo Yuma".

Vale dizer, os Yaminawa, que pouco a pouco definimos como produto de uma situação histórica particular, já estavam "previstos" antes desta: o homem-metal precede em muito tempo a chegada do homem branco. Em um artigo de J. C. Melatti sobre um mito Pano que trata da origem dos brancos (Melatti, 1989), há sugestões sobre a antiguidade desse código "tecnológico" e sobre suas metamorfoses. Talvez o bastante para propor que essa oposição entre os homens do metal e os homens das plumas, que Renard-Casevitz localiza na fronteira dos Andes com a Amazônia, pode ser muito mais universal: ou mais, que a fronteira Andes-Amazônia é uma encarnação histórica a mais desse confronto entre o mineral e o animal.

O Yaminawa, longe de ser só uma encarnação a mais do "selvagem", procede de uma dicotomia mais radical, e tem um lugar cativo

---

Cashibo, já então vítimas de uma difamação sistemática por parte dos Pano ucayalinos, que determinaria gravemente sua história posterior. Se os ucayalinos foram no começo difamadores conscientes, não há dúvida de que assimilaram com o tempo seu próprio fantasma (Frank, 1991).

nas fábulas da região amazônica, ao lado desses Incas especulares que as velhas crônicas situavam nas selvas.

Os Incas

Já tem vinte anos o famoso artigo de Lathrap, Gebhart-Sayer e Mester (1985) sobre a relação de grupos Pano da Alta Amazônia, ao qual aludimos na introdução. Em meio a uma enciclopédica e ousada reconstrução do processo histórico pan-pano, a peça de convicção do artigo era uma série de relatos protagonizados pelo Inca, obtida por Gebhart-Sayer entre os índios do Ucayali. Séculos antes de sua instalação como senhores nos Andes, alguns grupos quíchua teriam estabelecido seu reino na selva, e a tradição oral conservaria preciosos detalhes daquela época.

As tradições referentes ao Inca entre índios da Alta Amazônia não eram desconhecidas antes de 1985. Longe de se limitarem aos grupos fluviais do Ucayali (afinal, relativamente próximos aos Andes), estendem-se também a grupos mais orientais, especialmente os Kaxinawá. Mas até então o assunto não passava de uma vaga curiosidade mitológica. A interpretação "imediatista" de uma tradição oral, que dá o tom do artigo, encontrou muita resistência entre antropólogos e historiadores-arqueólogos, e obrigou a uma definição de posições. Entre resenhas críticas, respostas e redarguições, formou-se um *corpus* importante de literatura sobre o "Inca Pano".[4] Um resumo, uma análise ou uma continuação da polêmica demandariam demasiado espaço; bastará indicar as duas linhas principais de crítica.

A primeira postula que qualquer "memória" do Inca pode ser reduzida a conteúdos atuais. Esses relatos sobre um Inca ambíguo – um herói cultural, origem de riquezas, mas também um opressor mesquinho –

---

4 Uma boa parte dessa polêmica encontrou lugar nas páginas do mesmo *Journal of Latin American Lore (JLAL)* : assim, a crítica inicial de De Boer e Raymond (1987), a resposta de Lathrap *et alii* (1987) e a crítica mais particularizada de Erikson (1990). Outros exemplos serão citados ao longo do texto. Uma contribuição paralela, mas afinada com a causa de Lathrap etc., foi a de Harner (1993). Sobre esta última voltarei no final do texto.

sugerem uma reflexão sobre o branco, e sobre os ciclos de aliança e guerra que com ele mantiveram os índios do Ucayali,[5] durante séculos. Incas de batina, ou fornecedores de motores, como alguns que apareciam no material shipibo, constituíam apoios convincentes para a suspeita de que dados e personagens históricos não eram mais do que peças na bricolagem mitológica.

Outra linha crítica, compatível com a primeira, indicava fontes alternativas para a figura do Inca, fazendo desnecessária a tese da memória. O fantasma incaico, como sabemos, tem sido uma constante no mundo andino e circum-andino. Os agentes do império espanhol que incorporaram o modo "incaico" de entender a selva, os missionários empenhados em difundir o quíchua como língua franca, os líderes de movimentos messiânicos que agiram como descendentes do Inca, e os arautos de algumas variedades de nacionalismos indianistas têm atualizado constantemente, desde o século XVI até o presente, um mito Inca.[6] A tese de Lathrap reivindica a consciência histórica dos índios amazônicos, mas de modo singularmente coerente com o paradigma primitivista: ela se manifestaria na lembrança passiva de uma origem cultural remota. Melhor serviço se faria à etno-história indígena demonstrando a capacidade dos "historiadores" indígenas de adotar e adaptar informações mais recentes. Poucos autores negariam hoje a intensidade e a antiguidade da comunicação entre a cordilheira e a floresta. Os documentos históricos são taxativos, abundantes e relativamente bem conhecidos: só um certo *bias* evolucionista tendia a fazer das duas regiões polos opostos na tipologia das culturas americanas.

Em princípio, as duas críticas à tese de Lathrap, Gebhart-Sayer e Mester são compatíveis com o reconhecimento de um contato primitivo entre elites andinas e povos amazônicos. Foram formuladas por especialistas interessados na etno-história, isto é, abertos à legitimidade da memória indígena. Se tirarmos de cena o fundamentalismo interpre-

---

5 Um bom exemplo dessa crítica pode ser Roe (1988). Cf., também, McCallum (1989).
6 Cf. o epílogo de Renard-Casevitz, Saignes e Taylor (1989), a análise de Erikson (1992, p.245-6), e, tratando com detalhe o caso Ashaninka, o livro de Fernández & Brown (2001).

tativo de Gebhart-Sayer, a polêmica encolhe para uma discussão de detalhes. Como um todo, foi útil para expor ou questionar esse evolucionismo residual embutido em binômios analíticos, como terras altas/baixas e meio fluvial/interfluvial, ou certas acepções substancialistas da história e da identidade étnica; mas algumas de suas consequências não foram exploradas. As críticas, no seu conjunto, optaram pela dissolução: apostaram na capacidade da cultura de digerir dados históricos, ou em uma enxurrada de informações "incaicas" que tiraria do Inca Pano qualquer relevância específica. A proposta de Gebhart-Sayer mantém, apesar de tudo, o atrativo de reconhecer um elemento histórico irredutível, algo que as análises semânticas conseguem eludir, mas não integrar: por que, afinal, o Inca sempre? Por que não simplesmente o mito do Branco que encontramos em tantos outros lugares?

Mas por que tratar do Inca numa crônica Yaminawa? É verdade que o título de um dos mitos Yaminawa, "O filho de *Tere-inka*" (M68), parece trazê-lo à tona nesse nome, glosado como "o trovão". Na própria narração – que explica como os trovões e as tempestades ficaram perigosamente perto dos humanos, depois do assassinato do personagem-título –, é fácil reconhecer parte de um dos mitos incaicos Shipibo-Conibo. Mas, depois dessa discreta aparição, mais uma testemunha do intenso diálogo entre os mitos, o personagem celestial se evapora. Os Yaminawa não têm relatos *sobre* o Inca.

Mas essa é uma falta que pode ser significativa. No extremo oposto, os Shipibo ocupam o centro clássico da questão incaísta. Os Kaxinawá fazem frequentes referências ao Inca na sua mitologia, embora em lugar menos central que no caso Shipibo; os Piro falam também de suas relações com um Inca.[7] A lista não é arbitrária: Shipibo, Kaxinawá e

---

7 As fontes utilizadas são: para os Kaxinawá, as coletâneas de Capistrano de Abreu (1941, 1914) e D'Ans (1975), e os artigos de Tastevin. Para os Shipibo-Conibo, os mitos reproduzidos por Roe (1982) e o livro de Bardales Rodriguez (1979). Os materiais Piro foram tomados de Alvarez (1972), e são todos mitos de origem de etnônimos ou clãs Piro; infelizmente, não consegui em tempo a coletânea de narrações Piro que foi publicada pelo mesmo Ricardo Alvarez. Os relatos Yaminawa são os recolhidos por mim e que constam do Apêndice; levei em consideração, porém, os mitos resumidos por Townsley (1988) e os materiais Sharanahua de

Piro são atores constantes na tradição oral Yaminawa e na definição mesma de um povo "Yaminawa". A presença ou ausência do Inca e as suas diferentes versões marcam linhas de contraste entre mitologias, que no caso dos três grupos Pano são consideravelmente homogêneas – e acham continuidade em muitos sentidos na mitologia Piro.

As diversas críticas à "memória do Inca" explicariam coerentemente a presença desse personagem na tradição oral de alguns povos, mas não sua ausência sistemática na de outros que compartilham com os primeiros o mesmo espaço geográfico e linguístico, o mesmo histórico de relação com os brancos, enfim *a mesma mitologia*.[8] Outros grupos Pano, ou grupos Arawak vizinhos, poderiam se integrar em uma versão ampliada deste texto. Mas Shipibo, Kaxinawá e Yaminawa formam um conjunto coerente sob muitos pontos de vista, entre eles o da mitologia, consideravelmente homogênea. A presença ou ausência do Inca no *corpus* mítico marca de fato um contraste essencial entre eles, e ganha relevância particular na comparação entre Yaminawa e Kaxinawá.[9]

Índice de Incas

Para esclarecer esse contraste, começarei oferecendo um repertório amplo dos mitos que, embora não exaustivo, esclarece ao menos a variedade interna do personagem.

Comecemos pelo Inca do Ucayali. O relato de Bardales Rodríguez (1979) é especialmente valioso apesar ou por causa da sua vontade de

---

Torralba (1966, 1967, 1986) e Siskind (1973). De outros autores foram tomadas informações avulsas; a referência é dada na ocasião.

8 Estão no mesmo caso os Yaminawa peruanos (Townsley, 1988), os Sharanahua do Purus (Siskind, 1973) e Torralba (1986) e os Yawanawa do rio Gregório (Lúcia Smreczanyi em 1991, comunicação pessoal, e Laura Pérez e Miguel Carid em 1998, comunicação pessoal).

9 Incluir na análise contribuições como as referentes aos Marubo exigiria um outro artigo, com um objeto diferente e mais amplo. O mito de Shoma Wetsa (Melatti, 1985, p.1989) inverte os termos e o ponto de vista da mitologia "incaica" que aqui nos ocupa: os Incas nascem, como outros povos, da implosão de um monstro canibal; são predicados andinos de um sujeito amazônico.

sistema.[10] Resume uma pluralidade de Incas, três, vinculados com diversos grupos Pano e locais distintos. Do mais simples ao mais complexo (invertendo assim a ordem de exposição de Bardales, que vai do Inca ruim ao bom Inca), temos o *Chane Inca*, ou Inca Pássaro, dos Conibo de Cumaria; o *Cheshe Inca*, ou Inca Negro, dos Shipibo de Santa Rosa; e o *Yoaxico Inca*, o Inca Sovina, dos Shetebo de Tsoaya.

O *Chane Inca* é um herói cultural que, junto a sua mulher, ensina as artes da pintura, do tecido, da cerâmica, aos Conibo. Ele conhecia todos os lugares e viajava longe com suas gentes à procura de materiais. Depois, desapareceu atrás do rio Cumaria. Só não disse aos Conibo o que fazer com o ouro, "porque sabia que os estrangeiros viriam a esta comarca" (1979, p.53).

O Inca Negro dos Shipibo é apresentado também como um grande doador, mas as artes que ele outorga são de outra natureza: bom caçador e bom construtor de casas, ele ensina os Índios a preparar caiçuma, isto é, a celebrar festas; as pescarias que ele ordena para essas festas produzem uma prodigiosa quantidade de peixe e tartaruga. Esse provedor decide um belo dia ir embora, mas, para consolar seus seguidores, promete trazer para eles uma planta (rau, remédio); quando o Inca está ausente procurando essa planta, eles se embebedam e matam uma velha. Quando o Inca volta, ordena aos matadores que comam o cadáver "o que se mata é para comer" (1979, p.50) – e os envia a morar nos rios Pachitea e Aguaytía, passando a ser chamados *joni piai* ("comem gente"); deles descendem os Cashibo. Outros são banhados pelo Inca com a planta e enviados a morar em Cumancay e no rio Macanari; são chamados de *jishtimabo*, "os invisíveis". Depois, ele mesmo vai rio acima, levando alguns filhos de seu povo, cujos familiares o seguem por isso; seguem seu rastro, mas não conseguem alcançá-lo, e desistem ao

---

10 Bardales Rodríguez é um autor conibo que escreve sobre os Incas a pedido do Instituto Linguístico de Verão. As narrativas que ele arrola são congruentes com as que procedem de outras fontes; a ordem escrita que ele lhes impõe (e talvez seu esquema "trinitário") deve muito, sem dúvida, ao estímulo dos missionários e das suas Escrituras. Seu objetivo de fixar uma tradição Pano em torno do Inca reforça, a meu ver, a interpretação do Inca Pano que ofereço nas páginas finais deste artigo.

chegar a "um grande salto do rio". Voltam assim a Santa Rosa, e deles descendem os atuais Shipibo.

Quanto ao Inca Sovina, o *Yoaxico Inca* dos Shetebo, a narração de Bardales é uma verdadeira saga de cinco relatos, dos quais os quatro primeiros consistem em episódios protagonizados por um mesmo personagem, sempre caracterizado pelo seu comportamento mesquinho. No primeiro, narra-se a morte do Sovina em mãos de animais: o sangue do Sovina tinge diversas aves. No segundo, especifica-se a sovinice do personagem: dono de todas as plantas cultivadas, oferece aos homens o produto de suas roças, mas cada planta tem um animal peçonhento como guardião – a macaxera tem tocandira; a banana, vespas; o ananás, cobras. O Sovina é também dono do fogo, que sonega aos homens até que Sheta (Papagaio) consegue roubar uma brasa com seu bico. No terceiro e quarto relatos, o Inca exercita sua maldade com o genro: tenta queimá-lo pondo fogo na derrubada quando ele está trabalhando no meio. O genro consegue escapar, mas duas cabaças que ele tinha estouram; o Inca, ouvindo, pensa que se trata da cabeça e da barriga do genro, e se surpreende quando o vê voltar são e salvo para casa. Em outra ocasião (quarto relato) manda o genro com seus soldados pescar com timbó. Quando todos estão no meio da lagoa, o Inca chega e grita que o *Jascatash* e os *Manshanteo* (duas aves aquáticas) estão acabando com os peixes. Nesse momento, o genro e os soldados convertem-se nas ditas aves.

O quinto relato, muito mais complexo, é explicitamente atribuído a um Inca "que não era o Sovina", e é praticamente idêntico ao mito do Dilúvio da versão de Roe (1982). O presente resumo refere-se a ambas as versões:

> Esse relato compõe-se de diversos episódios: os maus-tratos ou o assassinato de um menino (que resulta ser o filho do Inca) por um índio que inveja sua sorte na pesca; o resgate do menino por um outro índio, e o anúncio de um dilúvio punitivo do qual apenas o bom samaritano se salvará, com sua família, subindo em um pé de jenipapo; o dilúvio, durante e depois do qual o Noé Pano é milagrosamente provido de alimento; a retirada das águas, e a conversão da mulher e filho do herói em um cupinzeiro e um pássaro; a escolha errada do herói, que, vendo aparecer

duas jovens em uma canoa, agarra a serva e despreza a filha do Inca, que este lhe destinava como esposa; e, finalmente, a perda da imortalidade humana, de novo por culpa do torpe herói que, contra os conselhos de sua mulher, espia o parto desta.

Os Incas de Bardales – que dão uma ideia cabal do tipo de tradição em que Gebhart-Sayer se baseia – formam um contínuo que vai da extrema sovinice do Inca Shetebo (a negação dos produtos de subsistência) à extrema generosidade do Inca Conibo (o dom das artes suntuárias que constituem o signo distintivo da etnia). O Inca Negro, e com ele o grupo Shipibo, ocupa um espaço intermediário. Seus dons são os de um grande anfitrião: bebida, pesca, casa, festa... Mas vêm sempre acompanhados de árduas consequências: bebedeiras, homicídios, canibalismo. Todo o relato conduz à dispersão étnica: as gentes do Inca Negro dividem-se em três (de novo três) grupos.

O trinitarismo do autor força-o a acomodar no capítulo do Inca Sovina um outro Inca reconhecidamente diferente: aquele Inca implícito, representado por seu filho e sua filha, do relato do Dilúvio. A heterogeneidade desse relato é menor se considerarmos que a escolha matrimonial errada do herói é apresentada como a origem da carência de bens manufaturados.

Voltarei com mais vagar a essas narrativas. Por enquanto, é preciso ampliar o inventário.

Não é menor a complexidade dos Incas Kaxinawá. Na coletânea de Capistrano de Abreu (1941, §4996-5142), o ˜Iká é protagonista de três episódios. No primeiro, ˜Iká, caracterizado como um grande diabo (*mawa iuxibó*), convida os Kaxinawá a balançar-se enquanto ele canta suas cantigas; os que não se balançam, ele mata e come. Inquietos com essas brincadeiras, os Kaxinawá decidem ir embora para longe dele. Em outro momento, ˜Iká convida a aranha a morar com ele e sua mulher, e lhe dá os frascos do frio e da noite. Finalmente, assumindo algumas feições do Sovina, nega ao Urubu, que está com muito frio, o Sol que ele guarda em outro frasco. Não se trata dessa vez de uma sovinice individual: em conversas com ˜Iká, o gavião pega-macaco (*nawa tete*) recomenda-lhe não compartilhar o Sol com gentinha. O Urubu, porém, sabe que o Sol está guardado no seu frasco, e consegue roubá-lo.

O Pe. Tastevin (1925, p.23-6) refere-se a dois tipos de narrativa sobre o Inca. De um lado, as protagonizadas pelo Inca Yauchikunawa, o mesmo Sovina que já conhecemos pelo relato de Bardales e que aparecerá constantemente nestas páginas. Dono do fogo, da mandioca, do milho e de outros bens que se recusa a compartilhar com os humanos, esse Inca é vítima de sucessivos roubos por diversos animais. Lembremos que na versão ucayalina o Sovina é trucidado e a seguir espoliado.

De outro lado, o Inca aparece também como o membro bobo de um par de heróis culturais. Na versão mais rica,[11] o par Inca/Kuma vai criando os elementos da vida quotidiana, mas Inca, estúpido, faz tudo indevidamente, forçando Kuma a tirá-lo de situações inglórias.

Na segunda metade do século, o Inca Kaxinawá torna-se um coletivo. Kensinger (1995, p.259-63) assinala que uma quarta parte das narrativas Kaxinawá se refere a ele. A despeito de sua pluralidade e ambiguidade, alguns caracteres se destacam: os Incas moram em belas aldeias, usam roupas longas que escondem seu sexo e possuem excelentes roçados. São, no entanto, canibais, e embora sejam generosos quanto à sua cultura, instruindo os Kaxinawá em suas artes e cultivos, relutam em entregar suas irmãs em troca das mulheres tomadas destes últimos.

D'Ans (1975) apresenta os Incas do mesmo modo no relato das aventuras de Basabo. Em outra narrativa ("La Invención del Parto"), os Incas são parteiros canibais que devoram suas próprias esposas, e as dos Kaxinawá, depois de abri-las para extrair as crianças, até que o rato ensina as mulheres a parir sozinhas.

A mitologia incaica pano é uma obra aberta: os Incas aparecem como afins celestiais em etnografias mais recentes sobre os Kaxinawá (McCallum, 2001; Lagrou, 1998); os textos em espanhol inscritos nos quadros de Elias Silva, pintor shipibo moderno, demonstram um interesse pelo tema que provavelmente aproveita as informações sobre o Inca divulgadas pela literatura popular e o sistema escolar peruanos.[12]

---

11 A outra versão, atribuída a um Kaxi que residira entre os brancos, tem o interesse de traduzir Inga/Noto Boko em termos católicos, como Deus/Nossa Senhora.

12 Exposição de arte organizada na Universidade Federal de Santa Catarina (UFSC) durante o Encontro Pano, novembro de 1998. Cf. também os quadros de Pablo Amaringo, em Luna & Amaringo, 1999.

Já afirmei que os relatos sobre o Inca se estendem para além dos grupos Pano e ganham relevância especial entre os grupos Arawak. O Inca das narrativas Piro, por exemplo, tem uma vaga relação com o Kaxinawá, mas situa-se no limite do conjunto. Alvarez (1972, p.8) refere-se a uma tradição Piro segundo a qual os ancestrais ajudaram o Inca a esconder seus tesouros dos espanhóis no monte Ayahuanca. Hassel (1906, p.67) alude a um relato sobre "Piros caolhos", que ajudaram o Inca na construção da fortaleza de Tonquini. Essa eventual colaboração entre os Piro e um soberano andino é a mesma descrita pelas fontes espanholas que tratam do Império de Vilcabamba. Os mitos Piro referentes à origem dos seus diversos subgrupos (Alvarez 1972, p.334-48) são, pelo contrário, variações em torno do tema da sovinice. Assim, os Nachineru são "os famintos", porque o seu rei tinha por costume se alimentar dos brotos das plantas de cultivo. O rei dos Koshichineru, "os pássaros", consegue finalmente acabar com ele. Outros dois relatos (sobre a origem dos Gagamleru e dos Kuirikuiri) contam as façanhas que outros Piro devem realizar para casar com as filhas de um senhor poderoso ou com as mulheres de uma tribo de "tigres" especialmente ciumentos. As peripécias repetem em boa parte as do esforçado genro do Inca Sovina dos Shetebo. Resulta notável que essa aproximação ao modelo "incaico", com a presença desses estranhos "reis" amazônicos, apareça sem um interesse correlato por agrupar todo o complexo em torno de um mesmo protagonista: uma conduta, digamos, inversa à representada pelo Conibo Bardales, empenhado em atribuir a um mesmo personagem feitos muito heterogêneos.

O sovina e os animais

Uma leitura superficial do acervo mítico Yaminawa coletado durante a minha pesquisa é suficiente para reencontrar nele os protagonistas, os motivos e as tramas da mitologia "incaica", desde o relato de Yurapibe ("comedor de gente") até o do menino cujo afogamento gera as chuvas torrenciais, ou a morte do filho do Inca no relato Shipibo, para dar só dois exemplos. É possível reconhecer um eixo que une os dois conjuntos de relatos e permite uma comparação sistemática: o do Sovina. Há um conjunto de mitos Yaminawa (que parcialmente se superpõem, sugerindo o encontro de tradições orais de distintos subgrupos *nawa*) que trata da conquista de uma série de bens, especialmente as plantas cultivadas e o fogo, na luta contra um açambarcador mítico que privava os outros dessas benesses. O personagem corresponde com exatidão ao Inca Sovina dos Shetebo e ao Sovina descrito por Tastevin, e recolhi quatro narrativas referentes a ele: na primeira, é o dono dos bens agrícolas, guardados por animais peçonhentos, que ele só deixa chegar às mãos de outros homens já sapecados ou incapazes de germinar. Os homens juntam-se para matá-lo e pintar-se com o seu sangue e as suas vísceras, transformando-se em pássaros. Na segunda, não se trata de um avaro, mas de um feiticeiro perigoso, que mesmo agonizando converte em animais os seus agressores. A segunda e a terceira histórias voltam à sovinice, narrando os truques de que se serviram a andorinha e o papagaio para roubar, respectivamente, o milho e o fogo. A correspondência é estreita, incluindo as duas alternativas Shetebo/Kaxinawá para o final: a do Sovina trucidado e a do Sovina roubado.

O Sovina Yaminawa tem duas caras: ele acumula bens inéditos, mas por isso mesmo o seu destino é se converter, espontaneamente ou à força, em esplêndido doador.

É a mesma ambivalência do Inca. Apesar do gradiente de Bardales, é fácil ver que todos os seus Incas são generosos e sovinas ao mesmo tempo. O mais benéfico dos Incas, esse Shane Inca fundador das artes, sonega o domínio do ouro. O único Inca inteiramente desprovido de mesquinharia – o promotor do Dilúvio – é aquele cujos dons o homem não sabe aproveitar. Não é por acaso que o autor o instalou no capítulo do mais mesquinho dos Incas, aquele cujos bens o homem consegue expropriar mesmo contra a vontade do dono.

Não é estranho que alguns autores queiram identificar esse Inca com os missionários ou com os brancos em geral. Donos de inexplicáveis riquezas, e por isso mesmo tão sovinas quanto generosos – como determinar o limite de ambas as atitudes? –, os relatos sobre o Inca podem muito bem retratá-los: mostram afinal uma evidente preocupação com a origem das mercadorias e sua distribuição, recorrente nesses mitos de origem do homem branco que encontramos ao longo das Américas.

Desordem narrativa, desordem social

À margem do eixo da sovinice, comum à maior parte das narrativas, o Inca parece ser um enunciado vinculado a significados muito diversos. No extremo, digamos, "Inca" não é nada além de um nome, que ao longo deste século tenta se conjugar do melhor modo possível a uma série de temas míticos.

O nome pode ser a base de uma boa organização. A mitologia Yaminawa, que reúne a totalidade dos elementos que aparecem nas mitologias vizinhas, carece de personagens estáveis que articulem as diversas narrativas, como o Basabo ou o Romuekoin dos Kaxinawá (ou como o próprio Inca), provavelmente porque a sociedade Yaminawa não tem mitógrafos – ou não tem, em termos gerais, inventores de cultura adequados ao padrão vigente. Vale a pena fixar esse ponto para controlar uma percepção previsível: aquela que identificaria essa desordem "textual" com a desordem que preside outras manifestações da vida Yaminawa. Já discutimos longamente, no segundo capítulo deste livro, essa pretensa desagregação, mostrando que ela poderia ser mais bem descrita como uma combinação sutil, e nunca explicitada, de ordens alternativas.

Em flagrante contraste, os Kaxinawá têm apresentado aos seus etnógrafos um sistema impecável: um sistema dualista sofisticado que une ideologia e função, no qual as metades sociais que organizam ideologicamente o mundo são também as unidades exogâmicas em cuja interação se funda a reprodução social. Boa parte da etnologia Pano gravita em torno desse "modelo Kaxinawá", cuja vigência tende a creditar-se ao criterioso conservadorismo do grupo, prudente o bastante para evitar a desordem cultural trazida pelo branco. Quanto aos Shipibo, podemos dizer que o parentesco tem jogado um papel muito menos central na literatura a seu respeito. De um lado, estão muito longe da organização "cristalina" dos Kaxinawá. A grande autonomia das unidades

domésticas, a reserva no trato entre elas e a tendência a procurar matrimônio com parentes extremamente distantes[13] implicam elos sociais muito frouxos no plano local, e uma sociedade com uma dose
de interação bem menor que a dos próprios Yaminawa. No entanto, é
interessante notar que nesse caso não parece haver um interesse dos
estudiosos em marcar uma desagregação, à qual as terríveis experiências da época da borracha dariam razões de sobra. Isso se deve, sem
dúvida, ao fascínio imposto pelas suas artes plásticas: um grafismo altamente sofisticado que os Shipibo compartilham *grosso modo* com os
Kaxinawá e os Piro (mas não, significativamente, com os Yaminawa).
A riqueza das formas artísticas tem feito, literalmente, esquecer a
informalidade sociológica do Ucayali.

De fato, parece que a arte reforça muito eficientemente os elos de
parentesco quando se trata de criar unidades étnicas no Ucayali. O uso
e a produção da arte outorgam um sentido de comunidade a uma das
etnias mais numerosas da Amazônia: atua no mesmo sentido que a
prescrição de casar longe, gerando uma espécie de "nacionalidade", ato-
mizada na sua base social e unida em torno de símbolos visuais. Mas a
este assunto deveremos voltar mais adiante.

O Inca como afim impossível

Acabamos de verificar que o parentesco, e mais especialmente certos aspectos da aliança, estabelece uma diferença sistemática entre os
grupos que compõem a base etnográfica deste trabalho. Vamos ver agora que essa mesma dimensão pode sistematizar também o contraste
entre mitologias com ou sem Inca.

---

13 Esse casamento a longa distância que não chega, no entanto, a ser um casamento
"fora" exige o conhecimento de longas genealogias; se, de um lado, esse recurso
lembra a hipótese dos "clãs" Yaminawa, de outro, contrasta com sua tendência a
cortar elos de parentesco que escapem à comunidade de residência. Devo advertir
que meus dados a respeito são secundários: derivam de Keifenheim (1992), de
algumas observações de Girard (1958) e de uma curtíssima experiência pessoal no
Madre de Dios peruano.

Revisando a mitologia anteriormente resumida, vemos que a sovinice do Inca, embora se exerça em primeiro lugar sobre as plantas cultivadas, tem também suas manifestações nos domínios do cosmo e do parentesco: nega o sol ao Urubu, frustra a reprodução dos Kaxinawá, e também a própria, por causa deste que poderíamos chamar de "canibalismo obstétrico". Não é, afinal, estranho que devore suas próprias mulheres quem não é capaz de dá-las a outros em matrimônio. O incesto e o canibalismo, como sabemos, aparecem com frequência associados como modos diferentes de "comer a própria carne".

A sovinice fundamental do Inca é a que ele aplica às suas mulheres: consegue unir todos os Incas, sejam mesquinhos ou generosos. A mulher Inca é inacessível, mesmo quando está apaixonada – como no caso de Basabo –, ou quando o Inca, em um momento de benevolência, envia sua própria filha para casar com um simples mortal: este escolherá a mulher errada. Mesmo quando aparecem como pródigos doadores, inventores das artes e das festas e fundadores de etnias, os Incas não entram na troca matrimonial.[14] Sua sociedade é estéril: os Kaxinawá imaginam-nos devorando as parturientes ou mesmo os recém-nascidos, e quando nas versões Shipibo aparecem filhos do Inca, é só para serem infelizmente sacrificados ou repudiados pelo homem comum. Os Incas não participam assim na elaboração "carnal" da sociedade, tão importante na compreensão Pano do social, embora sejam mestres na sua elaboração "formal" por meio da tatuagem e do ritual.

Os mitos do Inca são capazes de expor, em suma, toda uma filosofia da sovinice. Esta, em primeiro lugar, transborda os limites da avareza "material" para formar todo um *ethos* "introvertido". Na análise, esse *ethos* assume uma natureza ambivalente: destrutiva, mas também estranhamente construtiva, geradora de uma expressão social brilhante – lembremos as belas e grandes aldeias dos canibais incaicos combatidos por Basabo.

---

14 Aliás, temos aqui mais uma analogia com missionários, antropólogos ou brancos em geral: nada impede que o branco seja extremamente generoso com ferramentas, livros, motores para canoa, sua própria vida ou as verbas do governo, mas ele jamais é doador de mulheres, não participa da elaboração social.

O Inca, entre os Kaxinawá e os Shipibo, sistematiza uma série de temas cujo centro é essa alternativa entre doação e retenção, capaz de expressar o conjunto das relações entre uma sociedade e seus *outros*.

Mas voltemos aos Yaminawa. Se os relatos de Yuwasinawa, o Sovina, fornecem um eixo comum entre a mitologia Yaminawa e a tradição "incaica", este paralelo não se estende além do núcleo estritamente "econômico", isto é, o contencioso pela propriedade das plantas cultivadas e o fogo de cozinha. Yuwasinawa não tem jurisdição sobre assuntos cósmicos, não possui objetos ou artes – ou filhas e irmãs – que interessem aos índios; nunca, de outro lado, chega a praticar o canibalismo. É, em outras palavras, um personagem muito menor que o Inca. Para completar seus atributos, devemos recorrer a uma pluralidade de personagens Yaminawa. No lado canibal, temos o sinistro Awi Pide, que acaba comendo sua própria carne, depois de devorar a esposa e o filho neonato; temos um parteiro monstruoso que, como os Incas Kaxinawá, devora a parturiente depois de extrair a criança, ou uma família canibal que reproduz os mesmos costumes antropofágicos daqueles. Do lado "doador", temos os animais.

São os animais, especialmente os pássaros, que arrancam os bens do Sovina, como vimos nos mitos correspondentes. Também nos mitos Piro essa luta contra o Sovina fica em geral a cargo de personagens--pássaros ou assimilados a pássaros. Vale a pena destacar que são esses relatos do massacre do Sovina que têm paralelo mais estreito com os equivalentes Shipibo e Kaxinawá.[15]

Mas em outras ocasiões os animais mostram sua generosidade com seu próprio patrimônio: os conhecimentos agrícolas com que Kapa, o *coatipuru*, beneficia os humanos;[16] os saberes farmacológicos e xamanís-

---

15 Caberia aqui um argumento em favor de uma derivação dos mitos Shipibo sobre o Inca de outros mitos anteriores, semelhantes aos dos Yaminawa sobre o Sovina. Junto ao Inca Sovina (Yoaxico), temos de fato dois Incas doadores: um deles é o Chane Inca, nome de um dos pássaros que participam comumente da matança do Sovina na mitologia de vários grupos; o outro apresenta uma negritude inexplicada que parece remeter também à coloração dos animais no sangue do Sovina.

16 Que inverte, aliás, o ubíquo episódio do genro que o Inca tenta queimar no roçado. No caso de Kapa, o cunhado efetivamente se queima por não ouvir os conselhos do afim, que finalmente consegue ressuscitá-lo com seus poderes mágicos.

ticos e as mercadorias manufaturadas obtidas das cobras d'água.[17] E mais ainda: as artes do parto e os cuidados das crianças do rato ou o *savoir-faire* sexual do macaco-prego, que, com igual direito, salvam os Yaminawa da extinção.

Os Yaminawa – que, diga-se de passagem, não acreditam no *bom selvagem* – são partidários convictos do *bom animal*: algo que contrasta com o caráter humano dos vilões da mitologia, e com a péssima retribuição que esses humanos dão aos seus benfeitores nos mitos. A generosidade dos animais é um tópico da tradição oral Pano: um dos informantes Kaxinawá de Capistrano (Abreu 1941, p.309) elabora mesmo uma lista dos dons devidos aos animais. Mas o mais extraordinário, no caso Yaminawa, é que esses animais (machos ou fêmeas) estejam sempre dispostos a *casar* com os humanos, algo que como vimos nem o melhor dos Incas tinha chegado a fazer.

Vêm aqui à tona as referências anteriores à ambígua formulação que os Yaminawa fazem da afinidade. Os termos que se relacionam com ela, ou as próprias regras de casamento, são um terreno de equívocos e reticências. São os animais os únicos que, nos mitos, e sem circunlóquios, se dirigem a quem for preciso como *bibiki* (prima-esposa); são eles os únicos que conseguem utilizar esses termos "dravidianos", que expressam, simultaneamente, a proximidade e a diferença que deveriam reinar nas relações entre aliados.

Esses animais namoradores são *animais-yushi*, espíritos. Podemos reconhecer aqui o significado de toda uma vertente "perspectivista" (no sentido dado ao termo por Viveiros de Castro, 1996) da vida Yaminawa, que tem sua contraparte "totêmica" na multiplicidade de etnônimos que acompanha a extrema fragmentação dos grupos. Os etnônimos Yaminawa, cujo conjunto (apesar do tratamento anedótico que os estudiosos em geral lhe reservam) constitui a classificação mais eficiente

---

17 Em outro mito (M22 da minha coleção), as cobras d'água presenteiam um parente humano com machados, tecidos, espingardas e cachorros que elas possuem, e que, segundo uma das versões do mito, elas teriam conseguido nos seus assaltos aos batelões dos brancos. Vale a pena indicar que esse relato ocupa o lugar que muitos outros grupos indígenas dedicam à mitificação do homem branco.

na administração do seu sistema social, formam-se, em geral, a partir de nomes de animais. E compartilham a mesma sina de guerra constante que a mitologia Yaminawa atribui ao mundo animal.

Um mundo de cunhados

Na elegante conclusão do seu artigo de 1992, Bárbara Keifenheim sintetiza a oposição entre a filosofia social dos Kaxinawá e a do homem branco que os assedia: "A mensagem 'todos os homens são irmãos' encontrava um mundo onde a expressão mais nobre das relações humanas é a relação de cunhados!"

O texto está prenhe de sugestões. Essa oposição entre os "irmãos" e os "cunhados" ecoa alguns tópicos lévi-straussianos, e ninguém negaria que as culturas do Novo Mundo se ocupam muito mais dos cunhados, ou dos afins em geral, que as do Velho. Mas na comparação de Keifenheim deveríamos incluir uma outra torção: o que governa esse mundo dos cunhados não é, necessariamente, um amor universal como o que se espera da fraternidade cristã. Longe disso, se as sociologias ameríndias se ocupam tanto da afinidade é, em boa medida, para sublinhar sua pesada ambivalência. Casar é necessário para fundar uma sociedade, mas é ao mesmo tempo uma condenação a viver perpetuamente "no meio dos outros". A afinidade inicia uma sociedade que teme seu próprio fundamento e tende a postular um ideal endógamo, seja como ideologia seja como utopia. Estou aqui resumindo a filosofia proposta por Joanna Overing (1984), baseada fundamentalmente em uma experiência de campo nas Guianas, onde são comuns os artifícios para converter o afim em consanguíneo, ou o cunhado em irmão. A partir daí, a literatura sobre parentesco sul-americano desenvolve-se ora sublinhando essa produção quotidiana do *socius* (McCallum, 1998), ora insistindo (Viveiros de Castro, 1993) no englobamento da consanguinidade pela afinidade – uma afinidade, porém, cujas fronteiras com a alteridade *tout court* estão sempre em aberto.

É também notável a extensão na América do Sul de escatologias que desenham um além "incestuoso" em que se prescindiria definitivamente da aliança. O caso mais famoso seria o dos Krahó, na análise de Carneiro da Cunha (1978), ou o dos mesmos Piaroa, na descrição de Overing Kaplan (1975). Uma sociedade ideal, purificada das intrusões da afinidade – mas por isso mesmo estagnada, imóvel, morta em suma –, opõe-se à vida real, transbordante de substância, mas aberta sempre ao estranho e portanto assombrada por perturbações que vão do molesto ao atroz. Dessa sociologia pensada às avessas por meio da escatologia participam, em certa medida, os Piro e, sem dúvida, os Yaminawa, que sem meias tintas equacionam os incestuosos a espíritos de mortos.

O comentário de Keifenheim, em suma, não é trivial. A abertura à aliança que, segundo o texto citado, caracterizaria o mundo Kaxinawá, casa, segundo os dados da mesma autora, com um cuidadoso sistema de definição de identidade, que tende a manter a autonomia do grupo[18] e, em resumo, *fomenta decididamente a endogamia*. O caso Kaxinawá poderia oferecer uma boa ilustração de como (nos termos de Viveiros de Castro e Fausto, 1993) a troca restrita pode servir não tanto à constituição do *socius*, mas ao fechamento dos nexos endogâmicos locais, dando assim à aliança um valor mais ideológico que sociológico.

O "modelo" Yaminawa oferece um ângulo muito diferente: uma exogamia intensa está unida a uma visão sombria dessa mesma exogamia. Os próprios grupos que realizam trocas matrimoniais são definidos por conflitos e quebras de grupos anteriores. A presença dos afins dentro do grupo doméstico é dissimulada, um pouco ao modo guianense, mediante a tecnonímia e o uso de categorias consanguinizantes. Os termos "dravidianos" para afins, que são evitados na convivência quotidiana, reaparecem na mitologia, na voz de animais que sempre personificam o afim perfeito. A afinidade aparece, em suma, empurrada para o extremo da alteridade, como um subconjunto da predação; não raro os animais que casam com humanos nos mitos acabam sendo tratados como excelentes peças de carne.

---

18 Até o ponto em que, como propõe Deshayes (1992), os conflitos internos dos grupos e os rompimentos decorrentes deles – menos frequentes do que entre os Yaminawa, mas não por isso negligenciáveis – seriam úteis para preservar os grupos do monadismo.

Nessa sociovisão Yaminawa, em suma, aparecem temas tão disseminados quanto antigos no campo ameríndio; não há razões, como já foi dito, para reduzi-los a resultado do desastroso contato com o mundo dos brancos. A desagregação e o conflito contam também com o prestígio da tradição.

Reforma da identidade, reinvenção da cultura

Depois de longas digressões, podemos apreciar melhor os modos como a figura do Inca combina com determinados aspectos da organização social dos grupos Pano, ou, em outras palavras, explicitar o *uso* do Inca na construção das sociedades que o põem em jogo na sua mitologia.

Em primeiro lugar, o complexo do Inca Pano é fiel ao caráter dialético das identidades ameríndias, que têm uma formulação especialmente aguda na cultura Pano: o Eu só pode ser consequência de um Outro, não há lugar para o monismo. Atribuindo seus signos distintivos e suas tradições mais caras (tatuagem e pintura, especialmente) a um estrangeiro ou a um inimigo, Shipibo e Kaxinawá são simplesmente coerentes com a tradição.

Mas as razões desse Inca ganham relevo quando apreciamos as diferenças entre suas versões Kaxinawá e Shipibo. Os Kaxinawá, segundo as descrições vigentes, baseiam sua organização em uma aliança observada na prática (com a troca restrita) e ideologicamente celebrada (em um dualismo integrador). Para conseguir esse encaixe perfeito é necessário restringir a interação social a uma comunidade endógama, que preenche satisfatoriamente os requisitos da verdadeira humanidade: modos corretos de casamento, de relação entre grupos, de grafismo corporal. Não pode ser maior o contraste com os Yaminawa – para os quais a aliança é essencialmente uma relação trágica com a alteridade –, que enfatizam a extroversão e, por isso mesmo, põem entre parênteses o aspecto "interno" de suas práticas de casamento, dissimulando o uso da terminologia dravidiana.

É compreensível assim o papel que os Kaxinawá dão ao Inca: ele é o estrangeiro canibal que se nega à aliança e que, portanto, impõe limites à generosidade exigida pela ideologia Kaxinawá do parentesco. Ele mostra a necessidade de marcar limites e o modo – a tatuagem – de reconhecer os próprios. Para os Yaminawa, o animal generoso ocupa o mesmo lugar do Inca, mas em um argumento de signo oposto: oferece-se em lugar de se guardar, é devorado e não devora quando é a sua vez. Um comportamento inverossímil que consagra a abertura imprudente dos Yaminawa a um mundo onde o homem é lobo para o homem, mas onde homem e lobo costumam andar com peles trocadas.

No caso Shipibo, o Inca exerce um papel equivalente ao que desempenha para os Kaxinawá, mas o faz por vias diferentes. Sovina ou generoso, ele age como um provedor de bens, um definidor de etnias e um fundador dos signos de identidade que, no entanto, prescinde de uma relação "carnal" com seus apadrinhados. O Inca Shipibo é um fundador sem ser um pai nem sequer um sogro. O Inca Shipibo é um indivíduo, nunca um coletivo como no caso Kaxinawá. Não serve assim para catalisar o fechamento endogâmico de um grupo, mas para possibilitar a unidade de um conglomerado que abrange grupos extremamente diversos. "Shipibo" aparece aqui em lugar do binômio Shipibo-Conibo – cada vez menos habitual na literatura –, que, por sua vez, inclui os Shetebo e, provavelmente, muitos outros velhos grupos do Ucayali, como Remo e Isconahua, e está em processo de assimilar com a extensão de suas artes gráficas –, coletivos tão inimigos quanto os Cashibo. Shipibo é um nome tendencialmente "nacional", que engloba diversas etnias.

Os Incas do Ucayali fazem da negação (relativa) da aliança um caso menor do tema *sovinice/doação*: o pretendente da filha do Inca vê-se forçado a superar provas difíceis impostas por um sogro ciumento, porém mais ciumento dos seus tesouros que de sua filha. O caso Kaxinawá é o inverso: os bens culturais são o prêmio de consolação por uma luta inglória para conseguir a mulher do outro, e a negação da aliança, aqui absoluta, engloba o conjunto.

De novo um contraste agudo com os Yaminawa, os quais carecem dessa brilhante arte presente do Inca, que distingue outros Pano. Se os Shipibo tentam afirmar com o casamento distante os laços dentro de uma etnia cujos limites são marcados por signos externos (a pintura e o artesanato), os Yaminawa esforçam-se em marcar a distância entre seus grupos – tão próximos no parentesco e no espaço – evitando os signos externos de identidade que os confinariam nos limites de uma fronteira exterior. Virtualmente, toda a humanidade (inclusive a do pesquisador) poderia ser incluída em um conjunto infinito de grupos -*nawa*.

O Inca como imagem do branco tem sido um argumento tópico nas críticas às leituras literais do Inca Pano. Em comum com outras aplicações da semântica na antropologia, esta tem a fraqueza da racionalização. Se os mitos deviam explicar o homem branco, por que então não teriam falado nele diretamente, como tantos grupos indígenas fazem, em lugar de pôr em jogo um personagem que em modo algum se confunde com o branco? Essa cadeira cativa do homem branco na mitologia indígena pode muito bem vagar. Devo lembrar que Shipibo e Kaxinawá têm seus próprios mitos sobre o branco, incluídos no mito do Inca ou claramente diferenciados dele. Em um relato Shipibo (Roe, 1988, p.129) um Inca oleiro produz o branco (mal cozido) e o negro (queimado) antes de criar uma humanidade, a indígena (no ponto). O mito de origem do branco publicado por D'Ans (1975, p.336-42) é uma inversão dos mitos incaicos sobre o eixo de análise aqui selecionado, o das atitudes perante a aliança: Kanáibari, um bom Kaxinawá, cede ante o acosso sexual de sua nora e não pode evitar matá-la com seu pênis desmesurado. Foge então de uma possível vingança do seu filho, instalando-se à beira-rio, e lá se converte em branco, criando as mercadorias que entrega generosamente aos seus ex-conterrâneos. Em lugar de um estrangeiro sovina que se furta a qualquer aliança, temos um consanguíneo que é levado a abusar de sua proximidade, mas que compensa o fato com sua generosidade. Os Yaminawa, tão obcecados pela cultura do branco, não têm mito algum a seu respeito.

Recapitulando, podemos definir três situações aptas para comparação: aquela em que existem mitos a respeito do Inca e a respeito do branco; aquela em que o mito do branco é parte do mito do Inca; e aquela em que nem o Inca nem o branco são protagonistas de mitos. Em termos gerais, trata-se das situações Kaxinawá, Shipibo e Yaminawa. Essa comparação lida com três "etnias" heterogêneas. Sabemos que os Shipibo são um agregado de povos consolidado em função de alguns signos comuns, como a arte e o Inca que a inventou. Sabemos que "Yaminawa" denota alternativamente um nós exclusivo (um grupo assim denominado), um outro excluído (um tipo de índio selvagem e entrópico) e um, digamos, "outro inclusivo" (todos os humanos e os animais, virtualmente classificáveis em uma grade de categorias "nawa"). O termo kaxinawá não tem sido submetido a uma revisão desse tipo, e a literatura especializada concede-lhe uma identidade discreta – étnica, linguística e cultural – e dotada de profundidade histórica. Não por acaso são eles os únicos no conjunto aqui tratado que consagraram entre vizinhos e antropólogos o uso de uma autodenominação, *Huni Kuin*. Resumindo em um quadro parte dos contrastes que foram aqui passados em revista, teríamos o seguinte:

Shipibo-Conibo	Kaxinawá	Yaminawa
extensão de um etnônimo particular	consagração externa de uma autodenominação (*Huni Kuin*)	pluralidade de etnônimos "totêmicos"
Inca fundador	Inca canibal/celeste	afins animais
casamento a longa distância, mas dentro do conjunto Shipibo-Conibo	exogamia de metades, endogamia de aldeia	conflitos internos dão lugar a unidades exogâmicas
no mito, o Branco é uma criação imperfeita do Inca	há um mito de origem do Branco: ele é um Kaxinawá transformado	não há um mito de origem do Branco: ele é designado pelo termo genérico "nawa"

QUADRO 4 – Contrastes.

O "Inca" ilustra-nos sobre as utilidades de um nome em uma terra organizada por *pronomes* sociológicos.[19] No caso Shipibo (um termo que poderia alargar-se em Shipibo-Conibo-Shetebo-Isconahua-Remo e

---

19 Sobre os pronomes, cf. Viveiros de Castro (1996). A partir deles pode ser sugestivo considerar o valor "pronominal" das categorias de identidade Pano sistematizadas por Keifenheim; essa definição abre por contraste a possibilidade de uma sociologia dos etnônimos, que tenho ensaiado em outros trabalhos (Calavia Sáez, 2002, 2002-2003).

além...), aglutina mitos e populações em uma *nação* de tamanho consi-derável para os padrões amazônicos atuais.[20] No caso Kaxinawá, fixa um *outro* avesso à troca matrimonial, fazendo da primeira pessoa do plural – *Huni Kuin* – uma entidade discreta e substancial não questionada pe-las trocas externas. No caso Yaminawa, a "opção nome" manifesta--se em outro âmbito, fazendo dos etnônimos uma rede totêmica (os pseudoclãs *nawa*) que ocupa o plano mais visível da estrutura social.

Os Shipibo-Conibo, para expressá-lo de outro modo, existem do ponto de vista do Inca; os Yaminawa, do ponto de vista dos outros Pano; os Kaxinawá, do seu próprio ponto de vista, com a ajuda de um espelho Inca e um outro branco.

Nesta visão, o ponto estratégico das estruturas sociais desloca-se do centro (tradições, terminologias ou regras de aliança) para as fron-teiras, para a delimitação de identidades; é mais um modo de dizer que elas são produto da história ou mais concretamente dos historiadores ou mitógrafos nativos.

Epílogo: sobre a antiguidade dos modelos

Já aludimos, ao fazer um breve resumo da "panologia", à tentação de fazer do modelo Kaxinawá a expressão de um cânone conserva-dor protopano, do qual as categorias sociogênicas do Ucayali e dos grupos -*nawa* são versões progressivamente "borradas". Seria, na ver-dade, pouco gentil insistir nas versões mais substancialistas de um modelo que já foi matizado em obras mais recentes (Kensinger, 1995; McCallum, 1989). Mas essa substancialização não carece de interesse histórico, sobretudo na medida em que provavelmente tem seguido de perto modelos nativos.

Nunca é demais, ao fazer inferências sobre o passado, examinar com cuidado as fontes mais antigas de que dispomos. No caso Kaxinawá estas são, como sabemos, de excelente qualidade. Já aludimos no final

---

20 Sobre os Shipibo-Conibo como "nação", cf. Lévy (1991).

do capítulo 8 ao relato que Borô fez a Capistrano de Abreu sobre a dispersão inicial dos *Huni Kuin*. Como lá dissemos, o *modelo clássico kaxinawá não é visível no relato*, como não é visível, de resto, em toda a coletânea de Capistrano. Em lugar de uma fundação do humano a partir do estabelecimento da aliança, temos a disputa entre povos "encantados" a partir de sementes, deslanchada por um vilão cujo único pecado é querer casar alhures. A moral dos mitos Kaxinawá mudou notavelmente em alguns decênios.

Se virarmos a lupa para os Shipibo, relendo a polêmica sobre os Incas, depararemos com dúvidas semelhantes. Assim, o artigo de De Boer e Raymond (1987) indica nada haver na obra, curiosa e profusamente ilustrada, do viajante Marcoy (que singrou o Ucayali pouco antes de 1850) que nos lembre da magnífica cerâmica Shipibo atual. De fato, as primeiras amostras plenas dessa arte não surgem antes da segunda metade do século XIX, em coleções como a de Colini (1883; 1884).

Não recordo, acrescento, referências ao Inca Shipibo-Conibo anteriores às do próprio Colini (1884, p.531). Será que os missionários castelhanos, que trezentos anos antes viam Incas por toda parte, tinham perdido essa sensibilidade? Ou será que os índios escondiam deles uma crença que, segundo a interpretação de Harner (1993), tinha conotações subversivas? E nesse caso, por que a confiaram a um patrão poderoso, e aliado dos missionários, como Máximo Rodríguez, para que este a transmitisse a Farabee (1922) por volta de 1907? Não deparamos com um silêncio documental, mas com um conjunto significativo de silêncios documentais. Não há registro, até quase a virada do século, de Incas Pano ou desse estilo tradicional Shipibo-Conibo; deveremos esperar mais uns decênios para saber dos Kaxinawá "cristalinos" e do seu Inca Canibal.

Em última instância, este exame remete a um tipo de problema cuja exposição mais clássica se deve aos trabalhos de Sahlins (1986). As interpretações do Inca Pano privilegiaram ora o evento (o Inca, uma lembrança de tempos remotos), ora a estrutura (o Inca, uma imagem da alteridade sociológica ou cosmológica). Memória e modelo estão aqui sob suspeita: podem ser menos antigos e mais intencionais do que aparentam à primeira vista. Não se pretende com isso instituir no seu lugar mitologias ou modelos autênticos,[21] mas identificar uma agência histórica; transpor a discussão para um patamar em que o que interessa não é a falseabilidade dos modelos, mas a sua verificabilidade, isto é, a sua capacidade de tomar corpo e alterar o sistema. Em essência, minha hipótese se limita a alterar o caráter de um símbolo, de passivo a ativo, do significativo ao performativo, ou seja, resgatar o que o símbolo tem de evento. Não me ocupo aqui de povos que lembrem uma figura histórica ou que expressem seja o que for mediante um símbolo, mas de um mito (ligado a um modelo) cujo estabelecimento tem colaborado decisivamente na configuração atual de determinados povos. O aspecto semântico dos símbolos é um tópico mais comum que a sua eficácia histórica; o caso do Inca é um bom exemplo desta última.[22] A historiografia recente sublinha a capacidade de as culturas indígenas reelaborarem suas estruturas em função da experiência histórica; mas, desse modo, ainda subordina as primeiras à segunda, e as distingue dela. As transformações de um conjunto mítico – ou de um modelo social – são fatos históricos, e não só *interpretações* de fatos históricos; podem estar na base ou à frente de outros fatos, e não somente *atrás* deles. Isso supõe que eles mudam mais depressa do que gostamos de admitir, pois tomamos a longa duração dos elementos do mito por uma longa duração dos mitos como sistemas. Supõe também que a variabilidade das estruturas constitui sua força, e não o signo de sua falência um princípio estruturalista amplamente aceito como enunciado teórico mas raramente aplicado na descrição.

---

21 É preciso evitar a tentação de trocar os signos habituais, fazendo de Shipibo e Kaxinawá etnias "emergentes" e dos Yaminawa primitivos ingênuos. Cabe advertir que a "desordem" destes não carece de sistema, e que a "dakotização" dos Yaminawa acrianos (e talvez a fragmentação da sua mitologia) supõe um afastamento do padrão dos -*nawa* peruanos e do que pode ter sido norma no próprio grupo em época recente.

22 Durante um breve trabalho de campo no rio Gregório, em 1998, pude comprovar que o Inca, absolutamente ausente na mitologia "tradicional" Yawanawá, aparece eventualmente no discurso dos jovens líderes que estão conduzindo um processo de estabilização e consolidação do grupo com um ideário tradicionalista. As acepções amazônicas do Inca, afinal, não apresentam solução de continuidade com as ideologias indianistas que se sucedem desde Garcilaso.

O que determinou a centralidade do Inca entre os Pano? O ciclo da borracha, o ingresso em massa dos brancos no universo indígena são conjuros bravos o suficiente, não há como duvidar, para fazer aparecer novos deuses ou heróis fundadores, e para forçar redefinições das fronteiras étnicas. Até aqui, meu argumento equivale ao de Harner (1993), que considera o Inca o centro de um certo messianismo ucayalino. A diferença está em que para Harner esse mito explicaria a passividade, ao menos temporária, dos índios do Ucayali perante as exações dos brancos: seria mais uma vez uma máquina anti-histórica. Para mim, constam modificações de fato, essenciais e impulsionadas por esse mito, que aliás tem menos que ver com o branco que com a organização interna do conjunto Pano.

Os diversos Incas não são, assim, patrimônio narrativo de cada etnia, senão um conjunto de variáveis que são assumidas em cada momento por etnias diferentes. O conjunto Pano, que Philippe Erikson (1993b) compara a uma "nebulosa compacta", pode ser percebido de modos muito diferentes a partir de diferentes pontos de vista situados no seu interior, como o seria uma nebulosa qualquer para um viageiro que partisse de um de seus planetas; e cada uma dessas distâncias corresponderia com uma das variantes desse conjunto Pano. Do ponto de vista Kaxi, veríamos um núcleo sólido, rodeado de uma densa atmosfera que o separa do espaço exterior; do Yaminawa, um espaço vazio, um exterior, povoado de planetas fechados e desconexos; desde o Ucayali, enfim, veríamos uma galáxia desagregada mas com limites precisos. O Inca é uma das vias através da qual cabe percorrer essa diversidade.

Este capítulo começou reivindicando (nos dados fantasiosos dos cronistas) elementos da etno-sociologia, ou, dito de outro modo, da invenção indígena da história – uma reivindicação necessária para que o reconhecimento da história indígena seja algo mais que uma admissão retórica à comum historicidade humana. Analisando a mitologia sobre os Incas, descobrimos um ensaio particular dessa invenção da história, muito significativo na região concreta de que este livro trata. Identidades indígenas como as que nessa região se defrontam não são dados locais, mas frutos de uma reflexão multívoca sobre as alteridades.

Mas os relatos sobre o Inca, e o artigo de Lathrap, Mester e Gebhart-Sayer que inspirou estas páginas, são preciosos também por outra razão. Ao provocar o encontro entre duas hipóteses opostas, a da memória remota e a da elaboração contemporânea, oferecem um bom exemplo de como a história se escreve: fechando uma crônica Yaminawa voluntariamente escrita a montante, as hipóteses sobre o Inca nos conduzem ao limite de uma procura arqueológica para nos mostrar entre essas brumas o interesse contemporâneo na elaboração de identidades muito atuais. A história indígena não deveria ser a única a circunscrever-se à memória local; pode também – e é claro que o fará cada vez mais, solicitada pelas políticas da hora – recorrer às memórias dos outros, orais ou escritas. Os renascimentos indígenas, como quaisquer outros renascimentos, servem-se da reencarnação de fragmentos de um passado remoto, e também, por que não, de um cuidadoso olvido das idades médias.

Parte 3
O tempo dos Yaminawa

9
Mitologia

Histórias dos antigos

Até aqui, este livro foi escrito com uma restrição que precisa, no mínimo, ser justificada. Ao tempo que se esforçava em reunir e dar um sentido aos dados de uma etnografia pobre, na primeira parte, e às mínimas notícias esparsas em jornais ou memórias, na segunda, sempre contornou aquilo que os Yaminawa, sem hesitação, oferecem como a sua etnografia e sua história: os *shedipawó*, os relatos sobre os antigos. Esse acervo narrativo, que os Yaminawa me prodigaram durante todo o meu trabalho de campo, e que constitui sem comparação o capítulo mais rico da minha pesquisa, foi quase sempre empurrado à margem da página ou do argumento, ou encerrado entre parênteses, com a exceção do capítulo final da "crônica", cujo foco estava, mesmo assim, nos mitos de povos vizinhos.

No que tange à primeira parte, manifestei a intenção de me manter fiel à experiência, e essa é uma das fidelidades que mais suspeita merece. Sabemos que o empirismo – Radcliffe Brown com os "seus" Andaman pode ser um exemplo clássico – marcou as conjecturas sobre os tempos idos como pecado só para melhor cair nele: para uma parte

313

muito considerável da etnografia, o presente etnográfico se situa no tempo recobrado da memória dos informantes. Descrevem-se com vivacidade rituais, normas e crenças e se fundamenta nelas a análise para só depois explicitar que se encontram em desuso. Mas é difícil saber quando algo que se guarda na memória está verdadeiramente em desuso; ou, em outros termos, é difícil saber o que, numa experiência social, é a matéria "empírica".

A experiência à qual estou sendo fiel é, sobretudo, a do próprio desenvolvimento da pesquisa, pois a análise de mitos que seguirá é uma volta aos Yaminawa que começou com o trabalho de tradução posterior ao campo, e em condições muito diferentes às do campo. Embora a vida observável e a narração mítica remetam, cada uma à sua maneira, à mesma realidade, prefiro apresentá-las como dois relatos sinópticos, procurando não reduzir seus contrastes a um denominador comum.

De outro lado, e referindo-me à segunda parte do livro, a exclusão dos mitos se distancia também da prática mais comum na etno-história, que pelo contrário propõe permeabilizar as barreiras levantadas entre a tradição oral e a tradição escrita, ensaiando modos de aproximação entre ambas. A dicotomia mito/história não está dada desde sempre e para sempre: a história bebe abundantemente de relatos e constitui em si um grande relato, o mito é suscetível de uma crítica interna e externa que o faça mais controlável,[1] e dessa dupla depuração nascem possibilidades de conciliar ambos. Mas a opção deste trabalho é diferente: prefere assumir a distância criada entre uma história que se tornou historicista – privilegiando o dado escrito, o matiz e em último termo uma certa desordem – e um mito ao qual a teoria lévi-straussiana atribuiu uma lógica imanente e uma produtividade própria.

Poderia se dizer que foram os próprios relatos Yaminawa que me levaram por esse caminho? De fato, os *shedipawó* dão espaço a essa polarização. São relatos inequivocamente *míticos* – pois, para usar uma fórmula breve e eficaz,[2] tratam de um universo "em que os animais falam" –, mas também irredutivelmente *historicistas*, pois são apresen-

---

1 Détienne (1985,1981) e Vansina (1965).
2 Lévi-Strauss, em Eribon, 1999, p.178.

tados como episódios que simplesmente aconteceram, alguma vez em algum lugar. Os mitos se prestam com facilidade a servir como paradigmas, ou narrações exemplares; dos fatos históricos se espera que, através de uma série mais ou menos tortuosa de sequelas, tenham contribuído para formar o presente. Os *shedipawó* que os Yaminawa contam têm a peculiaridade de romper com essas duas formas de absorção do relato, ou, no mínimo, de exercê-las de um modo pouco explícito: narram episódios acontecidos há muito tempo, sem vínculos genealógicos com o presente, que também não são postos ao serviço da moral ou da reflexão cosmológica. As narrações Yaminawa não se vinculam a lugares concretos, a elementos que não possam ser encontrados em qualquer canto da vasta região em que eles transitam, e também não a pessoas ou a grupos. Não servem como explicação da origem do mundo ou das grandes instituições. Essas negações podem ser rotundas em excesso, e voltaremos mais tarde a elas, mas há um uso dos mitos que as referenda: os Yaminawa referem-se, com alguma frequência, aos seus *shedipawó* como fontes de informação sobre a vida dos velhos tempos, o que implica uma certa distância em relação aos documentos e à realidade de que eles nos falam.

A colheita

Para deixar mais clara essa percepção, serão necessárias algumas informações sobre o acervo de relatos (que, enfim, fará sua plena aparição nesta terceira parte) e sobre o modo em que ele foi constituído. Como já disse, Clementino Yaminawa foi o primeiro e o último narrador da coleção. Um protagonista apropriado, já que a unanimidade era absoluta na hora de apontá-lo como o conhecedor mais autorizado dessa tradição. O primeiro mito foi narrado a pedido do filho do chefe, na ocasião o meu guia, em uma situação típica que tem sido ironicamente chamada "antropologia de varanda": bem na varanda da casa do chefe, onde os habitantes da aldeia tinham sido convocados para uma campanha de vacinação. Esse contexto inicial, a narração sob demanda do pesquisador estrangeiro, manteve-se durante o resto do meu trabalho de campo: salvo exceções das que tratarei alhures, os mitos foram sempre contados a mim ou, a rigor, ao meu gravador.[3]

Mas não deve se cair na tentação de ver nessa situação um mero subproduto de um estímulo externo. Foram muito raras as ocasiões em que o pesquisador ficou como único receptor do relato. As narrações/ gravações congregavam sempre uma pequena plateia que simplesmente escutava ou, o que era mais comum, comentava, apoiava a narração com exclamações, risos ou resmungos de aprovação. Às vezes, os circunstantes influíam na escolha do narrador, sugerindo algum mito, ou lembrando algum outro que não tinha sido contado ainda.

Em boa parte, essa ampla colaboração apoiava-se em um conhecimento bem distribuído do acervo de mitos, mais notável quando comparado à restrição dos conhecimentos xamânicos apontada na primeira parte. A mitologia Yaminawa é democrática: todos podem ouvi-la, todos poderiam, em princípio, narrá-la. De fato, essa possibilidade esteve perto de se realizar: entre os que me contaram mitos havia jovens e velhos, homens e mulheres, vizinhos do mato e da periferia urbana.[4] A enunciação dos relatos tem assim um rendimento social muito baixo: não há condições que regulem sua emissão ou sua recepção. Um rápido exame de outras mitologias ameríndias indica que essa abertura não é a tônica geral. Guss (1989), contrariando sua expectativa inicial, depara-se com o fato de que os mitos Yekuana não se narram, encontram-se só em forma de alusões. Santos Granero (1991, p.2) tropeça com a reticência da maior parte dos Amuesha, que se consideram faltos de autoridade para narrar os mitos. Com frequência, a mitologia só aparece ao fio de uma elucidação cosmológica realizada com ajuda de expertos:[5] é essa mitologia *implícita*

---

3 Literalmente. Os Yaminawa se habituaram a tomar o gravador nas mãos quando relatavam os *shedipawó*; os meninos se ocupavam em virar e trocar as fitas quando era necessário, e em alguns casos toda a operação aconteceu na minha ausência.

4 Com uma exceção conspícua: a do xamã, que, como já disse, negou polidamente toda proficiência (ou toda disposição para o diálogo) nessa e em outras áreas.

5 Diga-se de passagem, os etnógrafos servem-se com desembaraço de mitos publicados, coletados, às vezes, em momentos muito recuados, ou entre povos vizinhos. Nada haveria que objetar à prática – que devidamente matizada pode ser reveladora –, salvo pela frequência com que assume uma estabilidade das narrações míticas, que está longe de ser evidente.

que equivale à *explícita* quanto à sua semântica (Lévi-Strauss, 1983, p.604), mas que se opõe a ela no que diz respeito à pragmática.

Os relatos Yaminawa primam pela sua acessibilidade imediata. Assim, não deve surpreender que não encontremos exegese desses mitos: esse silêncio interpretativo é um bom correlato da loquacidade narrativa. Acabei de dizer que os *shedipawó* raramente se realizam como mitos de origem; em várias ocasiões o fazem, em termos burlescos, para explicar, por exemplo, por que o excremento fede, ou por que os mosquitos pululam. Essa exceção deixa mais em destaque o laconismo que costuma se reservar aos "grandes" mitos. Para povos muito próximos, o mito da Lua é uma boa ocasião para explicar por que as mulheres menstruam; versões Kaxinawá e Yawanawa do mito Yx cuidam de explicitar que no evento que ele narra se situa a origem da morte, ou da separação entre habitantes do céu e da terra, ou do conhecimento da *ayahuasca*. Só por analogia poderia ser atribuído a eles um significado similar, que nunca foi reivindicado pelos narradores.

O contexto pragmático da narração – o fato de ela ser destinada a alguém que queria saber sobre o passado e a história dos Yaminawa pode merecer um exame mais cuidadoso: até que ponto essa pergunta pela história, essa interrogação vinda de fora, pode ter colaborado para criar ou reforçar o *historicismo* das narrativas? Usar os *shedipawó* como fonte de informações sobre as condições de vida dos antigos, e não, por exemplo, como uma espécie de fala sagrada, pode ter sido uma solução emergencial ante as demandas do etnógrafo. No entanto, lembra algo que, com outros motivos, foi muitas vezes repetido neste livro: o estrangeiro não é uma novidade para os Yaminawa. Estou inclinado a admitir que essa transmutação dos mitos em acervo de informação surge de uma pergunta externa sobre a história, mas não creio ter sido o primeiro a formulá-la.

Mitologia

Dessa escassa ou nula formalização, dessa saída de foco da interpretação, poderia se inferir que o conjunto de mitos Yaminawa é adequadamente anárquico, e que a palavra "mitologia", de aplicação tão arbitrária,[6] seria aqui duplamente arbitrária, recobrindo um conjunto aleatório de narrações.

Não penso que seja assim. As versões individuais dos mitos são consideravelmente congruentes: os narradores mostram uma diferença notável na apresentação, mas em poucos casos me pareceu que essas diferenças chegassem a constituir *variantes* do mito. O mesmo pode se dizer quanto ao conjunto dos mitos relatados: de um povo tão interessado em destacar a sua heterogeneidade interna poderia se esperar que apresentasse um acervo fragmentado e incoerente. Nada disso transpareceu: o acervo conhecido pelos diversos narradores e pelos diversos ouvintes estava muito bem consolidado, como podia se comprovar nos diálogos entre os meus anfitriões a respeito dos mitos que tinham sido narrados ou faltavam ainda. Poder-se-ia dizer que os mitos Yaminawa têm desenvolvido entre si laços mais sólidos e estáveis que os que unem seus narradores. Assim, temos, de fato, uma mitologia. Isto é, algo mais do que um apanhado de mitos: uma seleção, eventualmente um sistema. Uma unidade não desafiada – muito pelo contrário, confirmada pela aparição de relatos "improvisados", à qual me referirei várias vezes, ou pela aplicação de uma fórmula ou paródia.[7]

Anticlassificações

Talvez o melhor modo de fazer um sumário dos mitos Yaminawa seja expor a impossibilidade de classificá-los. Nenhum Yaminawa parece se interessar por essa taxonomia. Ora todos os relatos são *shedipawó*, ora esse termo parece se aplicar a algumas narrações que respondem

---

6 O termo *mitologia* é usado em relação às culturas indígenas com muito menos receio que outros termos tomados de uma tradição clássica, como *religião* ou *filosofia*; essa discriminação é mais considerável posto que *mitologia* é um termo com uma história mais breve e peculiar do que tende a pensar-se (Detienne, 1981). Mas a história de um conceito não esgota suas possibilidades e aposto neste, como em outros casos, nas virtualidades da tradução, suspeita que seja.

7 Exemplos de paródia são as narrações dos M49, M50, M51 e talvez M45, M46, M52; sobre a fórmula, voltaremos mais tarde.

por excelência a esse nome, correspondendo a outras só por falta de outro termo específico. Tentemos distinguir então entre relatos *maiores* – os *shedipawó* "por excelência" – e relatos *menores*. Com a sua maior extensão e complexidade (que em geral faz deles o domínio dos narradores mais autorizados), os "mitos maiores" podem apresentar algumas outras particularidades. Uma é (nem sempre) a de contar com protagonistas com nome próprio. Outra é a de não admitir uma distribuição em subclasses como a que se insinua com facilidade nos relatos "menores": entre estes, podemos distinguir uma série de relatos de desafios entre animais, em que um deles desempenha, ou acaba desempenhando, o papel de *trickster*.[8] Assim também, relatos que envolvem algum tipo de conflito entre parentes, muito semelhantes aos anteriores (mesmo porque os animais se tratam entre sim por termos de parentesco).[9] Um outro grupo de relatos trata do encontro com monstros (em vários casos, com famílias de canibais) e da luta com eles.[10] Um outro, enfim – perfazendo algo assim como um gênero de terror amazônico – do encontro com espíritos.[11]

Mas falar em gêneros narrativos seria excessivo: não posso detectar convenções narrativas específicas, ou uma hierarquização das emoções que cada um deles suscita. Não há uma separação discreta de temas, e de fato encontramos nos relatos maiores segmentos que equivalem aos relatos menores. A mesma fronteira entre "grandes" e "pequenos" é muito insegura: a diferença pode parecer evidente para as manifestações máximas e mínimas, mas se dilui em numerosos relatos de porte médio.

Enfim, nada pode relativizar melhor todas essas divisões entre quase-gêneros que um tipo particular de relato que não citamos até agora, precisamente aquele que parece atingir um grau de formalização suficiente para fazer dele um gênero em toda a extensão da palavra.[12]

---

8 Mitos M2, M4, M11, M56...
9 Mitos M13, M27, M44, M54, M69...
10 Mitos M15, M17, M62...
11 Mitos M25, M39, M70...
12 Mitos M3, M8, M9, M18, M19, M38, M60, M61...

Trata-se de um relato que, em síntese, diz o seguinte: um ser humano, submetido a algum tipo de aflição (tem fome, está sozinho, é ameaçado por algum perigo), depara-se com um animal ao qual dirige a sua queixa: bem que você, em lugar de estar aí voando (ou coaxando, ou nadando, ou cantando...), poderia ser um homem, ou uma mulher etc., e me ajudar – é uma queixa, em geral, pouco cortês, ou mesmo insultante. Pouco depois, o protagonista se encontra com um humano desconhecido que reclama daquela deprecação: "Por que estavas a falar aquelas coisas de mim?" O protagonista se desculpa: "Eu não falei com você, falei com um sapo (ou uma juriti, ou um pote...)". "Então", responde o interlocutor, "eu era aquele sapo, aquela juriti, aquele pote". O relato continua via de regra com o matrimônio entre os dois protagonistas, embora em alguns casos as relações estabelecidas sejam de outro gênero: o animal "transformado" torna-se um conselheiro no parto (M60) ou o único convidado de um banquete solitário (M61) etc. Em todos os casos, o desempenho desse aliado inesperado supera as expectativas mais otimistas: é excelente amante, esposa ou marido dedicado e trabalhador, conselheiro sábio e assim por diante; mas, apesar de tudo, a história acaba invariavelmente mal. O ser transformado carrega em si algumas características da sua condição anterior, que, antes ou depois, o fazem incompatível com o seu parceiro, ou este se mostra demasiado egoísta: assim, a mulher-tatu (M8) é excessivamente gulosa de milho verde; a juriti (M9) é capaz de cortar a sua cabeça e colocá-la de volta (uma manobra que se revela fatal para o seu marido); o marido-coruja (M18) tem hábitos alimentares repugnantes e vagamente edipianos que afugentam a sua esposa humana etc.

Esse gênero de relato que estou descrevendo tem um valor estratégico no conjunto da mitologia Yaminawa. Para começar, sua fórmula é a mesma de algum dos mitos mais importantes (por exemplo, M31, o homem que virou queixada, e M55, um dos principais relatos sobre a *ayahuasca*), mas a partir daí gera uma longa série de histórias que poderiam se estender indefinidamente, tomando como pretexto qualquer animal ou objeto (um pote de cerâmica, os barrancos do rio). Depois, cada um desses relatos parece amarrar a diversidade daqueles subgêneros que antes estávamos a configurar no seio dos relatos menores: cada um dos seres transformados é, ao mesmo tempo, um animal, um parente, um espírito e um monstro. A metamorfose é muito mais do que um tema recorrente do acervo mítico; é a sua forma narrativa central,[13] que organiza os temas e de passagem neutraliza qualquer possível classificação dessa mitologia: que classificação seria possível nessa tradição que só parece dar espaço às categorias para alterá-las?[14]

---

13 A sequência forma inicial/transformação/reversão ocuparia o lugar que a semiótica greimasiana atribui à sequência contrato/ruptura/restabelecimento do contrato.

14 Vale a pena notar que as classificações dos mitos têm encontrado, desde os mitógrafos da antiguidade até o apêndice de qualquer etnografia, uma pauta segura na distinção entre natureza, cultura e sobrenatureza. Deuses, semideuses, heróis, humanos, animais se situam nos degraus plenos ou intermediários dessa escala, originando uma hierarquia de gêneros e estilos que vai dos grandes mitos cosmogônicos às criações dos demiurgos, façanhas dos heróis culturais, aventuras dos homens, trapaças dos animais. Um olhar superficial na mitologia Yaminawa basta para mostrar que a impossibilidade de uma classificação desse tipo nada tem de acidental: podemos supor que para estabelecê-la seria necessária uma domesticação do mito pela escrita, que está muito longe de se insinuar.

10
Olhos limpos, peles pintadas

Metamorfoses

Mas estaremos a falar aqui de metamorfoses? Como observa Prinz (2002) a respeito das transformações ameríndias em geral, e das xinguanas em particular, nesses relatos só o estado inicial e o final – e nunca o processo que medeia entre eles – são visíveis. O animal desaparece de um lado, o humano aparece do outro. Há, na verdade, um terceiro termo no relato, esse resíduo da condição prévia para a transformação, que em tantas ocasiões precipita um desfecho infeliz da história; mas a quantidade desse resíduo é variável.

Algumas narrações prescindem dele. Tomemos como exemplo citado desta vez na íntegra – um dos mitos Yaminawa mais populares, e mais próximo dos seus cognatos em mitologias vizinhas:[1]

M55. Um homem tinha visto sementes de aricuri roídas na mata, à beira de um lago, e decidiu voltar lá para caçar a cotia:
– Vou lá esperar cotia – falou para a sua mulher.

---

1 Cf., por exemplo, uma versão Kaxinawá em Lagrou, 1998, p.33-5.

– Vai lá, sim – disse ela.

O homem então se atocaiou na mata, perto do lago, e quando estava esperando cotia, apareceu lá uma anta, carregando quatro jenipapos, que jogou na água um por um: da água, então, saiu uma mulher muito bonita.

– Eta mulher linda! – exclamou o índio, vendo-a transar com a anta.

Mas aquela mulher era na verdade uma ronoá, uma sucuri. Ao se despedir dela, a anta advertiu:

– Amanhã eu não venho, porque vou caçar; depois irei pegar jenipapo.

O homem, que tinha escutado, não contou nada para ninguém, e voltou no outro dia com o jenipapo antes da anta. Jogou o jenipapo na água, e quando a mulher saiu pensando que se tratava da anta ele a agarrou pelos cabelos. Quando ela viu que se tratava de outro, o enrolou tudinho, virada em cobra, e o que eram cabelos era agora o rabo da cobra:

– Eu já te vi, eu sei que você é gente – lhe disse o homem, pedindo e pedindo que voltasse à forma humana, até que a convenceu.

Ela disse:

– Eu já te assustei, como você assustou a mim.

E aí se beijaram, e foram transar no meio do lago.

– Embora lá, que eu não tenho marido – disse ela.

– Mas como? Eu não posso entrar embaixo d'água! – respondeu.

– Não é água, é casa – disse a ronoá, que pegou o remédio *dei-sa* e passou na cara dele, enquanto passava água na sua própria.

Quando abriu os olhos, viu que o lago todo era uma grande casa, e lá foram morar. Quando a anta chegou, jogou jenipapo na água, jogou, jogou, e nada aconteceu. Foi embora de lá com muita raiva.

O homem se acostumou embaixo d'água: tinha sogro e sogra que ficaram muito contentes com ele. Uma noite chegaram Edeborañusi e Shuadawawo, que eram outras cobras grandes, parentes:

– À noite vamos tomar *ayahuasca,* mas tu não vás tomar, porque não conheces.

– Eu sou homem, eu sei muito de *ayahuasca,* vou tomar também.

Aí tomou um porre de cipó, e gritava pedindo socorro à sua mulher:

– Venha minha mulher, me ajude! Cobra vai me comer!

Aí todos calaram, muito irritados. O velho falou para a filha: – Vai e tira o porre dele.

A mulher então levou-o para o quarto, curou-o; o próprio sogro ajudou a cantar na cabeça dele para passar. Pediram que não tomasse mais e repreenderam-no, porque já tinham avisado ele. Não tomou mais, e no outro dia o bodó, que tinha visto tudo, aproveitou que a mulher-cobra tinha ido catar macaxera para falar com ele:

– Muito malfeito o que você fez: Shuadawawo e Edeborayuxi queriam te matar de raiva, e teriam te matado não fosse teu sogro.

E ele se lamentava:

– Que vergonha que eu passei! Pensei mesmo que me comiam!

– Acho melhor tu ires embora logo.

Mas o homem não sabia o que fazer: já tinha filhos com a cobra, e além disso não sabia como fazer para sair no seco e correr bem longe.

– Será que você não tem um jeito de eu ir embora?

O bodó então falou pra ele pegar da orelha dele: ele pegou da orelha do bodó e este de uma cabeçada o jogou na beira d'água. O homem voltou para a sua casa, onde estavam com muitas saudades dele. No lago o bodó teve que fugir da mulher-cobra, que sabia o que tinha acontecido e estava com muita raiva. E as mesmas cobras decidiram se mudar para outro poço. O homem depois de um tempo teve saudades da mulher e dos filhos que com ela deixara. Foi lá no poço, procurando, procurando, mas só achou dois carás, que lhe disseram:

– Tua mulher se mudou, tendeu a rede em outro lugar, está chorando com muita saudade e com muita raiva de ti.

Aí foi em frente, rio abaixo, parando em cada lago para procurar, e a cada vez lhe davam notícias das cobras, e do caminho que tinham seguido; mas quando tinha andado muito, o Jundiá lhe advertiu:

– Teu sogro pediu para não seguir em frente, se quiseres seguir vivo.

E assim o homem teve de esquecer a mulher do lago, voltou à sua casa e chorou.

O M55 ocupa um dos extremos do transformismo mitológico Yaminawa e resume o tipo de perplexidade que pode produzir a quem o lê a partir de um conceito mais clássico de metamorfose. Não é fácil dizer ao certo o que acontece nessa história: mudando de forma com espantosa rapidez, a mulher do relato é na verdade uma sucuri, que na verdade é uma mulher; durante longo tempo, o protagonista habita com ela no fundo de um lago que ele, com a ajuda de um remédio, consegue ver e viver como moradia humana sem que deixe de ser ao mesmo tempo o fundo de um lago; durante todo esse tempo convive com seus afins, sogros e cunhados, até que, teimando em tomar *ayahuasca* apesar de sua inexperiência, se aterroriza ao vê-los como sucuris devoradoras, que é o que (afinal?) são. O relato na sua totalidade é um jogo de alternância de pontos de vista, de situações do observador, onde passar para o outro lado significa mudar o valor das coisas, mas só até que uma nova passagem aconteça. O que é réptil visto da terra é humano visto sob as águas, e a superfície destas, esse espelho d'água ubíquo nas narrações, é o limiar habitual dessa mudança. Nesse jogo binário, a alteração de um ponto de vista previamente alterado restaura o ponto de vista original. Embora o relato no seu conjunto seja narrado a partir do ponto de vista "da terra", não faltam indícios de que uma versão simétrica pudesse ser narrada do ponto de vista "das águas". Também a mulher sucuri se assusta ao se encontrar não com a anta mas com o humano; também ela passa água no rosto enquanto passa o remédio *dei-sa* no rosto do seu amante talvez porque para conviver com ele deva alterar o modo como o vê. Se as sucuris são gente que vive em casas, usa os mesmos termos de parentesco que os humanos e tem seus mesmos hábitos, como elas veem os humanos e os seus modos de vida? O mito nos diz que as sucuris bebem *ayahuasca* na sua moradia subaquática: mas o que veem as sucuris quando tomam *ayahuasca*? A pergunta é adequada porque, como já dissemos ao tratar da iniciação do xamã Yaminawa, a sucuri, cuja língua o aspirante deve chupar, tem de ser previamente embriagada com ela;[2] a sucuri pode transmitir a visão xamânica porque ela mesma a pratica.

O que aqui importa destacar é que todo este vaivém de identidades não cria híbridos; o deslocamento é possível, precisamente, porque as duas margens do relato são estáveis. Nenhuma mudança se observa no corpo do protagonista, a não ser a nada desdenhável, mas não detalhada em atributos, que lhe permite residir durante meses embaixo d'água.

Acrescentemos mais alguns detalhes a partir de outro dos mitos mais longos e conhecidos, o homem que se transformou em queixada, que resumo a seguir:[3]

---

2 No caso Yawanawa, a iniciação requer, simetricamente, que o aspirante se habitue a comer camundongos, alimento corriqueiro da sucuri.

3 Já tentei alhures (Calavia Sáez, 2001) uma análise desse mito, cujos temas essenciais poderão ser encontrados, embora diversamente ordenados, no texto presente.

M31. Um homem vítima da panema perde-se atrás do rastro de uma vara de queixadas, que não caem mortas em que pese às suas flechadas certeiras. Chegada a noite, se refugia entre as raízes de uma samaúma, e lá, aterrorizado, vê chegar um grupo de desconhecidos. Eles o identificam como aquele que os agrediu durante o dia, mas o conduzem cordialmente à sua aldeia, onde ele encontra os feridos que causou durante o dia cuidando das suas lesões. É convidado a comer e a beber, mas ele se nega a tomar a paxiubinha e a lama, comida e bebida das queixadas, que lhe são oferecidas. Os seus anfitriões aplicam nos seus olhos o sumo de uma folha, o *dei-sa,* que lhe faz ver essas matérias como carne assada e mingau. O caçador fica entre as queixadas, casa com uma das suas mulheres e tem filhos com ela. Muito tempo depois, um membro do seu grupo de origem vê passar na floresta a vara de queixadas, acompanhada por um homem curvado e cujas costas estão se enchendo de pelo. Informa isso ao *ochi* do caçador panemo, que supõe que ele seja o seu irmão mais novo, que ele pensava morto pelas queixadas. Organiza-se uma caçada na qual o homem-queixada é capturado. Banham-no à força e tiram-lhe os carrapatos; ele estrebucha e berra ("esses são os meus enfeites!") antes de retornar a um comportamento humano. Depois, oferece levar os seus parentes atrás da vara das queixadas com que ele conviveu, facilitando uma caçada em massa: "mata esse aí, que era meu sogro; mata esse aí, que era o meu cunhado" etc. Apesar dos seus esforços por se abster da carne dos seus parentes-queixada (sua mulher tinha lhe prevenido a esse respeito), ele acaba cedendo à gula e morre.

Encontramos aqui a repetição de numerosas feições do modelo já descrito no relato anterior: neste caso, a ação do remédio *dei-sa* é ainda mais explícita: ele é aplicado literalmente no *ponto de vista* do herói, e, transformando o repasto selvagem em verdadeira comida, faz que o modo de vida das queixadas lhe apareça como definitivamente humano. O colírio é um índice do vigor da metáfora visual entre os Pano: ele é usado como remédio contra o infortúnio na caçada; as mulheres devem tomá-lo se querem ser boas ceramistas ou tecelãs (Lagrou, 1998, p.97, 146); os yuxin o usam nos olhos das pessoas que querem levar para a sua aldeia (idem, p.46); de modo reverso, pode servir para readaptar à sua condição original homens que tinham ido morar com as sucuris (D'Ans, 1975, p.127) ou que, cansados de suas mulheres, tinham-se transformado em macacos, sendo o mesmo método que se usa *"con los animales para domesticarlos"* (D'Ans, 1975, p.164). É a visão o veículo que medeia entre diferentes universos e condições, o que dá a chave dos saberes culturais ou abre os acervos de caça da floresta, o que torna humano o animal e vice-versa. Mas o colírio é ainda, por tudo isso, a medida da distância que essa visualidade mantém a respeito de outras visualidades, como essa que desde as nossas metáforas mais corriqueiras poderíamos fazer remontar a Platão: se nesta o olho é o símbolo do acesso a uma realidade invisível (o mundo das ideias, por exemplo), por definição incorpóreo, na versão amazônica ele é a expressão máxima de um atributo corporal, que implica as partes do corpo corriqueiramente invidentes. É assim que em outra narração (D'Ans, 1975, p.127) um personagem instila o mesmo colírio em ouvidos e articulações, e que remédios análogos pela sua substância e pela sua função podem ser aplicados em outras partes do corpo.[4] A visão é um sentido corporal total, ou a forma-padrão da percepção corporal. Na narração M31, o colírio mágico só completa uma mudança que já tem lugar em decorrência do extravio na mata profunda e, sobretudo, da chegada da noite, isto é, em suma, da disposição do corpo em lugares e tempos distintos dos habituais.

O *dei-sa* é, como a *ayahuasca*, um operador que sempre leva para *o outro lado,* um alterizador. Mas em M31 a transposição não é tão livre quanto no relato anterior. Aqui há, sim, referências a uma mudança que afeta tanto o aspecto do herói quanto a sua substância: anda curvado, custa a recobrar a linguagem humana, e em definitivo vira um híbrido cuja consubstancialidade com as queixadas, adquirida depois de uma longa convivência, resulta-lhe fatal no momento em que ousa comer aquilo que já é sua própria carne. Uma outra narração, a do

---

4 Carneiro (1970, p.339) descreve, entre as magias propiciadoras da caça entre os Amahuaca, o uso de uma casca de árvore cáustica que é amarrada na munheca e nos antebraços, deixando cicatrizes. Aludiremos mais tarde a algo que poderíamos chamar de sinestesia ou codificação comum visual-auditiva, e que tem quiçá seu melhor exemplo na tradição Shipibo-Conibo, segundo a qual as boas ceramistas do passado eram capazes de coordenar, sem mais auxílio que os cantos, a decoração de um grande vaso elaborado por duas artistas, operando cada uma de um lado do objeto (Gebhart-Sayer, apud Carneiro da Cunha, 1998, p.14).

menino raptado pelos macacos, M33, segue um roteiro muito semelhante. O *dei-sa* pingado nos olhos mais uma vez permite a um protagonista humano se adaptar a um meio estranho (os galhos das árvores
passam a ser caminhos lisos e terreiros de aldeia) e mudar os valores
dos elementos (o jacu passa a ser visto como macaco-capelão). A mudança é efeito de um traslado, não necessariamente largo (o menino
se muda constantemente para árvores perto da casa do seu pai), mas
que não deixa de afetar a convivência com os outros, produzindo uma
alteração de substância, tal que o jovem, resgatado finalmente por seu
pai, acabará morrendo por comer inadvertidamente carne de macaco.

Essa visualidade não platónica se abre num *continuum* que cabe percorrer em dois sentidos. Vamos nos ocupar primeiro daquele a que os relatos anteriores acenam: uma mudança que percebemos exclusivamente
através dos olhos do protagonista, como acontece em M55, sem que em
nenhum momento o seu corpo seja focalizado. A rigor, pode se chegar
mais longe. Assim, em muitos outros casos, a mudança, ainda mostrada
através de uma câmera subjetiva, é reduzida a uma prestidigitação: desaparece o animal, aparece o ser humano, ou vice-versa, como no conjunto
de mitos sobre os cônjuges animais. A transformação como processo ou
episódio pode ser absolutamente elidida: no mito M24, o homem que
acaba de matar uma paca macho conversa com a paca fêmea perguntando
o motivo do seu choro, que ela não revela. A seguir a paca visita a casa do
caçador na ausência deste, recusa polidamente a carne de paca assada que
se lhe oferece, e pouco depois, sob pretexto de despiolhar a dona da casa –
prática que demonstra uma certa intimidade –, corta a cabeça dela com os
seus afiados dentes de paca, e em seguida faz o mesmo com as crianças,
que em vão tinham tentado avisar a mãe do perigo. Então tenta fugir da
vingança do caçador se escondendo numa toca. O relato é totalmente incoerente se não assumimos que a paca vai transitando rapidamente entre
uma forma animal e uma forma humana, mas o relato nada diz sobre
transformações. Em outros casos, como no mito M35, a condição felina
ou humana da protagonista permanece indefinida: os parentes que vêm
ao seu funeral são onças, e ela tem surtos regulares de ferocidade que os
seus filhos lhe recriminam. O protagonista de Nawawaka Misti (M36)

perece depois de comer uma mandioca venenosa oferecida por uma cotia, à qual o mito se refere como Marinawa. Marinawa é, como sabemos, um dos etnônimos da genealogia Yaminawa; a qualidade-cotia dos seus integrantes não é, de praxe, atualizada, mas pode sê-lo, por exemplo, num mito. Temos, enfim, esse cunhado ignorante de M14, que simplesmente muda os nomes corretos das peças de caça: passarinho para ele é *macaco*; macaco é *yuxi*, um espírito perigoso; a sua ignorância o faz comer insubstanciais passarinhos e fugir das contundentes proteínas do macaco até que o irmão da sua esposa lhe esclarece sobre a relação correta entre palavras e coisas.[5] Numa das suas vertentes, o *continuum* das transformações Yaminawa vai das imagens aos nomes.

Atentemos, então, para a outra vertente, cujo limiar se encontra no corpo do caçador panema, modificado pela sua convivência com as queixadas. Um outro mito, que os Yaminawa e os Yawanawa relatam com pouca diferença de detalhes, descreve uma transformação semelhante, mas desta vez coletiva:

> Um grupo que se encontra acampado, em expedição de caça, perto de um lago. Alguém localiza à beira do lago um ninho cheio de ovos, que distribui entre os parentes. Durante a noite que segue a esse festim, uma menina chora, mas o que consegue emitir é já o grunhido da queixada em que ela se transformou; todos os seus parentes se transformam por sua vez em queixadas quando tentam perguntar o que aconteceu, ou exclamar sua surpresa. O grupo inteiro, depois de fuçar o acampamento e transformá-lo em barreiro, vai embora. Mais tarde, pequenos segmentos desgarrados do grupo chegam e, cheirando as cascas de ovos vazias, se transformam em caititus e veados.

Aqui, a mudança não está focada no olhar, mas no *aspecto*. Em lugar de um colírio que altera a visão permitindo ao protagonista se alimentar com paxiubinhas (comida de queixada, doravante comida humana), é um alimento o que, inadvertidamente, transforma o corpo dos protagonistas, os seus modos de agir, a sua linguagem (e também, presumivelmente, o seu olhar).

---

5 É o tipo de perspectivismo que aflora no relato matsiguenga *Le voyage de par le monde* (Renard-Casevitz, 1991, p.16-27), sobre o qual voltaremos no próximo capítulo.

Em outras mitologias Pano essa alternativa fica mais em evidência. Na coleção de Capistrano de Abreu encontramos todo um capítulo dedicado à transformação de "caxinauás em bichos", cujos relatos seguem decididamente este segundo caminho. Um grupo humano (Abreu, 1941, p.187-90) decide se transformar em porcos-do-mato: para isso, seus membros preparam e ingerem um cozido de paxiubinha, quebram os seus pertences, removem o chão, e com os cacos de cerâmica e o barro moldam seus corpos com as formas da queixada. Em outro relato, uma viúva com filhos premida pela fome decide se transformar, com seus rebentos, em tamanduá; em outro, um homem aleijado que arrasta as pernas e que igualmente passa fome decide virar jabuti; em outro, uma velha desdentada que irrita seus parentes consumindo todo o milho verde se muda à condição mais condizente de tatu; em outro, um Kaxinawá gordo e guloso (que depois de transformado demonstra sua gula também no terreno sexual) passa a ser anta; ou um menino que, ao contrário dos anteriores, desespera sua mãe com sua falta de apetite e troca-se em cambaxirra, ou peru-do-mato.[6] Em conjunto, encontramos que a diversidade dos modos humanos de alimentação se amplia à diversidade de espécies: a falta de dentes do tatu, a gula da anta, a boca diminuta do tamanduá, recorrendo em sentido contrário o caminho que, com ajuda do colírio mágico, leva o protagonista de outras narrações a perceber a unidade dos regimes alimentares sob os seus diversos avatares (a paxiubinha e a lama são carne assada e mingau). Nos relatos de Capistrano, as diversas dietas (gula, fome, anorexia etc.) combinam-se com uma certa bricolagem para alterar o corpo: a viúva e os seus filhos transformam-se em tamanduás, deixando crescer os cabelos, andando de quatro e inserindo no ânus um galho de jarina para formar a cauda do tamanduá; o aleijado vira jabuti fazendo-se desenhar as costas com jenipapo (e mastigando, também, certa erva do mato prezada pela espécie).

Em comparação com os relatos Kaxinawá de Capistrano de Abreu, os mitos Yaminawa prestam decididamente pouca atenção ao que acontece com o corpo. Talvez o relato mais explícito é o que narra o destino

---

6 Todas as narrações em Abreu (1941, p.177-208).

de um certo grupo de homens "cansados de sua cultura", como explicou o intérprete:

M41. Os homens de uma aldeia foram de caça, e viraram onça. Foram todos, menos um. No mato, foram buscar jenipapo e se pintaram com ele; se pintaram de onça preta (que é o tigre de mão torta), onça pintada, onça vermelha, maracajá, em todas essas onças se transformaram. Foram então até a beira de um lago grande, e o cacique falou:

– Agora que todo mundo se pintou, cada um de nós vai pular dentro d'água para ver se transformou mesmo. Aí foram pulando um por um e quando boiavam já saíam convertidos em onça.

Aí o cacique disse:

– Nós já não vamos usar mais flecha para matar; vamos ver se sem flechas conseguimos matar as coisas.

Saíram para o mato e caçaram só caça grande: anta, porquinho, veado, melhor que se tivessem caçado com flecha. No papiri já tinham começado a moquear as carnes, e o chefe disse a todos:

– Nós já nos transformamos; mas não é para contar nada para as mulheres.

Voltaram para a aldeia sem que lá soubessem nada, cada um com seu paneirão de caça. As mulheres tinham feito mingau de milho, caiçuma, macaxeira cozida; e, segundo tinham acertado com o chefe, cada um pegou a sua mulher e a levou para um canto. Um deles convidou a mulher a tomar banho, e ela foi com o pote para pegar água. Depois que tomaram banho, ela meteu o pote na cacimba, e o pote borbulhava, enquanto ele subia a terra, virava onça e começava a rugir: "grrrrrrrr...". Ela o viu assim e gritou: foi tão grande o susto que até quebrou o pote. O homem riu:

– Mulher, não é mais como era não, agora somos onças e vamos viver dentro d'água.

Outro foi com sua mulher a caçar, e achou uma vara de queixada, comendo paxiubinha: "tatatatatata..."; aí ele encostou numa árvore arco e flecha, e a mulher lhe perguntou:

– O que é isso? Com que tu vais matar queixada?

– Sossega, mulher: te atrepa nessa árvore e não corre, me espera aqui.

A mulher subiu na árvore e ouviu onça rugindo pegando um porquinho, dois, mas quando acalmou o barulho, foi-se embora, e o marido a chamou e ela não estava mais; ela já estava em casa e contou para todo mundo que o marido uma onça tinha comido, aí todos piscaram uns para os outros porque sabiam o que tinha acontecido realmente.

Outro falou para a mulher:

– Mulher, vamos embora tomar banho.

E lá no igarapé ele começou a namorá-la.

– Fecha os olhos – disse o marido, e a mulher fechou.

– Abre os olhos – e ela abriu, e ele já estava feito onça.

Ela deu grito, começou a tremer e a perguntar que aconteceu. E ele disse:

– Já não é mais como era não. Agora nós todos somos assim.

Aí os dois foram na casa do vizinho, que era o único que não tinha ido com os outros no mato, e ainda era homem. Aí junto da casa dele tinha uma samaúma, e tinha nele o lagartão, Seda. Aí o homem-onça falou:

– Oh merda, será que ninguém pode tirar daí esse lagartão?

– E quem pode subir? Mostra, tu, se podes ou não.

– Só não olha pra mim, que se tu olhares vou cair.

E o outro onça subiu à samaúma, derrubou o bicho, e desceu. – Agora olha pra cá, parceiro.

E o outro ao vê-lo onça ficou com medo e querendo correr, mas não correu, e perguntou:

– Que aconteceu contigo?

– Já não vamos mais ser parceiros, nós viramos onça e vamos viver dentro d'água.

Aí todos foram até ao barranco do rio, lá onde tinha um poço fundo, e se jogaram dentro, e lá ficaram. O outro, o único que não era onça, quis ir junto visitá-los. Jogou-se também na água, mas teve que sair porque se afogava. Ficou na beira sozinho, chamando os outros em vão.

Quase todas as modalidades de alteração citadas aparecem em cena no M41. De um modo intencional e explícito, os homens se transformam em onças executando sobre a sua pele os desenhos das diversas variedades do felino. Eles constroem para si corpos de onças; depois, esse artifício deve ser ativado por uma traslação ao *outro lado*, mediante o mergulho na lagoa – um outro lado paradigmático, e não ligado às onças empíricas que podem se encontrar no mato e nunca no fundo dos lagos; a mudança deve ser ainda confirmada pelo exercício dos atributos felinos: para serem onças, os homens devem caçar sem armas. Enfim, os homens-onças devem, como nos mitos dos cônjuges animais, se apresentar às suas esposas – não afetadas pela sua alteração – e surpreendê-las. Mas esse piscar de olhos que marca a transição entre duas condições repete-se aqui numa sequência invertida: ao abrir os olhos, não encontram o animal transformado em um esposo humano, mas o esposo humano transformado em animal. Finalmente, o conjunto de casais transfere-se para o fundo das águas. M41 é um relato em dois sentidos peculiar: não tem, até onde sei, cognatos na mitologia de outros povos Pano,[7] nem tem paralelo, no resto da mitologia Yaminawa, quanto ao detalhe e à intencionalidade da transformação. É, sobretudo, o único em que uma ação principal se situa na pele, em que a arte é chamada para operar a mudança, em que a ação dos protagonistas se dirige insistentemente a confirmar a "transformação", em lugar de atravessar displicentemente uma pluralidade de formas.

A chave de toda esta mitologia da alteração pode estar na noção de perspectivismo ameríndio (Viveiros de Castro, 1996), que, em resumo, postula um universo de sujeitos, identificados com pontos de vista *que estão num corpo*. O ponto de vista é a dobradiça entre a diversidade dos corpos (de próprios e alheios, animais, vegetais, minerais ou espíritos) e uma visão comum que poderíamos chamar de pan-humanista. A visão de mundo, digamos, é a mesma para qualquer sujeito: para que isso possa acontecer, o valor e o nome de cada um dos seus elementos varia dependendo do lugar ocupado pelo seu corpo no conjunto. O *self* é sempre um *self* humano, e desse *self* humano as queixadas ou os macacos verão e nominarão os seus alimentos como alimentos paradigmáticos dos humanos (carne de queixada, carne de macaco), enquanto temem e nomeiam os humanos como onças ou sucuris. A terra pode ser o céu quando vista das águas, e um lago quando vista do céu. Uma epistemologia, em suma, diferente daquela do positivismo que parte de uma matéria comum a todos os seres, da qual se desdobra a vida, da qual se desdobra a animalidade, da qual se desdobra a subjetividade exclusiva dos humanos, desdobrada enfim na multiplicidade de visões de mundo das culturas e dos indivíduos. No perspectivismo ameríndio, a subje-

---

7 Tem, pelo contrário, uma conexão interessante na mitologia Piro: cf. o relato publicado em Alvarez (1960, p.23), que conclui, embora com sentido diferente, no salto das onças na água.

tividade é um dado tendencialmente universal, e a raiz da diferença está nos corpos: epistemologia – um guia para regular as percepções e para teorizar, como faz o xamã, a partir delas – e não cosmologia, ou sociocosmologia, pois cabem nela sociocosmologias diferentes. O perspectivismo pode se manifestar na atividade do olhar ou na atividade de se fazer ver, no deslocamento-alteração do ponto de vista ou na troca-elaboração da pele. Quase todos os mitos Yaminawa destacam a primeira opção (olhar e se fazer ver), enquanto a troca de pele permanece como uma formulação minoritária.

A rigor, e voltando ao início deste capítulo, metamorfose ou transformação seriam termos pouco adequados para rotular esses episódios: traslação, tradução, transubstanciação, transvestismo, transfiguração poderiam se acrescentar à lista, sem ser, contudo, suficientes. E sendo ainda insuficientes, seriam já demasiados. Classificar e identificar, aqui, seria um trabalho tão inglório quanto o foi no caso do totemismo: a rigor, seria uma continuação extemporânea da especulação totêmica. Ordenar as modalidades de metamorfose seria impossível porque, em definitiva, a própria ideia de metamorfose é, no caso, um equívoco. Conceito-chave da história natural do Ocidente, a metamorfose supõe uma identidade unificada que se desdobra em outras ao longo do tempo. O ovo, a lagarta e a crisálida são, assim, formas de uma borboleta que se predefine como essência de todos esses acidentes. A metamorfose é o próprio alento vital, o espírito indiferenciado que vai desenvolvendo formas e aparências diferentes (Prinz, 2003). Não pode senão se cair em confusão com esse conceito quando nos encontramos, como no mundo amazônico, às voltas com uma pluralidade nunca desmentida. Vários são os componentes da pessoa, várias são as raízes que convivem, sem lugares bem delimitados, dentro da etnia, várias são as versões legítimas de um mito. O reino dos espíritos, que seria igualmente o reino dos mitos, não é aqui o reino da virtualidade indiferenciada, mas o da diferenciação infinita (Viveiros de Castro, 2004) porque, afinal, no mundo ameríndio esses espíritos não são *não corpos*, eles têm um corpo.

Resumindo, e simplificando um pouco, é provável que uma melhor formulação das metamorfoses ameríndias exija uma transposição de fundo e forma das nossas descrições; que, destacando sobre um fundo de pluralidade pletórica, aquilo que chamamos de processos de transformação devam ser entendidos, pelo contrário, como eventuais processos históricos de *fixação*.

Os mitos Yaminawa cuidam de enfatizar essa diferença virtualmente infinita que serve de pano de fundo aos pressupostos perspectivistas, dando uma atenção residual (quase restrita a M41) à fixação de atributos. Mas a partir dos mesmos pressupostos podem se dar programas diferentes: a mitologia Kaxinawá, por exemplo, e sem abandonar a atividade *olhar*, presta uma atenção bem mais considerável à atividade *fazer-se ver*, uma atividade que, manifestada nos mitos, tem também um lugar de privilégio numa atividade ritual centrada na fixação de atributos desejáveis no corpo. Uma ampliação do panorama etnográfico deixa mais clara essa diferença, se lembrarmos das sociedades xinguanas e do Brasil Central, que não recorrem ao uso de alucinógenos (instrumento por excelência do hiper-olhar), mas que enfatizam extraordinariamente a elaboração ritual-plástica do corpo, e a inscrição dos nomes e dos atributos no plano da aldeia e na intrincada trama de metades. Parafraseando livremente o comentário de Manuela Carneiro da Cunha (1993, p.86), a sociologia é neste caso um substituto perfeito das visões.[8]

Valeria a pena examinar uma possível articulação (ou enxerto?) desse *continuum* do olhar e do fazer-se ver com esse outro *continuum* centrífugo-centrípeto (Fausto, 2001, p.533-41), que iria de sociedades "jaguarisantes", em contínua e instável procura de substâncias externas (portanto, no extremo, belicosas quanto ao seu olhar, fluidas quanto

---

8 O mesmo contraste no mundo dos espíritos: no extremo xinguano, a mesma prioridade do *fazer-se ver* dá lugar, a pedido do etnógrafo (Barcelos Neto, 2001), a ricas representações gráficas dos *apapatai*, que põem em jogo os mesmos padrões da pintura corporal ou da cerâmica. No outro extremo – e passando, por exemplo, pelos desenhos expressivos mas singelos dos Yagua (Chaumeil, 1998, p.193-213) –, é conspícua a falta de representações gráficas dos espíritos Yaminawa. Falta de ocasião, acaso etnográfico? Talvez, mas não parece fruto do acaso que, ao mesmo tempo, o xamanismo Yaminawa tenha sido descrito (Townsley, 1993) como uma arte verbal, cuja qualidade é necessário descrever com símiles gráficos: *twisted language*, arabescos etc. O xamanismo Yaminawa é enviesadamente verbal: suplanta as atualizações gráficas com um léxico prenhe de visualidade.

ao seu aspecto), a sociedades mais preocupadas pela fixação e elaboração interior dessas substâncias (portanto, no extremo, pacíficas e cristalinas). É fácil perceber aqui que a chave perspectivista dos mitos não é uma especulação afastada do universo sublunar da razão prática, ou, no caso, da política indígena atual com suas disputas por territórios ou recursos. A política de hipervisibilidade desenvolvida pelos grupos indígenas mais cotados no panorama multicultural se desenvolve sem solução de continuidade com a ênfase numa cosmologia do fazer-se ver. A política incompreensível e supostamente catastrófica de povos como os Yaminawa, sua incúria dos signos distintivos e da boa forma social é coerente com uma tradição do olhar que identifica as cidades dos brancos ou a enxurrada de imagens de suas televisões com a variedade infinita do mundo dos espíritos.

Trabalho corporal

O foco da mitologia não está, portanto, na *transformação* em si – já que estamos entendendo a diversidade como o dado –, mas no contraste entre corpos que se alteram e corpos que não se alteram. No caso das onças, os homens estão no primeiro caso, as mulheres e o sócio abandonado à beira do lago no outro. Mas examinemos por enquanto o caso das queixadas.

Como sabemos, as queixadas são personagens extremamente comuns na mitologia ameríndia. Devem essa presença, essencialmente, à sua capacidade de exemplificar a socialidade, seja pelo seu caráter gregário, seja pelo seu respeito a um chefe, ou ainda pela estabilidade do grupo realçada pelo seu nomadismo; de outro lado, também à sua condição, não menos significativa, de carne de caça por excelência.

Os mitos Yaminawa e Yawanawa que tratam da transformação de grupos humanos em queixadas oferecem uma versão bastante literal dessa metáfora sociológica. Em ambos os casos, aparece em primeiro plano o contraste entre o grande coletivo do animal gregário, os pequenos grupos e o indivíduo. Esse conjunto aparece mais trabalhado na versão Yawanawa (Carid Naveira, 1999, p.172-74), que detalha com mais minúcia os sucessivos achados de ovos que alcançam cada vez uma porção maior do grupo, e que diferencia entre dois tipos de queixada diferentes, uma nômade e a outra afeta aos pequenos deslocamentos, que permanece próxima à aldeia e retorna periodicamente aos seus roçados. Há também, na versão Yawanawa, um personagem essencial que falta na versão Yaminawa. Trata-se de uma moça solteira, arisca, com a qual os seus parentes não compartilham os ovos achados na beira do lago. A moça permanece humana e corre a notificar a transformação a outros humanos não transformados. Não é difícil perceber a correspondência entre essa moça avessa ao matrimônio e o protagonista de Yawavide (M31), cuja incapacidade como caçador faz dele um marido desprezível. É importante também perceber que, contrariando a conexão aparentemente óbvia entre ambos os mitos, os Yaminawa fazem deles narrações independentes, sem vínculo entre si.

Os Kaxinawá, ainda mais que os Yawanawa, fazem dessa jovem mediadora o pivô de todo o episódio. Na versão oferecida por Capistrano de Abreu, é ela, com sua irritante negativa ao casamento, a própria causa de seus parentes decidirem transformar-se. Se na versão Yawanawa a moça arisca fica como testemunha da transformação, que ela a seguir relata aos outros humanos, na versão Kaxinawá ela inicia uma outra humanidade: abandonada na sua rede, ela encontra na caixa de tabaco do seu pai uma criança minúscula, a quem ela primeiro amamenta e, depois de um crescimento prodigiosamente acelerado, faz seu esposo. Os seus rebentos casam de novo entre si, e uma geração mais adiante estabelece o casamento canônico entre primos cruzados.[9] Fazendo parte da mitologia de um povo que expressa uma ideologia do intercâmbio, esse relato postula que a comunidade propriamente humana é produto de um episódio endógamo ou incestuoso, de um fechamento.

Embora jogando com personagens e situações equivalentes, as versões Kaxi, Yawa e Yami do mito das queixadas cumprem funções diferentes. No caso Kaxinawá, o mito justifica a autodenominação *Huni Kuin* – humanos verdadeiros, em contraste, por exemplo, com as quei-

---

9 Em contraste, o fragmentar M17 Yaminawa narra o casamento de um homem com uma menina criada por ele, cujos rebentos serão vítimas de afins canibais.

xadas, também humanas, ao menos no passado: as queixadas, entre as quais a protagonista reconhece seu pai, sua mãe, seus irmãos, são a partir daí presas, mortas pelo jovem esposo. Igualmente os Yawanawa concluem o mito com a declaração de edibilidade desses humanos transformados: agora são queixadas, vamos matá-los e comê-los. Os mitos Kaxinawá e Yawanawa se ocupam de mostrar a divergência entre as relações de devoração, que doravante enfrentam humanos e queixadas, e as de afinidade, que são a partir daí o assunto interno e característico dos humanos. Para os Yaminawa, pelo contrário, a afinidade continua a ser nos mitos uma relação entre espécies ou, digamos assim, entre corpos suficientemente distantes. Lembremos que quando o grupo de homens se transforma em grupo de onças essa alteração não afeta aparentemente as suas esposas, que não são pintadas nem passam a caçar com as garras nem a rugir. Esse final de M41, em que os casais, depois de uma série de reencontros tingidos de erotismo, se mudam para o fundo do lago, é o mais próximo que a mitologia Yaminawa tem de um final feliz de conto de fadas. O príncipe azul Yaminawa seria aquele que nunca deixasse de ser sapo?

Não custa comprovar que na mitologia Yaminawa os afins aparecem ou como excelentes parceiros *animais,* ou como *humanos* de hábitos detestáveis. Há uma série de narrações breves que tratam de afins canibais, embora incontestavelmente humanos, cujos exemplos supremos são o "txai brabo" de M67, e Awi Pide, o barba-azul de M23; péssimos cônjuges quando comparados a esses verdadeiros príncipes e princesas que são o coatipuru, a mulher-sucuri, a mulher-pote, e mesmo parceiros apenas sofríveis, como o marido-corujão ou a esposa-tatu. É verdade que mesmo os matrimônios com os príncipes e as princesas acabam mal, mas o que quero mostrar aqui é um paralelo entre o regime de transformação e o de aliança, ou pelo menos uma marcada analogia entre os deslocamentos exigidos por um e outro. Os Yaminawa estariam, a julgar por esse paralelo, no caso extremo das configurações centrífugas da socialidade amazônica citadas acima. Ou, por exprimi-lo nos termos do gradiente sugerido por Viveiros de Castro (2000, p.29), eles encontrariam um rápido atalho entre a exterioridade máxima e a consanguinidade, em que mal caberiam posições intermediárias. A afinidade potencial é perfeita até que se atualiza. O outro absoluto (o animal, por exemplo) é um bom afim potencial, mas o afim efetivo é um efetivo inimigo, que só por milagre pode acabar sendo, ou gerando, um consanguíneo. Longe dessa atitude proativa presente, por exemplo, entre os povos Jê, onde o estrangeiro melhora a sua qualidade e se torna desposável na medida em que ele é socializado,[10] os aliados de fato entre os Yaminawa são figuras precárias, negadas e atiradas para os extremos do *yura* ou do *nawa*. A dificuldade de auferir um regime de alianças entre os Yaminawa, que provavelmente deva continuar entendendo como falha da minha etnografia, é também condizente com o empenho Yaminawa por transformar – neutralizando os laços com os afins e transformando-os em "outros povos" – um sistema elementar em um sistema complexo, onde é mister casar sempre com estrangeiros.

Por descontado, a mitologia não é um *reflexo* do sistema de parentesco Yaminawa, mas um dos seus fatores. É, porém, um fator com tendências hegemônicas: vejamos como o discurso mítico quase monopoliza na prática os termos dravidianos para o afim efetivo (*bibiki, txai*), e como se reduz à exterioridade simples um *yurautsa* que, em outros casos, ocupa de direito uma situação mediadora positiva. Os rituais que "faltam" na minha etnografia – isto é, os que encontramos por exemplo entre os Kaxinawá, e que supostamente se encontrariam também em algum ponto do passado Yaminawa pré-contato – estão centrados precisamente na mediação entre os humanos e os não humanos (o povo de Yube, por exemplo, em McCallum, 2001, p.152-3), uma relação da qual, entre os Yaminawa, tomam conta exclusivamente os mitos. Não encontramos rituais nem discursos que tratem da construção do corpo mediante a assimilação de outras substâncias; não há domesticação de animais, não há mestiços, não há também – como há entre os Yawanawa um âmago de autenticidade, de legítimos Yaminawa em relação ao qual os aportes demográficos de outros grupos se escalonariam num gradiente de maior ou menor proximidade. Não há, em suma, o centro mesmo que qualquer concepção centrípeta requereria. Em lugar de tudo

---

10 Cf., por exemplo, para o caso Kayapó (Gordon, 2003, p.83).

isso, há uma justaposição imediata e predatória de espécies que a mitologia joga como uma sombra sobre as relações de aliança tecidas no seio do conjunto Yaminawa.[11] A mesma justaposição imediata que se dá com o mundo dos brancos, que poderíamos confundir muito facilmente com uma integração, não fosse porque os Yaminawa têm se revelado como os índios mais ferrenhamente inintegráveis do Acre.

O homem só

Um corolário do anterior pode ser formulado se prestamos atenção a um certo personagem não exclusivo da mitologia Yaminawa, mas que alcança nela um relevo especial. É esse homem que fica só quando os seus sócios abandonam a terra (como no mito M12) ou a condição humana, como no caso de M41. O *homem-só* é o contrário de um protagonista, já que é o fim do relato que o faz aparecer. Todas as narrações fazem dele uma não pessoa: ele não se pinta, ele não comunica o que deve comunicar, ele não chega quando deve chegar, ele não consegue ir ao fundo das águas com os outros. Essa negatividade não faz dele um simples resíduo. De fato, há pelo menos uma narração em que o papel central corresponde a esse desgarrado. Trata-se do protagonista de Nawawaka Misti, M36. Uma tribo de anões, por meio de um ardil, põe em fuga um grupo de agressores, entre os quais o protagonista do mito, que se perde dos seus companheiros no meio da floresta e começa a partir daí uma odisseia pessimista de sabor kafkiano. Numa jornada interminável, ele procura em vão sua casa, que, segundo todas as informações que lhe são oferecidas, está muito perto. A cada passo, encontra

---

11 Como já foi dito no capítulo referente ao parentesco, essa percepção centrífuga se identifica mais claramente nas formulações masculinas, cabendo às mulheres visões em que o interior social alcança maior densidade – identificando-o, por exemplo, com os Xixinawa, um dos subgrupos componentes. Ora, a narração de mitos, conquanto democraticamente exercida pelos mais diversos membros do grupo não deixa de restringir as mulheres quase exclusivamente à narração de um tipo de relatos, com protagonistas exclusivamente animais. A mitologia analisada neste subcapítulo é, aparentemente, uma mitologia de enunciador masculino.

no seu caminho esses mesmos anfitriões que acolhem os protagonistas de outros mitos: as queixadas, as sucuris, as onças; também a veada, o bacurau. Em certo sentido, Nawawaka Misti é a recapitulação e ampliação do conjunto central dos relatos Yaminawa. A diferença está em que aqui o herói, desgarrado dos seus e incapaz de encontrar o caminho de volta, fica também isolado desses outros seres que o recebem por uma noite. Não fica com eles, não casa com eles. O que faz dele um homem irremediavelmente só é que ele mantém inalterado o seu ponto de vista: não há transformação no seu aspecto ou no seu olhar. O homem-só é *só homem,* e essa humanidade sem mais passa a ser visível só porque todos os outros – como em M41 – se transformam em outrem.

O *homem-só* Yaminawa passa a ter um significado mais preciso quando consideramos o valor que outras mitologias amazônicas – entre elas, as mitologias de povos Pano vizinhos, como os Kaxinawá e os Yawanawa – dão a esse humano por defeito. O abandono de um ser humano – em geral, devido à sua própria recusa da troca com os seus pares – marca o começo de um novo segmento do relato: é o caso das mulheres egoístas dos mitos das queixadas Yawanawa e Kaxinawá, já comentados. Uma e outra, uma vez abandonadas, anunciam a origem de uma "verdadeira humanidade", marcada entre outras humanidades como titular de um regime social e cultural. Os mitos encenam um jogo perspectivista, mas também definem o seu âmbito de aplicação, os seus limites, o ponto em que esse jogo abre lugar para uma classificação totêmica (e, em alguma medida, para a identificação de polos humanos e não humanos).

Essa conclusão não é necessária: os mitos Yaminawa a abortam, anulando esse homem-só cuja condição não deixa consequências nem descendência. O Robinson yaminawa não é, como o Robinson inglês, o arauto de uma sociologia individualista, nem, como os seus equivalentes Kaxi ou Yawa, o ponto de partida de uma construção ritual do social. Ele não é o Um – nem o único, nem o primeiro – senão o Zero, a constatação de que não é necessário um centro.

Por que os Yaminawa, abstendo-se de desenvolver uma mitologia do *aspectum,* e enfatizando em troca uma mitologia do *aspicere,* do olhar, manteriam porém aquela primeira opção claramente representada num único mito? Talvez o fio da resposta se encontre no personagem escolhido para a ocasião: a onça. É esse predador, quase que infalivelmente entendido como a antítese do social, aquele que os Yaminawa escolhem para ser o exemplo do bom consanguíneo, do povo obediente a um chefe, que cria mediante uma ação ritual e artística coordenada algo semelhante uma sociedade ideal submersa, deixando em terra o desventurado humano, isolado como as onças. Mais utopia negativa que manifestação espontânea de uma ordem, os mitos Yaminawa atiram com seus paradoxos contra a ordem possível que outras mitologias legitimam.

11
Elementos de cosmologia

Yura, yuxi, nawa

Toda a análise do capítulo anterior apontava para a exterioridade como base da sociocosmologia Yaminawa. Uma base, aliás, quase sempre visível a olho nu, bem escassamente coberta pelos traços do ritual, da arte cotidiana ou da construção da pessoa – demasiado sóbrios, talvez, como os desenhos faciais Yaminawa, que ocasionalmente imprimem na pele algumas marcas mínimas em comparação com a ampla cobertura corporal de outros grafismos Pano. Uma exterioridade absoluta, ou pelo menos suficientemente distante como para enlear termos em princípio muito diferentes: com certeza, *nawa*, o epítome de tudo o que é estrangeiro, inimigo, ameaçador e outro; mas também *yuxi*, também onipresente na mitologia e na bibliografia citada, e não examinado até o momento.

A minha análise parece ter apostado numa superposição natural de ambos os conceitos; e também, seguindo nesse sentido a linha comum da literatura, na possibilidade de desvincular o exame de *yuxi* da análise do parentesco. Mas talvez seja excessivo supor que *yura* e *nawa* pertençam mais à sociologia ou menos à cosmologia que *yuxi*.

O conceito de *yuxi* é amplamente descrito na panologia. É, para começar, um componente da pessoa, que poderíamos traduzir comodamente como *espírito*, o componente mais conspícuo, se atendermos à frequência e ao interesse com que se alude a ele. Weroyoshi, o espírito da pupila, é o *yuxi* por excelência, devido mais à localização que lhe corresponde no corpo – e ao valor cosmológico do olhar – que a qualquer atributo específico. Dados Kaxinawá (Lagrou, 1998, p.l00) identificam também o *yuxi* da urina, do sangue, das fezes, e condicionam sua presença à umidade; o dessecamento anula o *yuxi*. O *yuxi-baka* (idem) é mais um componente da pessoa, manifestada após a morte nas proximidades do cadáver, uma *sombra* do morto; mas essa sombra pode ser, em outros casos, uma acepção de *yura* (cf. os Katukina em Lima, 2000, p.52) ou uma terceira entidade diferente do *yuxi* e do *yura* (Townsley, 1988, p107). O *yuxi* não se liga necessariamente a um corpo humano: pode se encontrar também (Townsley, 1988, p.122; Lagrou, 1998, p.49-53; Lima, 2000, p.53) dotado de maior ou menor potência, em praticamente qualquer coisa, e é especialmente digno de atenção nos alimentos, sendo um fator importante para a definição do que é comestível e do modo apropriado de comer. O *yuxi* estabelece assim com os humanos uma relação íntima de troca furtiva de substâncias, alimentando-se de fluidos humanos ou levando uma existência parasitária da humana, muito presente também entre os Yawanawa;[1] os *yuxiwo* (cf. mais adiante sobre esse termo) predam *yuxi*, e é perigoso para os humanos consumir o *yuxi* dos animais caçados (Lagrou, 1998, p.64-5). A interação com os *yuxi* é inevitável e cotidiana, mas intrinsecamente perigosa.

O seu paredro, *yora*, o corpo, é o protagonista de toda essa ritualidade sociogênica que como vimos os Yaminawa elidem. *Yuxi* não se opõe a *yura* como alma a corpo; não há *yuxi* incorpóreo; separado de um corpo, como antes dissemos, *yuxi* continua a ter um corpo próprio. O *yuxi* de

---

1 Segundo me comentava Raimundo Yawanawa (notas de campo, maio de 1998), comer na escuridão ou comer na mata é perigoso pela presença dos *yuxi*: na escuridão eles fazem caretas, podendo deixar a vítima de boca torta; na mata, *pideyuxi*, o espírito glutão, pode disputar os bocados, deixando gotas de sua saliva perigosa na boca do humano.

M25 tem mãos, costas, ânus e couro cabeludo, e sente dor quando o escaldam com água fervente ou quando sua calva é exposta à ferroada das cabas. O *weroyuxi* (Carid & Pérez, com. pess.) pode ser identificado, segundo um informante Yawanawa, com esse homenzinho que qualquer um pode ver na pupila do seu interlocutor: o nexo entre *yuxi* e *yura* não é o de um organismo, mas o de uma confederação. A diferença entre ambos é em primeiro lugar de tamanho, remetendo cada um deles a uma dimensão molecular ou molar (Viveiros de Castro, 2004; Rodgers, 2004); é também uma diferença de acento, de poder e de mobilidade. Se o *yura* exige para a sua construção certa estabilidade, convivência, permanência etc., o *yuxi* é eminentemente inquieto e instável. Os animais-*yuxi* são aqueles em que o aspecto corpóreo é secundário em relação à sua capacidade de alterá-lo. Vale a pena notar que queixadas e onças – protagonistas dos mitos Yaminawa em que o *aspecto* corporal é enfatizado – não são designados como animais-*yuxi*, embora tecnicamente o sejam. *Yuxi* é um modificador que indica uma quebra do limite formal: uma criança monstruosa é *yuxi*, e seu nascimento se atribui à colaboração seminal de um *yuxi* na sua elaboração – como é *yuxi* a criança de M37, a versão Yaminawa do mito dos gêmeos; os gêmeos, aliás, são *yuxiwo*.

O *yuxi* Pano encontra comodamente seu lugar numa teoria geral dos espíritos amazônicos (Viveiros de Castro, 2004). Humanidade molecular e de infinita diferença, região de indiscernibilidade entre o humano e o não humano, alheia às diferenças substanciadas e discretas do universo dos corpos, os espíritos são, para os especialistas no assunto (isto é, os xamãs), a fonte dos significados. Eles são o tema das visões e dos cantos, onde seu poder se revela em relação inversa ao seu tamanho: folhas diminutas, manchas na pele dos animais que podem por sua vez tomar a forma de animais completos, luzes, vaga-lumes cujo brilho pode ser a marca por excelência do ser-*yuxi*.

Se essa teoria dos espíritos se mantém razoavelmente coesa no âmbito amazônico, as variações que se dão de um grupo Pano a outro não passam de diferenças dialetais, ou pragmáticas. Os Yaminawa a atualizam de um modo muito seletivo. Quase toda essa elaboração referente aos tabus alimentares ou à doença, que acabei de resumir a partir de outros autores, falta nos meus dados etnográficos. Os Yaminawa se preocupam com a chance de encontrar um *yuxi* na floresta e com a possibilidade de que signos de atividade sem protagonista visível (o barulho de alguém cortando um pau, sem que possa se identificar sua fonte) sejam atribuídos à iniciativa do *yuxi* de alguma pessoa, augúrio muito claro de morte. Para além disso, e fora dos mitos, as referências dos Yaminawa aos *yuxiwo* foram escassas.[2]

Os *yuxiwo* livres são especialmente perigosos: os Yaminawa se referem a eles em português como almas ou pesadelos. Nos mitos, reúnem-se em casas abandonadas, ou no topo das árvores, adotando a forma de bandos de pássaros ou macacos, à espreita de extraviados ou imprudentes. São canibais que atacam e devoram suas vítimas em tropel, não deixando senão a sola do pé *(M25)* ou cabelos (M70). Essa ferocidade os distancia dos gentis animais-*yuxi*, muito diferentes também no registro do parentesco: enquanto estes aparecem como paradigma da afinidade, com todos os seus inconvenientes reais, os *yuxiwo* representam uma hipótese de pura consanguinidade, com suas bênçãos ilusórias. Os *yuxiwo* celestes (*-wo*, como já sabemos, é um pluralizador) são objeto de uma das poucas informações cosmográficas que os Yaminawa oferecem: são os mortos, são incestuosos, "sem verganha". No canto de Nazaré, na Segunda parte do livro, já vimos aparecer a esperança de um céu sem outros, e esse céu sem afinidade – presente em tantas escatologias – se adivinha agradável. Os escassos dados que tenho a seu respeito o descrevem próximo do céu dos Incas Kaxinawá (Lagrou, 1998, p.143-4): pintados, como as esposas celestes do M10, e desfrutando de uma vida ritual rica: os trovões são comentados como o barulho da dança dos *yuxiwo*.

No caso Yaminawa, não está clara essa distinção estabelecida pelos Kaxinawá entre o singular *yuxin* e o plural *yuxiwo*, que, segundo os informantes de Lagrou, atinge, por exemplo, diferenças no regime alimentar e na condição de visibilidade/invisibilidade de *yuxi* e *yuxiwo*. Tendo a pensar essa relevância do plural como um efeito de perspec-

---

2 Townsley (1993, p.453) indica também que os mitos são o único espaço estabelecido de discurso sobre o *yuxi*.

tiva, a diferenciar o *yuxin* percebido como uma fonte próxima de alteração e o *yuxi* postulado como um coletivo independente visto a distância.[3] A partir dos meus dados, parece-me que os Yaminawa prestam uma atenção menor a essa espécie de sopa ontológica formada pelos *yuxi* contaminadores, protagonistas das normas culinárias ou alimentares, das maneiras de mesa ou da medicina. O *yuxi* Yaminawa parece explicitado em intervalos discretos: o *weroyoshi* andejo que acompanha ou abandona o *yura*; o coletivo distante dos *yuxiwo*, mortos farristas, incestuosos e canibais; e, no meio deles, essa manifestação de yuxindade dos animais-*yuxi* que dirigem a palavra aos humanos, ou, em outros termos, que encetam alguma comunicação através da diferença dos corpos. Apesar de uma presença relativamente rala, *yuxi* ocupa posições estratégicas e tem um lugar bem definido na série das "categorias" do parentesco Yaminawa. Se *yura* é o contato permanente do aqui-e-agora, da convivência e do compartilhamento de substâncias, *nawa* a distância do alhures, a forma completa da alteridade, e *yurautsa* um ângulo cego, sem lugar definido, *yuxi* é um elemento ubíquo, que está perto e longe e a meio caminho.

Yuxi se superpõe, sim, a *nawa*, como se superpõe também aos outros termos; mas superpõe-se mais a *nawa* por esse poder gravitacional próprio da alteridade. De longe, *Yuxi* é mais forte e mais visível. Não se trata de uma superposição simples: o *yuxi* é o dispositivo que faz que, chegado à máxima distância, o olhar se encontre subitamente de volta ao ponto de partida.[4] *Nawa* e *yoxi* aparecem compartilhando o mesmo

---

3 A distinção sugerida é paralela à que em contexto muito diferente pode se encontrar entre os demônios vistos como parasitas e invasores do corpo humano ou como súditos de um reino do mal independente, com suas formas e constituições (Calavia Sáez, 1997). Uma diferença análoga aparece em outros léxicos Pano, já desde as suas primeiras recopilações. Capistrano (1941, p.577) dá um *iô-xĩ* = alma, retrato, e um *iô-xi-bô* = diabo. Um dicionário anônimo franciscano do século XIX (Izaguirre, v.XIII, p.430) dá algumas equivalências cunibo-castelhano expressivas: *Yusibú* são os velhos, os ancestrais; *Yuxima* é demônio, diabo, duende, e *yuxi sobo* é o inferno; *Yuxi* é "Viracocha", gente branca, canto que *Nahua* aparece como "enemigo com que no se tiene paz". "Alma" (idem, p.436) aparece como *bueroyuschi*.

4 Na edição original deste texto (irreconhecível aqui), sugeri a ordenação dos quatro termos em um quadrângulo semântico, mais ou menos com as mesmas defini-

extremo por motivos diferentes: o primeiro em função de um distanciamento totêmico, o segundo como a sua negação. A qualidade *yuxi* equivale à virtualidade de uma aproximação, *nawa* a efetividade de uma distância; *nawa* é um paralelo, *yuxi*, um caminho.

Distâncias paradoxais

Para que esses contrastes ganhem sua significação plena, devemos levar em conta algumas características do espaço Yaminawa, tal como ele aparece definido nos mitos. Refiro ou recapitulo aqui três narrações, escolhidas entre outras menos expressivas, mas análogas no jogo que elas expõem.

A primeira (M22) já foi citada no penúltimo capítulo da segunda parte. É a que põe em cena esse homem abandonado num balseiro pelos seus afins, companheiros de uma expedição à procura de machados de pedra. Depois de sofrer indizivelmente com o sol e as mordidas dos piuns, o herói vê aparecer um ser aquático, Edeborayushi – a sucuri de tantos relatos –, que se revelará como o seu parente ou, mais exatamente, como a esposa do seu irmão.

A segunda (M36) acabou de ser comentada no item anterior: é a viagem de Nawawaka Misti, uma peregrinação extenuante por um mundo estranho, que, no entanto, a julgar pelas informações que o herói recebe dos seus diversos anfitriões, se desenvolve ao redor do seu próprio lar, a curta distância deste. Perto do final, o protagonista encontrará uma parente humana casada com um monstro canibal, que o acompanhará até o final trágico da aventura. Esse paradoxo da distância curta que nunca pode ser percorrida aparece na sua versão mais conspícua no mito de Iriyushiwo, M43.

Iriyushiwo narra a visita ao povo de Iri, e nele se reconhece sem dificuldade o mesmo argumento de narrações que em outras mitologias tratam da visita ao céu. O mito nos fala de um grupo de índios que

---

ções topológicas aqui resumidas. O que faço aqui é, por assim dizer, substituir o quadrângulo de Klein pela garrafa de Klein ou, usando os termos de Viveiros de Castro, a diferença pelo devir.

todas as tardes veem aparecer três mulheres jovens, cantando sempre a mesma canção. Eles ouvem e veem nitidamente essas jovens, como se estivessem lá mesmo: repetindo uma comparação que os Yaminawa, como outros povos da região, aplicam às visões xamânicas, veem-nas "como se fosse na televisão". Mas na verdade, exatamente igual às figuras da televisão, elas estão longe. Uma e outra vez os homens se aventuram à sua procura, mas andam e andam durante dias e semanas sem chegar a elas. Finalmente, dois irmãos decidem persistir na viagem até alcançar a terra de Iri, custe o que custar. Munem-se de provisões e abrem roçados no caminho, e depois de meses de travessia chegam à aldeia das moças prodigiosas, um lugar ideal no qual, torpemente, os heróis desperdiçam a oportunidade de conseguir uma vida fácil, eterna e sem dores para os humanos, dando respostas inadequadas às perguntas do senhor de Iri. Finalmente, voltam à sua aldeia, desta vez com uma surpreendente rapidez, mas quase sem tempo de avisar de uma enchente que toma conta do seu universo e que só cede com o sacrifício de um casal de velhos.

Em todos os casos, as viagens míticas Yaminawa são antiodisseias: a ida é longa e difícil, a volta é quase instantânea; nelas é muito mais raro encontrar um monstro que um irmão. As três narrações têm em comum essa espécie de sumidouro teatral fincado no lugar distante da alteridade extrema que leva de volta instantaneamente ao *self*, e na segunda (aquela em que, por sinal, os interlocutores do herói não são apresentados como personagens – *yuxi*), o protagonista não consegue, para o seu mal, encontrá-lo. Chegado ao fim de um longo e difícil caminho, perdido entre desconhecidos, o viageiro Yaminawa depara com os seus parentes imediatos; e mais, encontra-se, às vezes, com o próprio paradigma de uma proximidade absoluta e eterna, impossível de imaginar em qualquer outra paragem, essa sociedade dos *yuxi* que a escatologia Yaminawa entende como uma sociedade de consanguíneos.

Mapas do universo

A topologia do parentesco e a topografia dos mitos coincidem. Mas, voltando à última narração, podemos atentar para um outro aspecto que até agora não foi focalizado. Por muito que a aldeia de Iri coincida, pela sua forma e pelo seu nome, com a aldeia do céu de outras mitologias Pano, o seu caráter celestial não passa, no caso Yaminawa, de uma extrapolação. Os dois irmãos da história caminham, não voam nem escalam para chegar lá. Nesse relato os Yaminawa têm projetado na terra uma mitologia celeste que alhures se encontra desenvolvida sobre um eixo cosmológico vertical. Valeria a pena procurar esse eixo vertical na mitologia para saber algo mais a respeito do céu Yaminawa. O mito apropriado para isso, M12 (que aqui resumo), é bem conhecido também entre os grupos vizinhos:

Um homem – poderoso pajé, a que depois se alude como chefe – está pescando à beira de um lago quando percebe que está sendo enfeitiçado pelos tracajás (sob cuja forma se ocultam as *nesaruwawo*, cobras das profundezas). Sentindo-se enfermo, volta à sua casa febril, pede às suas mulheres que preparem fogo e as adverte de que vai morrer. Morre no meio da noite, e do seu umbigo nasce um cipó. Os membros da sua casa, entristecidos, começam a tomar o cipó e enviam um mensageiro para avisar os outros parentes de que estão indo embora para o céu – e também para convidá-los para que venham junto. O mensageiro chega cansado, deita numa rede e dorme; depois é convidado a comer uma perna de queixada, e entre o sono e a comida se esquece de dar o seu recado.

Enquanto isso, a turma do chefe morto bebe cipó e canta sem parar:

"Bem gostaríamos de ficar na terra, mas o nosso chefe morreu, e vamos atrás dele...".

A casa ia se levantando no ar, subindo com seus habitantes e todos seus objetos, e subindo chegou até o céu.

Quando o mensageiro descuidado enfim se lembrou de comunicar a notícia, era tarde. Os outros parentes foram correndo até o lugar, mas só restava o mato fechado. Eles recriminam o mau correio:

– Não nos avisaste, agora vamos ficar aqui para sempre.

Este ainda tenta chamar os que ascendem, mas eles estavam já bem altos: de tanto insistir no seu chamado, o mensageiro acaba se transformando num pássaro, o *bapode*.

Desta vez, a dimensão vertical do mito não deixa dúvidas e se concretiza num item, o *shori*, capaz de superar a distância entre vivos e mortos, sobretudo porque é ele mesmo quem a instituiu. A etimologia do nome quíchua-regional do *shori, ayahuasca,* é aqui absolutamente apropriada. O M12 se insere dentro de um conjunto regional muito homogêneo que descreve a origem da *ayahuasca* ou do seu uso[5] e que oferece um ponto de vista privilegiado para apreciar as relações entre as diversas mitologias. O seu companheiro mais famoso é o M55, a história do esposo da sucuri, já anteriormente tratado: os Yaminawa demonstram um considerável interesse nele, e um bom número de narrações poderia se entender como variantes, *pendants* ou fragmentos dele extraídos. Assim, o M63 narra o assassinato de uma esposa aquática, que depois é vingada por seus parentes; o culpado, impedido de se aproximar das águas, perde a solidariedade de seus próprios familiares e, ao tentar segui-los quando passam do outro lado de um rio, é engolido pela súbita crescida das águas. O M57 é uma narração breve, na qual um homem resgatado da boca de uma sucuri, já moribundo e triturado pela dona desse saber, tem ainda tempo para revelar aos seus parentes humanos os segredos medicinais.

Associados à atividade xamânica, esses mitos a apresentam em uma versão aquática, em que a descoberta da *ayahuasca* é o eixo do relato, e em que o conhecimento terapêutico é o fruto do contrato estabelecido com as sucuris. Como vimos no capítulo dedicado ao xamanismo, na primeira parte do livro, existe, a certa distância desse ecumenismo, uma outra versão do xamanismo, a que aparece no relato Kukushnawa (M32), em que o jovem guerreiro é conduzido pelo seu avô à caça do povo dos vaga-lumes (*kukushnawa,* cujo aspecto *yuxínico,* aliás, é clamoroso). Aqui, todo o percurso é terrestre (como no mito de Iriyuxiwo) e a *ayahuasca* aparece ligada ao túmulo do feiticeiro (com o tabaco e a pimenta), alimentando-o ou alimentando-se dele, dependendo das versões. A *ayahuasca* de Kukushnawa é uma *ayahuasca* terrestre, que aparece no meio de um conjunto de plantas xamânicas, cuja função é bélica e não curativa.

Deixando de lado o contraste entre os modelos xamânicos e as questões de precedência entre eles, que já foram ligeiramente esboçados no correspondente capítulo da primeira parte, é possível se con-

---

5 Cf. Lagrou, 1998. Algumas ideias aqui expostas foram extraídas de Calavia Sáez, 2000.

centrar aqui nas distintas direções cósmicas que os diversos relatos tomam: mata adentro, céu, fundo das águas. Quando lidos em conjunto com outras versões Pano vizinhas (tal como as de Lagrou, 1998, ou Carid Naveira, 1999; anexo), é difícil se abster de imaginar que esses mitos Yaminawa possam ter derivado da explosão de um mito muito mais longo que reunisse todos esses eixos. Esse mito completo narraria primeiro o episódio em que o homem, usurpando a identidade da anta, trava relações com a mulher-sucuri, e o seu aprendizado dos segredos xamânicos. Em seguida, sua fuga e a inimizade consequente do povo das águas, que antes ou depois causariam a sua morte, não sem lhe dar tempo de transmitir seu saber aos humanos. Finalmente, narraria a origem do uso humano da *ayahuasca*, responsável por sua ascensão ao céu, mal aproveitada e por isso causa da separação entre vivos e mortos (ou, mais exatamente, entre mortais e imortais).

Talvez seja aqui onde a diferença entre as mitologias Pano se revela não como uma diferença de motivos, mas de distribuição destes. No caso Yaminawa, as narrações se apresentam fragmentadas e desvinculadas, mesmo que cada uma delas dê os antecedentes ou os consequentes necessários das outras. O mito Yawanawa (Carid, 1998, p.191) chega mais perto dessa reconstrução hipotética, ligando a *ayahuasca* aquática e a *ayahuasca* celestial; um mito Kaxinawá resumido por Tastevin (1926, p.172) praticamente a realiza, sintetizando em uma única narração os episódios dispersos em um ramalhete de mitos Yaminawa.[6] Como o *bon-vivant* que prefere a carne assada e a rede à sua missão de mensageiro, os Yaminawa desperdiçam aqui a oportunidade de levantar uma bela cosmografia.[7] Esse supermito teria a virtude de relacionar

---

6 Cabe também, é verdade, a possibilidade de que a síntese seja obra do próprio Tastevin, e, portanto, um mito mais francês do que propriamente Kaxinawá; esse tipo de ajuda é muito comum na literatura sobre os mitos primitivos.

7 Uma digressão: se já aludimos previamente à relação íntima entre o xamanismo da *ayahuasca* e o imaginário da sucuri, valeria a pena pensar também na relação entre as realizações típicas de cada um desses termos, a saber, as visões e as narrações míticas. O mútuo englobamento se observa igualmente aqui; os mitos podem ser a narração de visões, precisamente porque as visões podem ser atualizações de mitos. O relato padrão da experiência Yaminawa com a *ayahuasca* (a aparente

as diversas dimensões do cosmo: a linha horizontal que une a aldeia (lugar do *yura*), a beira do lago (*locus* habitual da caça e das transformações) e o centro da floresta (domínio *nawa*); e, cruzando esta, uma linha vertical que uniria o fundo das águas, o plano terrestre e o celestial. A capacidade classificatória desse mito seria enorme. Permitiria, por exemplo, dependurar nessa armação cosmológica os grupos *-wo* que ficaram sem um cabide apropriado na exposição do parentesco na primeira parte, e talvez fazer a mesma coisa com as quatro noções básicas de identidade já várias vezes tratadas (*yura, yuxi, nawa, yurautsa*). Deixo essa possibilidade ao leitor, mas não a desenvolvo pela simples razão de que, como fica dito, o supermito que a justificaria não existe; não por causa de um abandono do acervo simbólico, mas talvez porque seja um desígnio dos Yaminawa não chegar a essa composição.

Os mortos

A dimensão celestial sobrevive na mitologia Yaminawa, mas, por assim dizer, fora de jogo. O céu é uma esfera decepcionante. Ele é a morada dos mortos, cujo interesse pelos/para os vivos é, por falar deli-

---

sufocação do protagonista pelas sucuris) coincide plenamente com a experiência do protagonista de M55, que por sua vez é uma espécie de miniatura do mito no interior deste. Em medida mais discreta, todo esse acervo mitológico que se ocupa das transposições humano-animal como efeitos do olhar oferece um ponto de confluência entre a narração e a experiência xamânica do *shori*. Essa coordenação, por sua vez, cria uma ilha de isonomia dentro da variação dos acervos míticos regionais: já foi possível perceber a notável proximidade das diversas versões desses relatos. Notemos que os mitos são um referente seguro nos cantos xamânicos (apoiados em citações daqueles, como indica Townsley), que os xamãs são presumivelmente bons conhecedores e eventualmente bons narradores de mitos, e que, enfim, os xamãs são intelectuais. Junto a visões nutridas de um referencial mítico, devemos considerar a presença de uma *interpretatio* xamânica dos mitos, que abriria uma possibilidade de sistematizar e reelaborar os mitos, comparável, por exemplo, à que as noções da psicanálise oferecem aos leitores da literatura ocidental. Dentro de uma mitologia "horizontal", "popular" ou "selvagem", o conjunto dos relatos sobre a *ayahuasca* estaria talvez revelando certa tendência à domesticação teológica.

cadamente, ralo. É o tema de M10, trágica história de uma mulher cuja decisão tenaz de continuar o vínculo com seu esposo morto a empurra a aceitar relações sexuais com o urubu, contraindo com isso uma febre mortal. Levada até o céu pelo carniceiro, é desprezada pelo seu marido, que já tem lá duas lindas esposas e nega qualquer relação com ela – lembremos que a vida celeste exclui a afinidade. Pouco antes de morrer, de volta à terra, exorta seus filhos a jogar fora o cadáver do marido. Se o compararmos com a generosidade que costuma se encontrar no fundo das águas, o céu é um domínio mesquinho. O mito de Lua (M5, outro caso de mito de ampla difusão pan-amazônica) enfatiza esse ponto, insistindo na preocupação do protagonista por não servir de nada aos parentes que ele deixa na terra: ascender até o plano celeste e transformar-se em lua é o modo que a cabeça-viva do anti-herói incestuoso encontra para não servir de alimento, lenha ou corda aos seus pares que não quiseram acolhê-lo. É interessante notar, mais uma vez, o contraste com a versão Kaxinawá, em que o protagonista irado – que não é outro que Yube, associado inicialmente ao mundo das águas – é responsável pela menstruação, e, através dela, responsável pela fecundidade feminina (Lagrou, 1998, p.216-7). A relação com os mortos, concretos ou paradigmáticos, e com o céu, sua morada, é improdutiva. Os mitos celestes Pano conservam seu caráter celestial nas versões Yaminawa só quando descrevem uma relação *estéril*: quando alguma produtividade decorre dessa viagem (como nos mitos do Sovina, M6 e M7, ou no próprio Iriyushiwo, M43) o céu é *ipso facto* transportado para a terra. Notemos que a expedição conjunta de avó e neto narrada em M32 é a única ocasião em que encontramos uma relação positiva entre os vivos e os seus ancestrais mortos. Mesmo assim, essa narração peculiar se ocupa de confirmar a norma: toda a ação transcorre na terra, o morto consanguíneo se apresenta na forma de uma jiboia falante e declara que a sua colaboração é passageira, e que doravante não manterá relações com os parentes que deixa no mundo dos vivos.

Completa-se aqui o paradoxo do *yuxi*. Páginas atrás o caracterizamos como uma aproximação virtual, uma conexão, ou um sumidouro que, desde a distância máxima do *nawa*, leva de volta ao *self*. Mas essa viagem de volta nunca é simplesmente a descoberta de uma identidade subjacente à alteridade. A volta é só uma volta aproximada: não é que o *yuxi* encontrado nos confins do mundo, sob um aspecto estrangeiro, revele uma identidade escondida, mas sim, por assim dizer, uma alteração da alteridade que nos leva de volta a um lar que nunca é mais o mesmo. Os *yuxiwo* celestiais, os mortos, que não só permanecem reconhecíveis como em certo sentido elevam a identidade a um patamar desconhecido na terra, pois vivem entre si numa aldeia onde o *self*, e só o *self*, atinge pelo contrário uma segregação definitiva. Não há circuitos fechados na circulação cósmica: à diferença, por exemplo, do ciclo de predação simétrica Wari (Vilaça, 1998; Conklin, 2001), no qual as almas humanas alimentam as queixadas que serão antes ou depois presas humanas, e em que os mortos reingressam assim de um modo ou outro no ciclo vital. Os *yuxi* seguem um caminho centrífugo cujos eventuais retornos ao mundo do *yura*, embora não impossíveis, são aleatórios e ficam num ângulo cego. Os mesmos ciclos estão ausentes, como vimos no capítulo correspondente, no sistema de parentesco: seja na herança dos nomes, seja na aliança nunca equilibrada, seja na proliferação dos etnônimos, que segundo vimos conduz, olhando para as gerações anteriores, a uma explosão de identidades. O céu consanguíneo e puro dos *yuxiwo*, inferindo a partir dos meus escassos dados, é em qualquer caso um céu egocentrado, já que nenhuma regra seria capaz de delimitar o elenco dos seus associados. Quando Nazaré manifesta no seu canto, analisado na Segunda parte do livro, sua intenção de conviver no céu exclusivamente com seus verdadeiros parentes, está pensando numa hipótese impossível: nem todos seus verdadeiros parentes se reconhecerão como verdadeiros parentes – e únicos verdadeiros parentes – entre si. O *yura* Yaminawa não se repete nem se eterniza – ou ,mais exatamente, só se eterniza perdendo-se.

Ao cosmo Yaminawa quiçá poderia se aplicar algo que Gonçalves (2001) propõe para o cosmo Pirahã: no seu limite não se encontra a identidade, mas o *parecido*. A viagem até a exterioridade absoluta é também uma volta ao *self*, mas a um *self* modificado. Mitos como M43 ou M22 (embora, como já dissemos, falte uma exegese que os defina como mitos de origem) ilustram a aparição de novos marcos no cotidiano, seja a vida breve, seja a aquisição dos bens manufaturados: o rendimento dos percursos cósmicos é histórico, não paradigmático. Mas à diferença do que acontece no cosmo Pirahã, falta essa estrutura folhada que combina as diferenças efetivas (de forma, de agência) entre os mundos e que está na base de uma produtividade ontológica. Não há patamares habitados por demiurgos, não há um ciclo de energia transitando entre o céu, a terra e as profundezas. A relação entre o espaço humano de referência e os outros espaços pode ser definida pela sua simetria: uma vez adotado o olhar certo, o outro lado é igual a este, eventualmente dotado de saberes desconhecidos para os humanos, que podem ser comerciados de um lado a outro do limite. Mas esse comércio exclui a criação de *seres:* as distintas dimensões se espelham, não se fecundam. A imortalidade dos *yuxiwo* celestes não passa, neste sentido, de uma forma de entropia: os mortos seguem seu caminho e vivem entre si, perdem as articulações que possuíam na terra e não voltam para elas nem sequer para pedir vingança, como acontecia no velho modelo do uso do *shori.*

O espaço-sujeito

O cosmo Yaminawa carece em absoluto de exotismo. Não é difícil nele passar do espaço mítico ao empírico. Os elementos de ambos são os mesmos: predadores ou presas habituais, as queixadas, as sucuris, as onças habitam por igual a selva vizinha e os mitos. Nos mitos, o protagonista, agindo como um xamã, tem a ocasião de percebê-los na sua humanidade: olhando bem, eles vivem em casas, caçam e fazem roçados, sua comida é análoga à humana. A mesma coisa acontece com os cenários: o interior da selva, os rios e os pequenos lagos do interflúvio, pequenas aldeias sem nome, designadas segundo o povo que as ocupa ou o seu parentesco (ou não parentesco) reconhecido;[8] no limite, os grandes rios e a cidade (esta ausente dos mitos, mas onipresente nas

---

8 Lembremos que, como foi dito na apresentação inicial, os Yaminawa não criaram uma toponímia própria para o território que habitam – é o caso, ao menos, dos Yaminawa do Acre, que não parece se aplicar aos seus correspondentes peruanos.

viagens tangíveis e nas viagens xamânicas) – são essas, e não mais do que essas, as paisagens da experiência e do relato. O mundo mantém a sua estranheza só para quem permanece na aldeia. Em lugar de descrever terras exóticas povoadas de monstros ou de deuses irredutíveis, as viagens míticas Yaminawa, com sua *interpretatio* perspectivista, dobram o ignoto sobre o cotidiano.

No limite, poderíamos pensar que o espaço Yaminawa é um conjunto de lugares-sujeito, e não a condição de existência de lugares-objeto. Se nossa noção de território como extensão está ancorada em objetivações do espaço – idealmente petrificações: morros, monumentos, marcos em geral – e da memória, ela se perde necessariamente numa geografia cujos componentes são vivos, móveis e eventualmente dotados de intencionalidade, como acontece em M38, no qual os próprios barrancos do rio constituem um hábitat, mas também uma humanidade que pode se manifestar nesse corpo geológico.

Esse espaço intensivo e não extensivo parece uma descrição muito adequada da instabilidade *real* dos componentes da paisagem: o rápido crescimento da cobertura vegetal, variação do curso ou das margens dos rios, falta de formações pétreas ou de pontos de vista que forneçam percepções privilegiadas da paisagem. Mas isso não é só uma paisagem alto-amazônica, mas também uma percepção da paisagem que, malgrado todo o processo colonial, depende ainda do olhar dos seus primeiros habitantes: veja-se (Carneiro da Cunha, 1998) a coerência entre o sistema de aviamento dos seringalistas e essa organização do espaço exemplificada nos dados Matsiguenga e Ashaninka de Renard-Casevitz (1991 e 1993). Trata-se de um sistema fractal, no qual cada unidade é idêntica à outra, a estrutura das unidades maiores equivale à das menores, e o valor diferencial dos lugares (rio acima, rio abaixo; ribeira ou mato adentro) só existe sob um ponto de vista particular. Situado em qualquer ponto, o observador contemplará, a jusante e a montante, a aldeia, o rio e o fundo da mata, cada um deles com seus valores e seus habitantes paradigmáticos: os selvagens, os índios civilizados, os brancos etc. A jusante de uns é a montante de outros, a jusante sempre há um selvagem, a montante sempre há um civilizado. Não há referências absolutas no mapa, e por isso os nomes podem se repetir infinitamente:

no breve espaço da aldeia Yaminawa, como no conjunto da Amazônia, há um rio Branco e um rio Negro, um seringal São Francisco, Triunfo ou Ceará.

Esse espaço fractal e perspectivo chega, no caso Yaminawa, à sua forma mais despojada. Não existe um lugar singular, como o *Cerro de la Sal* dos Arawak pré-andinos, que forneça um centro, um ponto de vista privilegiado sobre o conjunto. Tampouco há um lugar no cosmo de onde possa se adotar uma perspectiva divina, que permita ver todas as coisas como elas *realmente* seriam, se tal mirante existisse. Todos os lugares possíveis são percepções de um ponto de vista entre outros. O mundo dos espíritos, que poderia aspirar a um privilégio de visão, vê-se igualmente inserido nessa trama de perspectivas – é o caso dos animais--yuxi – e só se liberta delas à condição de virar um mundo impossível, o mundo dos *yuxiwo* consanguíneos. Como o "homem só" do capítulo anterior, que ganhava uma humanidade propriamente dita só por defeito, transformando-se em resíduo, os *yuxiwo* celestes só transcendem o espaço perspectivo para cair fora dele.

A despeito das aparências, tudo isso não chega a ser uma especulação desencarnada, alheia à crua realidade, alheia por exemplo a esse problema Yaminawa que atormenta os indigenistas.[9] De fato, os Yaminawa têm se transformado em problema pelo seu fracasso ou desinteresse em formar uma comunidade pré-colombiana, ligada a um território tradicional, rico em simbologia e memória autóctone, vinculado aos seus mortos, à sua mitologia, às suas necessidades ecológicas. Interpreta-se esse fracasso em função de uma suposta perda de referentes tradicionais, mas tendo a pensar que o motivo é o oposto: a excessiva fidelidade a uma cosmologia como a que acabou de ser descrita. O *território tradicional* dos Yaminawa é uma linha de extensão variável que vai do *yura* ao *nawa*: não deve ser tão longa que impeça percorrê-la na sua totalidade, mas sim o bastante para que o *nawa* seja efetivamente estranho, e o encontro com ele suficientemente produtivo e revelador.

---

9 Esta análise já foi desenvolvida com mais detalhe em outro trabalho (Calavia Sáez, 2004).

As pegadas ou os túmulos dos ancestrais, quando não são lugares a evitar, são irrelevantes; as condições ecológicas, embora não ignoradas, são colocadas decididamente num segundo plano: o que importa é esse espaço sociológico, o cosmológico, em que os termos de identidade e alteridade podem se desdobrar satisfatoriamente. Não há, portanto, a possibilidade de que uma demarcação mais generosa, reservando para os Yaminawa um espaço interior mais extenso e rico, possa dissuadi--los de suas penosas excursões à cidade: o ponto mais importante desse espaço estará sempre *fora*, a não ser que, adequando-se finalmente ao espírito dos tempos, os Yaminawa finalmente decidam se transformar em índios autênticos, assumam uma autodenominação, uma autoctonia e uma autoridade. Algo que, na sua cosmologia, só tem equivalente na estabilidade fechada do mundo dos mortos.

12
O tempo dos Yaminawa

As consequências da vida breve

O mesmo mito de Iri, que nos fala de distâncias paradoxais, inclui, podemos inferir, a versão Yaminawa do mito de origem da vida breve. Digo "podemos inferir" porque de fato, e congruentemente com o resto da prática ou não prática Yaminawa, nunca essa narração se vê acompanhada por alguma declaração do tipo "é desde então que os seres humanos adoecem e morrem". Se o postulado geral falta, não falta a sua consequência sociologicamente mais dramática, a substituição das velhas gerações pelas novas, não totalmente pacífica: quando os velhos são jogados na água para que a enchente arrefeça, clamam contra essa ingratidão daqueles que eles mesmos protegeram e cuidaram no passado. Obtêm em troca uma promessa equívoca, uma possibilidade que acaba de ser negada no relato pouco antes, e que na entonação dos meus intérpretes ganhava matizes de ironia: "vocês vão ficar jovens de novo".

A oposição entre jovens e velhos aparece de modo acintoso na vida cotidiana e na mitologia. A relação entre as gerações é tensa: os velhos são sovinas no tocante aos bens que possuem, em maior medida que os jovens, e a transmissão de conhecimentos é vítima de constantes desencontros. A fala dos velhos abunda em queixas sobre a preguiça e a falta de interesse dos jovens pelo conhecimento; a dos jovens é pontuada de brincadeiras agressivas em relação aos velhos. Na mitologia encontramos um conjunto consistente de narrações que confrontam, às vezes de um modo sangrento, uns e outros.

A tensão pode adotar formas diferentes: entre gerações consecutivas (esse Édipo despachado de M53, que seduz sua mãe com charadas), entre gerações alternas mediadas pela geração intermédia (os meninos assassinos da sua avó, tolerados pelo pai complacente, em M29; ou as crianças devoradas pelos velhos, ambos deixados para trás pelos adultos do grupo, em M54), entre as gerações alternas aliadas e a geração intermédia (o avô xamã de M32 que inicia o neto nas artes da guerra passando por cima do pai), Os exemplos poderiam se estender. O M27 radicaliza essa última variedade, outorgando categorias identitárias diferentes às gerações sucessivas: o mito fala de um grupo de órfãos cujos pais foram exterminados pelos *nawa*; mas um velho do grupo dos matadores encontra os meninos, reconhece-os como netos e os instrui sobre o modo de se vingar, levando ao extermínio desse grupo de *nawa* que podemos supor seus filhos.

A expressão mais forte da velhice aparece em mitos que apresentam jovens e velhos enfrentando-se não dentro de uma genealogia, mas na disputa por esposas. É o caso de M65, uma narração muito popular entre os Pano: trata-se de um velho decadente, incapaz de alimentar uma esposa jovem, que então acaba encontrando um amante que a sustenta. A mulher apresenta as peças de caça dizendo tê-las conseguido ela mesma. Mas o velho prepara cuidadosamente a sua vingança, surpreende os amantes e os atravessa com uma única lança.[1] A narração é rica em detalhes dramáticos, confrontando a arrogância dos jovens com a humilhação do velho. O mito de origem das tribos contado pelos Yawanawa (Carid Naveira, 1999, p.166-71) narra também o acossamento da esposa de um velho pelos jovens. Neste caso, o confronto é

---

1 Os Kaxinawá inserem esse episódio na saga de Romuekoin Tononi, um herói poderoso. Os Yawanawa chegam a identificar, com essa história, um tipo de lança com uma lâmina muito longa e lisa, que leva o nome do seu protagonista.

um evento inaugural: é esse velho quem mostra aos jovens a diferença entre a caça e o homicídio, e quem, guardando as entranhas de um inimigo morto dentro do *romate* (uma caixa de palha trançada), dá lugar à diversidade de povos: um barulho "como se fosse um relógio" se ouve dentro do *romate*, e logo após começam a aparecer nele, por seu turno, os "chapéus" feitos de diversos materiais (taboca, pena de arara, couro de cobra ou de onça etc.) que distinguem cada um dos grupos *nawa*; depois, de cada um dos chapéus acabam saindo as respectivas tribos. O *romate* – tradicionalmente usado para guardar algumas posses de valor especial, como sementes, enfeites ou remédios[2] – cumpre essa mesma função em outras versões do mito, como a Sharanahua (Torralba, 1986, p. 7), em que também a variedade étnica surge das entranhas de uma mulher *nawa* guardadas nele; ou no mito Kaxinawá da origem das queixadas, antes referido, no qual a solteira persistente encontra o seu cônjuge na caixa de tabaco abandonada pelo seu pai. Num hipotético dicionário de símbolos Pano, o *romate* seria certeiramente identificado como a tradição: controlado pelos velhos, fonte de diversidade cultural e de signos de identidade. Mas sabemos bem que os símbolos não se acomodam bem nos dicionários: esse mesmo *romate* aparece numa narração Yaminawa (M29) como a chocadeira de um grupo de *enfants terribles*, tirados do ventre de uma *nawa*, que depois de várias tentativas inócuas, com flechas de grama, conseguem matar a mãe do seu pai adotivo com as flechas duras de paxiúba que aprendem a fazer imitando este.

Enfim, a eventualidade de virar novo, anunciada no final do mito de Iri, realiza-se em M47, a narração que, de resto, tematiza a velhice de um modo mais extremo: a decadência do protagonista, o seu abandono (na única companhia de uma menina), a agonia, seu corpo imóvel

---

2 O presente mais requisitado pelos velhos Yaminawa era uma mala rígida e – instruções explícitas – com chave, que eles designavam com um termo castelhano: *maleta*. De início, estranhei esse pedido, bem pouco funcional para o gênero de viagens que os Yaminawa empreendem, mas descobri depois que as malas não estavam destinadas à viagem, mas à salvaguarda das suas posses dentro de casa. Substitutas do velho *romate*, nas malas se concentravam objetos manufaturados: para dentro delas acabavam fluindo, especialmente, as fotografias que eu distribuía entre os membros da família.

rodeado pelos urubus, que o bicam e o cobrem de excrementos testando a sua insensibilidade antes de chamar o urubu-rei ao banquete; a esperteza do velho, que se finge de cadáver para roubar o colar do urubu-rei; o renascimento negociado com os urubus, que esfolam o agonizante e lhe permitem alternar o uso de sua pele velha com um novo corpo; a busca dos parentes insolidários, aos quais o velho se apresenta alternadamente como velho e como um jovem desconhecido, seduzindo duas moças novas; o triunfo final do ancião com suas novas parceiras, desprezando a esposa que o tinha abandonado. Nesse mito, a idade é uma *roupa* que pode ser jogada fora, trocada ou envergada de novo. É esse, como sabemos, um dos modos mais frequentes de expressão do perspectivismo: a do corpo como roupa, trocada mediante o poder xamânico. Mas é digno de nota que esse tema da roupa cambiante, tão comum em outras cosmologias para dar conta da alternância entre seres distintos, seja adotado pelos Yaminawa exclusivamente neste mito, para marcar a transposição entre idades de um mesmo sujeito – como vimos num capítulo anterior, outras alternâncias são preferentemente formuladas em termos de câmbio na visão.

Esse câmbio de pele traz consigo, sobretudo, uma mudança dos afetos. O M47 radicaliza a história do velho ciumento de M65, que, sem recorrer aos milagres do urubu-rei, põe em pauta a mesma moral: a relação entre juventude e velhice pode ser revertida por meio dessa mudança de afetos: o velho condenado como mau caçador pode se redimir como homicida. A recuperação das disposições agressivas agrupadas pela corriqueira analogia entre caça, guerra e sexualidade equivale a uma transposição das idades.

O ciclo mítico da velhice (damos este nome, arbitrariamente, a uma seleção de mitos que poderiam fazer parte igualmente de outros *ciclos*) apresenta em suma três modelos diferentes de relação entre as gerações. O primeiro, aquele que tenderíamos a erigir como padrão, só aparece negativamente: é o fluxo das gerações, essa sequência "de pai para filho" que envolve a criação de uma estirpe, a transmissão de conhecimento (das artes bélicas e da feitiçaria), proteção, cuidado. São as crises e os desvios desse fluxo, e não o fluxo em si, o que é tematizado. O segundo modelo é o que transforma essa colaboração vertical em disputa horizontal: a idade é uma condição reversível cuja pedra de toque está na disputa pelas mulheres. O terceiro modelo sintetiza, por assim dizer, os dois anteriores negando o eixo central de cada um deles: as gerações se sucedem, sim, mas inteiramente fora da aliança e da descendência. Surgidas do *romate* (um híbrido de arquivo e útero), as novas gerações não procedem da relação sexual nem precisam de cuidados: são crianças que já nascem com os signos da cultura (ricamente detalhados no caso Yawanawa, mas não no Yaminawa) e cujo crescimento é milagrosamente rápido. O homem se torna genitor porque mata uma mulher estrangeira, e se torna pai porque ensina às novas gerações o uso das armas: cada geração deve ser trazida de fora mediante um ato belicoso.

A vida breve tem consequências a longo prazo. A principal é a brevidade da própria história genealógica: como já vimos acontecer na discussão dos etnônimos, dos nomes pessoais ou dos hábitos de aliança, não há qualquer interesse em marcar uma linha contínua em direção ao passado. O *romate*, que acabamos de propor como símbolo da tradição, preenche essa função de um modo peculiar, servindo de receptáculo para as entranhas ou o fruto das entranhas de uma vítima *estrangeira*:[3] o resultado – esses equivalentes amazônicos dos filhos de Cadmo, mais heteróctones que autóctones – sugere uma sucessão feita de descontinuidades, não uma captura de alteridade que venha enriquecer o próprio solo, mas a simples substituição da descendência pela alteração. Os Yaminawa, à diferença dos Yawanawa e dos Sharanahua, não fazem do *romate* uma fonte de diferenciação étnica, nem formulam essa explosão de identidades em nenhum outro mito. Talvez porque essa diferença seja dada, o suficientemente "dada" para ela não ser nem sequer focalizada pela narrativa. Aparentemente homogêneos, os meninos de

---

3 Na versão Yawanawa, essa "entranha" é o *reko*, que Carid Naveira identifica como a pedra bezoar, uma espécie de âmago de identidade (é no *yawareko*, por exemplo, que se encontra a raiz *yawa* de uma pessoa). Se admitirmos a continuidade, sugerida na nota anterior, entre o *romate* e as malas modernas, deveremos admitir que a tradição tem conteúdos pouco tradicionais: principalmente objetos vindos do exterior, ou, no caso das fotografias, a objetivação *nawa* dos próprios rostos.

M29 se ocupam de eliminar a mãe do seu pai adotivo, em certo modo vingando a morte da sua própria mãe e anulando também com isso as linhas naturais de descendência que se apresentam no relato.

Temporalidade

As histórias Yaminawa, como vemos, tratam desse parentesco que, como já foi dito, é a História. O tempo do parentesco seria então o tempo histórico. Ou mais exatamente: o tempo do parentesco seria um mediador entre o tempo biográfico, essa apreensão subjetiva e local do tempo, e o tempo histórico, objetivado num relato histórico de alcance maior.

Como já foi dito no Capítulo 2, o tempo do parentesco Yaminawa é adequadamente equívoco para preencher esse espaço de mediação. De um lado – na terminologia de referência, dravidiana –, encontraremos uma progressão linear, que vai de uma ascendência diversificada para uma fusão na descendência. Além da geração + 2, como sabemos, a memória se perde numa profusão de raízes marcadas pelos etnônimos, que em certo sentido subsistem como potencialidades dentro dos indivíduos atuais. Já a geração -2 é um terreno indiferenciado: o termo *wëwë* pode ser aplicado indistintamente às crianças pequenas e aos filhotes dos animais; não denota consanguinidade/afinidade, nem gênero, só idade. O tempo da nomenclatura de referência é um tempo orientado. Pelo contrário, os termos vocativos – e como vimos, também, a transmissão dos nomes – sugerem um tempo reversível:[4] eles conseguem introduzir nas gerações mais novas as diferenças que o sistema de referência negava, ao tempo que também, com a transmissão de nomes, conserva-se uma diversidade de nominação que poderia de outro modo se perder. Os vocativos definem um tempo fractal e não orientado, em que a relação entre dois indivíduos separados por dois ou até quatro níveis geracionais pode se contrair a uma relação de irmão mais

---

4 Notemos que o contraste dravidiano/kariera de Dumont se traduz também no contraste entre um tempo histórico e um tempo cíclico; a coincidência dessa análise com esta é só parcial, já que, como antes pudemos ver, os vocativos Yaminawa seguem uma prática egocentrada, e não dão lugar a reiterações cíclicas.

velho/mais novo, e mesmo inverter a sequência, sendo o ancião quem se dirige à criança como a seu sênior.

A vida breve, repitamos, tem consequências a longo prazo. Especulemos por nossa conta: se os homens tivessem a possibilidade regular de trocar uma pele velha por uma pele nova, e vice-versa, as relações entre as gerações seriam, como no sistema de vocativos, uma contraposição móvel de identidades e afetos, algo equivalente à contraposição entre espécies que põem em cena os mitos de transformação. Se os velhos não tivessem sido jogados na água (para morrer ou para tornar-se jovens, tanto faz), eles poderiam encarnar uma mediação com as gerações passadas, ampliando o tempo histórico.

Nenhuma dessas opções triunfou, e a indecisão do tempo do parentesco se repete numa sequência temporal maior, como podemos ver nas crônicas Yaminawa. De um lado, temos narrações lineares, como as de Oscar e Zé Correia, que partem da dispersão dos tempos dos antigos para chegar aos avatares recentes e aos comentários sobre os temas atuais. O tempo dessas crônicas é um tempo na escala do parentesco na sua versão de referência: os primeiros episódios alcançam personagens com algum elo reconhecível para as atuais gerações (alguém conhecido pelo avô de um avô, um nome que ainda foi atribuído a um indivíduo lembrado), e suas contradições se resolvem no presente. Do outro lado, os mitos, esses *shedipawó* que podem representar a história Yaminawa contada aos Yaminawa, compartilham a fractalidade do sistema de vocativos: a grande distância pode se contrair e pode mudar sua ordem. Os *shedipawó* narram situações que devem ter acontecido antes ou no início de algumas condições atuais de existência, mas não por isso ganham um lugar de precedência na narração: vimos como o relato de Clementino engloba um *shedipawó* (o aprendizado da sexualidade com o macaco-prego) dentro de um relato de contato. Não há separação definitiva desse tempo da comunicação universal entre os seres de um tempo exclusivamente humano.

Cronologicamente, os *shedipawó* são planos. Embora alguns deles sejam capazes de traçar uma linha divisória entre um pretérito e uma condição atual (antes e depois do aprendizado da sexualidade, do parto ou do cultivo), não chegam a fazer dessa linha divisória um marco temporal de validade geral. O antes e o depois se esgotam dentro de cada narração, e não há um retrato diferenciado do que seria uma humanidade primeva em contraste com a atual. Em particular, embora os mitos descrevam o início de algumas capacidades importantes, ressalte-se que eles em lugar nenhum descrevem o fim desse regime de transformações e comunicação entre as espécies que serve de eixo ao conjunto das narrações. Em outras palavras, o *fim dos tempos míticos não faz parte dos shedipawó*. Isso é compreensível na medida em que os fatos extraordinários que eles narram, e que os Yaminawa sabem muito distantes da experiência cotidiana, se identificam mais com uma distância sincrônica que com uma distância diacrônica; o tempo em que os animais falam é um outro tempo atual, o do xamanismo; nele, os animais continuam falando.

Considerando o conjunto dos seus discursos históricos, e não só aqueles que se dirigem essencialmente ao ouvinte branco,[5] falta aos Yaminawa essa periodização, que poderia parecer óbvia e que se encontra com frequência nos registros etno-históricos de outros povos, que organiza os relatos numa sequência temporal desde uma época formativa (a das origens, a dos demiurgos), passando pelo tempo dos antigos, pelo primeiro contato com os brancos, pela guerra, pelo cativeiro nas fazendas ou nos seringais, pela libertação, até o momento atual. O tempo do mito não está definido como o início remoto de uma linha cujo fim se encontra no presente histórico, mas como uma alternativa a este. Por isso também, a velhice não é um momento intermediário entre o momento presente e o tempo dos ancestrais, mas uma encarnação alternativa do mesmo tempo: ou se reverte, ou se perde, como se perdem os mortos. Os jovens podem se entender diretamente com os tempos míticos, são seus contemporâneos com o mesmo direito que os velhos.

Caberia pensar se, na falta de um discurso Yaminawa sobre o tempo, essas análises de mitos e terminologias não estariam sobremaneira interpretando à procura de exotismo, auferindo uma percepção de tempo impossível de pensar ou, ainda mais, impossível de sentir; longe da

---

5 Cf. na Segunda parte o referente ao "relato do fim" e a crônica de Correa.

noção kantiana de tempo como intuição transcendental, mas igualmente longe de uma percepção íntima da duração. Mas, afinal, de que serviria a etnografia se não nos aproximasse de algo, em princípio, impossível de pensar ou de sentir?

Deveriam os Yaminawa pensar *temporalmente* ou *sentir* o tempo? Essa intuição do fluxo temporal que tendemos a atribuir a toda consciência humana é provavelmente uma criação muito peculiar, forjada mediante a fusão léxica do curso biográfico com a variação percebida no universo: o fluxo dos rios, que nascem e vão morrer, a sequência das estações, que são equiparadas às idades humanas, como as fases ou as faces cambiantes das sociedades ou das civilizações (jovens, maduras ou velhas). A duração alcança esse valor que lhe atribuímos quando todos os seres entram num compasso comum, e especialmente quando ocupam seu lugar nesse curso de metamorfoses, nesse desenvolvimento que regula a diversidade dos seres e os totaliza como natureza: temporalidade e mudança dão-se as mãos. As metamorfoses Yaminawa, como vimos, não são processos desse tipo, mas transposições abruptas e reversíveis entre formas já dadas: parafraseando uma comparação proposta por Lévi-Strauss, elas não têm mais sentido temporal que uma série de números tirados ao azar. Não que os Yaminawa ignorem a mudança – vimos como seus relatos tratam dela obsessivamente – ou deixem de perceber o tempo: veja-se o entusiasmo com que os Yaminawa têm adotado os sistemas de medição do tempo curto dos brancos, a contagem das horas e dos dias da semana.[6] Mas o relógio e a semana, para quem não é escravo deles, não passam de um bibelô estrangeiro, algo assim como esses cocares que podem decorar as paredes de um apartamento urbano; horas e semanas não se acumulam em meses e anos unidades de medida que não parecem ter despertado o interesse dos Yaminawa –, nem têm mostrado qualquer utilidade para descrever a

---

6 Como já disse no Capítulo 1, os Yaminawa manifestam esse gosto medindo e enunciando insistentemente o tempo necessário para percorrer um trecho de rio, ou definindo dias pertinentes para uma atividade (a *ayahuasca* no sábado, o descanso no domingo). Entusiasmo e gratuidade, pois não se pode dizer que os Yaminawa sejam escravos do relógio, por mais ênfase que eles deem à contabilidade das horas.

vida e o mundo. A mudança não alimenta o tempo, nem o tempo produz a mudança.

A distinção lévi-straussiana entre sociedades quentes e frias tem sido um dos objetos teóricos mais caluniados da história da Antropologia, ineptamente apresentada como uma negação da historicidade dos primitivos. Muito pelo contrário, poder-se-ia encontrar nela um exemplo, ou um recurso, para postular a agência histórica dos sujeitos no lugar de sua clássica subordinação a um tempo *a priori*, para incluir na praxe histórica descrita as concepções de tempo que sempre foram parte ativa, e nunca mero reflexo dela. Mas com certeza seria improvável descrever a sociedade Yaminawa como quente ou fria; impossível como morna. Demasiada consciência dolorosa da destruição e da perda, demasiada paixão pelas novidades na hora de vivê-las, demasiada indiferença na hora de alterar por elas as noções e as classificações prévias: veja-se a condição do *nawa*, o estrangeiro, ao mesmo tempo desbordante e recluso numa categoria há muito tempo definida. O calor e o frio históricos não se distanciam necessariamente ao longo de um *continuum*, e às vezes é difícil distinguir os limites entre a geração de entropia e a produção de ordem: é o caso da multiplicação dos grupos *nawa*, que elimina qualquer sonho de estabilidade, mas também compendia toda alteração possível dentro de um conjunto pré-definido.

Porém, o tempo Yaminawa se diferencia do nosso menos quanto a seus predicados que quanto ao seu sujeito: a narrativa Yaminawa nunca eleva o sujeito biográfico, com sua identidade e sua consciência, à categoria de sujeito histórico coletivo. A rigor, não é possível dizer qual seria o sujeito histórico de uma história como a dos Yaminawa.

O "nós" Yaminawa – *yura, yurawo*, isto é, o "corpo" –, o grupo de parentes/corresidentes que troca alimentos e substâncias corporais, é um sujeito sociológico, mas não é um sujeito histórico. Não poderia sê-lo, porque uma sociedade cognática como a Yaminawa necessariamente vê esse *yura* se cindir, ou pelo menos se diluir, geração após geração, no caminho ao passado; segmentos inteiros de uma sociedade "misturada", que são partes constitutivas do seu aqui e agora, formam o exterior no passado recente.

A rigor, nada há nisso de especificamente Yaminawa, ou ameríndio. Qualquer história consciente do caráter construído das identidades enfrenta esse mesmo problema, trate-se de Yaminawa, de franceses, de judeus ou de ciganos. Mas, no caso, esse contraste entre uma história escrita na primeira ou na terceira pessoa do plural – essa tensão entre o "nós" da atualidade e o "eles" de tempos outros – não é um problema que o filósofo da história apresente ao narrador da história. Em outras palavras, o sujeito histórico não precisou ser revisado porque nunca, que saibamos, chegou a ser construído. Para contar com esse sujeito histórico transcendente, os Yaminawa deveriam, por exemplo, adotar uma norma de unifiliação – e pôr a sua história na conta de uma linhagem – ou se dar à empresa de criar uma identidade retroativa. A segunda solução, padrão nas histórias nacionais, é a seguida por outros povos Pano, como os Shipibo-Conibo e os Kaxinawá, ora se identificando com determinados padrões culturais (os da "civilização ucayalina"), ora definindo um critério de identidade (os *Huni Kuin*, gente verdadeira, têm sua origem narrada num mito, se reconhecem por determinada organização das suas aldeias etc.). Os Yaminawa ignoraram ambas as possibilidades: reconhecem-se num etnônimo que lhes foi atribuído pelos primeiros agentes da Funai que trataram com eles, mas acrescentam que no passado *eram* Xixinawa e Yawanawa, ou antes Mastanawa e Marinawa, ou Deianawa etc., sendo todos eles *nomes de outros*, alheios entre si e alheios ao narrador que os lembra. O *romate* do qual outras mitologias Pano tiram os componentes do panorama étnico pode se assemelhar assim a uma boieira de loteria, da qual a cada geração as identidades são extraídas a partir do conjunto virtualmente infinito das variantes -*nawa*.

Os Yaminawa, que não "se chamam" mas são chamados por outros, também não contam sua história senão a de outros, esses antigos, que como vimos são essencialmente estranhos. Os *yura* não compartilham necessariamente avôs. Não aparecem constantemente nessa história, com um papel de inimigos semimonstruosos, esses *Rwandawa* que, se atendermos às interpretações de um dos meus melhores informantes, perfazem uma das "metades" do atual povo Yaminawa? Essa cesura quanto à identidade se manifesta também em uma distância a respeito dos hábitos desses "grandes avôs": eles não são uma manifestação de força, sabedoria ou moral prístinas, mas protagonistas de um modo de vida insano, inviável; são ignorantes, pobres, violentos. Essa falta de sujeito histórico transcendental, ou, mais explicitamente, de um sujeito que seja ao mesmo tempo narrador da história e agente desta, seria talvez uma característica distintiva de uma história "fria"; mas convive sem problemas com uma consciência de mudança.[7]

Mito, história

Voltemos à separação entre dados documentais, memórias e mitologia, que deu início à Terceira e última parte deste livro. Ela pretendia obter da leitura da mitologia algo irredutível daquelas outras categorias de informação. Mas, afinal, o que são os mitos num lugar como o Yaminawa, onde ninguém parece se preocupar com essa questão, onde não se aplica a eles a exegese; o que fazer com os mitos, para que servem eles numa etnografia? Seriam esses uma trilha pelas circunvoluções da mente humana? Ou um reflexo ou comentário da sociedade ou da cultura? Uma pseudo-história, uma paraistória, uma cripto-história?

A obra mitológica de Lévi-Strauss tem neutralizado suficientemente várias dessas opções. A primeira, por tê-la detalhado de sobra: o caso Yaminawa pouco ou nada poderia acrescentar às evidências a favor ou contra as teses estruturalistas sobre o pensamento humano. A segunda via é inevitável, mas necessariamente parcial: tomar os mitos como acervo de dados (léxicos, sociológicos, históricos) que podem enriquecer nossa análise é uma tentação que não pode nem deve ser resistida, mas à qual se sucumbe ao preço de separar a narração da estrutura em que ela acontece, ou, também, de ignorar o efeito com que essas narrações tomam parte na construção daquilo que estamos a analisar. Ou, em outras palavras, de reduzir à inércia dos seus conteúdos algo eminentemente ativo, como a criação mítica.

---

7 Esse sujeito impossível da história Yaminawa acrescenta uma dimensão às discussões sobre a possibilidade de uma história ou uma agência histórica "sem sujeito" (cf. Palti, 2004); a alternativa sujeito/não sujeito estaria "na história" e não somente na teoria da história.

Os etno-historiadores têm dado conta das hipóteses *pseudo* e *cripto:* ambas decorrem de preconceitos a respeito do outro. Quem narra os mitos o faz porque não sabe ou porque não é capaz de dizer ou porque não quer dizer a história, e caberia ao historiador refutar, desencavar ou depurar a história que jaz escondida nesses seus contrários. Mas sabemos de sobra que os *outros* sabem contar sua história à margem dos mitos, e que os mitos nunca são totalmente despejados da história.

Já o mito como paraistória, a proposta mais comum dos etno-historiadores, é uma versão matizada das duas anteriores: história *outra*, que partiria de uma percepção diferente do tempo, de diferentes critérios de verdade. Porém, essa história outra não esgota – às vezes, nem arranha – o mito. As memórias anotadas na Segunda parte deste livro são bons exemplos dessa história outra. Próximas do nosso saber histórico, aliás conectadas com ele – o saber do branco é uma fonte legítima do autoconhecimento Yaminawa –, as memórias Yaminawa exploram o *shedipawó* de um modo não muito diferente do que é próprio do antropólogo, extraindo dele conteúdos à medida das perguntas. Não por isso as memórias se confundem com o *shedipawó*: elas não copiam seu estilo nem sua estrutura.

O mito, na sua acepção lévi-straussiana, se transformou num objeto deslumbrante, que ilumina o seu redor mas não deixa ver grande coisa de si. Pode se entender assim que as *Mitológicas* são um marco definitivo no estudo da mitologia e abriram uma nova fase na etnologia das Terras Baixas da América do Sul, mas permaneceram pouco fecundas, precisamente, no que diz respeito a estudos sobre mitologia.

A proposta aqui seguida – ou aqui encontrada, depois de muitos meandros – é a de entender os mitos como a história mesma, como a história propriamente dita. Os mitos *são* história porque *perfazem* história. Eles são narrados e mudados no tempo: os Yaminawa migram, trabalham, guerreiam, casam, cuidam dos seus filhos, se perdem na cidade, tomam *ayahuasca*, contam mitos: esse contar mitos não acontece dentro de um parêntese, numa nota de rodapé à história, senão no próprio curso dos eventos, é um desses eventos. E o que o caracteriza entre os outros eventos não é necessariamente o fato de servir como um paradigma que os guia e reinterpreta (pelo menos os Yaminawa não têm brincado com essa possibilidade), mas o fato de contá-los, de pô-los na conta. Parafraseando o que diz Paul Veyne sobre a história em outras praias (Veyne, 1982), a principal ação dos mitos é a objetivação, é escolher, dentre a virtual infinidade do não dito, algo que dizer. Os contadores de mitos – como o Foucault resenhado por Veyne – são historiadores *positivistas* por excelência: eles introduzem uma diferença essencial entre o que *põem* nos mitos e o que *não põem* neles (entre o que eles põem e o que povos muito próximos põem no seu lugar, por exemplo). A principal informação que os mitos fornecem é, portanto, a mais evidente: a diferença entre o que eles dizem e o que eles preferem ignorar, ocultar ou esquecer. Informação atual – pode mudar com uma certa facilidade –, de uma atualidade não em contraste com o passado (esse poço fundo e obscuro), mas em contraste com a virtualidade. A história, tal como a praticamos, é incapaz de narrar sem um fio condutor causal e necessário; anula-se nessa dimensão – predominante ou pelo menos muito vasta – de jogo de azar da praxe humana; os mitos, uma história de primeira geração, conseguem dar conta dela, precisamente porque compartilham as regras desse jogo.

Mito, invenção

Talvez a etnografia deva fazer fronteira com a ficção. Não uma fronteira vazia, preservada por vastas terras de ninguém, mas uma fronteira cheia, abarrotada, que é imprescindível visitar. É o que faz a Terceira parte deste livro. Quando deixei a aldeia Yaminawa, não pensava ter muito que dizer da experiência. Na sua versão final, este livro é um comentário sobre o diálogo dos mitos entre si, sobre os seus acordos e suas diferenças, dentro do mundo Yaminawa e nos seus arredores. E esses mitos, antes que qualquer outra coisa, são ficções. Ao longo dessas páginas aludi até o cansaço à falta de exegese dos *shedipawó*, e o farei mais uma vez. Nunca consegui que alguém ensaiasse um discurso a seu respeito, ou sobre os eventos ou as tramas sociológicas que eles descrevem. Em contraste, muitas vezes ouvi dizer, ao indagar por algum aspecto da organização social ou dos modos de vida do passado: "os *shedipawó falam disso*". Teóricos ou comentaristas preguiçosos, os

O nome e o tempo dos Yaminawa

Yaminawa são narradores diligentes: não há um discurso metamítico, mas o mito é uma meta-história e uma metassociologia. Em outras palavras, sua história e sua sociologia se estendem até a ficção, seus mitos *não passam* – não precisam passar – de ficção. Reparemos no modo em que os *shedipawó* são enunciados: a estudada seriedade do narrador, que diz seu relato olhando não para os seus ouvintes, mas para o palco imaginário onde essa ação se desenrola, com uma estudada seriedade que contrasta com os comentários às vezes debochados, o sorriso ou o riso franco dos ouvintes. A atuação do narrador de *shedipawó* lembra a do bom contador de piadas. Os *shedipawó*, malgrado sua franca comicidade, não são piadas, mas têm em comum com elas algumas características importantes. Uma das mais notáveis (à parte outras evidentes, como a informalidade da sua transmissão, sua constante elaboração a partir da transformação de outras etc.) é sua distância do dilema verdade-mentira. A boa piada, como o bom *shedipawó*, manifesta-se na sua economia e na sua graça, não na sua adequação a fatos. A etnografia dos Yaminawa só é possível nas fronteiras da ficção porque a vida Yaminawa só se totaliza verbalmente, e o modo principal de totalizá-la é elaborar variações sobre um acervo de ficções: as que os antigos contaram, as que outros contam.

FIGURA 23 – Juarez (Pukuido Inindawa) contando *shedipawó*. São Lourenço, 1993.

No ato mesmo do diálogo etnográfico ou longe dele, a cultura é necessariamente inventada, como bem estabeleceu Wagner (1975); mas não é necessário que seja inventada como realidade, ela pode ser inventada como ficção ou como hipótese: "tudo se passa como se...", "assim faziam os antigos". Será que essa invenção é suficiente, ou melhor, eficiente? Nos últimos trinta anos, a etnologia das Terras Baixas tem se dedicado à tarefa de descrever mundos onde se encontravam penas de arara e nomes em lugar de dinheiro ou direitos fundiários; teorias sobre a pessoa e o corpo em lugar de *corpus* jurídicos, clãs ou linhagens; espíritos em lugar de cortesãos e funcionários. A pecha de idealismo que durante um tempo pesou sobre esse empreendimento não parece mais vigorar, talvez porque a própria ordem pós-moderna tenha nos habituado à contundente eficiência dos objetos virtuais. Uma etnografia minimalista e lacunar como a dos Yaminawa vai um passo além: faltam as penas de arara, e as normas de transmissão de nomes, as teorias sobre a pessoa ou a construção do corpo são ralas, mal explicitadas. Sem instituições exóticas que possam ser dispostas como estrutura real, sobram objetos ficcionais como os mitos, esses que falam das estruturas que ninguém pode ver e que ninguém descreve como realidade. Uma etnografia dos Yaminawa está muito perto de ser uma etnografia de ausências: um fracasso, se entendermos que essas ausências sejam índices de uma desagregação ou constatações de uma perda, e não o que positivamente são: diferenças. Longe dos rituais, das regras jurídicas e das genealogias, imersa em tantas negações, a positividade da vida Yaminawa está na constatação de que viver assim *é possível*. Mais ou menos desejável, mais ou menos durável – mesmo os grandes impérios são mais ou menos desejáveis e duráveis –, mas possível.

Referências bibliográficas

ABREU, João Capistrano de. Os Caxinauás. In: *Ensaios e Estudos*. 3ª série. Rio de Janeiro, 1938 (1911-1912). p.275-357.

_____. *Rã-txa hu-ni-ku-i: Grammatica, textos* e *vocabulario Caxinauás*. Rio de Janeiro: Edição da Sociedade Capistrano de Abreu, 1941 (1914).

ACUÑA, Cristóbal de. *Descubrimiento del Río de las Amazonas. Informes* de *Jesuitas en el Amazonas*. Iquitos: IIAP CETA, 1986.

ALVAREZ MALDONADO, Juan. *Relación de la jornada y Descubrimiento del Rio Manu*. Sevilla: Luis Ulloa, 1899 (1567).

ALVAREZ, Ricardo. *Los Piros. Leyendas, mitos, cuentos*. Lima: Instituto de Estudios Tropicales Pío Aza, 1960.

_____. Îcaros: Crimen y Venganza *Misiones Dominicanas del Peru (Lima)*. p.20-5, 1964.

_____. *Les Structures sociales, politiques et economiques des Piro*. Paris, 1972. Thése (Doc. III Cycle) EPHE – Sorbonne.

ALVES DA SILVA, Alcionílio Bruzzi. *A civilização indígena do Vaupés*. Roma: Libreria Ateneo Salesiano, 1977.

AMICH, José. *Historia de las Misiones del convento de Santa Rosa de Ocopa*. Iquitos: CETA-IIAP, 1988.

AQUINO, Terri Vale de. Índios brabos atacam na fronteira do Acre com Peru. *Gazeta do Acre*. Rio Branco, s.d.

_____. Kaxinauá: de seringueiro "caboclo" a peão acreano. Brasília, 1977. Dissertação (Mestrado) – Universidade Nacional de Brasília.

AQUINO, Terri Vale de & IGLESIAS, Marcelo Piedrafita. O começo da atuação da FUNAI no vale do Alto Juruá, *Página* 20, Rio Branco, 20.3.2005, disponível em <www2.uol.com.br/pagina20/20032005/papo_de_indio.htm>. Acessado em 30/12/2006.

ARÉVALO VARELA. EI ayahuasca y el curandero Shipibo-Conibo del Ucayali. *América Indígena*, v.46, n.1, p.147-61, 1986.

ÅRHEM, Kaj. From Longhouse to Village: Structure and Change in the Colombian Amazon. In: *Ethnographic puzzles. Essays on Social Organization, Symbolism and Change.* London: The Athlone Press, p.55-92.

BALDUS, Herbert. *Lendas dos índios do Brasil.* São Paulo: Brasiliense, 1946.

BALLIVIÁN, Adolfo. Informe presentado por el Delegado nacional del territorio de colonias del Noroeste 1907-1908. Belém: Ed. C. Wiegandt, 1909.

BARCELOS NETO, Aristóteles. O universo visual dos xamãs Wauja (Alto Xingu). *Journal de la Societé des Americanistes.* v.87, p.137-60, 2001.

BARDALES RODRIGUEZ, César. *Quimisha Incabo Ini Yoia – Leyendas de los Shipibo-Conibo sobre los tres Incas.* Peru: Ministerio de Educación – Instituto Lingüístico de Verano "Comunidades y culturas Peruanas", n.12, 1979.

BECKERMAN, Stephen,VALENTINE, Paul. *Cultures of multiple fathers. The Theory and Practice of Partible paternity in Lowland South America.* Gainesville: University of Florida Press, 2002.

CALAVIA SÁEZ, Oscar. O *nome e o tempo dos Yaminawa. Etnologia e história dos Yaminawa do Alto rio Acre.* São Paulo, 1995. Tese (doutorado em Antropologia) – FFLCH, Universidade de São Paulo.

_____. Historiadores selvagens: algumas reflexões sobre história e etnologia. *Antropologia em Primeira Mão (Florianópolis:PPGAS),* n.18, 1996.

_____. Os homens sem deus e o cristianismo: para um estudo dos fracassos missionários. *Religião & Sociedade (Rio de Janeiro),* v.20, n.2, p.39-53, 1999.

_____. O Inca Pano: Mito, história e modelos etnológicos. *Mana* v.6, n.2, p.7-35, 2000a.

_____. Mythologies of the Vine. In: LUNA, Luis Eduardo, WHITE, Steven (eds.). *Ayahuasca Reader.* Santa Fé: Synergetic Press, 2000b. p.36-40.

_____. Unas palabras sobre el 23 de abril. In: GONZÁLEZ E., MORENO A., SEVILLA R. (eds.) *Reflexiones en torno a 500 años de historia de Brasil.* Madrid: Catriel, 2001a, p.253-67.

_____. Los Yaminawa, antes y después de la paz. Contacto, guerra e identidad indígena en el sudoeste amazónico. *Estudios Latinoamericanos.* Poznan 21, p.73- 83,2001b.

_____. El rastro de los pecaríes: Variaciones míticas, variaciones cosmológicas e identidades étnicas en la etnología Pano. *Journal de la Societé des Américanistes.* n.87, p.161-76, 2001c.

_____. Nawa, Inawa. *Revista ILHA,* v.4, n.1, p.35-57, 2002a.

_____. A variação mítica como reflexão. *Revista de Antropologia,* v.45, n.1, p.7-36, 2002b.

_____. Extranjeros sin fronteras. Alteridad, nombre e historia entre los Yaminawa. *Anuario Indiana* 19/20, p.73-88, 2002-2003. Berlin: Ibero-Amerikanischer Institut. _____. In search of ritual. Tradition, outer world and bad manners in the Amazon. *Journal of the Royal Anthropological Institute,* n.esp.10, p.157-73, 2004a.

CALAVIA SÁEZ, Oscar. Mapas Carnales. El territorio y la sociedad Yarninawa. In: SURRALLÈS, Alexandre, GARCIA HIERRO, Pedro. *Tierra adentro. Territorio indígena y percepción del entorno*. Copenhague: IWGIA, 2004b. p.121-35.

CALAVIA SÁEZ, Oscar, CARID NAVEIRA, Miguel, PÉREZ GIL, Laura. O saber é estranho e amargo. Sociologia e mitologia do conhecimento entre os Yaminawa. *Revista Campos, n.4*, p.9-28, 2003.

CARID NAVEIRA M. *Yawanawa: da guerra à festa*. Florianópolis, 1999. Dissertação (Mestrado). PPGAS-Universidade Federal de Santa Catarina.

CARNEIRO DA CUNHA, Manuela. Os *mortos e os outros*. Uma análise do sistema funerário e da noção de pessoa entre os índios Krahó. São Paulo: Hucitec, 1978.

_____. Escatologia entre os Krahó: reflexão, fabulação, In: _____. *Antropologia do Brasil:* mito, história, etnicidade. São Paulo: Brasiliense, 1986.

_____. Lógica do mito e da ação: O movimento messiânico canela de 1963. In: _____. *Antropologia do Brasil:* mito, história, etnicidade. São Paulo: Brasiliense, 1987, p.13-52.

_____. Introdução a uma história indígena. In: _____. *História dos Índios no Brasil.* São Paulo: Companhia das Letras, 1992a, p. 9-24.

_____. Política indigenista no século XIX. In _____. *História dos Índios no Brasil.* São Paulo: Companhia das Letras, 1992b, p.133-54.

_____. Les Études gé. *L'Homme*, v.126-128, n.33, 1993.

_____. Pontos de vista sobre a floresta amazônica: xamanismo e tradução. *Mana,* Rio de Janeiro, v.4, n.1, p.7-22, 1998.

CARNEIRO, Robert L. Little known tribes of the Peruvian Montaña. XXXIV Congreso Internacional de Americanistas (Viena), p.58-63, 1962.

_____. The Amahuaca and the Spirit World *Ethnology*, v.3, p.6-11, 1964a.

_____. Logging and the Patrón System among the Amahuaca of eastern Peru. XXXV Congreso Internacional de Americanistas (México, 1962), *Actas y memorias,* p.323-7, 1964b.

_____. Hunting and hunting magic among the Amahuaca. *Ethnology*, v.9, *n.4* p.331-41, 1970.

CARVAJAL, Gaspar de. *Relación del nuevo descubrimiento...* In: *La aventura del Amazonas*. Madrid: Historia 16, 1986.

CARVALHO, J. B. Breve notícia sobre os indigenas que habitam a fronteira do Brasil com o Peru. *Boletim Museu Nacional*, v.8, n.3, p.225-56, 1931.

CASTELLO BRANCO, José Moreira. O Juruá federal. *Revista do Instituto Histórico e Geográfico Brasileiro*. n. esp., v.9, 1922 (1930).

_____. Caminhos do Acre. *Revista do Instituto Histórico e Geográfico Brasileiro*, v.196, p.74-225, 1947.

_____. O gentio acreano. *Revista do Instituto Histórico e Geográfico Brasileiro*, v.207, p.3-78, abr.-jun. 1950.

_____. Peruanos na região acreana. *Revista do Instituto Histórico e Geográfico Brasileiro*, v. 244, p.135-216, 1959.

CASTELNAU, Francis Comte de. *Expedition dans les parties centrales de l'Amérique du Sud*. Paris: Chez P. Bertrand, 1850-1851.

CHANDLESS, William. Ascent of the River Purus. *Journal of the Royal Geographical Society*, v.35, p.86-118, 1866.

_____. Notes on the River Aquiry, the Principal Affluent of the River Purus. *Journal of the Royal Geographical Society*, v. 35, p.119-28, 1867.

_____. Notes of a journey up the River Jurua *Journal of the Royal Geographical Society* v.39, p.86-118, 1869.

CHARBONNIER, G. *Arte, linguagem, etnologia. Entrevistas com Claude Lévi-Strauss*. Campinas: Papirus, 1989.

CHAUMEIL, Jean Pierre. *Ver, saber, poder. Chamanismo de los Yagua de la Amazonía Peruana*. Lima: IFEA-CAAAp, 365 p., 1998 (1983).

CHIRIFF, A., C. MORA, *Atlas de Comunidades Nativas*. Sinamos, Lima, 1977.

COELHO, V. P. *Karl von den Steinen: um século de antropologia no Xingu*. São Paulo: Edusp, 1993.

COLINI, Giuseppe. Gli indiani dell'AltoAmazzoni. *Bolletino della Societá Geográfica Italiana*, v.9, p.528-55, 708-17,1884.

COMISSÃO PRÓ-ÍNDIO DO ACRE. *Fábrica do Índio*. Rio Branco, 1985.

_____. *Escolas da Floresta*. Rio Branco, 1986.

CONKLIN, Beth A. *Consuming grief Compassionate cannibalism in an Amazonian society*. Austin: University of Texas Press, 285 p., 2001.

COUTINHO, W. *Relatório de Viagem. Áreas de ocupação indígena ainda não regularizadas no Acre e sul do Amazonas. Instrução executiva n. 67/Brasília: DAF* Funai, 2001.

CRUVINEL, Noraldino Vieira. *Jaminaua e Machineri do Alto Rio Iaco*. Relatório FUNAI, 33p., 1977. mimeogr.

CUNHA, Euclides da. *Um paraíso perdido. Reunião de Ensaios Amazônicos*. Petrópolis: Vozes, 1976.

D'ANS, André Marcel. Les tribus indigênes de Parc National du Manu. XXXIX Congreso Internacional de Americanistas: *Actas y Memorias*, v.4, p.95-107, 1972.

_____. *Estudio glotocronológico sobre nueve hablas Pano*. Centro de Investigación de Linguistica aplicada.Universidad Nacional Mayor de San Marcos Lima, 1973.

_____. *La verdadera Biblia de los Cashinahua*. Lima: Ed. Mosca Azul, 1975.

DE BOER, Warren, RAYMOND, J. Scott Roots Revisited: The Origins of the Shipibo Art Style. *Journal of Latin American Lore*, v.13, n.1, p.115-32, 1987.

DESCOLA, Philippe. *La Nature domestique*: symbolisme et praxis dans l'écologie des Achuar. Paris: Fondation Singer-Polignac et la Maison des Sciences de l'Homme, 1986.

DESHAYES, Patrick, Paroles chassées. Chamanisme et chefferie chez les Kashinawa. *Journal de la Societé des Americanistes*, v.LXXVIII-II,p. 95-106, 1992.

_____. *Les mots, les images et leur maladies*. Paris: Loris Talmart, 2000.

_____. L'Ayawaska n'est pas un hallucinogene. *Psychotropes*, v.8, n.1, 2003.

DESHAYES, Patrick, KEIFENHEIM, Barbara. *La conception de l'autre chez les KashinawaI* Paris, 1982. Thèse – Université Paris VII.

DETIENNE, Marcel. *L'Invention de la Mythologie*. Paris: Gallimard, 1981.

DOLE, Gertrude. Types of Amahuaca Pottery and techniques of its Construction. *Ethnologische Zeitschrift* I, p.145-59, 1974, Zürich.

_____.Pattern and variation in Amahuaca Kin terminology. In: THOMAS, David John (ed.) *Social correlates of Kin Terminology*. Working Papers on South American Indians. n.1. Vermont: Bennington College, 1979.

DREYFUS, Simone. Systèmes dravidiens à filiation cognatique en Amazonie. *L'Homme*. XXXIIIe Année n.126-28, p.121-40, Avril-Décembre 1993.

DUMONT, Louis. *Dravidien et Kariera*. L'alliance de mariage dans l'Inde du Sud, et en Australie. La Haye-Paris: EHESS- Mouton Éditeur, 1975.

ERIBON, Didier, LÉVI-STRAUSS, Claude. *De perto e de longe*. Rio de janeiro: Nova Fronteira, 1990.

ERIKSON, P., ILLIUS, B., KENSINGER, K., AGUIAR, S. Kirinkobaon Kirika. An annotated Panoan Bibliography. *Ameríndia*, n.19, supplément 1, Paris: Association d' Ethnolinguistique Amérindienne, 1994.

ERIKSON, Philippe. Alterité, tatouage et anthropofagie chez les Pano:la belliqueuse quête du soi. *Journal de la Societé des Americanistes*. v.72, p.185- 209, 1986.

_____. How Crude is Mayoruna Pottery? *journal of Latin American Lore*, v.16, n.1, p.47-68, 1990.

_____. Une nebuleuse compacte: le macro-ensemble Pano. *L'Homme*, , XXXIIIe. Année, n.126-28, p.45-58, Avril-Décembre 1993a.

_____. A onomástica Matís é amazônica? In: VIVEIROS DE CASTRO E., CARNEIRO DA CUNHA M. M. *Amazônia: Etnologia e História Indígena*. NHII/ USP – FAPESP, 1993b.

ERIKSON, Philippe. *La griffe des ai'eux. Marquage du corps et démarquages ethniques chez les Matis d' Amazonie*. Paris: Peeters, 1996.

FARABEE, William C. *The Indian Tribes of Eastern Peru*. Papers of the Peabody Museum in Archeology and Ethnology. Harvard University, v.10, 1922.

FAUSTO, Carlos. *Inimigos fiéis. História, guerra e xamanismo na Amazônia*. São Paulo: Edusp, 2001.

FAWCEIT, Brian, FAWCETT, Percy Harrison. *Geheimnisse im Brasilianischen Urwald* Zürich: Pan-Verlag, 1953.

FERNANDEZ MORO, Wenceslao. *Cincuenta anos en la selva amazónica*. Madrid: s.n., 1952.

FERNÁNDEZ, Eduardo, BROWN, Michael F. *Guerra de sombras. La lucha por la utopía en la Amazonía Peruana*. Lima: CAAAP-CAEA-Conicet, 2001, 265 p.

FIGUEROA, Francisco, ACUÑA, Cristóbal *Informes de Jesuitas en el Amazonas*. Monumenta Amazónica. Iquitos: IIAP – CETA, 1986 (1660-1684).

FRANK, Erwin. Etnicidad: Contribuciones etnohistóricas a un concepto difícil. In: JORNA, Peter, MALAVER, Leonor, OOSTRA, Menno. *Etnohistoria del Amazonas*. Quito: Abya-Yala, p.63-81, 1991.

_____. Los Uni/Cashibo. In: SANTOS, E, BARCLAY, Federica. (eds.) *Guía Etnográfica de la Alta Amazonía II*. Quito: FLACSO/IFEA, 1994.

GALLOIS, Dominique Tilkin. *Mairi revisitada: a reintegração da Fortaleza de Macapá na tradição oral dos Waiãpi*. NHII/USP – FAPESP, 1993.

GIRARD, Rafael. *Indios selváticos de la Amazonia peruana*. México:LibroMex Editores, 1958.

GONÇALVES, Marco Antônio. *O mundo inacabado*. Rio de Janeiro: Editora da UFRJ, 2001.

GORDON, Cesar. *Folhas pálidas: a incorporação Xikrin (Mebengokre) do dinheiro e das mercadorias*. Rio de Janeiro, 2003. Tese (Doutorado) – PPGAS-MN, Universidade Federal do Rio de Janeiro.

GOUSSARD, Jean Jacques. Étude Comparée de deux peuplements aviens d'Amazonie Péruvienne. Paris, 1983. (Cinquième partie: L'Oiseau dans l'ethnoecosysteme Conibo et dans l'ethnoecosysteme Yaminahua). Thèse – EPHE.

GOW, Peter. *The social organization of the Native Communities of the Bajo Urubamba River*. Ph.D. These. London School of Economics, 1987.

_____. Gringos and Wild Indians. Images of History in Western Amazonian Cultures. *L'Homme*, XXXIIIᵉ Année, n.126-28, p.327-48, Avril-Décembre 1993.

_____. River people: Shamanism and History in Western Amazonia. In: THOMAS, N., HUMPHREY, C. (eds.) *Shamanism, History and the State*. The University of Michigan Press, 1996, p.90-113.

GOW, Peter. *An Amazonian Myth ad its History*. Oxford: Oxford University Press, 2001.

GRASSERIE, Raoul de la. De la Famille linguistique Pano. *Congrès Internacional des Americanistes* (Berlin, 1888), p.438-49, 1890.

GUSS, David M. *To Weave and Sing. Art, Symbol and Narrative in the South American Rain Forest*. Berkeley: California University Press, 1989.

HORNBORG, Alf. *Dualism and Hierarchy in Lowland South America*. Uppsala: Acta Universitatis Upsaliensis, 1988.

_____. Panoan Marriage Sections: A comparative perspective. Symposium: Classic Panoan Topics in Light of Recent Research. *47th International Congress of Americanists*, New Orleans, 1991. mimeograf.

HARNER, Michael. Waiting for Inca God: Culture, Myth, and History. In: KRACKE, Waud (ed.) *LeadeTship in Lowland South AmeTica*. South American lndian Studies, n.1, p.53-60, Bennington College, 1993.

HUGH-JONES, Christine. *From the Milk River:* Spatial and Temporal Processes in Northwest Amazonia. Cambridge: Cambridge University Press, 1979.

INSTITUTO SOCIOAMBIENTAL. *Povos Indígenas* no Brasil: 1996-2000. São Paulo: ISA, 2000.

IZAGUIRRE, Bernardino. *Historia de las Misiones Franciscanas y narración de los progresos de la geografia en el oriente del Perú,1619-1921.* (14 volumes) Lima: Talleres Gráficos de la Penitenciaría, 1922-1929.

KAPLAN (OVERING), Joana. *The Piaroa, a People of the orinoco Basin: A study in kinship and marriage*. Oxford: Clarendon Press, 1975.

KEIFENHEIM, Barbara. Nawa: un concept clé de l' alterité chez les Pano. *Journal de la Societé des Americanistes*, v.76, p.79-94, 1990.

_____. ldentité et alterité chez les Indiens Pano. *Journal de la Societé des Americanistes* v.78-II, p.79-93, 1992.

KELLER-LEUZINGER. *The Amazon and Madeira Rivers*. London: Chapman & Hall, 1874.

KENSINGER, Kenneth. Studying the Cashinahua. In: KENSINGER, K. et al. *The Cashinahua of Eastern Peru*. Haffenreffer Museum of Anthropology, 1984.

_____. Panoan linguistic, folkloristic and ethnographic research: retrospect and prospect. In: KLEIN, Harriet E. M., STARK, Louisa R. (eds.). *South American Indian languages: retrospect and prospect*. Austin: University of Texas, 1986, p.224-85.

KENSINGER, Kenneth. Panoan Kinship Terminology and Social Organization: Dravidian or Kariera, or Something Else? Symposium: Classic Panoan Topics in Light of Recent Research. *47th International Congress of Americanists*, New Orleans, 1991. mimeograf.

KENSINGER, Kenneth M. *How real people ought to live. The Cashinahua of Eastern Peru*. Prospect Heights: Waveland Press, 1995.

LAGROU, Els. *Uma etnografia da cultura Kaxinawá entre a Cobra* e o *Inca*. Florianópolis, 1991. Dissertação (Mestrado) – PPGAS-Universidade Federal de Santa Catarina.

_____. *Caminhos, duplos e corpos*. Uma abordagem perspectivista da identidade e alteridade entre os Kaxinawá. São Paulo, 1998. Tese (Doutorado) – Universidade de São Paulo.

LAGROU, Elsje Maria. O que nos diz a arte kaxinawa sobre a relação entre identidade e alteridade? *Mana*, v.8, n.1, p.29-61, 2002.

LANDABURU, Jon, PINEDA, Roberto. *Tradiciones de la Gente del Hacha. Mitología de los indios Andoques del Amazonas*. Instituto Caro y Cuervo. UNESCO – Bogotá, 1984.

LATHRAP, Donald., GEBHART-SAYER, Angelika., MESTER, Ann. The roots of the Shipibo art style: three waves on Imiriacocha or there were Incas before the Incas. *Journal of Latin American Lore*, v.II, p. 31-120, 1985.

LATHRAP, Donald. *The Upper Amazon*. London: Thames and Hudson, 1970.

LEA, Vanessa. The composition of Mebengokre (Kayapó) households in Central Brazil. In: RIVAL, Laura M., WHITEHEAD, Neil L. (orgs.) *Beyond the visible and the material*. Oxford: Oxford University Press, 2001, p.157-76.

LEMISTRE-RUIZ, Jeanine. *L'Amazonie Peruvienne 1880-1980: bibliographie critique*. Université Paris X, 1982.

LEVI-STRAUSS, Claude. *Lo crudo y* lo *cocidó Mitológicas I*. México: Fondo de Cultura Económica, 1968 (1964).

_____. *El origen de las maneras de mesa. Mitológicas III*. México: Siglo XXI, 1981 (1968).

_____. 1982 (1966) De *la miel a las cenizas. Mitológicas II*. México: Fondo de Cultura Económica, 1982 (1966).

_____. *El hombre desnudo*. México: Siglo XXI, 1983 (1971).

_____. As organizações dualistas existem? In: *Antropologia Estrutural*. Rio de Janeiro: Tempo Brasileiro, p.155-89, 1985 (1958).

_____. O campo da Antropologia. In: _____. *Antropologia Estrutural II*. Rio de Janeiro: Tempo Brasileiro, p.11-40, 1987.

_____. História e Dialética. In: _____. O *pensamento selvagem*. Campinas:Papirus, 1989 (1962).

_____. *Histoire de lynx*. Paris: Plon, 1991.

LEVY, Daniel. The notion of a nation: the Shipibo-Conibo ms. 47th *International Congress of Americanists*, New Orleans, 1991.

LIMA, Edilene Coffaci de. *Katukina:* História e organização social de um grupo Pano do Alto Juruá. São Paulo, 1994. Dissertação (Mestrado) – Universidade de São Paulo.

LIMA, Edilene Coffaci de. *Com os olhos da serpente:* homens, animais e espíritos nas concepções Katukina sobre a Natureza. São Paulo, 2000. Tese (Doutorado) – Universidade de São Paulo.

LIMA, Tânia Stoltze. O dois e seu múltiplo: reflexões sobre o perspectivismo em uma cosmologia Tupi. *Mana*, v.2, n.2, p.21-48, 1996.

LINHARES, Máximo. Os índios do território do Acre. *Jornal do Commercio*. Rio de Janeiro, 12-1-1913.

LOUNSBURY, Floyd G. The structural analysis of kinship semantics. In: TYLER, Stephen (ed.). *Cognitive Anthropology*. New York: Holt, Rinehart & Winston, 1969, p.193-212.

LUNA, Luis Eduardo, WHITE, Steven. *Ayahuasca Reader*. Santa Fe: Synergetic Press, 2000.

LUNA, Luis Eduardo, AMARINGO, Pablo. *Ayahuasca Visions. The religious iconography of a Peruvian Shaman*. Berkeley: North Atlantic Books, 1999 (1991).

LYONS, Patricia (ed.) *Native South Americans*. Little Brown and Co. Boston, 1974.

LYONS, Patricia. Dislocación tribal y clasificaciones linguisticas en la zona del Rio Madre de Dios. *XXXIX Congreso Internacional Americanistas*, v.5, p.185-207, 1975.

MAGAÑA, Eduardo. Hombres salvajes y razas monstruosas de los Kaliña de Surinam *Journal of Latin American Lore*, v.8, n.1, p.63-114, 1982.

MARCOY, Paul. *Voyage à travers l'Amérique du Sud, de l'Océan Pacifique a l'Océan Atlantique*. Paris: Hachette, 1869.

MARTIUS, Carl Fr. Philippe von. *Wörtersammlung brasilianischen Sprachen*. Leipzig, 1867.

McCALLUM, Cecília. Alteridade e sociabilidade Kaxinauá. Perspectivas de uma antropologia da vida diária. *Revista Brasileira de Ciências Sociais*, v.13, n.38, 1998.

_____. *Gender, Personhood and Social Organization amongst the Cashinahua os Western Amazonia*. PhD These. London School of Economics. University of London, 1989a.

_____. Our Own Incas. The Cashinahua in History. Datilo, 1989b.

_____. Ritual and the origin of sexuality in the Alto Xingu. In: HARVEY, P., GOW, P. (eds.) *Sex and violence. Issues in representation and experience;* London: Routledge, 1994, p. 90-114.

_____. *Gender and Sociality in Amazonia. How Real People are Made*. Oxford: Berg, 2001.

MELATTI, Delvair. *Relatório FUNAI* 23 06 77, arquivo CIMI Rio Branco, cota AC JW IP 1b/01, 1977.

MELATTI, Júlio Cézar. Estrutura social Marubo: um sistema australiano na Amazônia. *Anuário Antropológico*, v.76, p.83-120, 1977.

_____. Os patrões Marubo. *Anuário Antropológico*, v.83. Rio-Fortaleza, p.155-98, 1985a.

_____. A origem dos brancos no mito de Shoma Wetsa. *Anuário Antropológico*, v.84. Rio de Janeiro: Tempo Brasileiro, 1985b.

_____. Shoma Wetsa: a história de um mito. *Ciência Hoje*, v.9, n.53, p.56-61, 1989.

MORÁN, Emilio F. *A ecologia humana das populações da Amazônia*. Petrópolis: Vozes, 1990.

NIMUENDAJU, Curt Unkel. *Mapa Etnohistórico*. Fundação IBGE – Pró Memória Rio de Janeiro, 1981.

_____. *As lendas da criação e destruição do mundo como fundamentos da religião dos Apapocuva-Guarani*. São Paulo: Hucitec-Edusp, 1987.

OLIVEIRA, João Pacheco de. O nosso governo. *Os Ticuna e o regime tutelar*. Rio de Janeiro: Marco Zero MCT-CNPq, 1988.

_____. Uma etnologia dos 'índios misturados'? Situação colonial, territorialização e fluxos culturais. *Mana*, v.4, n.1, p.47-77, 1998.

OPPENHEIM, Victor. Notas Ethnographicas sobre os indigenas do Alto Juruá (Acre) e vale do Ucayali (Peru). *Annaes da Academia Brasileira de Sciencias*, v.8, p.145-55, 1936a.

_____. Sobre os restos da cultura neolítica dos índios "Panos" do Alto Amazonas. *Annaes da Academia Brasileira de Sciencias*, v.8, p.311-14, 1936b.

ORTIZ, Dionísio. *Monografía del Purús*. Lima: Grafica 30, 1980.

OVERING, Joanna. Dualism as Expression of Difference and Danger: Marriage Exchange and Reciprocity among Thye Piaroa of Venezuela. In: KENSINGER, K. (org.). *Marriage Practices in Lowland South American Societies*. Urbana: University of Illinois Press, 1984, p.127-55.

PALTI E. The "Return of the Subject" as a Historico-intellectual problem. *History and Theory*, v.43, p.57-82, 2004.

PÉREZ GIL, Laura. *Por los caminos de Yuve: conhecimento, cura e poder no xamanismo Yawanawa*. Florianópolis, 1999. Dissertação (Mestrado) – PPGAS-Universidade Federal de Santa Catarina.

PÉREZ GIL, Laura. Chamanismo y modernidad: fundamentos etnográficos de un proceso histórico. ln: CALAVIA SÁEZ, Oscar. (ed.) *Paraíso abierto, jardines cerrados. Pueblos indígenas y biodiversidad*. Quito: Abya-Yala, 2004.

PÉREZ GIL, Laura, CARID NAVElRA M. *Territorialidad Yaminawa* (ms), 2003.

POLLOCK, Donald. Partible paternity and Multiple Maternity among the Kulina. In: BECKERMAN, Stephen, VALENTINE, Paul. *Cultures of multiple fathers. The Theory and Practice of partible paternity in Lowland South America*. Gainesville: University of Florida Press, 2002, p 42-61.

PORRO, Antonio. O *povo das águas. Ensaios de etno-história amazônica*. Petrópolis: Vozes-Edusp, 1996.

PRINZ, Ulrike. Transformation und Metamorphose: Überlegungen zum Thema der "Bekleidung" im südamerikanischen Tiefland. In: SCHMIDT, Bettina (org.). *Wilde Denker. Unordnung und Erkenntnis auf dem Tellerrand der Ethnologie. Festschrift für Mark Münzel*. Marburg: Curupira, 2003, p.99-110.

RADCLIFFE-BROWN A. R. (C. FORDE) *African Systems of Kinship and Marriage*. I.A.I – Oxford University Press, 1975 (1950).

RAMOS, Alcida Rita. *Memórias Sanumá. Espaço e tempo em uma sociedade yanomami*. São Paulo: Marco Zero, 1990.

_____. O índio hiper-real. *Revista Brasileira de Ciências Sociais*, n.28, p.5-14, 1995.

REICH, Alfred, STEGELMANN, Felix. Bei den Indianern des Urubamba und des Envira. *Globus*, v.83, Braunschweig, p.133-37, 1903.

RENARD-CASEVITZ, F. M. Guerriers du sel, saulniers de la paix. *L'Homme*. Avril-Décembre 1993, XXXIIIe Année, n.126-28, p.25-43, 1993.

_____. *Le banquet masqué. Une mythologie de l'étranger.* Paris: Lierre & Coudrier, 1991.

RENARD-CASEVITZ, France Marie, SAIGNES,Thierry, TAYLOR, Anne Christine. *Al este de los Andes:* ensayo sobre las relaciones entre sociedades andinas y amazónicas, siglos XIV-XVII. Quito: Abya-Yala, 1989.

REYNA, E. *Fitzcarrald , el Rey del Caucho.* Lima: Taller Gráfico de P. Barrantes, 1942.

RIBEIRO, Darcy, WISE, Mary Ruth. *Los grupos étnicos de la Amazonia Peruana.* Lima: Instituto Linguístico de Verano, 1978.

RIVET, Paul, TASTEVIN, Constantin. Les tribus indiennes des bassins du Purús, du Juruá et des régions limitrophes. *La Geographie*, t.35, n.5, p.449-82, 1921.

RIVIERE, Peter. *Individual and Society in Guiana:* a Comparative Study of Amerindian Social Organization. Cambridge University Press, 1984.

RODGERS, David. *In suspension. Indifference, incompossibility and the complexion of Ikpeng Shamanism.* Paper apresentado no Encontro ANPOCS GT 24, 2004. mimeograf.

ROE, Peter G. *The Cosmic Zygote: Cosmology in the Amazon Basin.* Rutgers University Press, New Jersey, 1982a.

_____. Of Rainbow Dragons and the origins of designs: the Waiwai and the Shipibo Ronin Ehua. *Latin American Indian Literatures Journal*, p.1-67, 1982b.

_____. The Josho Nahuambo are wet and Undercooked: Shipibo Views of the Whiteman and the Incas in Myth, Legend, and History. In: JONATHAN, Hill (org.). *Rethinking History and Myth.* Urbana: University of Illinois, 1988, p.106-35.

ROMANOFF, S. A. *Matses Adaptations in the Peruvian Amazon.* Ann Arbor, 1984. PhD. These. Columbia University.

RUMMENHOELLER, Klaus. Shipibos en Madre de Dios: La Historia no escrita *Perú Indígena*, n.27, v.12, p.13-33, 1988.

SAHLINS, Marshall. Islands of History. Chicago: The University of Chicago Press. 1986.

SANTOS GRANERO, Fernando. *The Power of Love.* The Moral Use of Knowledge Amongst the Amuesha of Central Peru. London: Athlone Press, 1991.

SCHULTZ, Harald, CHIARA, Vilma. Informações sobre os índios do Alto Rio Purus. *Revista do Museu Paulista*. v.9, n.esp., p.181-201, 1955.

SHELL, Olive A. *Las lenguas Pano y su reconstrucción.* Ministerio de Educación--Instituto Linguístico de Verano Yarinacocha, 1985 (1975).

SISKIND, Janet. *To Hunt in the Morning.* Oxford University Press, 1973.

SMYTH, W, LOWE, F. *Narrative of a journey from Lima to Pará.* London, 1836.

SORIA, José M., ALVAREZ, Ricardo. "EI" Interviú confidencial. *Misiones Dominicanas*, Mayo-Junio, p.8-17, 1965.

STEWARD, Julian H. (ed.) *Handbook of South American Indians*, v.3, Washington: Smithsonian Institution, 1948.

SURRALLES Alexandre. La passion géneratrice. Prédation, échange et redoublement de mariage candoshi. *L'Homme*, v.154-155, p.123-44, 2000.

SURRALLÈS, Alexandre, GARCÍA HIERRO, Pedro. *Tierra adentro*. Território indígena y percepción del entorno. Copenhague: IWGIA, 2004.

TASSINARI, Antonella. *Contribuição à história e à Etnografia do Baixo Oiapoque:* a composição das famílias Karipuna e a estruturação das redes de troca. São Paulo, 1998. ese (Doutorado) – FFLCH-Universidade de São Paulo.

TASTEVIN, Constantin. *Anotações do P. Constantino Tastevin sobre* os *seringais do rio Juruá.* Transcritas por Pe. Teodoro. Ms, 1919-1922.

_____. Le fleuve Juruá (Amazonie). *La Geographie.* t.33, n.1-2, p.1-22 e 131-48, 1920.

_____. Les Études ethnographiques et linguistiques du P.Tastevin en Amazonie. *Journal de la société des américanistes de Paris,* t.16, n.esp., p.421-25, 1924.

_____. Le fleuve Murú. *La Geographie,* t.43, p.403-22, e t.44, p.14-35, 1925.

_____. Le Haut Tarauacá. *La Geographie,* t.45, p.34-54, 1926.

_____. Le "Riozinho da Liberdade". *La Geographie,* t.489, n.3-4, p.205-15, 1928.

TAYLOR, Anne Christine. História pós-colombiana da Alta Amazônia. In: CARNEIRO DA CUNHA, Manuela (org.) *HistóTia dos índios no Brasil.* São Paulo: Companhia das Letras, 1992.

_____. Le sexe de la proie. *L'Homme,* v.154-155, p.309-34, 2000.

TOCANTINS, Leandro. *Formação histórica do Acre.* Rio de Janeiro: Civilização Brasileira, 1979 (1971). v.1-2.

TORRALBA, Adolfo. Santa Fé de Curanja: Una Misión que se busca a sí misma. *Misiones Dominicanas,* p.26-33, Mayo-Junio 1964.

_____. Leyendas Sharanahuas: Diluvio Universal. *Misiones Dominicanas,* p.25-9, Mayo-Junio 1966.

_____. Leyendas Sharanahuas: Rohua, el hombre bueno. *Misiones Dominicanas,* p.30-2, Marzo-Abril 1967.

_____. *Sharanahua.* Sec. Misiones Dominicanas, Madrid, 1986.

TOURNON, Jacques, REÁTEGUI, Ulises. Investigaciones sobre las plantas medicinales de los Shipibo-Conibo del Ucayali. *Amazonía Peruana.* v.5, n.10, p.91-118, Lima, 1984.

TOWNSLEY, Graham. *Ideas of order and patterns of change in Yaminahua society.* PhD Thesis, University of Cambridge, 1988.

_____. Song Paths. The Ways and Means of Yaminahua Shamanic Knowledge. *L'Homme,* Avril-Décembre 1993, XXXIIIᵉ Année, n.126-28, p.449-68, 1993.

TRAUTMANN, Thomas. Dravidian Kinship. *Cambridge Studies in Social Anthropology,* v.36, Cambridge: Cambridge University Press, 1981.

_____. The whole history of kinship terminology in three chapters. Before Morgan, Morgan, and after Morgan. *Anthropological Theory,* v.1, n.2, p.268-87, 2001.

TSCHOPIK JR., Harry. Shipibo Kinship Terms. *American Anthropologist,* 60, p.93 7- 9, 1958.

ULLOA, Luis de. Prefácio. *Relação de Juan Alvarez Maldonado.* Sevilla, 1899.

VANSINA, Jan. *Oral Tradition:* A Study in Historical Methodology. Routledge: London, 1965.

VARESE Stefano. *La Sal de los Cerros.* Retablo de Papel, Lima, 1973.

VEYNE, Paul. *Como se escreve a história*. Foucault revoluciona a história. Brasília: UNB, 1982, p.149-81.

VILAÇA Aparecida. Fazendo corpos: reflexões sobre morte e canibalismo entre os Wari à luz do perspectivismo. *Revista de Antropologia*, v.41, n.1, p.9-67, 1998.

_____. Os *subgrupos Wari na história*. Paper apresentado no Encontro ANPOCS GT 24,2004.

VILLANUEVA, Manuel. Fronteras de Loreto. *BSGL XII Lima*, p.361-479, 1902.

VIVEIROS DE CASTRO, Eduardo. Alguns aspectos da afinidade no dravidianato amazônico. In: VIVEIROS DE CASTRO, Eduardo, CARNEIRO DA CUNHA, Manuela. *Amazônia*: Etnologia e História Indígena. NHII/USP/FAPESP, 1993.

_____. Os pronomes cosmológicos e o perspectivismo ameríndio. *Mana*, v.2, n.2, p.115-44, 1996a.

_____. Ambos os três: sobre algumas distinções tipológicas e seu significado estrutural na teoria do parentesco. *Anuário Antropológico*, 1995, p.9-91, 1996b.

_____. Atualização e contraefetuação do virtual na socialidade amazônica: o processo de parentesco. *ILHA*, v.2, n.1, p.5-46, 2000.

_____. The forest of mirrors: a few notes on the ontology of Amazonian spirits. *Simpósio "La nature des esprits: humais et non-humains dans les cosmologies autochtones des Amériques"* (F. Laugrand, coord.). Québec: Université Lavai (ms.), 2004.

VIVEIROS DE CASTRO, Eduardo, FAUSTO, Carlos. La Puissance et l'acte. La parenté dans les basses terres d'Amérique du Sud. *L'Homme*, Avril-Décembre 1993, XXXIIIᵉ Année, n.126-28, p.141-70, 1993.

VIVEIROS DE CASTRO, Eduardo et al. *Transformações indígenas*. Os regimes de subjetivação ameríndios à prova da história. Projeto PRONEX, 2003. mimeograf.

VON HASSELL, Jorge, Las tribus salvajes de la región amazónica del Perú. Boletín de la Sociedad Geográfica de Lima, t.17, 1906.

WAGNER, Roy. *The Invention of Culture*. Chicago: The University of Chicago Press, 1975.

WISE, Mary Ruth. Lenguas Indígenas de la Amazonia Peruana: Historia y Estado Presente. *América Indígena*, v.43, n.4, 1983.

ZARZAR, Alonso. Radiografia de un contacto: Los Nahua y la sociedad nacional, *Amazonía Peruana*, n.14, CAAAP, Lima, 1987.

Anexo

Nokoshidipawó askawadé

Umas palavras prévias

Este anexo não pode ser considerado uma "edição", precária que seja, dos mitos Yaminawa por mim recolhidos durante o trabalho de campo, mas um mero auxiliar do texto, proporcionado à análise que foi esboçada na Terceira parte.

Gravei todas as narrações que me foram oferecidas: vários mitos foram registrados por diferentes narradores, mas em geral havia uma certa comunicação a esse respeito entre meus informantes, que fez que as repetições não fossem muitas. Dou aqui de cada história a primeira versão que me foi oferecida, acrescentando outras quando as variações são muito significativas. A ordem é a ordem cronológica de registro com a exceção das variantes citadas, que coloco na sequência da primeira versão. Em geral, é visível um fio temático nos blocos de narrações consecutivas de um mesmo informante.

São necessárias algumas explicações sobre a tradução: trabalhei com quatro tradutores; em várias ocasiões recolhi mais de uma tradução do mesmo registro. Ora, poucas vezes os tradutores de um mito se resignavam a vertê-lo fragmentado em frases ou em episódios: mais comum era que, uma vez identificado o relato, procedessem a narrá-lo por sua conta em português. O resultado – apreciado após o confronto com as versões originais, e das traduções entre si – são algumas variantes importantes, e mesmo novos relatos dos que não tenho versão vernácula. Neste anexo, prescindo, em geral, das informações sobre a recolha e a tradução, que julgo desnecessárias para os propósitos atuais.

O idioma do texto é uma versão clarificada do português regional que usam os Yaminawa, com a indicação de algumas palavras-chave na língua original.

Coloquei em algumas narrações títulos descritivos: em outros casos, quando existe um título vernáculo consensual, conservo este.

M1 – História dos Yaminawa

Os Yaminawa antigamente não tinham machado; tinham como um machado de pedra. Comiam sem sal. Não tinham aldeia: andavam constantemente de um canto para o outro.

Quando conheceram os brancos, de primeiro estes matavam os homens, levavam as mulheres e as crianças. Agora os jovens Yaminawa não têm mais medo do branco; vão para a cidade, estudar com eles, já não têm mais medo.

Antigamente, não faziam amor no sexo da mulher, faziam aqui, na dobra atrás do joelho, porque as mulheres diziam que o sexo era um tumor. Um dia, um Yaminawa andava na mata e viu o macaco-prego fazendo na sua fêmea, e daí aprendeu o modo certo. Voltou à aldeia e começou a fazer amor com todas as mulheres. Os Yaminawa aprenderam dele, e desde então houve muitas crianças; antes, no joelho, não tinha jeito.

Antes não havia machados, havia uma espécie de cacetes de pupunha para derrubar o mato e fazer as roças.

M2 – Maquiçapa e Capelão

Antigamente maquiçapa tinha cabeça grande e capelão cabeça pequena. Aí um dia se encontraram, e o maquiçapa disse ao outro:

– Ô, *txai*, que tal trocarmos as cabeças, a ver como ficamos?

– Está bom, *txai* – disse o capelão. E trocaram as cabeças: o capelão pôs nos ombros aquela cabeça enorme e barbuda como de Funaio, e ficou sem poder andar, quase. Maquiçapa pôs a cabecinha pequena de seu primo e saiu correndo com ela.

– *Txai, txai!* – gritava o capelão – me devolve minha cabeça!

Mas nunca devolveu até agora.

M2b – O macaco-preto e o macaco-capelão

Ru encontrou com I-su. I-su falou:

– Ô *txai*, que cabeça tão pequena que tu tens! Me empresta um pouco para ver como é que é.

Aí Ru pegou a cabeça e emprestou. Mas I-su gostou da cabeça do outro e saiu correndo com ela, e Ru teve que se conformar com a troca e ficar com esse cabeção que tem agora.

M3 – O homem que casou com um pote

Era um homem que vivia sozinho, sem mulher e sem ninguém, só com a sua mãe. A mãe era oleira, e um dia fez três potes. O filho, que estava deitado na rede, começou a dizer:

– Ah, como seria bom que um desses potes virasse mulher.

Aí chegou a noite, e ele viu aparecer uma mulher a seu lado.

– De onde é que tu vens? – perguntou o homem.

– Tu falaste que gostarias que eu virasse mulher, e mulher virei.

E o homem, que não se achegava a mulher alguma fazia muitíssimo tempo, pegou o pote que virou mulher e fez amor.

No outro dia, foi no roçado, pegou tingui e convidou a mulher a ir pescar com ele. Foram, e quando o homem ia batendo o tingui com o pau, ouviu que vinha temporal de chuva. A mulher começou a chamar:

– Ma, Ma, vem cá fazer papiri pra mim! – porque sendo ela de barro, sabia que com a chuva ia desmanchar.

Mas ele nem ligou, porque estava pegando muito peixinho: bodó, piaba e outros. Aí começou a chover, choveu, choveu. Quando acabou a pesca, disse ele:

– Vou lá ver porque gritava minha mulher.

Aí foi ver, e ela não estava mais: tinha derretido bem na beira do lago, só tinha um montinho de barro e em cima as duas folhinhas que ela tinha usado para se esconder. O homem voltou sozinho com um paneiro de peixes nas costas. A mãe, que viu ele aparecer sem a nora, perguntou por ela, e o filho contou o que tinha acontecido.

– Ô meu filho, o que você fez? Por que não fez papiri para ela?

– Não se importe com isso, mãe; você faz um pote mais lindo ainda, que ele vira mulher.

Mas o pote ouviu aquilo e não gostou; e de raiva não se transformou; e o homem ficou sozinho até agora...

M4 – O Mambira e a onça

O mambira se encontrou com I-dó, a onça, e esta, que era gaiata, perguntou:

– Ô *Txai,* onde que fica o teu coração?

Nai, o mambira, disse que tinha o coração dentro do braço.

– E você, *Txai* – retrucou Nai –, onde tem o coração?

E a onça disse que dentro do peito; e como estava com fome, se lançou sobre o mambira e mordeu ele no braço, pensando que o mataria. E nesse momento Nai enfiou a unha no peito da onça, matando-a na hora. A seguir, fugiu para o seu igarapé. O irmão de I-dó foi visitá-lo, e o encontrou morto. O examinou, e quando viu a unhada pensou: "Foi mambira que matou meu irmão". Foi atrás dele: passou um, passou dois, passou três igarapés, viu rastro do mambira que tinha caçado um jacaré, foi seguindo e chegou na casa do Mambira, mas só a mulher dele estava lá, e pensou: "A mulher não vou matar não; vou esperar ele". Aí a mulher oferecia comida pra ele, mas ele não aceitava. Enfim, o mambira chegou com a caça.

– Ô Nai, teu *Txai* veio aqui te visitar.

Nai viu a onça e saudou:

– Ô *Txai,* quanto tempo que não nos vemos!

– Quanto tempo, *Txai*! Vim te visitar na tua casa porque estou pensando vir morar junto.

– Que bom, *Txai*, chega aqui, vamos comer!

– Vamos comer, sim – disse a onça – que estou com fome!

E dizendo isso pulou sobre o mambira e agarrou-lhe a cabeça com os dentes. O mambira resistia, e os filhos dele vinham gritando:

– *Txai*, não faz isso não!

Mas foi inútil: a onça matou o mambira e depois todos os filhos dele. É isso que acontece quando alguém mata alguém: os parentes do outro vão se vingar. A onça ficou famosa pela sua vingança.

M5 – História de Lua

Falou o chefe:

– Podem fazer festa, meninos, que vamos matar o pessoal da outra turma!

Tinha um índio que chegava de noite na sua prima e transava com ela. A prima estava curiosa por saber quem era seu amante, e assim preparou uma cuia de jenipapo e deixou embaixo da rede. Quando o desconhecido veio em cima dela, untou a cara dele com jenipapo. No dia seguinte, quando os homens se preparavam para sair para a guerra, ela foi ver quem tinha a cara manchada e viu que era seu primo, com quem era proibido casar, e ficou com muita raiva:

– Tomara que os outros te matem, primo!

Com medo da praga, os companheiros pediram pra ele que ficasse, que não fosse na correria. Mas ele teimou, não queria voltar para a aldeia e queria mesmo ser o mais valente, para a prima saber. Atacou o primeiro, mas um inimigo passou o facão no pescoço dele, cortou a cabeça. O irmão dele não tinha atacado: estava escondido num papiri, à espreita. Quando viu o que tinha acontecido, pegou rabos de vaga-lume e esfregou no corpo: "Agora vou pegar pelo menos a cabeça para enterrar". Foi, entrou na aldeia dos inimigos. Estes o viram resplandecente e se assustaram muito:

– É um *yushi*!

Ele pôde pegar tranquilamente a cabeça e foi embora com ela. Mas a cabeça estava viva, e começou a pedir água. O irmão deu água com o cano da taboca, mas a cabeça não conseguia se saciar, a água saía pelo pescoço cortado. Mais adiante encontraram um pé de jenipapo, e o irmão subiu lá e começou a comer. A cabeça, que tinha ficado embaixo, exigiu que o irmão jogasse frutos pra ele:

– Se você não fizer, eu derrubo o pau e mato!

Mas por muito jenipapo que o irmão mandasse, nunca se saciava: os frutos saíam pelo pescoço cortado. Aí o irmão foi jogando o jenipapo mais longe, barranco abaixo, e a cabeça foi rolando atrás, toc-toc-toc--toc. O irmão então correu, e quando a cabeça voltou do rio não o encontrou mais. Ele já tinha chegado correndo na casa da mãe, fecharam e amarraram a casa toda, e quando a cabeça chegou ficou lá batendo na porta. Aí começou a chamar a mãe, e pedir comida, pediu, pediu. Aí lhe deram três pamonhas, mas não encheu o bucho, porque era só cabeça e tudo que comia saía logo pelo pescoço. Então pediu de novo, pediu de beber chicha. A mãe deu um *kenti* [bule de cerâmica] cheio, mas foi embora do mesmo jeito. Aí ficou calado. Até então, ninguém nunca tinha visto Lua. A cabeça ficou com raiva, e começou a cantar:

– Mãe, mãe, você me desprezou, não quis me abrir a porta... Queria me transformar em pau seco, mas não duraria muito: me cortariam e queimariam... Queria me transformar em aricuri, mas alguém me derrubaria para pegar as frutas, não duraria muito... Queria me transformar em embira, mas os parentes me cortariam, fariam corda para amarrar pau de casa, não duraria muito...

Aí ficou um tempo calado. Depois, voltou a chamar a mãe:

– Mãe, se não quer abrir, ao menos me dê o cordãozinho que minha mulher fez pra mim.

Aí a mãe jogou, e pelo cordão ele começou a subir para o céu. Mas uma linha só era demasiado curta, então retornou a pedir mais uma linha, e com ela alcançou o céu, e chegando lá deu um grito: Aaaaahhh! Aí todos saíram, foram ver o que tinha acontecido, ele estava lá no céu, era a Lua. A mãe começou a chorar, e a chamar:

– Volta, meu filho, volta.

– Tarde demais, já estou aqui pregado...

Contado está.

M6 – Yuwasinawa

Yuwasinawa era um cara miserável, que tinha de tudo quando os outros não tinham de nada; não tinham nem fogo, comiam assado ao sol, sem sal. Até pimenta sovinava. Ele tinha todas as plantas na sua roça; os outros queriam plantar também, e pediam para ele mudas e sementes, mas o que ele dava era já sapecado, que não germinava mais. Milho sapecado, batata, macaxera, para que ninguém pudesse cultivar. E guardando a roça dele tinha cobra, jararaca, tocandira, todo bicho peçonhento. Então um dia os parentes todos se ajuntaram para matá--lo. Pacumawá, o tatu-canastra, cavou por baixo da terra, bem fininho, para poder chegar na casa dele. Aí, quando Yuwasinawa viu os parentes chegarem, foi apanhar flechas, mas pisou no cavado e afundou, e todos foram para cima dele e mataram ele na luta. Mas Yuwasinawa não queria acabar de morrer. O pássaro Teco, que desde então chamam "pico de brasa", foi quem acabou de matar. E todos lá, o japó, o tucano, todos pegaram um pouco do sangue de Yuwasinawa para se pintar. Mas nunca mais conseguiram voltar para casa, todos pintados viraram bichos, e os bichos do mato são agora.

M7 – Yuwasinawa (outra versão)

Era um pajé muito forte, que sabia matar as gentes sem tocar nelas, só com uma porcariazinha delas que pegava fazia seu feitiço e matava. Aí todos decidiram acabar com ele; se juntaram todos: tucano, pucumauá, mambira... um deles fez um buraco, cavou por baixo da casa do pajé até que esta afundou. Então todos se juntaram para degolar ele: mas por muito que queriam, não conseguiam dar fim nele. Até que um deles beliscou o coração do pajé. Mas o pajé morreu cantando uma canção, e quando todos iam voltando para casa iam se transformando: até então todos os pássaros eram brancos, quando entraram na água ficaram coloridos. O macucau não sabia assoprar, aí ele fez "sooomm" e desde então assopra.

M8 – Kashtayuxiwo, tatu-espírito

Antigamente bicho era bicho mas era gente, virava gente; e houve assim até um homem que não tinha mulher e vendo um tatu (*kashta*) foi falar:

– Se tatu fosse mulher, olha que seria bom, tatu tão bonitinho.

Mas eis aqui que o tatu virou mulher mesmo, gente. O marido então muito contente botou roçado, plantou milho, e até que o milho crescesse eles comiam aricuri. Aí a mulher disse:

– Vai ver se o milho já está bom.

O homem foi e viu que já estava maduro, mas pegou uma espiga muito verde e mostrou para a mulher dizendo:

– Não está bom ainda, está muito verde, melhor comer aricuri.

E aí passaram os dias, e a mulher queria o milho:

– É bom nós ir comer esse milho.

E tanto falou que desataram a rede e foram embora. Chegaram à roça, e a metade do milho já estava seco. A mulher não gostou, e um dia que o marido estava longe chamou os filhos e fugiu com eles feita de novo tatu, e se esconderam num buraco. Quando o marido voltou e não encontrou ninguém, saiu atrás e encontrou o buraco:

– Ô meus filhos, venham comigo.

– Não vão, meus filhos – dizia a mulher tatu dentro do buraco – que ele é mentiroso.

– Ó meus filhos, venham comigo – e foi chamando cada um por seu nome.

– Não vão, meus filhos, que ele é mentiroso.

E assim o homem ficou muito bravo e disse:

– Tá bom, então vou dar um jeito em vocês todos!

E assim pôs fogo na entrada da toca do tatu: a fumaça foi entrando e a tatu gemia "uh, uh...".

Assim caçou e comeu...

M9 – Numayuxiwo (juriti-espírito)

Os antigos tinham sempre urucum plantado para se pintar; havia um que tinha muito pouco, porque o juriti comia todo, até que a mãe lhe disse:

– Tens que acabar com esse juriti, porque senão o nosso urucum vai acabar.

– De tarde eu vou.

Aí pegou as flechas, foi na roça, fez um paiozinho e ficou de tocaia, esperando. Lá pelas tantas viu aparecer duas moças, tão bonitas que até as canelas tinham pintadas de vermelho, e uma delas dizia à outra:

– Dá uma olhada, irmã, vê se o dono não está aí.

E como não o viram, foram no urucuzeiro, e começaram a roubar o urucum. O homem se aproximou sem barulho, saiu correndo, pegou do cabelo uma das moças e a sua irmã escapou. E nessa a mulher virou juriti, tentou escapar voando, batendo asa, "pó, pó, pó".

– Não queiras escapar, que já te conheço que és gente; e para te pintar de urucum é mais fácil vir na minha casa, que todo ele será teu.

E o juriti acabou se rendendo, virou gente de novo, foi com o homem: a irmã fugida chamava:

– Iiiii, iiiii; deixa esse homem, irmã, vem comigo.

Mas já antes de chegar em casa tinham namorado de sobra, como esquilo quando come aricuri. Aí foram ficando juntos, se acostumaram, e um mês depois ele fez uma menina nela. Quando a menina fez um ano, o pai foi caçar – que até então estava de resguardo. A mulher juriti fez batata cozida, macaxera e chicha e levou para a sogra, e pediu pra ela que cuidasse da neném enquanto ela tomava banho. Foi bem rápido, mas a menina chorou o tempo todo, e quando a juriti voltava ouviu que a velha dizia para a netinha:

– Tens cara de teu pai, mas as canelas de tua mãe.

Aí juriti se zangou, foi-se embora levando a criança. A sogra saiu atrás dela se desculpando:

– Mas eu falei só porque estava chorando muito.

– Mas falou, e falou verdade.

Quando o marido voltou, perguntou para a mãe:

– Cadê a tua nora, mãe?

E então a velha contou o que tinha acontecido, e o homem então decidiu que ia atrás.

Seguiu o rastro, e chegou num lago, que era onde parente de juriti morava, e lá estavam eles, ouviu os seus arrulhos. Os juritis tinham uma brincadeira esquisita: cortavam-se uns aos outros a cabeça com capim-navalha e depois remendavam de novo, sem problema nenhum. Aí o homem, que estava do lado de sua mulher, viu que a filha deles estava na lagoa e se assustou, sem lembrar que os pássaros não afundam:

– Vai, mulher, pega ela, que vai se afogar.

E quando a mulher pulou na água, a cunhada, que estava por perto, chegou no homem e com a folha de xati cortou o pescoço dele.

– Com ele não faz não! não pode – gritou a esposa.

Mas a irmã fez, e embora a juriti pregasse com cuidado a cabeça do marido, não adiantou muito, ficou meio tonto. Um tempo depois queria voltar para casa:

– Vamos embora, mulher.

– Não pode, minha irmã já cortou você, não tente mais voltar, porque vais morrer antes de chegar em casa.

Mas ele teimou, voltou, e já chegou pedindo:

– Mãe, acende fogo que estou com febre.

E logo, logo morreu.

A juriti ficou chorando:

– Iiiii, iiiiii; as pessoas vão ouvir sempre meu grito.

M10 – Dopash

Era uma mulher chamada Dopash, que significa "sem barriga", que ficou viúva; e assim, sem marido, foi sozinha cortar lenha. Lá no alto viu o urubu voar:

– Esse safado, voa e voa em lugar de me mostrar o lugar em que está meu marido.

O urubu, que ouviu essas palavras, se transformou em homem e se apresentou a ela:

– O que estás falando, velha?

E a velha contou que era viúva, e que gostaria de encontrar de novo seu marido.

– Eu posso te dizer onde ele está, se você dá para mim.

E a velha aceitou a proposta, e deu para ele. Acabando, o urubu--homem falou:

– O teu marido está lá em cima, no céu, e está com duas mulheres que estão pintando ele.

Então a mulher quis ver com seus próprios olhos, e pediu para o urubu, e este a carregou nas costas, voou bem alto até alcançar o céu. Mas lá voltou a pedir para ela:

– Eu te dei notícia do teu marido, te trouxe ao céu e ainda terei que te levar: acho que você deveria dar pra mim de novo; senão, não te levarei de volta.

E a velha aceitou e deitou. Quando o urubu estava em cima dela, veio chegando de longe o marido, e ao vê-lo a mulher chorou, chorou. Chegando ao lado, o marido disse para ela:

– Não chora não, velha, que eu não sou mais teu marido.

O urubu levou então a velha, muito desapontada, de volta à terra. E ela, chegando em casa, falou para os filhos:

– Não chorem seu pai, não, que ele está lá no céu, e tem duas mulheres. Podem cavar no chão da casa e tirar o corpo e jogar fora.

E ela mesma começou a abrir a tumba; mas não conseguiu, porque transando com o urubu pegou uma febre forte, forte, que em pouco tempo a matou.

M11 – A anta, a cotia e a cotiara

A anta e a cotia eram bons vizinhos; mas acontece que todos os bichos do mato eram fofoqueiros, e queriam ver os dois brigando. Assim, iam dizer na orelha de um que o outro esculhambava ele pelas costas. Até que enfim a anta foi tomar satisfação da cotia. Falaram, discutiram, se agarraram, e tinha um monte de bichos de plateia. A anta batia que batia na coitada da cotia. E quando acabou de bater, a cotia bem machucada perguntou:

– Ô *txai*, o que eu fiz para que me trates desse jeito?

– Porque não passa dia que não chegue fuxico que você diz que quer me matar.

– Está bom, está bom. Já que acreditou em fuxico...

Aí o sobrinho da cotia, que era a cotiara (a paca de rabo), que todo esse tempo estava fora, caçando, chegou em casa e encontrou seu koka naquele estado, ficou bravo e mandou recado para a anta: se era valente, que viesse também tentar bater nele. E de manhã mandou o veado-

-porquinho que avisasse a anta que ia lá para se entender com ele. E lá foi bem bravo, mas por dentro pensava: "O que eu vou fazer, se o meu tio que é bem maior nem responder conseguiu?"

E a própria anta falou:

– Como vens aqui me provocar, desse tamanho?

Mas a cotiara nem respondeu: se pegaram dos cabelos, se bateram, se bateram, até que a cotiara derrubou a anta na porrada e ainda lhe bateu no cu com o rabo. Quando a anta conseguiu levantar, falou:

– Está bom, cutiara, me surpreendeste; mas outro dia te pego com meu irmão.

E todos os animais mangaram muito da anta.

M12 – A ascensão ao céu

Um homem que era um pajé poderoso foi matar curimatã: foi até o lago, fez um papiri, e lá ficou à beira d'água. De repente, viu bulir um monte de tracajá na frente dele. Aí ele se aterrorizou, porque ele mesmo tinha enfeitiçado muito tracajá para matar, e soube que eles também estavam enfeitiçando ele, e o queriam matar; e sob a forma do tracajá. Eram na verdade as *nesaruwawó*, umas cobras do fundo da água. Sentiu febre, correu para sua casa. Tinha lá duas mulheres, e pediu para elas que fizessem fogo:

– Estou com febre, estou morrendo, mas não é por nada; tracajá me enfeitiçou; eu vou embora mas vocês ficam.

E morreu no meio da noite. Daí a pouco, nasceu um cipó do umbigo dele. Seus parentes ficaram tristes, e aquela mesma noite começaram a tomar o cipó, e mandaram avisar os outros que não ficariam mais lá, que estavam indo para o céu, que viessem junto. O mensageiro foi, mas chegou cansado na casa dos outros: chegou, deitou numa rede e dormiu. Vendo que tinha chegado, o chefe mandou cozinhar uma perna de queixada pra ele; e com tanto dormir e comer, o mensageiro esqueceu de dar a notícia.

E nessas, a turma do pajé morto bebia cipó e cantava, cantava:

"Bem que gostaríamos de ficar na terra,
mas o nosso chefe morreu, e vamos atrás dele..."

E a casa ia subindo, ia subindo com todos e tudo que tinha dentro, e subindo chegou ao céu.

Quando o mensageiro lembrou do recado, a outra turma foi correndo para ver, e onde estava a casa só encontraram mato fechado, e ficaram com muita raiva do mau correio:

– Tu não avisaste, agora vamos ficar aqui para sempre.

E ele chamava os que subiam, mas eles estavam já bem altos; e de tanto chamar ficou dizendo "co... co... co... co... !", e agora é o *bapode*, um passarinho pequeno que canta assim.

M13 – O sobrinho e o tio

O sobrinho e o tio saíram juntos a caçar, mas no meio da mata o sobrinho inventou gozação para o tio: cagou, e sobre a cagada fez um montinho de folha que parecia toca de tatu. Pensando que fosse isso, o tio chegou e meteu a mão toda na merda, e ficou com muita raiva do sobrinho:

– Por que tu fez isso, pô?

E o sobrinho ria. O tio então falou:

– Para caçar melhor, vamos seguir caminhos diferentes. Tu vais por aí, eu vou por aqui.

E andando, andando, o menino achou toca de tatu mesmo, e começou a chamar o tio:

– *Koka...koka...* – Mas ele não respondeu. – *Koka... koka...* – E o tio já estava longe.

Quando viu que o tio não respondia, ele mesmo tentou voltar para casa, mas não achou o caminho, e gritando *"koka... koka..."* acabou virando o passarinho que canta assim.

M14 – O cunhado ignorante

Era um homem que casou e não quis morar com ninguém: foi com sua mulher fazer casa sozinho. Era um cara ignorante, que não sabia o que era macaco-preto, e o confundia com o pico-de-brasa, que é um passarinho mirrado que ninguém come. O seu cunhado, que estava com saudade da irmã, pediu um dia para a mulher:

– Ô mulher, pela minhas sobrancelhas, que vou visitar minha irmã para saber como está.

Fazia muito tempo que não se viam, porque ela morava muito longe. Assim, andou, andou, e quando chegou na irmã chorou de alegria:

– Seu tio veio nos visitar: venham, venham, meninos!

– Cadê o cunhado? – perguntou ele. – Anda caçando, foi matar macaco-preto.

E quando acabou de falar, o marido já chegava com um paneirinho cheio de picos-de-brasa, e falando para a mulher:

– Vai, mulher, cozinha logo este macaco-preto.

O cunhado viu aqueles passarinhos mirrados e toda a fome passou:

– Ô meu cunhado, eu não vou comer que já estou com o bucho muito cheio. – E para a irmã disse: – Ô minha irmã, eu não costumo comer esse jeito de macaco-preto.

Acontece que naquele lugar pensavam que macaco-preto era *yuxiwo*, alma, e por isso não caçavam ele. Aí bem cedinho de manhã ele perguntou para o cunhado:

– Ô cunhado, onde é que você viu alma por aí? Me mostra o pique onde você caça.

Aí foram juntos pela trilha, e o outro indicou para ele onde tinha visto as "almas".

– Me espera aqui, cunhado – disse então – que estou querendo ver cara de alma de perto.

Aí se aproximou bem pertinho dos *yuxiwo*, que na verdade eram macacos-pretos, e flechou, tej!, e o macaco gemeu iiiiiaah! E flechou mais um; e o cunhado, ouvindo aquele barulho, se assustou e saiu correndo, e quando chegou em casa disse à sua mulher que as almas tinham matado seu irmão. A mulher então começou a chorar e a cortar seu cabelo com um terçado, em sinal de luto, mas naquela hora chegou o irmão carregado de caça, e disse:

– Não chora não, que eu não morri: eu é que matei esses macacos--pretos que vocês pensam que são *yuxiwo*.

Aí depois chamou o cunhado e disse para ele:

– Escuta: é isso aqui que nós chamamos de I-so, macaco-preto, e não esse que vocês comiam, que ninguém come.

– Então, cunhado, me ensina o que é para caçar.

E aí o cunhado foi ensinando para ele os animais que eram bons para caçar e comer.

M15 – Os canibais

Isto era uma turma que comia gente.

Quando alguém chegava na sua aldeia, o filho ia avisar para o pai:

– Pai, chegou um *nawa* na nossa aldeia.

Aí o velho convidava o visitante a caçar tatu, e quando achavam um buraco pedia para ele:

– Mete a mão aí no buraco.

E naquela que ele metia a mão, batia com o machado na cabeça, e levava para comer.

E havia uma família de outra aldeia que já tinha perdido assim dois rapazes; e o terceiro foi ver o que tinha acontecido. Foi como sempre: o filho avisou o velho; levaram ele para caçar, e fizeram ele meter a mão na toca do tatu; mas ele já ia prevenido e olhando de lado. Quando o outro veio com o machado, se afastou, e o machado afundou no chão.

– Agora vais morrer, desgraçado!

– O que é isso, eu estava só brincando – se defendia o outro.

Ele pegou as flechas e flechou ele na barriga até matá-lo. Depois, viu o filho que vinha ao encontro, dizendo: "pai, já temos carne para hoje?", e o matou também.

M16 – Puiawake

Naquele tempo o pessoal andava mundo, não tinha canto certo onde ficar, o pessoal se encontrava por aí, todo mundo perguntava "quem você é?".

E a isto era um cara que respondia: "Meu pai me chamou Puiawake", que quer dizer filho da merda.

"Fica aí mesmo", todos diziam, e naquele tempo todo mundo cagava cheiroso, bonito, feito merda de macaco-capelão.

Até que um cara que falava demais, quando aquele lhe respondeu que era filho da merda, ele falou:

– Se tu és merda, entra aqui no meu cu.

– Lá vou eu – disse Puiawake, e no cu se enfiou todo de cabeça.

O outro desesperou:

– Sai daí, desgraçado, sai, sai!

Mas Puiawake não conseguiu sair, morreu e apodreceu lá dentro. Coisas que acontecem por brincar: o cara ficou ruim, ficou magro, e desde então cagar é aquela porcaria.

M17 – O cunhado canibal

Um homem criou uma menina pequenina, e quando ficou grande casou com ela. Tiveram um filho e uma filha, ele deu a filha em casamento a um outro índio, e não muito depois o filho desapareceu sem se saber como. O pai não sabia que seu genro comia gente, e que tinha matado o rapaz para comê-lo. Teve depois mais um filho, que quando ficou moço perguntou para a mãe se não tinha tido antes dele um outro irmão:

– Sim, meu filho: mas teu cunhado matou, e ninguém sabe como foi.

Ele ficou então com raiva, e foi saber. Acontece que seu cunhado convidava todo mundo que chegava a tomar *shori*, e depois oferecia a própria irmã para dormir na rede. O menino fez como quem não sabia nada, e a sua irmã mais velha piscava para ele para lhe avisar. O cunhado já ia cantarolando "Mata logo, que vamos comer o fígado dele...".

Mas quando deitaram, o menino trocou o lugar com a irmã do ogre, e este [o cunhado] foi e matou ela sem saber. O menino já estava com o arco preparado.

– Mata mesmo – gritou sua irmã. – Ele come gente.

E ele flechou na barriga e matou.

M18 – O Corujão

Era uma mulher que morava sozinha com a sua mãe. Uma noite foi cagar à luz da lua, e viu a coruja passar.

– Ah – disse – pudera ser um homem essa coruja, para que fosse meu marido.

E quando voltava para casa, se encontrou com um moço:

– Quem é você, *bibiki?*

– Eu sou a coruja de quem você falou: estava indo para casa de minha mãe, mas te ouvi e decidi ficar.

– Então fica e vem comigo.

E assim se juntou com o Corujão.

Ele como bom marido ia caçar e matava macaco-preto para ela cozinhar e comer. Mas ele não comia macaco não: ia-se embora para a casa da mãe dele a comer besourinho. A mulher ficou com raiva e invocada de ele não comer a comida que ela preparava:

– Por que será que meu marido nunca come junto comigo?

Um dia foi atrás dele. Aí, encontrou ele na casa da mãe, e ali tinha um panelão de bichinhos, e o seu marido dizia para a mãe: "Mamãe, besourinhooo...", e ficava de bocão aberto, e a mãe dava para ele besourinho e borboleta.

– Tu come o que nós não come; nunca mais vamos viver juntos! gritou a mulher enfurecida.

Aí ele ficou com vergonha e ela voltou com os seus.

M19 – Kapayuxiwo

Era uma mulher solteira muito bonita, que morava com seu pai, sua mãe e seu irmão. Um dia foi na beira do igarapé e viu Kapa, o coatipuru, e suspirou:

– Que tristeza estar sem marido... Quem me dera que esse Kapa virasse homem para casar comigo!

E quando voltava para casa encontrou com um moço bonito.

– Ê, *bibiki* – disse ela. – Da onde tu vens?

– Eu estava brincando com meus irmãos, e você me pediu para casar.

– Não foi para ti que eu falei, foi para Kapa.

– Kapa sou eu mesmo.

Aí ela gostou dele e lá mesmo transaram. Levou o marido para casa, e todo mundo gostou, e ficou muito animado.

Um dia os homens tinham ido procurar fazer roçado; só Kapa, o coatipuru, não tinha feito roçado ainda. Aí perguntou ao cunhado:

– Tu sabes bem o mato?

– Sei, sim.

– Então vem comigo.

Foram no mato, e Kapa levava um *teipi*, que era uma moringa com fogo dentro. Quando Kapa foi marcar o roçado, deixou o cunhado sozinho e avisou para não tocar no *teipi*. Foi, marcou o tamanho do roçado e quando ia voltando viu um fogaréu enorme: foi só sair que o cunhado foi mexer no artefato e então pegou fogo em tudo, no cunhado também. Tudo estava queimando, titititi... Kapa resmungou:

– Pô, bem falei para que ele não abrisse – e se escondeu no oco de um pau.

Quando apagou o fogo foi ver e viu que do cunhado tinha sobrado só um buchinho, todo o resto tinha queimado. Então pegou folha de aricuri: com ela fez perna, braço e tudo que faltava, aí jogou no meio o buchinho que sobrara, e o cunhado se levantou inteiro de novo.

– Você já não é o mesmo, cunhado: é transformado. Espera um pouco aqui que vou dar uma caçada.

E daí a pouco voltou com dois macacos-pretos e dois jabutis.

– Vamos para casa, mas não conta para ninguém o que aconteceu.

Aí chegaram em casa, mas o cunhado andava meio tonto, e muito quente ainda e perguntaram o que tinha acontecido:

– Peguei uma febrinha, não foi nada.

E quatro dias depois estava bom.

Outro dia voltou ao roçado com Kapa, para ver se estava bem queimado tudo: e o encontraram cheio de kapa e wãshutó, que é o coatipuru preto.

– Ô Kapa, olha aí, estão bagunçando o teu roçado!

– Cala a boca: esses aí são teus cunhados, meus irmãos, que estão fazendo o roçado para mim.

Passaram três meses, e o roçado já estava bonito, cheio de milho, macaxera e banana: levaram e mostraram uma espiga para a irmã. Kapa convidou todos os parentes da mulher para que vissem; só pediu à mulher que avisasse à sogra para não se assustar com o roçado. Quando iam de caminho, todo mundo mangava de Kapa:

– Ô, ele deve ter feito roçado de tamanho de cama de jabuti.

E Kapa dizia:

– Não é grande, não, só dá para comer três dias.

Aí quando chegaram ficaram de boca aberta porque era um despotismo de roçado que a vista se perdia. A sogra não se conteve e disse:

– Mas que tamanho de roçado! – E então virou gavião do susto e voou.

Kapa falou:

– Não é nada, mostra calango para ela, que ela desce.

Aí mostraram o calango e ela desceu:

– O que aconteceu?

– Não foi nada, a senhora se transformou.

E todos comeram milho e era uma roça que não acabava nunca.

M20 – Yuwasinawa e a andorinha

Só Yuwasinawa, que era bem miserável, tinha o milho antigamente. Quando os outros pediam para ele, querendo plantar, ele dava só milho sapecado, que não brotava mais. Aí um dia Dochitowëro, a andorinha, que era seu primo, foi visitá-lo. Yuwasinawawo avisou:

– Cuidado com ele, que é ladrão.

– Não sou ladrão, não, só venho almoçar aqui.

Aí de mansinho pegou um grão de milho e escondeu no prepúcio e amarrou bem.

– Cadê esse grão que está faltando aqui? Será que andorinha pegou?

E começaram a procurar nele: procuraram na orelha, nas ventas, no cu, em tudo que era buraco dele, e nada.

– Agora esfola a pica, primo!

– Eu? Eu só esfolo a pica para transar com mulher!

– Foi ele, ladrão! Vamos matar ele!

Aí Dochitowëro escapou, escondeu-se num balseiro. Yuwasinawawo pôs fogo no balseiro, mas ele já tinha fugido. Chegou em casa, plantou o milho, deu espiga, e ele distribuiu as sementes para todo mundo.

M21 – Yuwasinawa e Txire

Nossos antepassados nunca tinham visto uma brasa de fogo. Só Yuwasinawa tinha fogo então. Bem que os outros iam pedir para ele:

– Empresta um foguinho pra nós...

Mas ele de jeito nenhum emprestava. Todos passavam muito frio, até que um dia pediram a Txire que fosse roubar. Ele foi de visita na casa de Yuwasinawa, que ficou de prontidão:

– Não vou atiçar o fogo, que ele está querendo roubar.

Mas quando virou as costas, ele meteu uma brasa no bico.

– Olha aí, ele está roubando o fogo!

Txire então voou longe, mas a brasa ia queimando o bico dele. Quando não aguentou mais, parou num pau seco e nele botou a brasa: o pau pegou fogo, queimou e desde então todos tiveram fogo para sempre.

M22 – Como os índios conheceram as ferramentas dos brancos

Isto é um homem que foi com outros índios buscar pedra para machado. O seu *txai* foi na frente em outra canoa, e ele ficou sozinho com uns parceiros que não gostavam dele, e assim pegaram ele e deixaram no meio do rio numa balseira comido pelo pium. Quando o outro depois perguntou pelo *txai*, responderam para ele:

– Ah, ele ficou.

Aí quando ele estava na pior, saiu uma *awakawa* (sucuri) que era cunhada dele.

– Quem é você, qual o nome de teu pai?

– Meu pai era Xoiki; do outro lado meu nome é Roishmitabo.

– Então tu és irmão de meu marido.

E assim dizendo esfregou com a mão na tonsura que ele tinha na cabeça como era costume dos antigos, e cheirou.

– É mesmo, fica aí e espera.

Aí voltou com o marido:

– Esse aí é teu irmão, que deixaram aí.

Aí saíram d'água, perguntaram para ele:

– Aí, o que aconteceu?

– Pois é, fomos buscar machado, e os outros me deixaram aí.

– E como é teu nome?

– De um lado assim, e do outro assim.

O outro então esfregou a cabeça, cheirou:

– És meu irmão mesmo, vem conosco em casa.

– Mas eu não posso entrar embaixo d'água.

– Isso não é problema.

Então trouxeram remédio *dei-sa* e esfregaram no olho dele; então pôde entrar embaixo d'água, e viu que o poço era uma casa, e boa. Tinha queixada para comer, e os irmãos deram para ele machado de ferro, terçado, rede, roupa. E ainda disseram:

– Nos teus inimigos que te deixaram no balseiro vamos dar um jeito. Traz eles aqui enganados e vamos ver.

Então ele voltou para a terra, para a aldeia. Os outros ficaram doidos com os presentes:

– Onde você conseguiu esses machados?

– É bem fácil, venham comigo que tem também para vocês.

Aí levou eles até o lugar, mas os parentes de baixo d'água flecharam, mataram, moquearam e aí comeram.

E só.

M22b – Como os índios... (segunda versão)

Uma turma decidiu ir de canoa pelo rio à procura de *pataruá*, pedra para machado. Andaram oito dias: aí viram um poço grande, e depois no outro dia viram outro, e depois no outro mais um poço muito grande, com um balseiro no meio. Numa das canoas ia um cara que não se dava bem com os outros: o seu *txai* estava na frente em outra canoa, e ele ficou sozinho com os maus parceiros, e assim pegaram ele e o deixaram no balseiro, comido pelo pium e o sol. Quando o primo depois perguntou por ele, responderam:

– Ah, ele deve ter ficado, não vimos.

Aí o coitado estava ardido no balseiro, quando viu algo boiando na água, parecia um cachorrão branco: foi devagar saindo, devagar saindo, e era a Edeborayuxi, uma cobra d'água, que se transformou em mulher na frente dele.

– O que você faz aí?

– Aqui me deixaram umas pessoas que não gostam de mim.

– Quem é você, qual o nome de teu pai?

– O primeiro nome é Roishmitabo, bochecha de urubu-rei, e o outro é Varesanakui, sapecado do sol.

– Fica esperando que meus maridos voltem da caça: se eu sozinha te levar lá em casa, eles podem ficar com raiva.

Quando o marido voltou, falou pra ele:

– Ô meu marido, tem uma pessoa sofrendo aí bem no telhado da nossa casa; diz que o nome dele é assim e assim.

Aí o marido disse:

– Vamos lá ver se não está mentindo.

Aí subiram e perguntaram para ele:

– O que você faz aí?

– Aqui me deixaram umas pessoas que não gostam de mim.

– Quem é você, qual o nome de teu pai?

– O primeiro nome é Roishmitabo, bochecha de urubu-rei, e o outro é Varesanakui, sapecado do sol.

Aí viram que era parente deles, e muito animados passaram um remédio na cara dele para que pudesse viver embaixo d'água. Levaram ele no fundo do poço e deram de comer para ele: deram chicha, curaram ele das mordidas do pium. A casa era enorme: era um poço muito grande. Naquela hora chegava o outro irmão, e sentiu que tinha alguém estranho, e bateu com força:

– Ô meu irmão, não é um estranho que tem aqui, é o nosso irmão! Entrou em paz o outro irmão, que era bem buchudão: repetiu o interrogatório, e vendo que o recém-chegado era seu irmão, quase chorou, e então o convidou a visitar sua casa. Foram lá, e de repente ouviram que alguém passava em cima varejando, e falava:

– Será que esse desgraçado conseguiu escapar do balseiro?

E eram os que o tinham deixado lá. O irmão de baixo d'água queria matar os da canoa, mas Roishmitabo disse:

– Não faz isso não, porque vão juntas muitas pessoas que não têm culpa.

Roishmitabo gostou muito de conhecer seus irmãos aquáticos, mas precisava já ir embora, porque sua família devia estar já preocupada com ele. Então seus irmãos o deixaram ir, mas o fizeram prometer que traria sozinho o seu inimigo. O levaram até sua casa e o deixaram com rede, terçado, coberta e machado: eles alagavam barcos de brasileiros que passavam lá e por isso tinham todas essas coisas.

Na aldeia todos se admiraram de tais presentes, e Roishmitabo disse para o seu inimigo:

– Tu pensavas que estavas me fazendo um mal, e fizestes um bem, porque encontrei parentes que me fizeram todos esses presentes.

Aí umas pessoas da aldeia se animaram a ir com ele para o poção; mas não aquele que era seu inimigo. Os irmãos d'água queriam matar, mas ele os deteve:

– Não, estes não me fizeram mal, são amigos.

Os irmãos se acalmaram, mas só deram de presente para eles rede velha e terçado velho, e advertiram ao irmão que da próxima vez trouxesse o inimigo só. Aí o inimigo acabou mordendo a isca:

– Onde é que vocês conseguiram essas coisas?

– É debaixo d'água que a gente consegue.

E foi para o poção com Roishmitabo. A mulher d'água perguntou:

– É esse?

– É mesmo; vamos matar já.

– Não mata ainda não, deixa meu irmão chegar.

E quando o irmão buchudo chegou, flechou o cara.

Passou o tempo, e os irmãos do flechado se perguntavam:

– Que é que aconteceu, que o nosso irmão já foi há dois dias e não volta?

– Vamos ver o que aconteceu.

E quando chegaram no poção encontraram ele com a flecha e perguntaram:

– O brabo te matou, irmão?

– Não me matou, porque atirou com medo, não atirou para matar.

Quando Roishmitabo voltou à aldeia, perguntaram pra ele:

– Que foi daquele que foi com você?

– Ah, ele deve ter ficado, não vi ele.

Mas pouco depois chegaram os irmãos do flechado e disseram que ele estava malferido:

– Tu levastes para teus irmãos matarem: se ele morre, tu vais pagar. Se não morrer, ele mesmo vai tomar vingança deles.

A mulher do flechado começou então a chorar, cantando por ele. O nome da mulher era *mapa*, "barata".

M23 – Awi Pide

Era um homem que comia gente; mas como já não tinha mais ninguém por perto para comer, decidiu comer a própria mulher.

– Mulher, vamos botar tingui?[1]

– Está bom.

– Então prepara fubá de milho e arranca macaxera para comer, mas vamos ir sozinhos, sem levar tua irmã; só nós dois e os meninos.

Andaram e andaram, e quando se passaram doze horas de caminho, o homem disse:

– Vamos parar por aqui; você não deve se cansar.

– Não estou cansada, vamos em frente, que aqui é muito ruim.

– Vai ficar tarde e depois vai fazer frio; deixa eu catar lenha.

E foi fazendo lenha, muita muita lenha.

– Marido, já está bom de lenha, vai pegar bodó.

– É pouca ainda, deixa eu pegar mais.

– Deixa disso, vai pegar bodó.

E o homem pensava: "Eu pegar bodó, quando tenho você para comer?" Aí chegou dissimulado nela, deu uma machadada na cabeça e matou, e o mesmo fez com os seus três meninos, que tentaram escapar.

– Agora vou ter carne para um mês – disse, e começou a moquear os meninos.

Depois foi tirando a tripa da mulher, e na que viu a periquita disse:

– Olha aí, era aí que eu metia: vou meter uma derradeira vez.

E foi o que fez, ao tempo que tirava os miúdos dela.

Passou um mês comendo toda aquela carne, e quando já estava acabando pensou que seria bom voltar a comer a outra mulher dele, que ainda por cima tinha aquele nenenzinho na barriga, bem tenrinho.

---

1 Pescar com veneno.

Para disfarçar pegou todos os ossos, pôs num paneiro e escondeu numa sapopema, e pescou um monte de peixe e foi para a casa dos cunhados. Estes o viram de longe e o saudaram. Comeram peixe e então ele convidou a outra esposa para ir com ele e a irmã, que tinha fartura lá para comer. E ela foi: fizeram o mesmo caminho e chegaram no mesmo lugar, e ele insistiu em parar e em pegar lenha:

– Não é muita lenha, meu marido?

– Não é não, vai cozinhando macaxera que logo, logo é hora de comer.

A mulher foi cozinhando macaxera, e quando já estava quase pronta, decidiu ir tomar banho no igarapé. Lá viu muito bodó entre as sapopemas (eles estavam era roendo os ossos), e foi ver se pegava alguns. Quando estava catando, puxou por acaso o paneiro, e viu que estava cheio de ossos de gente, e adivinhou o que tinha acontecido: "Meu marido está querendo é me comer", pensou, e se escondeu bem atrás de uma árvore.

O homem então tinha acabado de juntar lenha, e não vendo ela começou a chamar:

– Mulher, vem ver esta macaxera que já está cozida, de aqui a pouco vai queimar!

Mas por muito que chamava ela não aparecia. "Rapaz, será que ela encontrou o paneiro com os ossos?", pensou, e foi no igarapé. Quando viu o paneiro fora, se lamentou:

– Puxa, perdi uma boa carne! Bem que eu podia tê-la matado antes de catar lenha! Agora vou ficar de jejum!

E para se consolar, foi catar uns bodozinhos, e foi comendo eles com a macaxera, reclamando o tempo todo:

– Puxa, que pena: o que eu queria comer mesmo era carne! – E nessa olhou para a própria perna, e ele tinha a barriga da perna bem grossa: – *Guai*, será que eu não poderia cortar um pedaço daí?

E cortou, assou no fogo e comeu, e achou bom. Mas depois como estava ainda com apetite cortou mais um pedaço: e dessa vez acertou a cortar o nervo e aí caiu de costas, mijando pra cima e estrebuchando. A mulher, que via e ouvia tudo, pensou: "Será que está fingindo?" Mas ele esperneava tanto que se convenceu de que estava mesmo nas últimas, e aí se aproximou dele:

– Assim, você comia todo mundo e depois decidiu comer nós?

– Mulher, onde estás?

– Aqui, na tua cabeça.

E dizendo isso levantou o machado e o matou de um golpe. Depois, chegou correndo na casa dela se lamentando, gritando ëëëëëëëëëëëhhhh!, e os irmãos saíram preocupados: "Será que o cunhado levou mordida de cobra?"

Mas encontraram ela, que contou tudo que tinha acontecido. Eles ficaram furiosos:

– Vamos matá-lo.

Mas ela disse:

– Não precisa: já matei ele, e o moqueei com sua própria lenha.

M24 – Adoyuxiwo (paca-espírito)

Isto era um homem que morava sozinho com sua mulher à beira do rio. Um dia a mulher foi até a praia a pegar *uara*, que é um tipo de jerimum; mas estava todo estragado.

– Foi a paca, *a-do,* que estragou – disse para o marido, e este decidiu:

– Eu vou dar um jeito nela.

Aí foi ver, encontrou uma paca grande, macho: flechou e matou, e levou para a mulher cozinhar. Aí de noite ouviam a paca fêmea chorando. O homem perguntou:

– Por que está chorando?

E ela respondeu:

– Não é nada não; estou com vontade de chorar.

Aí quando o homem foi embora, a mulher a convidou para comer:

– Ô prima! Vem cá comer paca, que meu marido caçou!

– Não como disso, não; prefiro comer peixe.

– Ô prima, come um pouco.

– Não estou com vontade.

– Então vem catar piolho na minha cabeça.

Aí a paca foi catar piolho da mulher, e já ia torar o pescoço dela com os dentes, mas os meninos viram:

– Ô mãe, cuidado: ela quer torar teu pescoço.

– É mentira: é que estou cortando os piolhos.

– Esses meninos são mentirosos mesmo; vão brincar lá fora, vão! – disse a mulher, e foi eles saírem que a paca torou a cabeça dela e depois fez a mesma coisa com os meninos.

Quando o homem chegou, foi chamando: "ma... ma...", e ninguém respondia. Entrou na casa e achou a mulher e os filhos degolados, e viu fugir a paca que o tinha feito. Então correu atrás dela, a perseguiu, ela entrou no buraco, ficou lá. O homem juntou então lenha velha e tacou fogo. No começo, ela ria:

– Só bobo para morrer com uma fumacinha dessas!

Mas depois a fumaça aumentou, a paca começou a gemer, até que teve que sair: o homem então a flechou, a picou bem pequeno e chorou a mulher e os filhos.

M25 – O homem que tirou o couro do espírito

Era uma aldeia grande, e um homem que nela morava que tinha um primo *yuxi*. Cada vez que o homem voltava de caça sem matar nada, o seu primo *yuxi* matava e dava para ele levar para casa. O homem tinha descoberto um buraco de paca, e pensou: "Tenho que matar essa paca". Mas também o *yuxi* primo dele andava atrás da paca, e quando o homem chegou ele já tinha matado. Aí o homem ficou zangado:

– Ô rapaz: não tem aí outra paca para que tu venhas matar a minha?

– Primo, eu ainda nem toquei nela, está toda aí: leva uma parte para tua casa.

Aí sentaram e conversaram, e fizeram fogo para cozinhar um pouco de paca. O *yuxi* abanava o fogo e dizia para a panela:

– Ferve logo, para meu primo comer.

E o homem disse para ele:

– Deixa que eu abane, descansa e vira as costas para te aquecer.

E o *yuxi* assim fez. Então foi o *yuxi* virar e o homem despejou todo o caldo quente da panela na cabeça dele: o couro ficou tão mole que ele, de um puxão, arrancou o couro cabeludo e saiu correndo com ele. O *yuxi* foi atrás, correndo, e o homem colocou o couro na casa da *kava*; aí quando o *yuxi* pegou o couro e o colocou de volta na cabeça, as *kavas* começaram a ferrar e ele teve que se jogar na água para esfriar.

– Isso é para que aprendas a não matar paca de outro – disse o homem, e voltou a casa.

Desde então passou muito tempo sem andar dentro da mata, por medo do *yuxi*, e assim não conseguia caçar nada. "Será que está ainda com raiva de mim?" Mas acontece que tinha lhe nascido um menino e precisava pegar jenipapo para pintá-lo. Na mata encontrou com o *yuxi*:

– Aonde vais?

– Vou procurar jenipapo para pintar meu filho.

– Ah, não precisa ir muito longe: aqui perto tem um.

E mostrou para ele o caminho; andaram tanto e tanto que só no começo da tarde acharam o pé de jenipapo.

– Sobe aí pegar, que eu não subo – disse o *yuxi*.

Subiu, e quando estava em cima o *yuxi* chamou outros *yuxiwo*, e todos foram atrás dele, subindo pelo tronco do jenipapo. Mas acontece que subiam para trás, de cu para cima; e o outro da árvore jogava jenipapo no cu deles, acertava e eles caíam da árvore.

"Assim não dá certo", pensaram, e então foram procurar o machado deles, que era de omoplata de onça; mas batiam, batiam e não conseguiam cortar a árvore. Foram então atrás do machado de omoplata de mambira, e arranhava a árvore mas era muito pouco. Por fim, chegaram com um machado de omoplata de anta, e aí a árvore caiu bem devagar, tanto que o homem teve tempo de pular e se esconder num buraco. Aí quando o jenipapo caiu, os *yuxi* gritaram:

– Para onde foi? Para onde foi?

Aí foram procurando e acharam um veado e pegaram ele:

– Ah, este não é: este é o primo sem sorte; vamos soltar ele.

Aí viram um buraco e pensaram que o homem estaria aí, e decidiram cutucar com uma vara: mas em lugar de vara meteram uma tripa de gavião, que se enrolava toda:

– Ah, o *txai* deve estar bem longe, porque não dá para tocar ele.

Depois tentaram com tripa de macaco, e depois com tripa de mambira. E o cara estava ouvindo tudo: e ouviu que o irmão dele o estava chamando, "uuuuhh, uuuuh", procurando ele na mata com medo de que os *yuxi* tivessem feito algo com ele. Os *yuxi* ouviram, e pensaram que eram muitos homens que vinham; ficaram com medo e fugiram. O irmão descobriu o buraco:

– Ah, meu irmão, você chegou em boa hora.

– Irmão, isso acontece pelo que você fez: os *yuxi* vão te matar.

Quando voltaram na aldeia o irmão recomendou que ele não saísse nunca mais:

– Não tenha medo: os *yuxi* só me matam entre muitos: um só não consegue.

Aí tinha junto da aldeia um sapotizeiro cheio de fruto, e os *yuxi* se converteram em pássaros e encheram a árvore: arara, tucano, cujubim. Aí o *txai* teimoso, contra o conselho de seu irmão, montou um *koshote*, um andaime, na árvore, para caçar os pássaros. Mas quando subiu lá, todos os pássaros caíram em cima dele e o comeram.

– Os pássaros estão comendo meu irmão!

E quando acabaram de comer, o morto gritou:

– Ô meu irmão, aí vai a sola do meu pé...

E a jogou lá de cima: foi o único pedaço que deu para enterrar.

M26 – Rwandawawo

Eram dois irmãos que eram caciques poderosos e decidiram ir caçar juntos:

– Meu irmão, vamos ver se matamos algo bom.

E aí saíram, andaram, andaram, e caindo a noite o mais velho propôs fazer papiri e dormir.

– Vamos, mas não vou dormir aqui, eu faço outro papiri, que não sou tua mulher para dormir junto.

– Olha aí que é melhor nós dois dormir junto, porque tem umas onças que babam na boca de quem dorme, e a gente morre.

Mas o irmão mais novo não quis nem saber, e fez papiri para ele só. À meia-noite o irmão mais velho ouviu um barulho, troc, troc, e já era a onça que estava babando na boca do irmão: correu atrás dela com a flecha, mas ela escapou. O irmão já estava morrendo, mas ele fez remédio para ele, raspando pé de cacau; e o irmão sarou.

– Viu, teimoso? Vamos dormir juntos, amanhã caçamos e voltamos para casa.

De manhã foram e caçaram muito tatu, e foram voltando para casa. Antes, prepararam paneiro para levar a carne; mas o irmão mais novo fez muito rápido, e foi embora na frente. O irmão mais velho avisou ele:

– Espera para ir juntos, porque vamos passar pelo caminho dos Rwandawawo – que é macaco virado homem.

– Eu não sou tua mulher para te esperar – disse o outro, e seguiu.

Então o mais velho se apressou a acabar o paneiro, seguiu a toda pressa, mas logo, logo de longe ouviu os Rwandawawo flechando o irmão dele, uma flecha na barriga, outra no pé. Quando chegou lá, ele já estava agonizante:

– Eu já estou morto; você sempre falou que se eu morresse você me vingaria.

O outro não falou nada: saiu atrás dos Rwandawawo e conseguiu matar três. Quando voltou, o irmão já estava morto. Deixou a caça e carregou ele nas costas até a aldeia. Quando chegou, avisou a sua mulher, que queria encostar nele:

– Não me toca, porque eu também matei.

Tomou então chicha, e os parentes enterraram o irmão. Quando foi de noite, todos se juntaram e foram até a aldeia de Rwandawawo. Lá mataram todos, até crianças, e tocaram fogo nas casas.

M27 – A aldeia dos meninos

– Mulher, não diga nada para as crianças, mas manda elas brincarem por aí: o tempo está fechando, e isso é que os inimigos vem nos matar.

Os meninos foram embora para a mata e ficaram brincando lá escondidos: de lá ouviram os gritos, quando os da outra turma chegaram. Assustados, correram para mais longe. Quando tudo acabou, um menino um pouco maior decidiu voltar para ver o que tinha acontecido e achou todo mundo morto. "O que é que nós vamos fazer agora?", pensou. E os meninos todos fizeram papirizinho para ficar; e foram crescendo e formaram uma aldeia maior do que era a antiga. Uma vez um velho da aldeia dos inimigos chegou lá no antigo roçado e viu rastros, e pensou: "Não disseram que mataram todos?", e quando já estava voltando, encontrou um dos meninos:

– Quem é você?

– Eu não sou inimigo; sou avô de vocês, só estava pensando porque era que tinha esses rastros no roçado.

Então levou o velho para a aldeia dos meninos. Lá deram para ele comida: jabuti, maquiçapa, e não deixaram ele voltar no mesmo dia:

– O senhor tem que fazer flechas para nós, porque queremos nos vingar dos que mataram os nossos pais.

Quando armou todos seus netos, estes o deixaram ir embora, mas pedindo que não revelasse que eles tinham sobrevivido, e que saísse de lá com toda sua família e viesse com eles. O velho prometeu fazer assim e voltou à sua casa. Lá contou que tinha se perdido, e por isso tinha demorado tanto. Depois, foi com sua família para a aldeia dos meninos, e quando chegou estes cercaram o povoado dos inimigos: eram já tantos que nem todos puderam entrar a matar. Quando foi de noite atacaram. Os outros se lamentavam: "Quem disse que tínhamos matado todos os *nawa?* Agora somos nós que vamos morrer".

E assim foi: mataram todo mundo, até com as casas acabaram.

M28 – Yawabesbo, os transformados em queixadas

Era um grupinho que morava numa aldeia; e um dia foram todos para o mato a fazer grande caçada na beira do lago. Lá caçavam e pescavam. Um dia a mulher do chefe estava fazendo chicha, e precisava de muito fogo: foi catar lenha e perto do lago ouviu que tinha um pássaro grande, que cantava: "ca... ca... ca...". "Deve ser um inhambu", pensou; mas o pássaro era um *yawayawaiká*.[2] Olhou em volta e encontrou um ninho cheio de ovos. "Não vou dar conta de pegar tudo sozinha", pensou, e assim chamou as outras mulheres e levaram os ovos todos para a aldeia; e as mulheres comeram ovos enquanto esperavam os homens. Depois os homens voltaram carregados de peixe. Aí mostrou para o marido:

---

2 Literalmente "queixadaqueixadafaz".

– Isso tudo aí dá para comer dois dias.

Assim, todos os homens também comeram, conversaram moqueando o peixe e dormiram. De noite, uma menina chorou:

– O que é? – foi perguntar o cacique seu pai, mas ficou grunhindo "Ui, ui, ui", como queixada que tinha virado, como também a menina só de chorar.

– O que foi? – perguntou a mãe, mas já a voz saiu diferente, não era mais voz de gente e sim grunhido de queixada.

Os vizinhos foram ver, perguntaram, mas não acabaram de falar. Todos tinham virado queixada. Fuçaram tudo no lugar em que estavam, fizeram o maior barreiro.

Aí tinha outros de outra turma que passando lá viram tudo bagunçado e cheio de lama.

"O que aconteceu aqui?", pensaram, e procurando pistas só encontraram lá as cascas dos ovos.

"Eu nunca vi um ovo como esse", "Será que viraram queixada só por comer ovo?", se perguntaram e foram avisar o que tinha acontecido. Mas no caminho os que tinham cheirado as cascas dos ovos viraram porquinhos. Só sobraram um homem e uma mulher, que seguiram caminho. Mas quando chegavam, deu vento e uma casca de paxiubão caiu em cima deles, e no momento que gritavam "Ai, meu deus", a voz saiu diferente, e veados ficaram.

M29 – Nawawake, os filhos da mulher *nawa*

Um dos nossos antigos matou uma *nawa* que estava grávida, e no bucho dela tinha uns menininhos pequenos, pequenos. Ele os pegou e os guardou dentro de um *romate*. Lá dentro ficaram, e iam crescendo devagar, a noite toda mexiam. Quando foi abrir, já estavam bem grandes, já corriam dentro do *romate*, e diziam assim: "Vamos, gente, vamos matar *chichi*."

Aí a velhinha estava fazendo um pote, os menininhos pegaram seus arcos e atiravam flechas nela; mas a velha não caía, por muitas flechas que acertavam nela, porque as flechas eram de *runku*, uma planta muito mole. Mas eles teimavam e teimavam. O homem então já estava cansado, e a velha molesta com aquela espinafração. Ele foi avisar os meninos:

– Meninos, ouçam bem o que eu vou dizer: daqui pra frente, não mexam mais com a velha, está bom?

Mas eles não se importaram com isso, e continuavam com seu alvoroço; e se perguntavam: "Por que será que as nossas flechas não matam? Com o que que o pai atira para matar?".

E um bom dia encontraram paxiúba caída: "Será que o pai faz flecha com isso?", e pegaram e fizeram flechas com a paxiúba. Aí foram atirar na velha e dessa vez as flechas furaram e mataram. Então disseram para o pai:

– Pai, nós já matamos a vó.

– Vocês já estão bulindo de novo! Vou ver se é verdade; se for, vou dar um jeito em vocês!

Foi ver, e encontrou a velha morta, e ficou com muita raiva. E os meninos, com medo, correram todos para o mato.

– Agora vamos ter que nos virar sozinhos – disseram e começaram a andar.

Chegaram no bacuri, que estava carregado, subiram nele e ficaram comendo os frutos. Nessas, chegou a anta e perguntou:

– O que vocês estão fazendo, meninos?

– Nada: só comemos bacuri.

– Então, joga uns quantos pra mim.

Mas eles não quiseram jogar, e a anta fez feitiço (remédio) para eles ficarem lá em cima sem poder descer, e se mandou. Eles ficaram lá em cima, muito bravos, até que enfim acharam jeito de descer, pendurados em um cipozinho com muito cuidado para não quebrá-lo.

– Agora temos que achar a anta para nos vingar.

E foram atrás do rastro dela, mas o perderam porque a anta anda dando muitas voltas. Nessas, viram o pássaro Txiririri e disseram:

– Quem desse que esse pássaro fosse gente para nos dizer onde está a anta.

E pouco mais na frente se encontraram com um moço que lhes perguntou:

– O que vocês querem? Eu estava no meu roçado e ouvi que vocês queriam falar comigo.

– Não era contigo, era com o pássaro Txiririri.

– Pois é; sou eu – porque aquele pássaro era *yuxi*.

– Então: onde é que nós podemos achar a anta, que nos deixou pendurados em cima do bacuri?

– A anta que vocês procuram está aí no pé da jarina, peidando e dormindo sem saber de nada. Podem ficar aqui, que eu vou indicar onde está.

E foi voando, e lá onde a anta estava ele lançou seu grito três vezes: "txiririri... txiririri... txiririri...!", então os meninos foram no lugar, encontraram a anta dormida e começaram a flechar até deixá-la morta. Então pensaram como recompensar o pássaro: "O que vamos dar para o *txai*?"

Ofereceram então todo o melhor: a cabeça, a coxa, a pá, a perna; mas Txiririri não aceitava nada.

– O que fazer? Não vamos dar a tripa, né?

E o pássaro pegou a tripa e saiu voando: txiririririri...!

– Ah! O *txai* queria tripa mesmo!

Voltaram então para casa com a carne da anta, e o pai os recebeu, dizendo:

– Ainda bem que vocês caçaram anta para comer.

M30 – O índio que aprendeu da cobra

Era um índio que tinha ido atocaiar cotia na beira do lago; e enquanto esperava, a Ronoá apareceu e cortou de uma mordida uma perna dele. Sem uma perna e morrendo de dor, o índio não pôde voltar a casa: ficou a noite inteira agarrado a um pau.

A Ronoá então falou pra ele:

– Já torei tua perna: estás sofrendo e deverás ficar de dieta; e sobretudo não deves comer jabuti nem cará. Mas deves continuar tomando cipó, e com ele conhecerás os remédios do mato para curar os outros.

Assim era com os antigos, para saber: mas essa moçada de hoje não sabe nada...

M31 – Yawavide, o homem que virou queixada

Os antigos matavam muita caça; matavam muita queixada. Mas tinha um cara que era ruim caçador, poucas vezes saía para o mato a caçar; só comia porque os parentes davam um quarto do que caçavam para os outros comerem; só disso ele comia. Aí um dia o mau caçador perguntou:

– Onde é que vocês mataram essa queixadas, eh?

– Aí mesmo no barreiro, aí matamos – disseram.

Então ele decidiu ir tentar a sorte, e bem de manhã saiu a caminho do barreiro. Viu os rastros dos parentes: onde tinham matado as queixadas, onde tinham feito os paneiros. Foi andando devagarinho e se encontrou com as queixadas, um bando grande, que fuçavam na terra: "tatatatata...!". Pegou então a flecha, atirou e acertou numa fêmea bem grande. Aí foi flechando, um, outro, outro! Uma grande caçada! Mas quando cansou de matar e foi colher os animais, viu que seguiam vivos, porque as flechas nem tinham furado o couro deles. Ficou muito bravo; pegou o terçado e começou a amolar as pontas de suas flechas; e quando acabou foi de novo atrás da vara de queixadas. Atirou, atirou, e sempre acertava; mas as flechas não entravam. E tanto correu atrás da caça que se perdeu e não soube mais voltar para casa. Ficou dormindo entre as sapopemas de um patoá (*in-sa*), em jejum porque nada tinha conseguido para comer. Então, no meio da noite, ele ouviu barulho de pegadas e umas vozes que diziam: "Aí, aí está que eu vi, aí está", e eram as queixadas que o procuravam, mas as queixadas eram gente.

– Quem vocês são?

– E tu? Não eras tu que ontem estava nos flechando?

– Não, não fui eu: eu flechava queixadas.

– Era nós que tu flechavas.

E o levaram com eles na sua aldeia, e lá estavam cuidando daqueles que as flechas tinham batido. Quando o viram chegar, disseram:

– É esse aí que nos flechou: vamos dar de comer o coitado, que deve estar com fome.

Aí foi de noite e foram comer, e convidaram ele:

– Come com nós, essa aí é a nossa comida.

E a comida deles era paxiubinha, e ele disse:

– Ah, isso eu não como não!

Mas as queixadas disseram:

– Podemos dar um jeito.

E esfregaram *dei-sa* no olho dele, e na hora viu que era comida gostosa.

Aí passou muito tempo e os parentes do homem se preocuparam muito com ele e foram atrás. Viram seus rastros, suas flechas, e pensaram: ele ficou com as queixadas, virou queixada ele mesmo. E de fato, ao correr do tempo, ele foi criando pelo, transformou-se em queixada. Os parentes esqueceram dele. Mas um dia estes saíram de caça e encontraram uma vara de queixadas e foram atrás dela. E uma das queixadas ia gritando para eles:

– Por aqui, venham! Estão escapando por aqui! Mata queixada, mata!

E pensaram que ele seria o parente que tinha se perdido tempo atrás. Contaram o caso para o irmão dele, que ficou muito surpreso e nem acreditava, mas afinal decidiu sair à procura. Foi com seus parentes e achou a vara de queixadas; e lá estava o irmão todo peludo, ajudando eles na caça, dizendo para onde a vara toda ia. O irmão correu e pegou ele com um laço e o levou para casa. E a queixada-homem reclamava:

– Me solta, *ochi*, me solta, que minha mulher e meus filhos vão embora, tenho que ir com eles.

Mas até a casa o levaram; e levaram também um monte de queixada que tinham matado. E lá ia a família dele, na aldeia os reconheceu:

– Esse era meu sogro, essa minha sogra, esse meu cunhado.

Foi a maior moqueada de carne, mas o homem-queixada não queria comer, porque as queixadas tinham dito para ele que se cuidasse muito de comer queixada no futuro, porque morreria.

Mas uma vez acabou comendo e morreu.

M32 – Kukushnawa

Era um *koshuiti* que, estando para morrer, chamou os netos e falou para eles que depois que ele fosse enterrado não mudassem do lugar, mas plantassem no cemitério, sobre a tumba, duchi, *shori* e rube – pimenta, cipó e tabaco.

Morreu o velho, e como ele disse, os netos fizeram. Dias depois um dos meninos foi matar calango no cemitério, e encontrou lá uma jiboia pequenininha.

– Papai, vi uma jiboia no cemitério do vô.

– Não mata ela não, que é teu shidi que já virou jiboia, como ele sempre dizia. Não vai muito pra lá que é perigoso: ele pode te matar.

O menino aguentou sem ir um mês, dois meses, mas estava curioso e acabou indo: e a cobra já tinha crescido, e era uma cobra grande mesmo:

– Vou matar essa cobra! – disse o menino, e começou a flechar a jiboia com flechinhas de brinquedo, as flechas batiam e a cobra arrepiava: "Pitxi! pitxi!", e começou a falar:

– Meu neto, não flecha mais não, que já dói: mas se você é tão bravo assim, vai pedir para teu pai outras flechas mais bonitas e mais duras que essas, e para tua mãe fubá de milho: porque eu vou te levar onde mora Kukushnawa, que era onde eu matava. E lá veremos se você sabe matar mesmo.

O menino fez como a jiboia disse, e quando perguntaram para ele por que queria flechas e fubá, disse que era só para brincar. Mas quando as flechas e o fubá estavam prontos, antes de sair, disse aos pais:

– Não se preocupem por mim, que eu vou sair de caçada e vou demorar muito: só vou voltar quando matar caça grande.

O menino foi então ao cemitério:

– Vô, estou chegando! Vamos embora!

E foi com a jiboia, ela ia na frente e o menino seguia atrás. Andaram e andaram, e pararam para dormir. De manhã, a jiboia ia falar com o neto:

– Neto (*chata*), já estás acordado?

– Estou, sim.

– Hoje vamos chegar a Deianawa, a tribo do jacu, mas não deves matar eles, porque se matas, nada dará certo nessa viagem.

Assim andaram e chegaram na aldeia de Deianawa, e o menino falou:

– Vou matar esses aqui.

– Eeeeehh! – gritou a cobra. – Que é isso de matar esses aqui? Tens que matar algo que te sirva!

E passaram adiante. Outro dia chegaram na aldeia de Karanawawo, e o velho tinha dado o mesmo aviso, e o menino de novo tinha esquecido:

– Eeeeh, o que é isso de matar Karanawa! Tens que matar algo que te faça famoso!

E assim andaram muito, até que um dia viram no chão rastros de caça de Kukushnawa, que é a tribo dos vaga-lumes.

– Daqui pra frente, meu neto, mora o povo que deves matar. Mas deves comer antes, para levar o bucho cheio, e te preparar para subir nesta árvore – que era uma samaúma grande – para que eles não possam te pegar.

Então o menino caçou mutum e comeu com a jiboia, e na hora certa já estava com o bucho cheio.

– Já comeste bem? – perguntou o vô.

– Comi, sim.

– Então começa a matar.

Os vaga-lumes não enxergam de dia: lá estavam dormindo abraçados com a mulher, cegos em plena luz. O menino os atacou então com suas flechas e matou, matou muitos. E quando acabou de matar, tirou os colares deles e foi mostrar para o velho.

– Muito bem, meu neto: agora sobe bem alto.

E subiu na árvore mais alta, num *taraiwi*, que é a samaúma:

– Quando eu matava, subia aí – disse a jiboia, que ficou embaixo enquanto o neto subia.

Aí então às cinco da tarde, anoitecendo, chegaram os Kukushnawa procurando o matador, seguindo o rastro: "por aqui foi... por aqui veio", mas como eles voam baixo não viram, só encontraram a jiboia, e se assustaram:

– Olha aí ronoá, olha aí ronoá – disseram.

Muito procuraram durante toda a noite, e quando começou a ficar claro foram embora. – Vamos embora – disse o velho – que à noite eles voltam.

Seguiram caminho e de noite dormiram do mesmo jeito, jiboia embaixo e o neto em cima da árvore. E andaram, e andaram, desfazendo o mesmo caminho que tinham feito. E aí a jiboia disse para o menino:

– Vai, meu neto: sobe nesse jenipapo e te pinta.

O menino subiu no jenipapo e se pintou; estavam já perto da aldeia. Então a jiboia disse para o menino:

– Eu já não vou mais; não sou mais gente para morar com vocês.

Vai na tua casa, mas deverás ficar de dieta, pelas mortes que fizeste. Não come comida: só mingau de milho, e não deixa tua mãe encostar em ti. Eu vou seguir minha viagem.

Quando foi ver, a jiboia não estava mais, tinha ido embora.

O menino chegou em casa e todo mundo foi recebê-lo com admiração: mas ele não deixou ninguém encostar nele.

– Ah, meu filho – disse a mãe – pensei que teu vô tivesse te matado.

– Quem já viu parente matar parente? – foi o que ele respondeu.

– Vamos comer, meu filho.

– Só aceito mingau de milho, não posso comer outra coisa.

A mãe viu então e todos viram a bela pintura que ele levava no corpo e os muitos colares que tinha trazido consigo, que tinha levado de Kukushnawa. E todos admiraram muito sua façanha.

M33 – O menino raptado pelos macacos

Isto é um homem que foi caçar com seu filho pequeno, passou o dia inteiro procurando caça, e já de tarde flechou um macaco-preto; mas o bicho não caiu, só ficou ferido, e o homem decidiu esperar lá até o dia seguinte para acabar de matar. O garotinho estava com fome:

– Vamos para casa, que a mãe já deve ter cozinhado batata.

– Não, esta noite ficamos aqui.

E fizeram fogo e ficaram; aí foram dormindo, dormiram. De noite, o menino acordou:

– Pai, quero cagar.

– Caga aí mesmo, filho – respondeu ele, e dormiu de novo.

Aí o homem acordou de manhã com susto: o macaco-preto tinha levado seu menino para cima da árvore. O homem chorou, chorou, tentava pegar seu menino de volta com uma vara; mas não conseguia. Aí foi chamar os outros, mas quando voltou não tinha mais ninguém na árvore; os macacos levaram o filho dele e casaram ele com uma macaca. Mas anos a fio, o filho com sua família de macacos se mudava sempre para perto de onde o pai dele morava; um dia ele flechou jacu, e o pai dele encontrou o rastro, e o seguiu. Aí o filho veio atrás dele e o chamou:

– Pai.

– Ô meu filho!

– Eu fui que flechei jacu; tenho mulher que é macaca que quer comer.

Aí foram ver, e o jacu era capelão também: botou o bicho nas costas e convidou seu velho a subir com ele na sua casa no alto da samaúma.

– Eu não posso subir nessa árvore.

– Isso aqui é a minha casa.

Aí passou o remédio *dei-sa* nos olhos, e ele viu a casa. Dormiu lá, passou a noite. Dia seguinte foi embora, voltou a casa e contou para a mulher o que tinha sido do filho. O velho aquele era macumbeiro, e assim pensou matar a macaca. Assoprou e matou. Aí o filho acabou voltando:

– Pai, morreu tua nora.

– Então, vem para casa de volta.

Ele veio mesmo, ficou e casou com mulher humana mesmo.

Variante

O menino, já raptado, fala com o pai da árvore:

– Eu bem que falei para voltar, agora não me deixam ir.

O reencontro se produz quando o pai vai cuidar do seu tabaco, vê um inhambu passar e lamenta não ter arco para matá-lo: o filho aparece e de novo lhe recrimina a teimosia. Está com a mesma cara, mas virou macaco: o pai visita ele na samaúma, mas os macacos-pretos se mostram hostis a ele, porque era caçador de macacos-pretos. O homem então faz feitiço contra eles, mascando tabaco: morrem os macacos e a mesma samaúma. Leva o filho para casa, mas este com o tempo não respeita a advertência de não comer macaco, e morre.

M34 – Xinawawakia

Isto é que um chefe mandou um cara ver se macaco estava bem gordo para caçar. Aí ele foi, e viu macaco gordo; mas em lugar de flechar na venta, como era que se fazia, flechou na barriga. Aí o homem não voltou mais. O chefe viu a alma dele batendo na porta de casa e mandou ir em busca dele. Quando os parentes foram ver, só acharam osso e cabelo.

– Vamos nos vingar quando o macaco esteja bem gordo – disse o chefe.

Passou o tempo, e mandou mais um dos seus a flechar macaco: este flechou do jeito certo, na venta, e levou o macaco, que estava bem gordo, para casa.

– Agora todos nós vamos fazer flechas para vingar o nosso parente.

Quando estiveram prontos, um parente do morto com mais um parceiro foi na mata, no pé da árvore. Lá estavam os macacos cantando: aaaaaaaaah, aaaaaaaaah, que é como faz macaco kairara.

Os dois caçadores iam cantando: "Xinawawaóooooo... tu mataste nosso parente, agora me acompanha aonde eu for...".

Uma macaca viu eles e deu a voz de alarma. Os macacos saíram atrás deles, e eles a bom passo iam cantando: "Xinawawaóooooo... me acompanha aonde eu for...".

Eles iam correndo, já muito cansados e atrás deles vinha uma multidão de macacos: um deles se escondeu no oco da árvore, e o outro que corria mais chegou na aldeia e avisou que os macacos estavam chegando bem atrás dele; e todos pegaram nas armas. Onde os macacos passavam eram tantos que destruíam tudo: roças de mamão, de banana, tudo comiam; casas, tudo derrubavam. Aí chegaram na aldeia, mas os índios flecharam eles, mataram todos, e deu para comer bem um mês inteiro. A mulher daquele que tinha se escondido na árvore recebeu um macaco só, e todos pensaram que tinha ficado viúva. Mas pouco depois chegou seu marido, que tinha ido atrás dos macacos pelo caminho, e vinha carregado deles, e fizeram muita festa.

M35 – Yuxisirowo, o monstro

Era uma menina que não queria saber de marido; mas em lugar de marido foi se ajuntar com um minhocão: Nuimawa, a solitária. E embu-

chou do minhocão: na barriga dela, era só coisa imunda: cobra, minhoca, *udakoro*, *xekerodo*. A menina tinha o minhocão escondido embaixo do
romate, e quando saía pedia à mãe para que não varresse lá.

Uma vez que ela foi pescar – bodó, caranguejo e camarão, que era
o que elas comiam –, a mãe não aguentou a curiosidade e foi varrendo,
varrendo e levantou o *romate*:

– Ah! – gritou – é isso! É por uma minhoca que minha filha não
quer saber nada de marido! Mas eu vou dar um fim nisso... Vou acabar
com esse bicho.

– Ah, minha sogra, não faz isso, não... – dizia a minhoca.

Mas a velha ferveu água e jogou em Nuimawa, que se retorcia abra-
sado; e depois ainda pegou o terçado e retalhou-o, e os pedacinhos pôs
no paneiro e deixou no caminho. A filha chegou, e vendo morto o minhocão ficou muito brava e se mandou de casa e saiu pelos matos procurando o Yuxisirowo que comesse ela.

– Yuxisirowo, vem me comer: minha mãe matou meu marido, estou
desamparada.

Aí perto tinha dois filhos do Yuxisirowo, que estavam pescando
com tingui.

– Ô meu irmão, não é uma mulher que vem gritando lá de cima? –
disse um deles.

E a moça gritava:

– Yuxisirowo, vem me comer: minha mãe matou meu marido, estou
desamparada.

E chamaram ela:

– Ô mulher: que estás dizendo? Se a nossa mãe quisesse te comer
já estaria aqui... para de falar dela e vem com nós a nossa casa, que não
temos mulher.

Ela achou bom, e eles a convidaram a transar; mas ela disse que
não podia porque estava com a barriga cheia de bichos peçonhentas
que podiam morder a pica deles se tentassem fazer alguma coisa. Mas
pediu para eles quebrarem taboca para fazer barulho e todos os bichos
saírem. Assim fizeram e então ela pariu naquela hora, esvaziou a tripa,
e os dois rapazes iam matando as lacraias todas que saíam. Desde então
transaram com ela, e fizeram nela um filho humano mesmo. Depois a

levaram para casa: lá tinha Kësho, que é a paca de rabo, que era a mãe deles e ficou muito contente de vê-los chegar com uma mulher.

Inawasado, que era a outra mãe, depois de comer crus os peixes que os filhos tinham trazido, deu também os parabéns; mas ela comia gente, e não estava senão pensando em devorar a moça, nem bem fosse de noite. Kësho tentava dissuadi-la:

– Não tenta comer nossa nora, *chipi,* porque eles dois precisam formar família.

– Cala a boca – dizia Inawasado.

Ficou escuro e foram dormir todos: no chão, porque não tinham rede. Inawasado chegou pertinho da mulher, deu um beliscão nela e comeu um pedacinho. A mulher gritou e chorou, e os filhos de Inawasado ficaram muito bravos com ela e berravam:

– Ô mãe: você bem que gostou de ter nora; mas agora que está buchuda quer comer ela! – E bateram na barriga da mãe, que ficou também magoada.

Passou o tempo, e a mulher teve um menino: os dois irmãos ficaram um tempo de dieta sem sair, e quando puderam sair foram fazer roçado para a mulher e o filho. A moça ficou em casa fazendo caiçuma e teve que deixar o menino com Kësho. Aí Inawasado foi chegando e pedindo a criança: Inawasado queria comê-la, mas Kësho não a entregava:

– Não vai comer não – dizia.

– Me dá o meu neto, porque senão comerei você também.

E dizendo isso Inawasado deu uma mordida no braço de Kësho, que teve que soltar o menino.

Inawasado pegou ele e jogou na água fervendo da panela, cozinhou e comeu inteirinho. Quando só faltava o pescoço, chegou a mulher e viu: escapou correndo e foi ao roçado a contar para seus maridos. Estes ficaram furiosos:

– Não pode ser verdade!

Mas quando foram lá e viram, decidiram matar Inawasado: mas o machado, que partiu de um golpe a cabeça de Kësho, nem arranhava Inawasado. Inawasado dizia:

– A mim não podem me matar desse jeito: só com lenha e fogueira.

O único modo de matar a mãe era queimá-la: cortaram muita lenha, fizeram uma grande fogueira e jogaram Inawasado no meio dela: ela ainda se defendia e deu um beliscão no braço do mais novo.

– Vocês mataram nós dois; mas é melhor que se escondam embaixo do shashó (cesto grande) porque aí vem já nosso pai, nosso avô e nosso irmão, tio de vocês, para nos vingar.

Inawasado queimou, e a pouco foram chegando seus parentes. A onça esturrando: "iiiihh, iiiih..."; o mapinguari atrás gritando: "Me esperem, que estou com caganeira!" Mas era tudo animal tão grande que, quando já tinham procurado os matadores em toda parte, não conseguiam olhar embaixo do shashó.

Pediram pra cotia olhar, e ela foi titititi; e viu os que se escondiam embaixo; e eles pediram para ela que não dissesse nada. Ela topou e fez que procurava, procurava: e disse por fim que nada havia lá.

Todos os parentes de Inawasado foram embora muito desapontados. A mulher e seus dois maridos ficaram lá e quando foi hora escaparam para a mata.

M36 – Nawawaka Misti

Um dia os índios foram atrás de matar os *nawa*, que eram todos baixinhos; mas no caminho encontraram Nawawaka Misti, que estava puxando palha para fazer casa. Aí ele começou a dar vozes chamando os outros. Os índios se assustaram, fugiram correndo, e o mais medroso errou e pegou outro caminho, e os outros voltando em casa disseram que ele tinha morrido. Mas não tinha morrido: andando e andando pelo mato se encontrou com a onça. Ela perguntou:

– O que que tu faz aqui?

– Nawawaka Misti espantou nós; estou perdido, procurando a família.

Encontrou depois com Taska, o inhambu preto, que estava fazendo rede.

– Onde é que tu conseguiste esse algodão?

– Tirei aí no roçado de tua mulher.

Encontrou depois com o pica-pau:

– Ô *txai*, me ajuda! Estou perdido, procurando a família.

Pica-pau respondeu:

– Olha, me deixa que eu estou muito ocupado picando aqui, mas aí do lado mesmo tem um roçado, vai ver.

O homem foi lá, mas o roçado era de Yurapibe, que tinha casado com a mulher dele, e tinha botado trampa para paca, e na trampa caiu o coitado; e Yurapibe foi tirar lenha para assar ele. Aí que a mulher o encontrou:

– Ô marido! O que tu está fazendo aí? – E ela o tirou da trampa e fugiram os dois.

Yurapibe voltou e viu o que tinha acontecido, e soltou atrás deles suas formigas devoradoras, Babish e I-Uapé, a tocandira. Correram, correram e encontraram com Tsina, a cotia, que disse para eles que lá perto estava a casa de Marinawa, onde poderiam se esconder, mas que não deviam comer a macaxera dele, porque se comessem morreriam.

Foram lá, Marinawa os recebeu e preparou macaxera que ofereceu pra ele: ele comeu e morreu.

Variante parcial

... foi andando e topou a veada que estava parindo; e o filhote nasceu e começou a chorar: "E, e, e".

A veada perguntou:

– É menino ou menina?

E o índio respondeu:

– É menina.

– Pode tirar pra mim?

E o índio ajudou a veada.

Aí andando à noite encontrou umas jarinas que falavam entre sim, mas ele não entendeu nada do que diziam. Depois chegou num lugar onde umas queixadas se aqueciam ao fogo.

– Quem você é? – perguntaram.

– Sou Nawawaka, estou perdido no mato.

– Estás muito perto de teu roçado – responderam as queixadas. – Amanhã irás lá. Podes ficar aqui junto ao fogo; mas não mexas nele.

Ele ficou lá. No começo tudo bem, mas depois mexeu no fogo, e na hora todas as queixadas escaparam esbaforidas. Sozinho, Nawawaka Misti decidiu seguir andando e encontrou com outro bando de queixadas; e a mesma conversa e o mesmo convite; e como da outra vez, ele não soube ficar quieto e as queixadas fugiram de novo.

Um pouco depois encontrou a txëspó (o bacurau) que fiava algodão, e convidou a dormir junto e a foder com ela:

– Só com a condição de não tirar pelos de minha boceta.

Assim foi: dormiram juntos e começaram a foder, mas no meio Nawawaka Misti arrancou um pelo. Txëspó fugiu e voltou daí a pouco muito brava; mas topou voltar a começar; e o homem voltou, a fazer o mesmo.

– Olha aí: se tu fizeres de novo, vou ir embora e não volto mais.

Mas Nawawaka Misti arrancou mais um pelo; e Txëspó foi embora mesmo, e não voltou mais. Nawawaka Misti seguiu assim caminhando, e no caminho topou com Ronoá, que estava dormindo com toda sua família. Ronoá acordou e perguntou:

– Minha filha, foi você que mexeu?

– Não fui não, mãe.

– Meu filho, foi você que mexeu?

– Não fui eu, mãe.

E assim foi perguntando. E Nawawaka Misti, morto de medo de que a Ronoá comesse ele, escapou de lá na ponta dos pés.

Aí ele encontrou com o pica-pau, que perguntou:

– Da onde você vem?

– Sou Nawawaka Misti. Estou perdido no mato e ando procurando minha família.

– Ah, tu não estás perdido coisa nenhuma: escuta, que vou bater no último pau que tu derrubaste no teu próprio roçado.

O pica-pau então saiu voando, e logo ouviu-se o ruído: "taró, taró, taró"...

Aí Nawawaka Misti encontrou a onça, de noite. A onça estava doente e se desculpou por não ter comida para ele, mas tranquilizou ele dizendo que estava muito perto de sua casa. A onça tinha duas mulheres: Txëspó, o bacurau, e Õnto, o caramujo. Mandou que cozinhassem macaxera para seu primo que estava de visita, mas não dava certo porque Õnto sempre apagava o fogo. A onça ficou brava e bateu nas duas. Foi então mostrar o caminho para Nawawaka Misti.

– Vem atrás de mim: onde eu esturrar, é o lugar em que tu caçaste inhambu.

Aí foi e esturrou: "iiiihh, iiiih..."

– Ouviu onde foi?

E a onça foi mostrando o caminho. Mas Nawawaka Misti torrou a paciência dela porque a cada instante perguntava: "Ô *txai*, já chegamos?", e a onça acabou deixando ele sozinho no mato.

(Continua com o episódio do yurapibe: aqui é carrapicho – *tatashpai*. Fogem. Falta o episódio dos animais de ferrão que correm atrás. Come a macaxera de Marinawa. A mulher não quer ir com ele, porque vai morrer. Morre.)

M37 – O menino *yuxi*

– Mãe, vamos visitar o tio?

Isto era uma mulher que estava buchuda, e a criança já falava na barriga.

– Você fala para visitar o tio, e não nasceu ainda?

– Mãe, vamos visitar o tio?

E a criança insistia tanto que a mãe decidiu visitar o irmão. No caminho havia um arbusto de folhas verdinhas, e do bucho saiu uma voz dizendo:

– Mãe, eu quero uma dessas folhas.

Era a criança que estava falando de dentro; e toda florzinha e toda coisa que ela achava queria que a mãe pegasse. Aí, pegando numa flor, a mãe levou ferrada de *kava*, e para matá-la bateu no bucho, e falou:

– Podia esperar nascer para pedir coisas.

Aí a criança não gostou, e ficou zangada porque pensou que estava batendo nela. Andou e andou e chegou num lugar onde tinha dois caminhos: um que levava à casa do tio e outro à de Rwannawa. E embora a mãe perguntasse para onde era o caminho bom, a criança não falou mais. Só muito depois, quando a mulher viu que tinha errado o caminho, a voz disse da barriga:

– Você errou o caminho, mãe. Onde mora o tio tinha pena de jacamim; onde come gente tinha pena de arara. Ô mãe, eu já disse: vão te comer.

– Você falou tarde demais, agora não tem como escapar. Vou lá para que me comam mesmo.

Já os Rwannawa tinham visto ela:

– Olha uma *nawa*! Olha uma *nawa*!

Aí chegou numa casa em que só tinham rola-bosta para comer. Catavam o rola-bosta, botavam na cabeça e diziam: "Cata esse piolho", e aí catavam e comiam. Para a mulher deram mingau de carvão: ela vomitou, e os Rwannawa ficaram tão bravos que a mataram de uma machadada na cabeça. Mas restou a criança do bucho, que um velho e uma velha, que não comiam gente e não tinham filhos, ficaram com ela para criar. Os ossos da mãe enterraram embaixo de uma bananeira e de um inajá. A criança cresceu muito rápido, e logo, logo já ia mariscar. O pai fez flechas para ele; ele pegava as cascas de macaxera de sua mãe, jogava no igarapé, e lá viravam peixe, todo dia fazia.

Quando cresceu, dizia que ia caçar: aí atirava a flecha no alto de uma árvore, e passava um Rwannawa que voltava da caça e lhe perguntava:

– O que tu faz aí, Nawawaka?

– Preguei a flecha lá em cima e não posso pegá-la.

Então o homem subia mas na metade do tronco caía, porque o menino tinha botado feitiço. Ou senão outro dia era um Rwannawa que passava carregando maquiçapa, e ele matava de uma flechada; e assim, às escondidas, ia matando os Rwannawa.

Um dia ia ter uma festa, e todos os Rwannawa compareciam: ele quis ir, mas seus pais não queriam:

– És criança ainda.

– Ah, não quero nem saber. Eu vou na festa.

Aí ao tempo que os outros iam dançando "Uh, uh, uh!", ele ia dizendo em voz baixa:

– Quando eu matar esse, vai faltar esse outro; e quando matar o outro, vai faltar aquele...

E uma menina o ouviu e contou aos Rwannawa, que ficaram furiosos:

– Então eras tu que queria ir nos matando um por um?

– Não, não era eu: eu só ia dizendo que esse aí e esse outro fazem um par, e juntando o outro e aquele mais um par...

– Meu filho – suplicavam os pais do menino –, foge logo daqui, porque estão preparando as bordunas para te matar.

– Deixa eles virem.

O menino tinha enfeitiçado a mais pesada das bordunas, e quando os Rwannawa vieram lhe matar, ele começou a bater com ela no pilão: batia de um lado, e morriam os de um lado; batia no outro, e caíam os demais. Assim o menino matou todos os Rwannawa; só restaram aqueles que o tinham adotado, e a eles perguntou onde estavam enterrados os ossos de sua mãe.

– Não sei direito, meu filho: acho que foi lá no barreiro.

Foi lá cavar e encontrou ossos: os armou e os enfeitiçou, mas eram ossos de mambira, e o mambira saiu correndo. Por fim achou os ossos de sua mãe; os armou e os enfeitiçou e a mãe se levantou ainda um pouco tonta, mas viva. O menino contou para ela então o que tinha acontecido, e os dois juntos voltaram para sua aldeia.

M38 – Bawayuxiwo

O pessoal de uma aldeia foi caçar: todos foram, homens e mulheres. Chegaram no igarapé e fizeram papiri, e os homens saíram a caçar. As mulheres então disseram:

– Vamos embora tomar banho! – E assim fizeram.

Aí tinha uma mulher gaiata que inventou de bater no barranco (*bawa*):

– Ô barranco! Estás com ciúme de nós?

Mas eis que o barranco respondeu:

– Não estamos com ciúme porque não somos marido.

E aquele barranco, e o outro, e o outro, se transformaram em homens:

– Viemos pegar vocês – disseram às mulheres, e estas se defendiam:

– Mas nós já temos marido.

– Agora não adianta: vocês têm que vir mesmo.

Então os *bawayuxi* deram para elas remédio do mato, e o barranco parecia uma casa grande. Quando os maridos voltaram, não encontraram as mulheres e imaginaram o que tinha acontecido. Começaram a buscá-las, mas os *bawayuxi* cegaram eles com remédio; decidiram então ir procurar ajuda, mas *bawayuxi* levou as mulheres para outro canto, um lugar tão feio que ninguém encostava... Aí não acharam mais, os maridos não puderam mais que chorar a perda de suas mulheres.

M39 – Deeyuxiwo

Uma aldeia inteira foi caçar: foram longe na mata, fizeram papiri para dormir e no outro dia começaram a caçar: porquinho, anta, veado, todos os animais. Um deles fez muito caminho, mas não encontrou nada para matar, e assim no profundo da mata se encontrou com Deeyuxiwo, o mato-espírito, e correu espantado. Correndo encontrou um parente, e gritou para ele:

– Vamos, primo! Corre, que Deeyuxiwo vem atrás! E o outro respondia:

– Que nada! Agora que estou para matar um macaco?

– Tá bom, não era para ti que eu falava, era para meu primo – e seguiu correndo.

E aí encontrou com outro:

– Vamos, primo! Corre, que Deeyuxiwo vem atrás!

E o outro respondia:

– Que nada! Agora que estou para matar uma paca!

– Tá bom, não era para ti que eu falava, era para meu primo – e seguiu correndo.

E avisou outro, e outro, e ninguém ligava para ele porque todos estavam muito ocupados caçando. Até que enfim encontrou com o que era seu primo mesmo, e escaparam juntos: amarraram nas costas dois macacos-pretos que tinham caçado e fugiram com suas mulheres. De noite dormiram escondidos no oco de um pau e ouviram ao longe uns ruídos terríveis, e isso era a briga de Deeyuxiwo com os outros.

De manhã cedo, saíram e foram ver o que tinha acontecido, e encontraram todo mundo morto e estraçalhado por Deeyuxiwo: os parentes mortos, o macaco morto, a preguiça morta, o capelão morto; *takachuka* não tinha morto ainda...

Voltaram à aldeia e contaram a todos o que tinha acontecido.

M40 – I-Nawarua e Teteparua

Isto eram dois *diyewo*, dois patrões, que eram irmãos e cada um tinha duas mulheres. E um dia decidiram ir matar *nawa*, saíram com seus *wirikis*: só homem ia. Aí caminhando Teteparua, que era o mais novo, espetou no pé um espinho de Bau, "unha de mambira", e ele e o seu irmão foram ficando atrás, rio abaixo. Os *wiriki* seguiram em frente e iam falando:

– Em lugar de ir até os *nawa*, podíamos matar os Rwannawawo, que estão mais perto.

Mas Rwannawawo estava escutando, porque estava ali mesmo atocaiado esperando cotia perto de uns coquinhos de aricuri. Aí foi avisar o que ouviu para o povo dele, e quando os dois chefes estavam de caminho flecharam eles. Os dois tinham *vitxi*, escudo de couro para se proteger contra as flechas. Uma turma foi perseguindo I-Nawarua pra baixo, outra turma foi seguindo Teteparua pra cima. I-Nawarua estava muito cansado de lutar: então pegou um punhado de areia e jogou em cima deles, e assim matou todos. Teteparua estava também apertado e pediu socorro ao irmão:

– *Ochi*, vem me ajudar, que não aguento mais.

O irmão chegou e com outro punhado de areia matou os inimigos.

Então foram juntos pra cima, até a aldeia; e lá estavam todos preocupados pela demora. Receberam eles muito alegres e ofereceram comida, mas eles disseram:

– Não podemos comer, porque os meninos falaram demais e teve briga e matamos muitos inimigos: só podemos comer um pouco de milho socado.

Os jovens queriam então ir matar o resto dos inimigos.

Outro dia foram visitar uns parentes e levaram consigo as mulheres. E andando na mata, Teteparua falou para o irmão:

– *Ochi*, não estás vendo não?

– O que é?

– É o primo mambira, que está atocaiado para nos matar.

Aí o mambira dizia:

– Xaixaixaixai... vou matar vocês para ficar com sua mulher...

Mas as flechas que ele atirava eram de ximo, e não furavam ninguém.

– Não vais matar não, mambira. – E I-Nawarua bateu com o escudo na canela do mambira, e deixaram ele lá se lamentando.

– Nós bem falamos para você ir embora.

Aí quando chegaram na aldeia dos outros convidaram eles para comer:

– Mulher, cozinha mutum para que os primos comam.

Mas era vingança que estavam pensando, e cozinharam urubu.

Quando estavam comendo, I-Nawarua falou:

– Ô meu irmão: não é urubu que estamos comendo?

– É, meu irmão. Vamos embora, porque já comemos e vamos morrer de qualquer jeito.

Aí ambos retornaram para sua casa. Lá começaram a emagrecer, ficaram fracos, já tinham que virar as costas para o sol para esquentar, morreram.

Variante

Passou um tempo. Rwannawa tinha ficado com raiva deles e, como tinha coração de adivinho, soube um dia que os dois chefes iam visitá-lo em casa, e moqueou urubu para eles. Quando chegaram, então falou:

– Vamos, *diyewo*, vamos comer mutum.

Quando estavam nessa, Teteparua falou para seu parceiro.

– Ô meu irmão, acho que estamos comendo urubu.

– Nem que for, estou achando bom. Come, irmão: não é urubu não.

Mas Teteparua deixou de comer. Quando voltaram para casa, encontraram com Xai, o tamanduá-bandeira, querendo transar uma mulher deles, e esta ameaçava:

– Meu marido vai chegar e vai te matar.

E Xai dizia:

– Eu também tenho flecha para brigar.

E a flecha dele era o ximo, uma erva mole.

Os dois chegaram, pegaram Xai e quebraram a canela dele. Mas pouco depois, envenenados pela carne do urubu, os dois morreram.

Variante

No final, I-Nawarua vira onça e Teteparua vira mambira. Os da aldeia ficam surpreendidos, porque nunca tinha acontecido algo assim com dois caciques. Ficam sabendo a partir daí o que acontecera com a carne do urubu.

M41 – Os homens que viraram onça

Isto é que os homens de uma aldeia foram de caça, e viraram onça. Foram todos, menos um. No mato, foram buscar jenipapo e se pintaram com ele; se pintaram de onça preta (que é o tigre de mão torta), onça pintada, onça vermelha, maracajá, em todas essas onças se transformaram. Foram então até a beira de um lago grande, e o cacique falou:

– Agora que todo mundo se pintou, cada um de nós vai pular dentro d'água para ver se transformou mesmo.

Aí foram pulando um por um e quando boiavam já saíam convertidos em onça.

Aí o cacique disse:

– Nós já não vamos usar mais flecha para matar; vamos ver se sem flechas conseguimos matar as coisas.

Saíram para o mato e caçaram só caça grande: anta, porquinho, veado, melhor que se tivessem caçado com flecha. No papiri já tinham começado a moquear as carnes, e o chefe disse a todos:

– Nós já nos transformamos, mas não é para contar nada para as mulheres.

Voltaram para a aldeia sem que lá soubessem nada, cada um com seu paneirão de caça. As mulheres tinham feito mingau de milho, caiçuma, macaxera cozida; e, segundo tinham acertado com o chefe, cada um pegou sua mulher e a levou para um canto. Um deles convidou a mulher para tomar banho, e ela foi com o pote para pegar água. Depois que tomaram banho, ela meteu o pote na cacimba, e o pote borbulhava, enquanto ele subia a terra, virava onça e começava a rugir:

"grrrrrrrrr...". Ela o viu assim e gritou: foi tão grande o susto que até quebrou o pote. O homem riu:

– Mulher, não é mais como era não, agora somos onças e vamos viver dentro d'água.

Outro foi com sua mulher a caçar, e achou uma vara de queixada, comendo paxiubinha: "tatatatatatata...". Aí ele encostou numa árvore arco e flecha, e a mulher lhe perguntou:

– O que é isso? Com que tu vais matar queixada?

– Sossega, mulher: te atrepa nessa árvore e não corre, me espera aqui.

A mulher subiu na árvore e ouviu onça rugindo pegando um porquinho, dois, mas quando acalmou o barulho foi-se embora, e o marido a chamou e ela não estava mais, ela já estava em casa e contou para todo mundo que o marido uma onça tinha comido, aí todos piscaram uns para os outros porque sabiam o que tinha acontecido realmente.

Outro falou para a mulher:

– Mulher, vamos embora tomar banho.

E lá no igarapé ele começou a namorá-la para comer ela.

– Fecha os olhos – disse o marido, e a mulher fechou.

– Abre os olhos – e abriu e ele já estava feito onça.

Ela deu grito, começou a tremer e a perguntar que aconteceu. E ele disse:

– Já não é mais como era não. Agora nós todos somos assim.

Aí os dois foram na casa do vizinho, que era o único que não tinha ido com os outros no mato, e ainda era homem. Aí junto da casa dele tinha uma samaúma, e tinha nele o lagartão, Seda. Aí o homem-onça falou:

– Ô merda, não pode tirar daí esse lagartão?

– E quem pode subir? Mostra tu se podes ou não.

– Só não olha pra mim, que se tu olhares vou cair.

E o outro onça subiu à samaúma, derrubou o bicho, e desceu.

– Agora olha prá cá, parceiro.

E o outro ao vê-lo onça ficou com medo e querendo correr, mas não correu, e perguntou:

– Que aconteceu contigo?

– Já não vamos mais ser parceiros, nós viramos onça e vamos viver dentro d'água.

Aí todos foram até o barranco do rio, lá onde tinha um poço fundo, e se jogaram dentro, e lá ficaram. O outro, o único que não era onça, quis ir junto visitá-los. Jogou-se também na água, mas teve que sair porque se afogava. Ficou na beira sozinho, chamando os outros em vão.

Variante

Não é um vizinho que fica homem: é o cacique de outra turma. A lagarta, Shënawa, é uma comida de que ele gosta muito. O cacique-onça, pedindo para ele que vire as costas, e virando onça, enche um paneiro para ele; mas não quer revelar o segredo para ele, que quer ir junto com eles. O cacique se nega: leva os seus à beira do lago, a água começa a crescer tanto que todos ficam morando embaixo d'água.

M42 – O pium

De primeiro o pium não fazia mal nenhum; ficava tudo junto numa toceira, carapanã, pium, tudo.

Aí um gaiato deu uma paulada naquela toceira e espalhou todo. Aí todo o mundo começou a levar mordida de pium e se perguntava: "Que aconteceu? Antes não tinha disso não!".

Na noite era carapanã, que chupou todo sangue dele. Aí decidiram se mudar para outra aldeia.

M43 – Iri

Nossos parentes pensavam que a gente de Iri morava perto: de tarde sempre viam três mulheres bonitas, as viam clarinho como se fosse na televisão, e elas cantavam: "Babish, babish, é bom, é bom". Isso viam toda tarde, aquelas mulheres de Iri viram toda vez.

Quatro homens então pediram às suas mulheres, que lhes pelaram as pestanas, para ir conhecer a aldeia de Iri. Mas nunca alcançavam: andavam, andavam e acabavam desistindo.

Então dois irmãos decidiram ir, e se despediram das suas mulheres pretendendo chegar nem que demorassem meses no caminho. Andaram, andaram e dois meses depois começaram a ver rastros daquela gente. Primeiro, rastros de caçada:

– Já devemos estar perto da aldeia.

Depois roçados, e afinal se encontraram com a gente de Iri, com as armas preparadas para os matar:

– Não nos mata, não, que viemos só para visitar vocês! E o cacique de Iri disse:

– Graças a Deus que vocês vieram! Gente, vamos dar de comer aos parentes!

E todos se alegraram muito. E o lugar onde eles moravam era bem grande, e cheio de paxiubinha. E o cacique conversou com os dois irmãos, e foi lhes fazendo perguntas:

– Você já ouviu falar que o homem morre e volta?

E o outro falou que não, e é por isso que morremos e não voltamos.

– E você já ouviu de mulher morrer de parto?

E o outro disse que sim.

– E de dor de dente? E de homens se matar na briga? E de alguém morrer mordido de cobra?

E o que fez o outro? A tudo disse que sim! E já era de manhãzinha, e o cacique ainda perguntando, de novo, pelo homem que volta depois de morto; e o outro, que não tinha ouvido nunca falar disso.

– E de velhos que ficam novos outra vez?

E o outro, que nada.

Aquele mesmo dia uma das velhas de Iri virou jovem, e tão linda que o mais novo dos dois irmãos paquerava ela, e ela gozava na cara dele:

– Vais me cutucar a mim em vez de cutucar minhas netas?

E de manhãzinha as três mulheres começaram a cantar como eles sempre tinham visto: "Babish, babish, é bom, é bom..."

– Olha aí, meu irmão, era isso que a gente via desde a nossa aldeia.

E o cacique disse então:

– Já que vocês viram, eu vou devolver a visita. Vou ir até a tua aldeia e mais longe ainda. Mas quando eu chegar lá vai fechar o tempo, vai chover muito, três dias sem parar: terás que subir no pau mais alto, e carregar lá tua gente; e até você não jogar um velho e uma velha a água não vai baixar.

– Farei assim – disse o outro, e foram os dois irmãos embora, se despedindo de Iri; e os parentes em casa viam eles saindo da aldeia.

Quando chegaram, fizeram casa em cima da árvore, levaram muita comida com eles. No mesmo dia em que acabaram a casa, começou a chuva. Os rios encheram, a água foi subindo, chegou até a porta da casa no pau mais alto:

– Vamos morrer se eu não jogar os velhos dentro d'água.

E decidiram jogar um velho e uma velha, que se resistiam:

– Vão nos jogar fora, quando nunca abandonamos vocês!

– Não chorem que assim vão ficar mais novos!

E jogaram eles na água, e a água baixou, e todos puderam descer.

M44 – Tetepawa

Antigamente tinha só o gavião grande, Tetepawa. Ele vivia sem sair do alto da samaúma, Patxiwi. Só quando via criança de lá descia, voando, pegava, comia. Filho de índio, filho de brasileiro também. Os parentes iam fazer guerra aos *nawa* e o gavião levava seus filhos. Assim, precisava ter sempre os filhos guardados, escondidos.

Um dia, lá pelas seis horas, um homem voltava para casa e ouviu o canto do sapinho, wesko. A mulher falou:

– Não temos o que comer: vá procurar esse canoeiro, vá.

Ele foi, procurou, procurou, mas não enxergava e ouviu que já tinha passado do lugar: o sapo coaxou atrás dele. Aí ele falou:

– Eu aqui com perigo que o gavião coma meu filho e o sapo coaxando; fosse gente e ainda poderia fazer alguma coisa.

Wesko então virou gente e se apresentou ao homem:

– Wesko sou eu, *txai*.

– Tu não é, não.

– É sim.

E aí o sapo perguntou que era aquilo de que o gavião comia. O homem explicou então:

– Quando a gente sai para matar branco, o gavião desce voando e leva nossos filhos para comer.

O sapo disse então:

– Isso tem remédio. Vai tirar barro branco, faz com ele um boneco, feito gente, põe chapéu nele, põe no meio do terreiro.

Aí se ajuntaram, tiraram barro, fizeram boneco. Quando o gavião grande viu aquilo quieto no meio do terreiro desceu, voou, meteu a garra no boneco, ficou preso. Aí os índios saíram, flecharam ele, mataram, voaram as penas, e as penas viraram o gavião pequeno.

Variante

O gavião levava as crianças em cima da samaúma, e lá gritava: "she, she...!".

O sapo é o canoeiro. Quando vira homem diz:

– O que você quer? Eu estava tomando cipó com meus irmãos e você falou aquilo...

Chama o sapo de *txai*... O que o homem pede é enxergar direito:

– Como você faz para ver de noite? – Ele é "cego" e precisa caçar. Quando o gavião é flechado, diz:

– Para onde vou vomitar carne de gente? – e vomita para um lado.

– Para onde vou vomitar carne de branco? – e vomita para o outro.

Os homens sobem na samaúma e matam também o filho do gavião.

M45 – O buscador de mel

Isto eram dois *txai*: um deles achava muito mel, mas quase não dava para o outro. De tão sovina acabou por não achar mais mel; só o *txai* que achava então, e ele também não gostava de repartir. Então um dia o buscador infeliz foi caçar; e no caminho parou para cagar, e quando estava nisso uma abelha entrou zunindo no cabelo dele. Molesto, falou para a abelha:

– Em lugar de ficar zunindo aí, bem que poderia me dizer onde que eu acho mel.

Aí a abelha virou gente, e passou remédio na cara dele, e desse momento começou a ver colmeia por toda parte.

M46 – *O Yupa*

Eram dois *txai* que foram caçar e encontraram (um cara) na mata.

– Ô *txai* – disse o primeiro deles –, quero que você me faça um serviço.

– O quê?

– Que você me faça um bom caçador, para eu dar de comer a minha família.

E o outro, que era gaiato, disse por sua vez:

– Então se a este podes fazer bom caçador, a mim podes deixar cego.

Mas eis aí que os desejos se cumpriram e o primeiro virou o maior caçador, que sempre fartava de carne a mulher e os parentes. E o segundo ficou tão, mas tão cego que nem caçava nem saía de casa, nem comia mais carne que seu primo, o grande caçador, lhe dava, nem já mais trepava com a mulher, porque ia tateando e quando tocava na xoxota achava que era espinho de murmuru.

Assim foi até que um bom dia encontrou com um outro cara e se lamentou:

– Eu sou um cego porque me cegaram.

O outro então pegou sernambi, o acendeu e assoprou a fumaça nos olhos dele: o *yupa* saiu dos olhos dele, e ficou bom caçador, tão bom como seu primo, e já não dependeu de mais ninguém para comer.

M47 – O velho que virou moço

Isto é uma aldeia que mudou de lugar, mas tinha um velho que não conseguia ir de jeito nenhum: além de velho, estava muito doente. Deixaram ele sozinho, com a única companhia de uma menina pequena. Mas ela também o deixou sozinho, e ele ficou só com um *komawatecho* – um inhambu-toró.

O velho nada conseguia fazer; estava doente, ia para o terreiro para esquentar ao sol. Deitava tão quieto que *neishwi*, a vespa, comeu um pedaço da carne dele e foi contar aos urubus:

– Ô, pessoal! Tem um cara morto lá na terra!

E os urubus se animaram muito e decidiram ir ver, mas antes quiseram se assegurar:

– Vamos ver se não está mentindo.

E deram para *neishwi* cipó, para que vomitasse, e aí viram o pedaço de carne:

– É verdade mesmo!

Mas ainda assim mandaram na frente Uashapá, o gavião de anta, e este voltou dizendo que era verdade mesmo. Só então se decidiram a ir: contaram o caso para o urubu-rei, que era o cacique deles e os mandou ir na frente.

Chegaram e foram todos sentando em volta do velho. Este, que se fazia de morto mas não estava morto, tinha apanhado um pedaço de pau. E um dos urubus que estava esperando o cacique chegar dizia para si: "Nós aqui esperando, mas quando o chefe chegar vai querer o cu, que é o melhor bocado. Que nada! Eu já vou comendo!"

Mas quando o urubu foi tacar o bico, o velho piscou o cu, e o passarão levou o maior susto e se mandou voando, mas sem dizer nada a ninguém. E os outros urubus esperando, e o velho aguentando sem mexer.

– Vê aí se o chefe chega ou não.

E foi ver, e voltou:

– Está se arrumando, botando colar nele e na mulher dele.

E os urubus esperando, sem comer.

– No que esperamos o chefe, podíamos cagar no morto, né?

E assim fizeram, e o velho aguentando sem mexer.

Quando de repente chegou o urubu-rei: nhaaaan tej!

– Embora comer! Mas primeiro vou tirar meu colar, que se não vai melar de sangue.

Aí tirou e foi morder, mas o velho nesse momento tacou pau na canela do urubu-rei. Todos os urubus fugiram, e o chefe dolorido ficou voando baixinho um tempo, e com esforço conseguiu subir. Chegou lá em cima, e o urubu primeiro ia dizendo que ele já tinha avisado que o homem estava vivo. E o urubu-rei lembrou que tinha deixado lá embaixo o colar.

O velho lá embaixo ficou chamando a menina:

– Filha, vem cá me dar um banho, e guarda esse colar que o urubu deixou.

E assim fez a menina.

Aí mais tarde voltaram os urubus e pediram de volta o colar de seu chefe.

– Não dou, não. Só se ele mesmo vier buscar.

E mais uma vez vieram pedir, e o velho respondeu a mesma coisa, e mais uma vez e a mesma resposta. Até que o urubu-rei decidiu ir em pessoa, foi de noite com os outros, caçaram rato para comer e levaram para assar no fogo do velho.

– Quem és tu, velho?

– Sou um velho jogado fora, porque mais nem andar consigo.

– Não esquenta não, nós damos um jeito nisso.

Depois da janta o urubu-rei mandou pintar o velho, e depois pediu uma faca para tirar o couro dele; e os urubus diziam à filha que não se preocupasse, que iam transformar o velho. Aí pintaram, bateram na paxiúba e o velho levantou novo.

– Muito obrigado, meus amigos: mas não tenho com que pagar o serviço, se não for com este colar.

– Está muito bom, era o colar mesmo que nós queria.

Quando era bem de manhãzinha, o velho que já estava novo, muito animado, chamou a menina:

– Minha filha, está acordada?

E ela estranhou muito porque nunca o tinha conhecido assim jovem e alegre.

– Vamos arrumar nossas bagagens e vamos procurar os parentes. E foram, mas levaram na bagagem o couro velho. Andaram, andaram, e a Komawatecho que foi com eles ia dizendo "sonn, sonn...", indicando o caminho. Andaram, andaram, e numa hora a Komawatecho correu gritando "sonn, sonn..." até a beira de uma capoeira grande, e viram que os parentes tinham morado lá.

– Procura para onde eles foram.

453

E a Komawa seguiu para frente, "sonn, sonn..." E chegaram num outro roçado, onde encontraram rastros novos:

– Agora já estamos achando rastro deles.

Eram umas seis horas, e a velha:

– Era assim que eu escutava o meu marido.

E o velho falou para a menina:

– Não conta pra ela que virei novo outra vez, pega o copo e faz que vai me dar água.

Aí entrou dentro da aldeia e a velha viu ele:

– Como? Mas tu não morreu? Ô gente, o velho não morreu, como é que conseguiu chegar assim um velho desse? – E disse ainda para a filha: – Não dá nem água para ele não, que ele fede, não quero nem ver a cara dele.

Pensavam que era ainda velho, porque estava coberto com o couro de velho. Mas o cacique teve dor dele e mandou duas filhas que tinha para casar com ele. E a velha ainda reclamava:

– Mas como é que duas meninas vão aguentar dormir com um velho desses!

Mas as duas obedeceram e foram com o velho fingido; e de noite ele foi ter com as duas, primeiro com a maior depois com a mais nova, e a primeira disse:

– Pô, esse velho nem toca na periquita e já está levantando.

E quando foi a segunda, o pau estava tão duro que fazia "begs, begs" entrando e saindo. De manhã, o cacique falava:

– Pena que esse meu genro não seja novo pra derrubar um bocado de pau que tenho que derrubar.

E o velho fingido:

– Mulher, vai trazer machado para eu derrubar. A irmã maior tinha dor dele e disse:

– Não, só se fosse mais novo que precisaria derrubar.

Mas a mais nova trouxe machado para mangar dele, e a mulher velha dele também morria de rir de ver ele indo cortar pau. Ma quê? O velho andava mais que seringueiro, seguiu até o roçado e começou a derrubar pau, e pau, e pau. O cacique se assombrou daquela derrubação e foi devagarinho até o lugar e ouviu que o homem estava chegando o machado na samaúma grande, tan, tan, tan; e caindo a samaúma dava o maior grito:

– Ah, esse não é grito de velho não.

E de mais perto viu que o cara tinha tirado o couro de velho e estava lá bem novo, e então o cacique voltou de mansinho para sua casa.

– Ô minhas filhas, venham me tirar carrapato das costas.

E as duas começaram a catar carrapato nas costas do pai; e este cochichou então no ouvido delas:

– Minhas filhas, vocês pensam que o marido que eu dei pra vocês é velho, mas não é não. Vão levar chicha pra ele no roçado e vão ver que é jovem e bonito.

Aí foram para o roçado escondidas, e o viram lá tão bonitinho. Aí uma irmã disse pra outra:

– No que eu levo a chicha pra ele, tu cata o couro velho, passa na lama e enche de *sisi* – que é o aricuri espinhento – para que ele não possa pôr de novo.

E assim foi: o homem correu atrás:

– Devolve meu couro, devolve!

Mas não recuperou, e teve que se conformar:

– Tá bom, mas então me esperem aqui, que vou derrubar o último pau.

E a velha da aldeia ouvia cair os paus, e os gritos que ele dava, e resmungava:

– Ô velho fedorento! Só porque está com duas mulheres grita que nem novo!

Aí o homem tomou banho com suas mulheres e todo no jeito voltou para a aldeia bem novo para que todos vissem. E aí a velha reconheceu seu marido que era de novo um rapaz bonito, e saiu atrás gritando:

– Ah, vocês duas, esse aí é marido meu e vai ficar comigo!

E foi pegar as coisas do velho que não era mais velho, mas ele não deixou nem pôr o dedo em cima. E à velha não restou senão cair de pau na filha:

– Ah, filha desgraçada! Por que você não contou o que tinha acontecido?

– Culpa sua, mãe, que nem água quis dar pra ele, agora se arda.

E acabou.

M48 – o balanço do jabuti

O jabuti brincava de *iskurutene*, isto é, de balanço, e a onça que viu ficou com vontade e pediu para balançar também.

– Deixa eu brincar com vocês?

– Não pode, *txai*, nós somos pequenos e a corda aguenta, você vai cair e morrer.

Mas ela rugiu ameaçando, e os jabutis deixaram ela balançar: balançou, balançou, e a corda quebrou e o pescoço da onça quebrou.

– Bem que nós falamos pra ela! Agora, para que não estrague a carne, vamos comer o *txai*.

E repartiram a carne em paneiros, e cada um levou para comer em casa. Mas no dia seguinte chegou o irmão da onça procurando ele.

– Vocês não viram meu irmão por aí?

– Não vimos não.

– E o que é que tens aí no paneiro?

– Nada, não tem nada.

– Me diz, ou te quebro o braço.

– Ayayayyyy, nós só estamos aproveitando, ele quebrou o pescoço no balanço e morreu.

– Eu já sabia que ia comer jabuti ainda hoje.

E foi quebrando os braços dos jabutis, que desde então são daquele jeito torto.

Aí chegou Neshuiniwa e perguntou ao jabuti:

– O que aconteceu, que estás desse jeito?

– Foi a onça, aquele desgraçado, aquele olhudo, que fez isso com nossos braços.

– Bom – disse Neshuiniwa – eu vou ajeitar os braços de vocês.

E arrumou o braço, mas do jeito que está agora. O jabuti falou então:

– Saberão de nós no futuro, mas já não viveremos mais todos juntos como até agora.

E é por isso que tem jabuti em toda parte.

M49 – Dois cachorros conversando

Os caras foram matar anta com dois cachorros; os homens iam na frente e os cachorros iam ficando atrás, mais devagar. Mas acontece que um dos caras parou para cagar, e então viu chegar os dois cachorros conversando. O um dizia:

– Eu que tanto cansei para matar a anta, não vou comer nada dela. Por isso que às vezes me dá tanta raiva que nem caço coisa nenhuma.

– O meu dono não é assim não – respondia o outro cachorro. – Ele me dá chicha e carne de anta.

O homem levou o maior susto:

– Nós que pensávamos que cachorro não falasse! Mas esse fala, e reclama da velha, que só lhe dá osso e paulada!

M50 – Outros dois cachorros

Era um homem que criava dois cachorros grandes, muito bons para matar anta. A mulher dele estava doente, e de noite o cachorrão pulava nos quartos dela, e começava a fodê-la.

– Acorda, mulher, que o cachorrão está te fodendo!

Aí correram atrás dos cachorros, mas eles escaparam:

– Ah, quem dera que fosse gente, para matar vocês!

M51 – Toshtoshtoshtosh

Isso eram dois caras, e um dizia:

– Toshtoshtoshtosh, eu já fiz pra ti.

E o outro respondia:

– Toshtoshtoshtosh, amanhã vamos embora.

Aí de manhã foram os dois embora. Chegaram num cacaueiro (*txashoreso*) e trocaram o cu. E na hora acharam dois jabuti e trouxeram para casa.

– Toshtoshtoshtosh, já fiz para você.

– Yamayama, o jaboti tem a perna torta...

M52 – Pashpe, o piranha

Isto era a piranha que era um homem solteiro: não tinha mulher, só tinha a mãe.

Um dia, quando ele estava derrubando mato para roçado, chegaram na casa dele duas mulheres que eram suas primas. A mãe foi avisar:

– Tuas primas chegaram.

– Já deste de comer para elas?

– Sim, mas ainda precisa carne, vai matar bicho para comer.

Aí ele, que era um grande piolhento, catou uma porção de piolho, que era a carne que eles comiam sempre, e ofereceu para as primas, que não quiseram comer.

Ficou de noite, e ele foi deitar com uma das primas, mas era só tentar e ele gritava "ai, ai, ai, ai" que doía, e a mãe dele tinha que lavar a pica com água morna até parar.

De manhã, ele saiu de novo a derrubar. As duas mulheres falaram para a tia:

– Yaya, vamos buscar urucum para fazer desenho.

– Então chamem o *bibiki* para ir junto.

– Não precisa, não – e elas foram embora.

O Piranha, quando a mãe falou, saiu atrás delas, foi, foi, e chegou numa casa de uma velha que morava sozinha com um macaco-prego bravo. Procurou na casa a mulher dele, procurou e não viu. Então matou a velha, mas o macaco foi nele, arranhou toda a cara dele. Aí ele voltou para a mãe e mostrou os arranhões:

– Olha, mãe, as primas não quiseram voltar, olha só o que fizeram comigo.

E aí acabou.

M53 – *Papaisara*

Isto era um velho que morava com seu filho e sua mulher nova, que não era a mãe deste. Aí uma hora que estavam a sós, o menino perguntou para a mulher:

– Mãe, o que é isso? – E indicava a dobra atrás do joelho.

– *Uposhko*, meu filho – disse ela.

– E isso aí? – indicando a munheca.

E a mãe ia respondendo. E as pálpebras. E a boca. E o dedão do pé. E a garganta, e a teta, e o sovaco, e a orelha. Aí chegou à xoxota:

– O que é isso mãe?

– É o rango de seu pai.

– Então deixa eu experimentar se é bom.

– Então experimenta.

E abriu as pernas para foder e ele lá foi em cima. Na hora o pai vinha chegando, e assim os encontrou:

– Vocês fodendo logo agora que eu venho, eh!

E saiu atrás do filho para matá-lo. O filho então se escondeu dentro de um buraco, e o pai que viu foi catar lenha para fazer fogo.

– Sai daí, meu filho – disse a velha – que teu pai vai tacar fogo no buraco.

Então o menino saiu e se escondeu em outro lugar, ao tempo que o velho fazia fogo bem quente pensando que o assava lá dentro. E eis aí que no buraco tinha uma taboca seca, que quando esquentou começou a assobiar que parecia gente gemendo, e o pai ficou bem contente:

– Olha aí onde vai parar quem apronta uma dessas.

E foi-se satisfeito. Mas depois o filho saiu bem devagarinho do seu esconderijo, e ia cantarolando: "Papaisara, papaisara, que tacou fogo pra queimar o filho..."

M54 – Histórias de aldeias

É uma aldeia que mudou de lugar: ficaram só os meninos aos cuidados de uma velha e um velho. Voltaram um tempo depois para ver os meninos, mas não estavam mais: a velha (por fome que tinha) tinha comido um dos meninos, e os outros tinham escapado: lá estavam a sós os dois velhos, se mordendo entre eles. Pegaram os dois e jogaram dentro d'água. Aí voltaram para a mesma aldeia. Moravam lá um homem e uma mulher, como o Dima e a Alzira numa casinha, e diziam entre si: "Vamos embora desta aldeia, aqui estamos perto demais", e foram longe de lá, e ficaram.

Dois velhos moravam sozinhos e comeram de um tipo de ovo, e morreram porque não tinha mais ninguém para cuidá-los.

M55 – Awapachutade, a que transava com a anta

Um homem tinha visto sementes de aricuri roídas na mata, à beira de um lago, e decidiu voltar lá para caçar a cotia.

– Vou lá esperar cotia – falou para a sua mulher.

– Vai lá, sim – disse ela.

O homem então se atocaiou na mata, perto do lago, e quando estava esperando cotia, apareceu lá uma anta, carregando quatro jenipapos que jogou na água um por um: da água, então, saiu uma mulher muito bonita. "Eta mulher linda!", exclamou o índio, vendo-a transar com a anta. Mas aquela mulher era em verdade uma ronoá, uma sucuri. Ao se despedir dela, a anta advertiu:

– Amanhã eu não venho, porque vou caçar: depois irei pegar jenipapo.

O homem, que tinha escutado, não contou nada para ninguém, e voltou no outro dia com o jenipapo antes que a anta. Jogou o jenipapo na água, e quando a mulher saiu pensando que se tratava da anta, ele a agarrou pelos cabelos. Quando ela viu que se tratava de outro, o enrolou tudinho, virada em cobra, e o que eram cabelos era agora o rabo da cobra:

– Eu já te vi, eu sei que você é gente – disse o homem, pedindo e pedindo que voltasse à forma humana, até que a convenceu.

Ela disse:

– Eu já te assustei, como você assustou a mim.

E aí se beijaram, e foram transar no meio do lago.

– Embora lá, que eu não tenho marido – disse ela.

– Mas como? Eu não posso entrar embaixo d'água! – respondeu.

– Não é água, é casa – disse a ronoá, que pegou o remédio *dei-sa* e passou na cara dele, enquanto passava água na sua própria.

Quando abriu os olhos, viu que o lago todo era uma grande casa, e lá foram morar. Quando a anta chegou, jogou jenipapo na água, jogou, jogou, e nada aconteceu. Foi embora de lá com muita raiva.

O homem se acostumou embaixo d'água: tinha sogro e sogra que ficaram muito contentes com ele. Uma noite chegaram Edeborayuxi e Shuanawawo, que eram outras cobras grandes, parentes:

– À noite vamos tomar *ayahuasca*, mas tu não vais tomar, porque não conheces.

– Eu sou homem, eu sei muito de *ayahuasca*, vou tomar também.

Aí tomou um porre de cipó, e gritava pedindo socorro à sua mulher:

– Venha minha mulher, me ajude! Cobra vai me comer!

Aí todos calaram, muito irritados. O velho falou para a filha:

– Vai e tira o porre dele.

A mulher então levou-o para o quarto, curou-o; o próprio sogro ajudou a cantar na cabeça dele para passar. Pediram que não tomasse mais e repreenderam-no, porque já tinham avisado ele. Não tomou mais, e o outro dia o bodó, que tinha visto tudo, aproveitou que a mulher-cobra tinha ido calar macaxera para falar com ele:

– Muito mal-feito o que você fez: Shuanawawo e Edeborayuxi queriam te matar de raiva, e teriam te matado não fosse teu sogro.

E ele se lamentava:

– Que vergonha que eu passei! Pensei mesmo que me comiam!

– Acho melhor tu ires embora logo.

Mas o homem não sabia o que fazer: já tinha filhos com a cobra, e além disso não sabia como fazer para sair no seco e correr bem longe.

– Será que você não tem um jeito de eu ir embora?

O bodó então falou pra ele pegar da orelha dele: ele pegou da orelha do bodó e este de uma cabeçada o jogou para a beira d'água. O homem voltou para a sua casa, onde estavam com muitas saudades dele.

No lago o bodó teve que fugir da mulher cobra, que sabia o que tinha acontecido e estava com muita raiva. E as mesmas cobras decidiram se mudar para outro poço. O homem depois de um tempo teve saudades da mulher e dos filhos, que com ela deixara. Foi lá no poço, procurando, procurando, mas só achou dois carás que lhe disseram:

– Tua mulher se mudou, tendeu a rede em outro lugar, está chorando com muita saudade e com muita raiva de ti.

Aí foi em frente, rio abaixo, parando em cada lago para procurar, e a cada vez lhe davam notícias das cobras, e do caminho que tinham seguido; mas quando tinha andado muito, o Jundiá lhe advertiu:

– Teu sogro pediu para não seguir em frente, se quiseres seguir vivo.

E assim o homem teve de esquecer a mulher do lago, voltou à sua casa e chorou.

M56 – Awa xawechutanadeo, a anta comendo a jabota

Acontece que todo mundo enrabava a jabota: o porquinho, o veado, todo bicho enrabava ela, e um dia no caminho topou com o anta, que pediu também pra dar pra ele, sendo o bicho que tem o maior pau.

– Não dá pra fazer com você, não, que você me mata.

– O que vou fazer é te quebrar; se não der pra mim, vou torcer teu braço.

Então a jabota se convenceu:

– Então mete, mas só até a metade.

Então o anta meteu na periquita dela, meteu.

– Já chega – falou a jabota.

– Ainda mais um pouco – respondeu o anta, e mete, mete, foi subindo.

– Já chega – falou a jabota.

– Ainda mais um pouco – respondeu o anta, e mete, mete, foi subindo o pau com a jabota inteira espetada.

– Já chega – disse a jabota, com a boca cheia.

– Ainda mais um pouco – bradou o anta, e mete, mete, o pau saiu pela boca da jabota, que então mordeu, fechou o bico-que-tira-pedaço, e o anta berrou, berrou, querendo se livrar da jabota:

– Vou te matar, vou te afogar!

Mergulhou na água, bateu na sapopema mas não pôde se livrar da mordida da jabota: virou e revirou, até que morreu.

E é de então que o anta tem a pica sem ponta, cortada daquele jeito.

M57 – Ronoánasegade, o homem morto pela sucuri

Era um homem que foi caçar de espera, atocaiado: mas nessa, quando menos esperava, o bicho, a ronoá, pegou ele. Os parentes dele, vendo que não voltava, foram à procura, e encontraram que a ronoá já tinha engolido ele pela metade, só meio corpo estava ainda fora. Aí o homem gritou para os parentes:

– Vai, flecha no rabo dela mesmo, flecha.

Eles flecharam o bicho que cuspiu o parente todo. Mataram o bicho, pegaram o homem, lavaram ele. E então o homem que tinha sido abocanhado pela ronoá falou:

– Vamos tomar *shori*.

– O que é isso? – perguntaram os outros, porque até então os parentes não sabiam nada do cipó.

– Vocês vão ver – respondeu.

Aí, preparou o *shori*, tomou, começou a cantar. Os outros gostaram muito:

– Você aprendeu!

Aí ele ensinou aos outros, ensinou *Koshuitia*.

M58 – O homem que fodeu sua tia

Isto é um parente que levou sua tia, sua *achi*, a pescar. E lá pescando ficou doido pela tia.

– Tia, arregaça a saia e te abaixa.

Aí ela fez, e ele lá de cacete bem duro:

– Deixe me ajeitar – fez, e meteu bem, e comeu bem a tia.

– Agora tu vais casar comigo – disse a tia, mas ele fez que não ouvia. Voltaram para casa, e a tia começou a cozinhar o peixe para ele.

– Tu casa comigo mesmo.

E aí o cara assustou e fugiu para casa de um vizinho.

M59 – Os ensinamentos do macaco-prego

Os parentes antigamente não sabiam transar direito. A periquita, mulher dizia que era tumor que estava ruim e doía. Quando mijava, dizia: "olha aí, o tumor já espocou". E para meter o pau, era só na perna, atrás do joelho. Aí um dia um índio foi caçar e lá no alto viu o macaco-prego e ficou espiando, espiando. E numa hora a macaca se deitou de costas, o macaco veio nela, transou. Aí ele ficou sabendo. Voltou para a aldeia e falou para a mulher:

– Vamos, mulher, vamos tomar banho.

A outra já sabia o que queria dizer, e foi e reclamava para ele:

– Ai, o meu tumor tá ruim, não posso nem triscar – e já esticava a perna para ele comer.

– Aí mais não, que não é aí que o macaco comeu.

E dessa vez ele tirou o cabaço da mulher. E todo mundo ficou sabendo da novidade, e levavam as mulheres para o índio tirar cabaço, mas não acharam graça no acordo, e daí em diante cada qual tirou o seu.

M60 – A parteira canibal

Isto era uma mulher que estava buchuda, querendo parir mas não saía não, estava sofrendo. Então o marido dela foi buscar a parteira, Inawasado. Mas era esta uma parteira que abria a barriga, e se acontecia a mulher estar gorda, matava e comia; tirava o coração e comia. Mas mesmo com esse medo o homem foi procurar, porque a mulher dele estava sofrendo muito. Mas demorou bastante, porque a parteira morava meio longe: parente antigo não morava junto como é agora. Aí nessa espera a mulher ouvia o rato brigando com os filhos, e falou:

– Bem podia esse rato ser gente e ajudar um pouco.

Não tinham passado cinco minutos que o rato-mulher chegou na frente dela:

– O que está acontecendo aqui?

– Que estou sofrendo muito para descansar dessa barriga, e a parteira não chega.

– Parteira? Eu não preciso de parteira coisa nenhuma! Eu faço assim, viu? E faço força assim.

Aí ela fez como a rato disse, e pariu direitinho. Daí chegou o marido com a parteira, ele chorando de medo que a parteira achasse sua mulher apetitosa; mas a mulher já estava descansada, e com o filho nos braços. A parteira ficou com muita raiva e nunca mais voltou; mas nem falta fez, porque a mulher ensinou a todas as outras o modo de parir que o rato tinha ensinado para ela.

Variante

Não é Inawasado, mas Yurapibe. O cara botou fubá de milho nas costas. A rata – tsawe da mulher – corta o umbigo, enrola em panos a criança e dá uma série de conselhos sobre as dietas de uma criança pequena, recomendando à mulher que os divulgue: não te coça com tuas unhas, mas com qualquer talinho de planta; não come junto a ninguém, não come com teu marido; não anda descalça, não pega sol; pede para teu marido fazer mingau de milho, não come banana crua nem carne.

M61 – Intxi, o sapo glutão

Isto é um homem que morava sozinho num lugar, e um dia deu uma festa para os parentes; a mulher dele preparou uma enormidade de *uba* para fazer uma grande bebedeira; e ele foi procurar os convidados, mas não achou ninguém em casa. Aí a mulher estava já cansada de esperar e dizia:

– Porra, não vai ter ninguém para dar conta dessa bebida toda?

E aí do lado o sapo Intxi cantava: "Iéee iéeee".

– Fosse gente, não cantaria desse jeito e viria aqui festar com meu marido.

Não passaram cinco minutos e tinha lá um homem barrigudão:

– O que tu falou?

– Não falava de ti, falava do sapo.

– Pois é, o sapo sou eu.

Então a mulher ofereceu para ele um cesto de pamonha: ele aceitou, mas engoliu tudo de vez, o cesto e a pamonha. Depois a mulher deu para ele um kentxi de *uba* e de novo o sapo engoliu *uba*, pote e tudo.

Deu outro, e de novo foi tudo pra dentro. Aí ela ficou com medo:

– Meus filhos, esse homem vai nos engolir com casa e tudo. Vai, menino, inventa de cagar – disse então ao menor dos filhos, e este:

– Mãe, mãe, eu quero cagar.

– Não precisa ir embora, bota ele para cagar aqui mesmo.

465

– Não, de jeito nenhum, que depois fica fedendo.

Aí ela saiu junto, levou os filhos num mamãozinho.

– Meus filhos, entra aí tudinho – e todos entraram no buraco do mamoeiro, escondidos.

Aí a mãe ia junto, mas pensou: "Será que ele me viu?", e falou:

– Primo!

E o outro respondeu:

– Prima!

– Ai, já me conheceu.

E Intxi começou a bater no pau em que eles tinham se escondido. Aí a mulher ficou aguentando. O Intxi engoliu tudo: potes, panelas, rede, fogo, tudo: só a casa não engoliu, mas a deixou limpa. Daí subiu no mulateiro e começou a cantar, e a mulher aturando. Estava nessas quando chegou o marido com muita gente convidada, e se encontrou com a casa vazia e sem nada para oferecer.

– Marido, não tem nada, o sapo engoliu tudo!

– Mas tu viu engolir?

– Vi, sim: Ele engole tudo! Aí está ele!

Aí pegaram no machado, derrubaram o pau em que Intxi estava: ele caiu, arrebentou, espocou todo. Aí pegaram as coisas que sobraram na barriga, a mulher pegou a rede, limpou o fato do bicho, arrumou as coisas, mas o pessoal foi embora sem festa.

M62 – Yuxisirowo

Isto é um homem que foi mariscar e levou a mulher dele junto: foram matar peixes de flecha. Andaram muito, chegaram no igarapé, foram matando os peixes e juntando no salão. Daí ouviram Yuxisirowo, o mapinguari, gritando. O índio mandou a mulher para casa, mas ele ficou e foi brigar. O mapinguari achou graça, pensando que ia comer. Mas era um índio valente: lutou com ele, lutou, derrubou em cima de uma moita de murmuru, que tem espinho muito bravo, e deixou ele gritando e se lamentando, e foi chamar os outros, mas o mapinguari já tinha fugido, pingando sangue.

M63 – Edeborayuxi

Um cara que estava sem mulher foi caçar e viu no lago uma menina que estava deitada de perna aberta e de peito pra cima. Era uma pequenina com o cabelo bem branquinho e já mulher feita. Na verdade, era a Edeborayuxi. Transou ela, e depois que transaram ela ficou grande.

– Vamos embora para a minha aldeia – disse ele.

– Não posso ir sem avisar antes meus pais – retrucou ela.

Foram então até um lago que tinha bem perto de lá: havia lá muitas araras e pássaros grandes. Ela mergulhou para avisar os pais dela, que viviam no fundo; depois saiu e foi embora com o homem. A mãe do homem ficou muito contente de ter uma nora:

– Onde é que você achou ela? – se admirava.

Passou muito tempo sem que a Edeborayuxi fosse visitar seus parentes de volta; mas um dia foi sem avisar. Ele ficou com ciúme, e quando voltou bateu nela. Passaram-se de novo os meses, e de novo sem aviso a mulher foi visitar seus pais, aí o cara ciumento preparou flecha e no outro dia a matou.

Os rios então começaram a crescer: era que o pai dela queria tomar vingança, mas dessa vez não conseguiu. Desde então o homem não podia chegar perto da água: se ia tomar banho, a água crescia e quase o engolia; nem beber podia à vontade, porque a água crescia para o afogar. Os seus próprios parentes ficaram cansados de toda aquela enchente e decidiram se mudar para o outro lado do rio. Todos atravessaram o rio sem problemas; mas ele tinha medo de pôr o pé na água, e ficou por último, sozinho.

– Atravessa correndo, que eles nem vão perceber.

Ele então entrou, tentou correr, mas a água cresceu, o sepultou, deram cabo nele; só o sangue saiu flutuando.

– Bem que nós falamos para ele que não judiasse da mulher, que não era dos nossos.

Só a mãe e a esposa dele choraram.

M64 – Mulher que casou com a anta

Um homem morreu, e o seu irmão quis ficar com a viúva, mas ela não quis: foi embora para o mato e casou com Awa, a anta.

Aí o cunhado sabia desse casório e se lamentava muito pensando no que deviam sofrer os filhos de seu irmão. Decidiu então visitá-los: os encontrou sozinhos, porque a mãe tinha ido embora a caçar com Awa, estavam mal, cheios de carrapatos. Aí foi visitá-los várias vezes: chegava perto da casa, e quando os meninos avisavam que não tinha ninguém, ele subia e ficava com eles.

Um dia soube enfim que a anta já tinha emprenhado a mulher, e acabou se decidindo: "Ah, eu vou buscar meus filhos e trazê-los comigo".

Foi na casa da anta e de novo os encontrou sozinhos:

– Cadê a mãe de vocês?

– Foi com a anta botar tingui.

Aí se escondeu. Chegou a anta com a mulher, jantaram, foram para a rede. Aí começaram a trepar, e então os meninos avisaram ele:

– Papa, papa, já pode entrar.

Então ele entrou na casa com o arco preparado, e flechou os dois que estavam juntos. Levou embora os dois meninos, que estavam cheios de carrapatos; os limpou e os criou na casa dele.

M65 – O velho que se vingou

Isto era um velho bem velho que já tinha filhos grandes e estava casado com uma menina nova. O velho estava doente e nem caçar conseguia mais. De noite, a moça nem aceitava trepar com ele.

– Já que tu não caça – disse ela – vou ver se eu consigo alguma coisa para comer.

Era que ela andava com outro mais novo, e cada vez que ela ia mariscar era para se encontrar com o homem, que no fim dava comida para ela. Aquela noite deu um macaco-preto pra ela.

– Ô marido: olha que macaco que eu trouxe! O encontrei já ferido e o rematei com o terçado.

Cozinhou o macaco e comeram. De noite, o outro marido chegava na casa e batia nela de ciúme:

– Não é que tu dás para esse velho?

– Eu? De jeito nenhum! Se estás com ciúme, mata ele e aí nós moraremos juntos!

E o outro dia a mulher trazia queixada, dizendo que a tinha conseguido sei lá como. O velho comia, mas sabia bem de onde vinha aquela carne; e embora continuasse doente, ele ia se recuperando aos poucos. Quando tentava transar sua mulher, ela se recusava:

– Ô meu marido, tu estás velho para essas coisas, podes morrer.

E o velho ia tomando nota de tudo que acontecia.

Um dia o chefe chamou todo o mundo para comer um veado que tinha caçado e que estava quase passado. Sentaram em roda, e ao tempo que comiam o amante jogou um pedaço de carne podre nas costas do velho. Este, muito manso, se limpou e disse para o outro:

– Ô meu amigo, não deves fazer isso com um velho doente como eu, deves ter pena de mim que já não presto mais.

Aí o velho já estava muito melhor, mas continuava se fingindo de doente, e os outros dois aproveitavam e já dormiam juntos, pelados numa rede só na casa do velho. Aquela noite o velho acendeu um pedaço de cernambi e foi onde estavam os dois, dormindo bem agarrados. Deu uma machadada na cabeça dele, e depois nas costas dela, que fugia. Depois, arrastou os dois até o terreiro, deitou ela de pernas abertas e ele em cima. Depois, desatou sua rede e saiu da aldeia dizendo:

– Amanhã vocês vão ver o que aconteceu com um casalzinho. E foi embora para a aldeia de seus parentes.

M66 – Os comedores de cobras

Antigamente o pessoal comia cobras: todas as cobras, tanto que se tivesse continuado assim não teria mais hoje.

Tinha um cara cego que nunca conseguia caçar, só comia a cobra que os outros davam para sua mulher. Seu irmão então propôs para ele ir caçar para o lado contrário de onde caçavam os outros. Saíram juntos e depois se dividiram: "você vai pra lá eu vou pra cá".

Então uma cobra enorme se enrolou no pescoço do cego: gritou, gritou até que o irmão acudiu: matou a cobra e a cortaram em pedaços. Voltaram com ela no paneiro e todos admiraram a grande caçada do cego.

M67 – *Txaipua* (Primo brabo)

Era um cara que matava as moças. Escolhia a mais bonita e pedia para dar chicha para ele, mas não estendia o copo, estendia o dedo e assim a chicha caía em cima dele e ele gritava: "Ah sua desgraçada, você derramou a chicha em cima de mim", e matava na hora. Mas nunca tinha feito isso com os da outra aldeia, que diziam: "Se esse cara tenta aprontar aqui, vai ver o que é bom".

Então chegou o dia que ele foi para a outra aldeia e todo mundo não tirava olho dele para ver o que fazia, e então ele viu a menina mais bonita:

– Ei, tu, vem me servir chicha aí.

E esticava o dedo, como sempre. E como sempre a chicha derramou nele, mas quando tentava matar a menina, os irmãos pularam em cima dele:

– Vamos te cortar esse dedo e o braço todo.

E ele se defendia:

– Eu não estava fazendo nada, só vim avisar vocês que os da minha turma estão pensando em vir matar vocês todos.

Mas não adiantou: cortaram-lhe as duas mãos e os dois pés e o botaram ao sol. Aí ele começou a chorar, chamando todos seus parentes, um por um. De manhã tinha morrido, jogaram fora o cadáver e os da outra turma ficaram também bem alegres.

M68 – Tereikawaka

Antigamente, as nuvens estavam bem perto da terra, mas não molestavam não. Os parentes andavam o tempo todo de um lugar para o outro, e acontecia de encontrarem um desconhecido no caminho.

Um dia um homem encontrou uma criança pequena e perguntou: "Como é teu nome, menino?", e ele respondeu que seu pai o chamou de Tereikawaka, isto é, filho do trovão.

O cara, ouvindo o nome, achou graça e perguntou que nome era esse e de onde tinha arrumado; depois, açoitou o menino e o afogou na água.

Aí choveu, trovejou, essa estrondação, o pessoal ficou louco, tudo alagou e muitos morreram. Os parentes pensaram que aquele homem tinha a culpa de tudo, pelo que tinha feito a Tereikawaka. Foram e o mataram.

Antigamente todo dia era sol: não tinha chuva nem relâmpagos.

M69 – Histórias de vingança

Tinha duas meninas solteiras que nunca tinham visto seus parentes, e um dia decidiram ir buscá-los. Chegaram assim numa aldeia em que tinha muita rapaziada. Gostaram, casaram e ficaram por lá. Aí um homem casado convidou uma delas para tomar banho; quando voltou, ouviu dizer que a sua irmã tinha sido morta, e ela correu a falar para os seus se vingarem. Aí o tio fugiu, mas mataram o irmão e o filho. Mas a primeira irmã não estava morta, voltou e explicou o que tinha acontecido. Aí os parentes mudaram de moradia.

O irmão pequeno dela estava aprendendo a fazer flechas e flechar bodó. Baspe, que era da outra família, encontrou ele e o matou. Um pajé então ofereceu ao pai do menino vingança em troca de uma filha para casar. Aí o pai deu a filha, o pajé preparou veneno e matou todos os da família de Baspe.

M70 – A casa dos espíritos

Isto é um homem que um dia inventou de sair passear, pediu à mulher para tirar o bigode dele. A mulher tirou, ele saiu dizendo que ia visitar cunhado. Mas aí no caminho pegou uma jabota, matou, assou, comeu fígado, comeu casca de jabota. Aí deu sono; e como tinha lá uma casa abandonada, deitou e dormiu. Então chegou pesadelo: sonhou que a carne dele desaparecia todinha. Acordou com tanto susto que se atrepou na cumeeira da casa e lá passou acordado a noite inteira.

No outro dia voltou para casa e contou a outro o que tinha acontecido:

– Rapaz, pesadelo quase me come.

– Tu estava era com saudade da tua mulher; eu vou lá e não vejo coisa nenhuma. Amanhã mesmo eu vou lá.

E foi mesmo no outro dia, do mesmo jeito que o outro foi; e também pegou a jabota, e também assou e comeu fígado e casca, mas não tinha nem acabado de comer e chegaram todos, todos começaram a chegar, pega lá, bate acolá, tomaram conta de tudinho, comeram.

O homem escapuliu até à cumeeira da casa, mas lá mesmo pegaram ele lá em cima e comeram, deixaram só o cabelo. Aí voltou para casa só o espírito dele; a mulher viu e chorou:

– Bem que falei para não ir, mas tu é teimoso.

Aí os parentes foram ver, e não acharam nem osso: só cabelo. Aí voltaram, contaram para a mulher:

– *Yuxi* já comeu.

Ela chorou muito, pelou cabeça dela.

Índice remissivo

Acre, estado do, 14, 17, 21, 38, 48, 84, 85, 87, 96, 99, 139, 143, 152, 153, 164, 172, 173, 174, 178, 179, 180, 183, 189, 190, 209, 226, 228, 241, 257, 341, 358

Acre, rio, 16, 17, 29, 30, 37, 38, 41, 42, 44, 52, 56, 64, 65, 69, 110, 122, 171, 175, 178, 179, 180, 185, 186, 188, 189, 208, 209, 236, 248, 253, 262, 267, 269

afinidade, 26, 32, 86, 100, 106, 113, 147, 223, 299, 300, 301, 339, 348, 356, 368

céu sem afinidade, 223, 348, 356
termos de, 26, 99, 100, 103, 115, 299

álcool. 124, 125, 128, 129, l30, 131, 132, 138, 159, 160, 161, 179, 181, 185, 197

Amahuaca, 23, 76, 94, 103, 114, 212, 214, 228, 229, 231, 234, 237, 238, 241, 242, 250, 251, 253, 254, 255, 256, 258, 259, 271, 275, 276, 282, 328

Arawak, 14, 22, 28, 214, 233, 245, 246, 281, 282, 288, 293, 360

ayahuasca, 51, 52, 153, 154, 155, 157, 158, 159, 162, 163, 164, 166, 220, 317, 320, 324, 326, 328, 353, 354, 355, 371, 375

bibiki, 92, 100, 101, 102, 103, 105, 115
boom da borracha, 31, 184, 203, 225, 231, 244, 245, 260, 275

canibalismo, 85, 181, 203, 204, 270, 291, 297, 298

céu, 219, 223, 317, 334, 348, 350, 352, 354, 355, 356, 357, 358, 398, 402, 403, 404-5

chefia, 18, 30, 54, 55, 89, 90, l36, 137, 138, 139, 140, 143, 144, 145, 146, 147, 148, 203, 217, 228, 238, 250, 251, 280

Chefia
diyewo, 140, 141, 142, 143, 146, 443, 444
liderança, 137, 140, 143, 238

dravidiano, 26, 91-4, 96, 97, 98, 99, 100, 101, 102, 105, 106, 115, 299, 301, 340, 368

etno-história, 15-6, 23, 25, 31, 214, 215

etnônimo, 14, 16, 29, 31, 83, 85, 108, 109, 111, 112, 186, 209, 210, 215, 216, 246, 247, 257, 258, 259, 271, 277, 279, 287, 299, 305, 306, 330, 357, 367, 368, 373
autodenominação, 83, 214, 267, 305, 338, 361

exegese, 76, 84, 111, 138, 153, 166, 215, 257, 268, 273
ausência de, 18, 19, 317, 357, 374, 376

Funai, 18, 29, 31, 38, 44, 84, 144, 171, 179, 180, 183, 184, 188, 189, 190, 215, 216, 220, 254, 255, 373

Iaco, rio, 29, 37, 38, 52, 54, 57, 64, 75, 81, 122, 132, 171, 172, 175, 178, 179, 180, 184, 187, 188, 189, 203, 205, 207, 208, 209, 210, 211, 212, 228, 236, 253, 254

Inca, 14, 15, 27, 31, 157, 279, 280, 285-93, 294, 295, 296-300, 302, 303, 304, 305, 306, 307, 308, 309, 310, 348
como nome, 280, 287, 295, 298, 305

indigenismo, 13, 16, 38, 164, 180, 190, 191, 192, 221, 236

kaio, 104, 107-13, 146

Kaxinawá, 23, 24, 26, 27, 28, 52, 57, 66, 68, 75, 95, 96, 97, 101, 105, 107, 112, 114, 121,122, l36, l38, 141, 146, 150, 151, 156, 157, 159, 162, 166, 181, 187,192, 203,206, 210, 214, 215, 220, 226, 228, 238, 246, 250, 251, 254, 255, 257, 259, 261, 262, 263, 267, 273, 285, 287, 288, 291, 292, 293, 294, 295, 296, 297, 298, 299, 300, 301, 302, 303, 304,

305, 306, 607, 308, 317, 323, 331, 336, 338, 339, 340, 342, 346, 348, 354, 356, 364, 365, 373
modelo Kaxinawá, 24, 26, 28, 52, 192, 261, 263, 295, 306

koshuiti, 52, 66, 141, 149, 150, 151, 152, 156, 160, 164, 165, 166, 172, 183, 428

machado, 40, 195, 196, 198, 199, 202, 216, 228, 258, 265, 266, 267, 268, 269, 270, 272, 273, 274, 277, 283, 284, 299, 350, 394, 407, 412, 413, 415, 418, 420, 435, 454, 455, 466

Mamoadate, 38, 57, 171, 172, 184

Manchineri, 43, 44, 50, 59, 84, 89, 144, 146, 159, 179, 181, 182, 184, 188, 189, 208, 213, 236, 241, 245, 253

mestiço, 43, 44, 85, 145, 149, 155, 159, 182, 226, 239, 245, 250, 252, 301, 340

Missões, 23, 24, 45, 56, 58, 85, 114, 127, 134, 135, 143, 163, 175, 179, 180, 185, 188, 190, 201, 211, 212, 214, 228, 233, 234, 239, 240, 242, 243, 244, 247, 252, 253, 254, 255, 258, 270, 271, 272, 274, 276, 283, 286, 289, 294, 297, 307, 354

mitologia, 31, 32, 84, 109, 110, 141, 163, 215, 225, 261, 273, 281, 287, 288, 292, 293, 295, 296, 297, 298, 299, 300, 301, 302, 304, 308, 309, 313-21, 323, 331, 334, 336, 337, 338, 339, 340, 341, 342, 343, 345, 350, 352, 353, 354, 355, 360, 363, 364, 373, 374, 375

modelo australiano, nomenclatura e nominação, 26, 91, 92, 95

nawa, 23, 28,29, 33, 55, 56, 83, 84, 85, 86, 94, 106, 107, 108, 109, 110, 111, 112, 113, 132, 142, 143, 148, 151, 154, 161, 163, 177, 181, 204, 207, 210, 211, 215, 216, 218, 219, 245, 250, 252, 256, 257, 259, 260, 262, 266, 267, 268, 273, 275, 279, 291,

294, 304, 305, 306, 308, 340, 345-50, 355, 356, 360, 364, 365, 367, 372, 373

nominação, 26, 95, 97, 98, 368

nome de branco, 98, 99, 182, 213

Pano

estudos sobre, 22-8, 29, 31, 33, 110, 114, 122, 132, 142, 267, 268, 290, 302, 327, 331, 352, 364

visão geral dos povos, 22, 70, 71, 78, 82, 282, 292, 327, 331

perspectivismo, 330, 334, 335, 366

Piro, 28, 39, 43, 44, 57, 76, 78, 109, 124, 128, 130,133, 143, 172, 206, 211, 212, 213, 214, 229, 231, 233, 237, 238, 239, 241, 242, 243, 244, 245, 247, 250, 252, 253, 256, 259, 273, 275, 282, 287, 288, 293, 296, 298, 301, 334

Purus, 14, 17, 23, 29, 37, 57, 58, 172, 188, 201, 202, 205, 208, 209, 211, 212, 215, 227, 228, 229, 236, 238, 239, 241, 246, 248, 249, 253, 262, 267, 271, 275, 288

shedipawó, 160, 197, 198, 205, 313, 314, 315, 316, 317, 318, 319, 369, 370, 375, 376, 377

Shipibo, 21, 23, 24, 27, 62, 100, 102, 114, 121, 153, 154, 156, 205, 210, 214, 215, 228, 229, 232, 234, 235, 241, 242, 244, 256, 259, 267, 275, 276, 286, 287, 288, 289, 290, 291, 292, 293, 295, 296, 297, 298, 302, 303,304,305,306,307,308,328, 373

shori, 50, 77, 122, 142, 150, 152, 153, 154, 155, 156, 158, 159, 160, 161, 162, 163, 164, 165, 166, 352, 353, 355, 358, 408, 429, 463

totemismo, 107, 109, 110, 299, 305, 306, 335, 342, 350

tradicionalismo, 134, 135, 144, 145, 147, 172, 308

txai, 92, 100, 101, 103, 115, 185, 220, 339, 340, 394, 395, 396, 397, 403, 412, 413, 420, 421, 426, 437, 439, 449, 450, 451, 456, 470

weroyuxi 346, 347, 349

Yaminawa

anómicos, deculturados etc., 15, 16, 17, 28, 75, 83-119, 135, 138, 165, 175, 195-201, 227, 228, 266, 377

como nome, 29-30, 56, 205, 211, 231, 251, 261, 266, 267, 268, 271, 276, 282, 319

Yawanawa, 18, 21, 24, 25, 28, 33, 37, 44, 56, 57, 105, 107, 109, 112, 128, 150, 153, 157, 158, 180, 185, 206, 208, 211, 214, 216, 217, 218, 219, 250, 257, 288, 308, 317, 326, 330, 337, 338, 339, 340, 342, 346, 347, 354, 364, 367,373

yura, 83, 84, 85, 86, 87, 93, 94, 99, 106, 113, 116, 148, 208, 227, 256, 345-50, 355, 357, 360, 372, 373

yurautsa, 86, 87, 113, 340, 349, 355

yuxi, 33, 68, 330, 345-50, 351, 355, 356, 357, 360, 419, 420, 421, 426, 439,472

Índice onomástico

Abreu João Capistrano de, 24, 183, 248, 261, 266, 273, 287, 291, 299, 307, 331, 338
Acuña Cristóbal de, 283, 284
Álvarez Ricardo, 177, 212, 244, 253, 254, 282, 287, 293, 334
Alvarez Maldonado Juan, 279
Alves da Silva Alcionílio Bruzzi, 284
Amaringo Pablo, 292
Amich José, 45, 228, 243, 276
Aquino Terry Vale de, 183, 249, 255
Arévalo-Varela Guillermo, 154
Århem, Kaj, 50

Baldus Herbert, 246
Ballivián Adolfo, 64
Barcelos Neto Aristóteles, 336
Bardales Rodríguez César, 287, 288, 289, 290, 291, 292, 293, 294
Beckerman Stephen, 93
Boer Warren de, 285, 307
Brown Michael, 286

Calavia Sáez Oscar, 38, 40, 41, 49, 51, 53, 80, 81, 85, 109, 117, 118, 119, 121, 176, 196, 200, 305, 326, 349, 353, 360, 377
Carballo Pablo Alonso, 246, 274
Carid Naveira Miguel, 21, 28, 105, 218, 288, 337, 347, 354, 364, 367
Carneiro Robert Louis, 163, 182, 255, 328
Carneiro da Cunha Manuela, 13, 22, 25, 33, 236, 241, 242, 301, 328, 336, 359
Carvajal Gaspar de, 280
Carvalho João Batista de, 215, 257
Castello Branco José Moreira, 47, 179, 228, 236, 237, 240, 246, 249, 250, 251, 255, 265, 275
Castelnau Francis, Conde de, 258, 270, 282
Chandless William, 205, 207, 208, 245, 246, 275
Chaumeil Jean Pierre, 21, 158, 336
Chiara Vilma, 209
Colini Giuseppe, 307
Conklin Beth A., 357
Coutinho Walter, 39, 171, 172, 173

Cunha Euclides da, 202, 241, 248

D'Ans André Marcel, 140, 156, 214, 238, 258, 273, 287, 292, 304, 327, 328

Deshayes Patrick, 24, 68, 79, 84, 90, 95, 112, 136, 137, 150, 151, 155, 187, 238, 261, 262, 267, 268, 283, 301

Détienne Marcel, 314, 318

Dole Gertrud, 76, 94, 97, 103, 114

Dreyfus Simone, 106

Dumont Louis, 92, 96, 368

Erikson Philippe, 22, 23, 24, 25, 26, 84, 85, 96, 97, 100, 107, 112, 137, 156, 157, 166, 187, 215, 255, 285, 286, 309

Farabee William Curtis, 231, 232, 234 238, 307

Fausto Carlos, 301, 336

Fawcett Percy & Brian, 64

Fernández Eduardo, 286

Fernandez Moro Wenceslao, 233, 238, 241, 243, 245, 252

Figueroa Francisco de, 283

Foucault Michel, 376

Frank Erwin, 272, 284

Gebhart-Sayer Angelika, 27, 285, 286, 287,291,310,328

Girard Rafael, 105, 262, 263, 296

Gonçalves Marco Antônio, 357

Gordon César, 143, 340

Gow Peter, 28, 43, 78, 130, 131, 132, 133, 136, 143, 154, 181, 243, 244, 245, 256, 282

Grasserie Raoul de la, 22

Guss David, 316

Harner Michael, 285, 307, 309

Hornborg Alf, 26, 115

Illius Bruno, 22

Izaguirre Bernardino de, 240, 243, 349

Kaplan (Overing) Joanna, 87, 94, 301

Keifenheim Bárbara, 24, 79, 83, 84, 85, 86,95, 112, 136, l37, l38, 238, 261, 262, 267, 268, 283, 296, 300, 301, 305

Keller-Leuzinger Franz, 265, 266

Kensinger Kenneth, 22, 24, 26, 95, 96, 157, 214, 261, 262, 292, 306

Lagrou Els, 22, 27, 75, 85, 121, 138, 150, 157, 158, 159, 163, 292, 323, 327, 346, 348, 353, 354, 356

Landaburu Jon, 284

Lathrap Donald, 27, 70, 280, 285, 286, 310

Lea Vanessa, 91

Lévi-Strauss Claude, 113, 153, 156, 223, 281, 300, 314, 317, 371, 372, 374, 375

Levy Daniel, 215, 306

Lima Edilene Cofacci de, 22, 28, 78, 102, 107, 132, 149,150, 151, 153, 158, 260, 261, 346

Linhares Máximo, 240, 250, 257

Lounsbury Floyd G., 92

Lowie Robert, 92

Lubbock John, 93

Luna Luis Eduardo, 292

Magaña Eduardo, 281

Malinowski Bronislaw, 20

Marcoy Paul, 307

Martius Carl Franz Philippe von, 271

McCallum Cecília, 27, 78, 88, 96, 105, 121, 122, 136, 137, 138, 146, 147, 286, 292, 300, 306, 340

McLennan John, 93

Melatti Delvair, 139

Melatti Júlio Cézar, 26, 95, 146, 147, 284, 288

Morán Emilio, 62

Natterer Johannes, 271
Nimuendajú Kurt Unkel, 246, 250

Oliveira João Pacheco de, 236
Oppenheim Víctor, 250, 269, 270
Ortiz Dionísio, 239, 240, 249
Overing *ver* Kaplan

Palti Elías, 374
Pérez Gil Laura, 21, 28, 105, 149, 150,
    151, 152, 157, 166, 288, 347
Platão, 328
Pollock Donald, 93
Porro Antonio, 280
Prinz Ulrike, 323, 335

Radcliffe-Brown A. R., 107, 313
Ramos Alcida Rita, 87,191
Reátegui Ulises, 62
Reichel-Dolmatoff Guillermo, 154
Renard-Casevitz France Marie, 57,
    284, 286, 330, 359
Reyna Ernesto, 229, 239, 240
Rivet Paul, 245
Rivière Peter, 87, 90
Rodgers David, 347
Roe Peter G., 47, 121, 153, 156, 229,
    267, 270, 276, 286, 287, 290, 304
Romanoff Steven, 77, 211, 237, 268
Rummenhoeller Klaus, 232, 234

Sahlins Marshall, 307
Santos Granero Fernando, 316
Schultz Harald, 209
Shell Olive, 214
Siskind Janet, 27, 69, 72, 78, 85, 88,
    97, 115, 121, l32, 209, 282, 288
Smyth W., 283

Soria José M., 253
Stegelmann Félix, 215, 216, 228, 229,
    246, 267, 269, 270
Surrallès Alexandre, 87, 106, 181, 220

Tassinari Antonella M. L, 271
Tastevin Constantin, 24, 66, 139, 154,
    208, 215, 226, 227, 229, 230, 236,
    240, 245, 246, 250, 251, 252, 255,
    256, 257, 259, 262, 267, 283, 287,
    292, 294, 354
Taylor Anne-Christine, 21, 63, 225,
    286
Torralba Adolfo, 122, 156, 257, 258,
    259, 260, 267, 288, 365
Tournon Jacques, 62
Townsley Graham, 16, 27, 28, 29, 30,
    52, 85, 86, 87, 89, 91, 95, 96, 99,
    103, l39, 152, 155, 156, 159, 164,
    209, 253, 254, 257, 259, 260, 273,
    287, 288, 336, 346, 348, 355
Trautmann Thomas, 92
Tschopik Harry, 100, 102

Vansina Jan, 314
Varese Stefano, 229, 273
Veyne Paul, 376
Vilaça Aparecida, 109, 357
Villanueva Manuel, 229, 230, 231, 248,
    256, 268
Viveiros de Castro Eduardo, 21, 84, 87,
    92, 95, 113, 115, 299, 300, 301, 305,
    334, 335, 339, 347, 350
Von Hassell Jorge, 83, 227, 228, 269,
    282, 283, 293

Wagner Roy, 378

Zarzar Alonso, 83, 254

SOBRE O LIVRO

Formato: 16 x 23 cm
Mancha: 28 x 50 paicas
Tipologia: Iowan Old Style 10,5/15
Papel: Off-set 75 g/m² (miolo)
Cartão Supremo 250 g/m² (capa)
1ª edição: 2006
1ª reimpressão: 2012

EQUIPE DE REALIZAÇÃO

Edição de Texto
Nair Kayo (Copidesque)
Ruth Mitsuie Kluska (Preparação de Original)
Aníbal Mari, Marcos Bernardino do Silvo e
Adriano Bairrado (Revisão)
Cristiane de Paula Finetti Souza (Atualização Ortográfica)

Editoração Eletrônica
Casa de Ideias (Diagramação)

Impressão e acabamento